한국 근대 산업의 형성 01

한국 근현대 전력산업사, 1898~1961

한국 근대 산업의 형성 01

한국 근현대 전력산업사, 1898~1961

오진석 지음

푸른역사

머리말

한국의 전력산업은 1898년 대한제국에서 만든 한성전기회사로부터 시작된다. 한성전기는 설립 이후 대한제국을 상징하는 '대표기업'으로 발돋움하지만 결국 대한제국과 명운을 함께했다. 러일전쟁 발발에 따라 일본군이 서울로 밀고 들어올 때 한성전기는 한미합자의 한미전기회사로 개편되어 일시 살아남았지만, 결국 한미전기가 1909년에 일본인 소유의 일한와사주식회사에 매각되는 운명을 피할 수는 없었다. 그 후 일한와사는 일한와사전기를 거쳐 경성전기라는 이름으로 바뀌었다. 일제 강점기에 들어서 한반도 각지에 전기회사들이 우후죽순 생겨나 한때 63개 회사가 영업할 정도로 회사수가 늘어났지만, 1930년대에 들어서 전기회사들은 전력통제정책에 의거해 합병되기 시작해 일제 말에는 경성전기, 남선전기, 북선전기, 서선전기, 조선전업 등 5개 회사로 정비되었다. 해방 이후 38선 이남에는 이 가운데 경성전기, 남선전기, 조선전업 세 회사만 남았는데, 이 회사들이 1961년에 한국전력주식회사로 통합되기에 이른다. 이 책은 바로 1898년 한성전기가 설립된 때부터 1961년 전기3사가 한국전력으로 통합될 때까지를 대상으로 한국 전력산업의 역사를 간략하게 살핀 연구이다. 말하자면 한국에서 전력산업이 하나의 산업으로 형성되어 발전 궤도에 오르기 시작한 초창기 60여 년의 역사를 다룬 셈이다.

필자의 전력산업사에 대한 관심은 대학원 석사과정 때 우연한 계기에서 비롯되었다. 당시는 전력산업 구조개편 문제가 주요 경제현안으로 제기되고 있었는데, 특히나 한국전력공사 민영화를 둘러싸고 찬반 양론으로 나뉘어 꽤나 시끄러웠다. 언론에서는 연일 공기업인 한국전력의 독점에 따른 비효율과 관료주의적 경영을 비판하고 있었고, 한국전력은 몇 개의 회사로 쪼개져 민영화가 될지도 모를 상황이었다. 그런데 필자는 기말보고서를 쓰기 위해 옛 신문자료를 뒤지다가 우연히 일제강점기에 경성전기를 상대로 공영화운동이 일어난 사실을 알게 되었다. 그 순간 '지금은 민영화가 대세인데 과거엔 공영화를 주장한 적도 있었구나' 하는 생각에 호기심이 발동했다. 매우 유치한 수준이긴 했지만, 그래도 나름 흥미를 가지고 조사한 내용을 정리해 기말보고서로 제출하였다. 그런데 뜻밖에도 지도교수께서 이 보고서를 칭찬해 주셨다. 지금 생각해 보면 얄팍한 보고서의 내용보다는 무언가를 찾으려고 노력한 모습을 좋게 봐주셨던 것 같다. 어쨌든 이 일을 계기로 전력산업에 대해서 관심을 갖게 되어 조금씩 자료를 모으기 시작했다.

그리고 박사과정에 진학해서 경제사 수업을 들으며 한국경제사 연구에서 전력산업이 차지하는 중요성을 각별히 인식하게 되었고, 전력산업사 연구를 통해서 현재 사회경제구조의 특질과 경제문제의 원인을 보다 용이하게 파악할 수 있을 것이란 생각을 굳히게 되었다. 이에 박사학위논문 주제를 전력산업사로 정하고 본격적으로 연구를 시작해 《한국근대 전력산업의 발전과 경성전기(주)》라는 제목으로 학위논문을 제출할 수 있었다. 필자는 그 이후에도 지금까지 제법 많은 시간을 한국의 전력산업사와 씨름하면서 연구자 생활을 지속해 왔다. 이 책은 그렇게 쌓인 세월의 흔적이다. 처음 전력산업사에 흥미를 갖기 시작한 때부터 이렇게 연구서적을 출판하기까지 줄잡아 사반세기나 걸린 셈이다. 이토록 오랜 시간이 걸린 것은 처음부터 한국 근현대 전력산업사 전반의 문제를 체계적으로 다루겠다는 중대한 소명의식을 갖추지 못한 까닭이기도 하고, 필자의 두뇌가 명민하지 못한 탓에 머리보다는 주로 손발에 의지하여 연구해 온 때문이기도 하다.

처음 연구를 시작할 때에는 참고할 연구나 자료가 많지 않아 이곳저곳 발품을 팔며 닥치는 대로 자료를 모을 수밖에 없었다. 그간 국내외로 정말 많은 곳을 돌아다닌 것 같다. 이 책에서 이용한 한성전기, 한미전기 관련 자료는 상당 부분 미국 출장을 통해서 확보할 수 있었다. 장기간의 미국 출장에는 오랜 지우인 연세대 하워드 감Howard Kahm 교수가 동행해 주었는데, 그는 염치없는 필자의 부탁을 뿌리치지 않고 기꺼이 수고로움을 감내해 주었다. 미국 도처의 도서관이나 박물관을 안내하고 열과 성을 다해 사료 수집을 도와주었다. 이 자리를 빌려 그의 정성과 노고에 감사를 표하고 싶다. 그리고 이렇게 수집한 사료의 독해에는 배재대 조영우 교수께서 큰 도움을 주셨다. 감사드린다.

미국 출장길에 만난 보스트위크의 후손들께도 감사를 드려야겠다. 새들러Wendy Sadler 여사와 윌리엄스Griffith Williams III 씨는 오랜 세월

개인적으로 소중히 간직해 오던 자료를 아낌없이 필자에게 보여 주었을 뿐만 아니라 그 귀한 자료를 선뜻 한국전력 전기박물관에 기증해 주셨다. 일본에 소장된 자료는 계명대 김명수 교수로부터 많은 도움을 받았다. 게이오대 유학시절부터 오랜 시간 저자의 자료 수집을 적극 도와주었다. 진심으로 고마움을 전한다. 전기박물관의 민병근 학예사와 서울역사박물관의 황해진 학예사께도 자료 수집에 신세를 졌다. 감사의 말씀을 드린다.

이 책을 완성하기까지에는 박사학위논문에서 다룬 한성전기, 한미전기를 비롯해 그동안 필자가 수행한 전력산업사 연구가 바탕이 되었다. 연세대학교 경제학과 대학원 시절 이 주제를 선택하도록 필자를 돕고 자상하게 가르쳐 주신 지도교수 홍성찬 선생님께 큰 은혜를 입었다. 선생님의 넓고 깊은 가르침 덕분에 이 책을 완성할 수 있었다. 깊은 감사를 드린다. 좋은 논문과 책을 써서 학은을 갚자고 늘 다짐해 왔건만 받은 은혜에 비해 너무 초라한 책을 돌려드리게 되어 부끄럽기 짝이 없다. 연세대 상경대학 명예교수이신 윤기중 선생님의 가르침도 결코 잊을 수 없다. 특히 필자가 자료 확보에 어려움을 겪었을 때 정말 귀한 시간을 내서서 자료를 볼 수 있도록 도와주신 적도 있다. 그 큰 은혜를 가늠하기 어렵다. 고인이 되신 연세대 사학과 방기중 선생님께도 늦었지만 감사 인사를 올리고 싶다. 타과생이던 필자에게 분에 넘친 관심과 애정을 베풀어 주셨다. 더 이상 직접 가르침을 받을 길이 없다는 생각이 들 때면 아쉬움을 참기 어렵다. 연구자로 살아있는 동안 선생님께서 주신 가르침을 마음속 깊이 소중하게 간직할 것이다.

필자는 원래 대한제국기부터 일제시기까지를 주로 연구해 왔다. 이

책을 쓰기 시작하면서 해방 이후의 경제사를 본격적으로 다루기 시작하였는데, 그간 연구하지 않은 분야라서 고생이 많았다. 연구에 어려움을 겪을 때마다 이 시기를 전문적으로 연구해 온 건국대 정진아 교수께서 여러 가지로 큰 도움을 주셨다. 진심으로 감사의 뜻을 전한다. 마지막으로 필자와 같은 학교에 근무하는 백종인, 김기탁 교수께도 감사의 말씀을 드리고 싶다. 필자에게 마음의 위안이 필요할 때 두 분께서는 언제나 아낌없이 위로와 격려를 베풀어 주셨다. 이 책을 완성하는 마지막 동력이 되었다. 필자의 천성이 게으르고 이기적이라서 이 책을 쓸 때 주변에 꽤 많은 폐를 끼쳤다. 특히 가족에게 미안함을 전한다.

2020년 6월 10일
대전 도솔산 기슭 연구실에서
오진석 씀

차례

연보
대한제국기 전력산업, 1898~1910

1898

1.26 한성전기회사 설립청원 인가
2.1 남대문–종로–청량리 구간 전기철도
부설계약 체결(나중에 서대문–종로–청량리로 변경)
8.15 전등설비 부설계약 체결
9.15 전기철도 부설 기공예식(경희궁 흥화문 앞)
12.26 한성 수도설비 부설에 관한 예비협정 체결

〈한성전기회사의 설립청원서 및 장정〉(미국 국립문서보관소 소장)

1899

4.29 종로–남대문–용산 구간 전기철도 부설계약 체결
전기철도 운영계약 체결
5.4 서대문–동대문 구간 시승 및 개통식(동대문발전소)
5.20 전기철도 영업 개시
5.26 전차 사고 및 폭동 발발, 전차운행 중단
8.10 전차운행 재개
8.22 저당권 설정계약 체결
12.20 용산선 준공식

전기철도 기공식(경희궁 흥화문 앞)
가운데 중절모를 쓴 키 큰 인물이 주한미국공사 알렌, 오른쪽 옆이 총
세무사 브라운, 그리고 그 옆에 해머를 든 사람이 한성전기 사장 이채
연이다.

1900

4.16 서대문–남대문 구간 전기철도 부설계약 체결
7.6 의주선 개통

1901

8.17 전등 개설예식

1902

1.2 한성전기 종로사옥 준공식
(1902.1.6 화재, 1902.7 복구)
8.15 채무상환 만기일

한성전기를 둘러싸고 갈등을 벌인
이용익(좌, 1854~1907)과 이채연(우, 1861~1900)

한성전기와 관련된 미국인들

(좌) 보스트위크
(Harry Rice Bostwick, 寶時旭, 1870~1931)
(가운데) 알렌
(Horace Newton Allen, 安連, 1858~1932)
(우) 콜브란
(Henry Collbran, 高佛安, 1852~1925)

앞줄은 한성전기 사장 이채연과 총지배인 보스트위크,
뒷줄은 전차폭동 이후에 입국한 미국인 직원 7명

1903

8.11 한성전기 직원의 서북철도국 고등관리
폭행사건
12.9 수도설비계약 체결

1904

2.9 러일전쟁 제물포해전 발발
2.13 궁내부와 콜브란측 사이에
광산개발권 계약 체결
2.19 한성전기 채무분규해결계약
(한성전기를 한미전기로 개편)
7.18 유한회사 한미전기회사 설립
(미국 코네티컷주)
12.21 한미전기 주식 광무황제에게 상납

전차 개통 및 시승식(동대문발전소)

1906

7.4 한미전기에 마포선 부설 허가

1908

1.1 전기철도 요금제도 개편
9.30 일한와사주식회사 창립

증축 이후 동대문발전소의 풍경

1909

6.24 일한와사의 한미전기 매수계약 체결
8.9 한미전기 재산 인계사무 완료

일제강점기 전력산업, 1910~1945

1911

3.6 전기사업취체규칙(조선총독부령 제24호)

1919

5.5 조선전기흥업 설립(평양 무연탄을 활용한 화력발전)
12.16 금강산전기철도 설립(북한강 상류 유역변경식 수력발전)

오오하시 신타로(1863~1944)

1922

11 제2회 발전수력조사 착수

1924

1.30 금강산전기철도 경성전기에 송전 개시

1926

1.27 닛치츠의 조선수력전기 설립

노구치 시타가우(1873~1944)

1927

3.1 평양부의 평양전기 매수 완료 및 부영전기 시작

1929

11. 조선수력전기 부전강 제1발전소 준공

1906년 시부사와 에이이치가 서울을 방문했을 때
찍은 사진이다. 가운데 인물이 시부사와 에이이치
(1840~1931)이고, 맨 왼쪽은 제일은행 경성지점장
이치하라 모리히로(1858~1915)이다.

1930

3.19, 28 전기사업법규조사위원회 개최
11.4~8 조선전기사업조사회 제1회 위원회
10.21~23 조선전기사업조사회 제2회 위원회
12.17 이마이다 정무총감의 배전회사 지방공영 반대성명

닛치츠가 건설한 장진강 제1발전소

닛치츠가 건설한 부전강 제1발전소

1931
8.9 경성전기와시부영안 경성부회 통과

1932
2.17 조선전기사업령(제령 제1호)

1933
5.1 장진강수력전기주식회사 설립
(자본금 2천만원, 장진강수력발전소 건설)
10.24 조선전기사업령시행규칙(조선총독부령 제117호),
조선전기공작물규정(제118호),
조선전기사업회계규정(제119호),
조선자가용전기공작물시설규칙(제120호) 제정

1934
5.16 조선송전주식회사 설립
(자본금 1,500만원, 장진강~평양~경성 송전선 건설)

1935
7.1 조선전력주식회사 설립
(자본금 2천만원, 영월화력발전소 건설)
11.25 조선송전에 의해 하기천(장진강발전소)~
평양 간 154kV급 송전선 개통

1936
8.17 부령수력전기주식회사 설립
(동척계, 자본금 1천만원)

1937
4.10 남선합동전기주식회사 창립
(조선와사전기, 대흥전기, 남조선전기, 천안전등,
목포전등, 대전전기 6사 합동)
9.7 조선압록강수력전기주식회사 창립
(자본금 5천만원)
12 조선송전에 의해 평양~경성 간 154kV급
송전선 개통

1938

1.1 서선합동전기의 평양부영전기 양수
(서선지역 배전통합 완료)

4.14 북선합동전기주식회사 창립(조선전기,
회령전기, 웅기전기3사 합동)

1939

2.1 한강수력전기주식회사 설립
(식은계, 자본금 2,500만원)

11.30 북선합동전기의 함남합동전기 합병
(북선지역 배전통합 완료)

1940

2.26 남선합동전기의 강릉전기 합병
(남선지역 배전통합 완료)

금강산전기철도가 건설한 중대리발전소

1941

9. 체신국 전력조사실 설치

9.28 수풍발전소 준공식

11. 체신국 전기제1과, 전기제2과 식산국 이관

11.1 남북연락송전간선 임시개통

1942

1.1 경성전기의 금강산전기철도 합병
(중선지역 배전통합 완료)

10.20~21 조선임시전력조사회 개최

12.31 조선전력국가관리실시요강 각의 통과

압록강에 건설한 수풍댐

1943

3.30 전력관리령(제령 5호)

7.9, 31 조선전업설립위원회 개최

7.10, 9.17 조선전력평가심사위원회 개최

7.31 조선전업주식회사 창립총회

10.4 남북연락송전간선 전 구간 154kV급 승압

11.20 조선전업의 남조선수력전기 합병
(발송전 통합작업 완료)

해방 이후 전력산업, 1945~1961

영월화력발전소

섬진강수력발전소

청평수력발전소

화천수력발전소

1947

6.17 남북전력협정 체결
11.21 전력대책위원회 개최(북한의 대남 송전량 감소에 따른 대책 논의)

1948

3. 발전선 2만kW 자코나Jacona호 도착, 부산에서 발전 개시
5. 발전선 6,900kW 엘렉트라Electra호 도착, 인천에서 발전 개시
5.14 북한의 대남 송전 중단
6.1 상무부를 상공부로 개편, 상공부 산하에 전기국 신설
7.28 영월발전소와 영월광업소를 상공부 직할 관리로 전환(군정장관대리 명령)

1949

6.1 발송전 일원화 조치
(중요 발전소를 조선전업에 이관)
6.27 목포중유발전소 준공식

1951

5.29 국무원고시 제13호
(조선전업, 경성전기, 남선전기 등 국영기업체 지정)
6. 발전선 3만kW 임피던스Impedance호 발전 개시
9.24 재정법 시행(전기요금 변경시 국회동의 조항 삽입)
12 발전선 세레낙Serenac호 발전 개시
10.28 청평수력발전소 2호기 복구 시운전 성공

1952

5.24 청평수력발전소 1호기 복구
11.25 화천수력발전소 1호기 복구

1953

6. 대한전력공사법안(전기3사 통합) 작성 착수

1954

4.17 국영 및 정부관리기업체 지정 해제,
귀속기업으로 환원
(조선전업, 경성전기, 남선전기 등 포함)

9. 당인리화력발전소(2만5천kW) 공사 착수

1955

2. 마산화력발전소(5만kW) 공사 착수
4. 전원개발5개년계획 수립(발전력 61만9,660kW)
5. 삼척화력발전소(2만5천kW) 공사 착수

1956

3.15 당인리화력발전소 시운전
4.15 마산화력발전소 시운전
5.25 삼척화력발전소 시운전
4.28 철야송전제 실시, 전력제한 전면 해제
9. 대한전력공사법안 국회 상정

1957

4. 전원개발5개년계획 수정(발전력 62만9,360kW)
4.28 괴산수력발전소(2,200kW) 준공식
8. 발전 및 배전회사 귀속주처리사무협의회 구성
(재무부 주도)
9.25 조선전업 당인리, 마산, 삼척 화력발전소 인수
11.25 화천수력 3호기(2만7천kW) 준공

미국의 원조로 건설된 10만kW 화력발전소 –
(위) 당인리화력발전소(2만5천kW)
(가운데) 마산화력발전소(5만kW)
(아래) 삼척화력발전소(2만5천kW)

상공부장관실에서 열린 전기3사 합병계약 조인식 광경.
테이블에 앉은 사람을 기준으로 하면, 왼쪽에서 두 번째가
정래혁 상공부 장관, 그 옆으로 박영준(한국전력 설립위원), 김덕준
(남선전기 사장), 황인성(조선전업 사장), 조인복(경성전기 사장)이다.

1958

6. 기간산업운영대책위원회 조직(상공부 주도)
8. 경제조정관실OEC 경제부조정관 월마
Stellar C. Wollmar가 정부직할기간산업체관리공사
설립안을 정부에 건의
10. 전원개발10개년계획 수립(발전력 93만1,510kW)

한국전력주식회사 창립에 맞춰 현판을 거는 모습. 왼쪽은
상공부 사무차관 박충훈, 오른쪽은 사장에 임명된 박영준 소장.

1960

1.29 국무회의에서 전기3사 통합 결정
4.19 정부가 조선전업에 화력발전소(10만kW, 부산 감천)
건설 지시
5. 3만kW급 발전선 레지스탄스Resistance호 도입 결정
7.20 국무회의(과도정부)에서 3사 통합을 재차 의결,
3사통합추진위원회 구성

1961

2.8 국무회의(장면정권)에서 한국전력주식회사법안 통과
3.18 민의원 상공위원회에서 한국전력주식회사법안 논의
6.23 군사정권 국가재건최고회의에서
한국전력주식회사법안 통과
6.24 전기3사 합병계약 체결
6.28 한국전력주식회사 창립주주총회 개최
7.1 한국전력주식회사 정식 발족
7.18 한국전력주식회사 창립식 개최

한국전력주식회사 창립기념식. 발언하는 사람은 박영준 사장.

(사진자료: 한국선력 전기박물관 제공)

서론

한국 근현대사는 그야말로 격동의 역사였다. 19세기 후반 갑작스러운 개항에 따라 세계 자본주의 질서에 본격적으로 편입된 조선은 봉건왕조의 해체와 근대국가의 수립을 시급한 과제로 맞이하고 있었지만, 여러 정치세력들의 이해관계가 절충점을 찾지 못하며 자주적인 근대국가를 달성하지 못하고 말았다. 그리고 뒤를 이은 대한제국은 제국주의 열강의 주권 침탈에 효과적으로 대응하지 못한 채 결국 식민지로 전락하는 비운을 맞았다. 정치세력들의 분열상은 일제강점기에도 민족해방의 방법과 노선을 둘러싸고서 해소되지 않았고, 해방 이후 더욱 격렬한 이데올로기의 대립으로 이어져 종국에는 한반도에 자본주의와 사회주의라는 서로 다른 두 체제의 국가건설로 귀결되고 말았다. 그리고 체제분단은 전쟁으로까지 치달아 우리 민족 내부에 깊은 상처를 남겼다.[1]

따라서 개항기에 자주적인 근대국가의 수립의지가 좌절된 원인을 규명하고, 일제강점기의 지배정책과 사회경제적 성격을 해명하여 남북한의 이질적인 정치체제 성립의 원인을 찾는 작업은 한국 근현대사 연구에서 중대한 의미를 가진다. 나아가 해방 후 분단과 한국전쟁으로 큰 상처를 입은 남한사회가 이를 극복하고 경제발전을 위한 토대를 구축해 나갔던 과정을 살피는 일은 현대 한국사회의 경제구조와 그 특질을 이해하는 지름길이라는 점에서 역시 중요한 의미를 가진다.

이러한 연구사적 의의를 바탕으로 그간 학계에서는 근대산업의 형성과 발전과정에 주목해 왔다.[2] 근대산업이 어떠한 과정을 거쳐 형성되고 발전되어 왔으며 그 사회경제적 특질은 무엇인지를 시기별, 산업별로 다양한 측면에서 검토해 왔던 것이다. 특히 당시의 사회경제 구성에 어떠한 영향을 미쳤으며, 일제강점기를 거치며 해방 후 남한사회에 어떠한 유산을 남겼는지, 그리고 현대 고도산업사회의 역사적 경로와 특징을 해명하려는 문제의식 아래에서도 이 주제에 대한 검토는 중요시되어 왔다. 그 과정에서 학계는 직물, 광산, 해운, 조선, 철도와 같은 주요 산업들을 중심으로 개별 산업이 형성·발전해 가는 과정과 특징을 정리해 왔으며,[3] 근대산업의 발전을 이끈 회사제도의 변천과정이나 기업가들의 자본축적 경로, 경영활동, 경영이념상의 특징 등을 검토하는 데에도 관심을 가져 왔다.[4]

이 책에서는 근대산업 중에서도 특별히 전력산업을 선택해 그 형성과 발전과정을 상세히 검토하고자 한다. 전력산업은 세계적으로 1880년대에 형성되어 19세기 말과 20세기 전반에 걸쳐 급속도로 성장해 왔다. 전력산업은 근대 상공업 발전에 필수적인 조명과 동력을 제공하는 기반이자 기초산업basic industry으로서 중요한 의미를 갖고 있으며, 공업화가 일층 확산·심화되어 갔던 이른바 '제2차 산업혁명'에서 화학,

금속 등 전력다소비산업의 발전을 이끄는 중심 역할을 수행하였다. 또한 전기는 전등, 전동기, 전열기구, 전차 등으로 이용이 확대되어 기존의 석유등·가스등, 증기기관, 재래의 취사·난방기구, 마차철도 등을 대체하면서 근대 도시민들의 일상생활에 없어서는 안 될 필수요소로 자리잡아 나갔다. 이 때문에 전기회사는 '공익사업public utility'으로 간주되고 있다.

대한제국에서도 일찍부터 전력산업에 대해 큰 관심을 가지고 있었다. 황실자본을 토대로 미국의 자본과 기술을 도입하여 한성전기회사漢城電氣會社를 설립하였던 것은 이 때문이었다. 그러나 한성전기는 산업진흥의 중심기구로 성장하리라는 당초의 기대와 달리 이를 둘러싼 정치세력의 갈등과 대립으로 인해 여러 가지 경영상의 문제를 초래했고, 1904년에 러일전쟁이 발발한 급박한 국제정세 속에서 한미합자의 한미전기회사韓美電氣會社로 개편되었다. 그리고 한미전기는 일제의 전력산업 침탈과 장악 기도를 극복하지 못한 채 결국 1909년에 일본인 가스회사에 매각되었다.

한편, 일제강점기에 들어서 전력산업은 양적으로 크게 성장했다. 한반도 각지에 소규모 화력발전소를 운영하는 전기회사의 설립이 이어져 1933년 초에 63개의 전기회사가 영업할 정도로 성행했지만, 전력통제정책을 계기로 부단히 합병되어 일제 말에는 경성전기, 남선전기, 북선전기, 서선전기 등 4개의 배전회사와 조선전업이라는 거대한 발송전회사만이 남게 되었다. 그리고 거대 수력발전소가 속속 개발되어 발전력은 172만kW(수력 159만kW)에 이르렀고, 1930년대에는 전력통제정책에 의거해 주요 발전소와 소비지를 장거리 초고압 송전선으로 연결하는 전력네트워크가 구축되기 시작했으며, 1940년대 초에는 비로소 한반도 전체를 연결하는 전력네트워크가 만들어지기에 이르렀다.

그러나 해방 이후 남한의 전력산업은 큰 위기에 직면했다. 일제강점기에 건설된 주요 수력발전소들 대부분이 북한에 편재되어 있는 기형적인 구조였기 때문에 남한과 북한은 전력설비와 발전량에서 큰 격차를 보였다. 이러한 왜곡된 구조는 분단체제의 형성과정에서 남한에 몇 차례의 전력위기를 발생시킨 뒤에 마침내 1948년 5·14단전으로 이어져 엄청난 혼란과 피해를 야기하였다. 그리고 이를 미처 수습하기도 전에 한국전쟁이 발발하여 전력설비의 대부분이 파괴되는 상황에 직면했다. 해방 이후 남한사회가 장기간 전력난에 시달린 원인이 바로 여기에서 비롯되었다. 이후 남한사회에는 전란으로 파괴된 전력시설을 복구하고 새로운 발전소를 건설하여 전력자급체제를 구축하는 일이 시급한 과제로 대두되었고, 이를 달성하기 위해 남한정부는 미국의 협조와 지원을 바탕으로 여러 차례 전원개발계획을 세워 추진하기에 이른다.

한편, 같은 시기 남한사회에서는 전력산업의 구조개편에 대해서도 큰 관심을 가졌다. 분단으로 38선 이남에 소재하게 된 조선전업, 경성전기, 남선전기의 세 전기회사를 하나로 통합할지, 나누어 경영할지 여부나 이를 민영으로 경영할 것인지, 국영으로 경영할 것인지 등을 두고 치열한 논쟁을 벌여 왔고, 한때는 국영론에 기초한 정책들이 추진되다가 또 한때는 민영론에 근거한 정책들이 입안되기도 했다. 그러나 어느 한쪽으로 정리되지 못한 채 시간만 흐르고 있었다. 이승만정권 말기에 전기3사 통합이 다시 추진되었으나 정치적 혼란으로 성과를 거두지 못하였고, 과도정부와 장면정권을 거치며 한국전력주식회사로 통합하기로 방침이 정해졌지만 반대운동과 정쟁으로 인해 소기의 목적을 달성하지 못하고 있었다. 그러다 결국 1961년 5·16군사정변 직후에 군사정권에 의해서 전격적으로 전기3사가 한국전력주식회사로 통합되기에 이른다.

따라서 한국 근현대 전력산업의 형성과 발전과정을 해명하는 일은 대한제국기의 자주적인 근대화 노력이 어떻게 좌절되었는지를 밝히고, 일제강점기 식민지경제구조에서 전력산업이 맡았던 역할과 그 특징을 규명하며, 해방 이후 경제개발의 일익을 담당한 전력산업의 구조가 어떻게 변화하는지를 살핀다는 점에서 연구사적으로 중요한 의미를 갖고 있다. 그간 산업사 연구가 전반적으로 일천한 가운데에서도 전력산업에 관한 연구가 적지 않게 축적되어 왔던 것은 이 때문일 것이다.

우선 대한제국기의 전력산업에 대한 연구는 한성전기회사를 중심으로 진행되어 왔다. 한성전기는 설립과 경영과정에서 미국인 기업 콜브란-보스트위크 회사Collbran & Bostwick Co.에 크게 의존하였고 주한미국공사관도 깊숙이 개입하고 있었다. 이 때문에 일각에서는 한성전기의 설립과 운영과정에서 보였던 대한제국의 미국 의존적인 자세를 비판하는 가운데 한성전기의 경영 실패로 인해 대한제국은 손해만 떠안게 되었다는 부정적인 평가로 이어졌다.[5] 그리고 일부에서는 사회경제적 여건과 사업성, 구체적인 운영방법 등을 전혀 고려하지 않은 데다가 미국인에게 기술을 의존한 채 자체 기술인력을 양성하지도 못하고 이권만 노리는 콜브란측의 욕심을 인지하지 못했던 집권세력의 무능력 때문에 한성전기는 실패하고 말았다는 매우 비판적인 주장까지 제기되었다.[6] 나아가 한성전기의 경영 실패는 대한제국의 근대화정책에 대해 부정적인 평가를 내리는 근거의 하나로 지목되어 왔다.

그러나 한성전기의 경영 실패는 그리 단순한 문제가 아니라 그 근저에는 정치적 요인이 깊숙하게 자리하고 있었다고 생각된다.[7] 한성전기는 친미개화파 관료의 산업진흥정책과 긴밀한 관계를 갖고 있었기 때문에 탄생 자체가 '정치적 산물'이었고, 경영과정에서 정파 간 정치적 갈등과 대립으로 인해 많은 영향을 받고 있었으며, 콜브란측과 주한미국공사관이 깊숙이 개입하고 있었기 때문에 한미 간 외교문제이기도 했다. 따라서 이 기업의 역할과 성격을 규명하기 위해서는 먼저 대한제국기 근대산업육성정책의 내용과 성격을 분명히 이해해야 하며, 분석과정에서 정치사나 국제관계사 등 인접 분야 연구의 적극적인 활용이 요청된다.[8]

그런데 대한제국의 근대산업육성정책은 단일한 정치세력에 의해 추진되지 않았다. 대한제국은 원래 갑오甲午정권에 반대하는 개화파관료와 황실측근세력의 결합으로 성립되었고, 이에 따라 산업진흥정책도 친미개화파와 황실측근세력(특히 이용익)의 두 계열에 의해 추진되었으며 양자의 성격은 크게 달랐다.[9] 당시 개화파관료들은 입헌군주제의 수립을 이상으로 여기며 갑오개혁 이래 민간 중심(외자 포함)의 상공업진흥정책을 적극 추진하였던 반면에 이용익은 절대군주제를 근대화의 방안으로 생각하여 황실 산하 궁내부宮內府 주도로 각종 근대산업육성정책을 추진하고 자신이 직접 관련 기구를 통제 관리하고자 했다. 이 때문에 친미개화파와 정치적으로 대립하던 이용익은 한성전기의 경영 확장을 저지하는 데에 총력을 기울였다. 본서에서는 이러한 양측의 정치적 갈등이 한성전기의 경영에 구체적으로 어떠한 영향을 미쳤는지를 살피고자 한다.

한편, 일제강점기의 전력산업사 연구는 비교적 많은 연구들이 축적되어 왔다. 한때 한반도 최대의 전기회사였던 경성전기를 비롯해[10] 닛치츠日窒, 조선송전, 조선전력, 조선압록강수력발전, 금강산전기철도, 한강수력전기 등 다양한 전기회사들과 전력기업가들이 다루어져 왔고,[11] 전력정책과 전력산업 전체의 동향을 해명하는 작업에도 관심을 가져 왔다. 그 가운데에서도 특히 1930년대 초에 수립된 전력통제정책의 주요 내용과 특징을 정리하고 이 정책이 전력산업구조에 미친 영향에 대해서 분석의 초점이 맞추어져 왔다.[12]

그런데 사실 전력산업을 분석할 때는 전력산업 자체의 고유한 특성을 충분히 고려해야 한다. 전력산업 형성기에 전기는 저장이 쉽지 않아 생산하는 즉시 소비해야 하기 때문에 생산지와 최종소비지를 연결하는 일이 중요했다. 전기의 생산, 수송, 배급 과정을 각각 발전, 송전, 배전이라 구분하여 부르고, 이를 어떻게 구성할 것인지를 중요하게 생각했다.[13] 초창기에는 대개 도시 인근에 소규모 내연력발전기를 부설해 전기수요에 응하고 있었기 때문에 한 회사가 발송배전을 모두 맡는 것이 일반적이었다. 그러나 대량의 수력전기 생산이 가능해지고 장거리를 송전하는 고압송전기술이 등장함에 따라 전력산업구조에도 큰 변화가 일어났다. 수력발전이 유망한 하천에 대규모 발전소를 건설하고 최종소비지까지 고압의 송전선을 설치해 전기를 보내는 시스템으로 진화해 갔던 것이다. 이에 따라 발전력의 비중은 '화주수종火主水從'에서 '수주화종水主火從'으로 달라지고 발송배전이 기능에 따라 분리되는가 하면, 여러 곳의 발전소와 소비지를 상호 연결하는 네트워크가 만들어지게 되었다. 20세기 전반의 전력산업계에서는 어떤 방식의 전력시스템을 갖추고, 민영과 국영 기업을 비롯해 어떤 형태의 사업체로 운영할 것이며, 그 과정에서 정부가 어떤 역할을 맡을 것인지가 중대한 문제로 등장하고 있었다.

우리도 예외가 아니었다. 앞서 언급한 전력통제정책은 이러한 전력산업구조의 변화와 연관되어 있었다. 기존 연구에서 1930년대 초에 조선총독부가 조선전기사업조사회를 조직하여 수립한 전력통제정책에 특별히 관심을 집중한 것은 이 때문이다. 당시 수립된 정책에 의하면 대규모 수력발전소를 건설하여 여기에서 생산된 전기를 한반도 전역을 연결할 고압송전선을 통해 주요 소비지로 보내는 계획이 만들어졌고, 송전간선은 국영으로 하되 발전, 배전, 송전지선은 민영에 맡기는 원칙이 채택되었으며, 배전회사는 지역별로 5개 구역으로 나누어 통합하기로 결정되었다. 기존 연구들에서는 대체로 이러한 원칙들이 애초에 의도한 대로 관철된 것으로 설명하였지만, 본문에서 다룬 바와 같이 이는 사실과 달랐다. 이 때문에 일제강점기 전력산업의 구조와 성격을 이해하는 데에 다소간 혼란이 일어난 것으로 보인다.

사실 어떤 정책이 만들어지기까지에는 많은 세력과 집단의 이해관계가 조정되는 과정을 밟게 된다. 정책 수립과정이 복잡할수록 초기 구상의 외형이 바뀌기도 하고 본질적인 변화를 수반하기도 한다. 그리고 무리하게 만들어진 정책의 경우 실행과정에서 애초에 의도한 대로 전개되지 않을 수도 있다. 그렇기 때문에 정책을 분석 대상으로 설정하여 연구할 때는 정책의 수립과정을 면밀히 살펴 정책이 등장하게 된 배경은 무엇인지, 최초의 정책 구상이 어떻게 변화해 가는지를 정확하게 파악해야 한다. 그리고 정책이 결정된 이후 실제 적용과정에서 혹시나 지연되지는 않았는지, 별다른 변형이나 왜곡은 없었는지를 상세히 검토하지 않으면 안 된다.

따라서 1930년대 초 전력통제정책의 성격을 규명하기 위해서는 우선 1910~1920년대의 전력정책이나 전력업계 동향을 파악하여 이 정책이 등장하게 된 배경을 이해해야 하고, 정책의 수립과정에서 이해관계를 조정하기 위해서 어떤 이슈가 제기되어 정책에 반영되었는지를 상세히 살펴야 한다.[14] 또한 1930년대 초에 수립된 전력통제정책은 실행과정에서 여러 가지 문제가 발생하고 있었기 때문에 정책의 전개과정에서 앞서의 원칙들이 그대로 관철되었는지, 혹시라도 변화를 겪지는 않았는지를 면밀히 검토해야 할 것이다.[15]

한편, 일제 말 전력국가관리체제가 수립되는 과정도 중요하게 다루어질 필요가 있다.[16] 사실 1930년대 초부터 시작된 배전통합이 마무리되고, 한반도 전역을 연결하는 전력네트워크가 구축되며, 여러 발송전회사들을 통합하여 조선전업을 만든 것은 모두 이 시기에 일어난 일이었기 때문이다. 그리고 이때 성립된 전력산업구조가 해방 이후에 그대로 계승되었다는 점에서도 전력국가관리체제의 내용과 성격을 이해하는 일은 매우 중요하다. 그러나 그간에는 이러한 연구사적 중요성에 비추어 상대적으로 소홀하게 다루어진 감이 없지 않다. 특히 한국의 전력국가관리체제는 일본정부의 요구에 의해 단기간에 간단히 성립된 것이 아니다. 일본에서는 1939년 전기청 발족과 일본발송전 설립을 계기로 제1차 전력국가관리가 시작되고 1941년 일본발송전의 강화와 배전회사 강제통합 등의 제2차 전력국가관리로 이어졌지만, 한반도에서는

1943년에 조선전력관리령이 공포되기 전까지 전력국가관리체제의 수립이 지연되고 있었다. 그리고 구체적인 정책의 내용도 일본과 상당히 달랐다. 정책의 원안으로부터 최종안에 이르는 변천과정을 면밀하게 분석하면 전력국가관리체제 수립이 일본에 비해 상당한 시차가 발생한 이유와 일본과 사뭇 다른 양상을 보인 이유를 해명할 수 있을 것이다.

한편, 해방 이후 전력산업사는 그동안 상대적으로 학계의 큰 관심을 끌지는 못했다. 대체로 전기회사에 의해 작성된 회사사에 의존하고 있어서 사실관계가 불분명한 경우가 많았다.[17] 관련 학술 연구가 크게 부족한 가운데에서도 분단체제의 형성과정을 해명하려는 문제의식 아래 남북관계의 변화 속에서 5·14단전이 일어난 원인과 그 영향을 검토한 작업이 일찍부터 진행되어 왔다.[18] 근자에 전력산업을 본격적으로 다룬 연구들이 일부 시작되고는 있지만,[19] 아직 전원개발계획이나 전기3사의 통합과 같은 특정한 주제의 해명에만 관심이 머물러 있는 실정이다. 게다가 관련 사료의 발굴과 이를 통한 사실관계의 확정에 치중하다 보니 이를 주도한 정치세력의 변화, 사회경제적 요인, 한미관계 등을 총체적으로 고려한 입체적 분석에는 아직 도달하지 못한 것으로 보인다.

예를 들어 본 연구에서 다루는 1948년부터 1961년까지를 한정해 보더라도 남한정부의 전원개발계획이 언제, 어떻게 작성되었고, 시기별로 어떠한 변화가 생겼으며, 그 원인은 무엇이었는지가 명확히 정리되지 못한 상태이다. 그리고 전기3사 통합과 관련해서도 1961년 한국전력주식회사가 탄생되기 전까지 비슷한 시도가 몇 차례 있었는데, 시기별로 구체적으로 어떤 정책들이 입안되었으며 그러한 정책들 사이에 어떠한 차이가 있었는지를 면밀히 추적해 정리하지 못했다. 전기3사

통합과 관련된 법안의 주요 내용도 명확하게 알려져 있지 않다. 게다가 기존 연구에서 이 시기 전력산업구조 개편과정을 '전기3사 통합=국영'으로 단순 정리하여 국영론과 민영론의 갈등과 대립으로만 좁혀서 이해한 방식에도 다소 문제가 있었다고 생각된다. 사실 국영론과 민영론의 대립을 통해서 이 시기 전력산업의 문제를 파악하여 일정한 성과를 거둔 것은 사실이다. 그러나 이러한 대립을 지나치게 부각하면 국영과 민영 사이에 존재하는 다양한 스펙트럼에 대해서는 관심을 갖기 어렵게 된다. 비록 결실을 거두지는 못하였다고 해도 실제로 그 안에서 의미 있는 변화들이 적지 않게 일어난 경우도 있었는데, 그간에는 이러한 변화들이 연구자의 관심 밖에 놓여 버렸다.

이러한 문제가 발생한 것은 연구자들이 장기간을 시야에 넣고서 전력산업의 변화과정을 면밀하게 추적하지 않은 채 특정 시기의 특정 문제에만 분절적으로 관심을 가졌던 데에서도 연유하였다고 생각된다. 다행히 근자에 장기간에 걸쳐 전력산업의 발전 양상을 다룬 연구들이 일부 등장하고는 있다.[20] 그러나 아직까지 연관성이 떨어지는 주제를 함께 다루어 장기간에 걸쳐 분석하는 장점이 발휘되지 않거나 검토한 주제별로 분석밀도에서 편차를 보이고 있어서 여전히 아쉬움이 남는다. 특히 대한제국기에 설립된 한성전기가 한미전기로 개편되었다가 일본에 매각되어 버린 과정이나 일제강점기에 전력통제정책이나 전력 국가관리체제 아래에서 주요한 전기회사들이 형성된 과정, 그리고 이러한 전기회사들이 해방 이후 혼란기를 거치며 1961년에 한국전력으로 통합되는 과정까지 장기간을 분석 대상으로 설정해 시기별로 어떠한 전력정책이 등장하고 전력업계에 어떠한 변화가 일어났는지를 면밀히 추적한 연구는 아직까지 없었다.

이에 본 연구에서는 1898년부터 1961년까지를 분석 시기로 설정해 한국에서 전력산업이 형성되어 발전하는 과정을 상세히 다루고자 한다. 여기에서는 그 시기를 크게 셋으로 나누어 분석에 임하려고 한다. 우선 제1부에서는 대한제국기 전력산업의 형성과정을 다룬다. 특히 종래 한성전기의 설립과정에서 불분명했던 사실관계를 명확하게 밝히고, 한성전기가 러일전쟁의 와중에 한미전기로 개편되었던 사실과 그 의미 그리고 한미전기가 최종적으로 일한와사에 매각되는 과정을 상세히 살피는 것을 목적으로 한다. 제2부에서는 일제강점기 전력산업의 성장과 변화과정을 검토한다. 이 시기에서는 1930년대 초의 전력통제정책과 일제 말의 전력국가관리체제가 중요한 분기점을 이루고 있다는 판단 아래 이를 분석의 중심축으로 설정하는 가운데 그 전후 시기 전력업계의 동향을 자세히 살펴 식민지지배정책에 의하여 전력산업이 어떠한 변화를 겪게 되었는지를 면밀히 추적할 계획이다. 제3부에서는 1945년부터 1961년까지의 전력산업의 위기와 극복과정을 살핀다. 여기에서는 일제강점기 식민지지배정책에 의해서 왜곡된 전력산업구조가 분단체제의 형성과정에서 어떠한 모순을 노정하였고, 한국전쟁으로 인한 전력시설의 파괴가 남한사회에 초래한 전력위기의 양상이 어떠하였는지를 살피고, 남한정부가 이러한 위기를 극복하기 위해서 구체적으로 어떠한 노력을 기울였는지를 상세히 검토할 것이다.

1898

I

대한제국기
전력산업의
형성

1. 한성전기회사의 설립과 경영

한성전기의 설립과정과 회사의 성격

19세기 말 세계적으로 전력산업은 전등공급과 전차운행에 의해서 비로소 하나의 산업으로서 형성되기 시작했다.[1] 19세기 초 볼타Alessandro Volta가 전지를 발명하고 데이비Humphry Davy가 전지의 양극에서 뽑아낸 철사 끝에 목탄을 접속해 빛을 내는 아크등[弧光燈]을 발명하였지만 아직 실용화 단계에 이르지 못했는데, 1876년 야블로치코프Pavel Jablochkov에 의해 개량된 아크등이 점등시간을 늘리면서 가로등, 백화점, 철도역, 호텔, 극장, 공장 등에 상업적으로 이용되기 시작했다. 그리고 이를 공급하는 회사가 등장했다. 그러나 아크등은 수명이 짧아 많은 비용이 소요되고 광력이 너무 강하고 자극적이어서 가정용에는 적합하지 않았다. 이에 스완Joseph W. Swan 등에 의해 탄소필라멘트를 이용한 백열전등이 개발되기 시작했지만 실용화되지 못했는데, 1878년

10월 에디슨Thomas Alva Edison이 에디슨전등회사Edison Electric Light Company를 설립하고 본격적인 개발에 착수해 무명실, 종이, 대나무 등을 이용해 탄소필라멘트를 개량하고 각종 계량기, 전선, 조명부속기구들을 발명하는 성과를 거두었다. 에디슨은 1882년 뉴욕 맨해튼 펄 스트리트Pearl Street에 중앙발전소를 건설하고 지하에 배전시스템을 매설해 전등을 대규모로 공급하는 상업운전을 시작했다. 또한 1886년에 설립된 웨스팅하우스전기회사Westinghouse Electric Co.는 에디슨이 사용한 직류시스템 대신 장거리 송전이 가능하고 변압이 용이한 테슬라Nikola Tesla의 교류시스템을 채택해 반경 0.5마일 이내로 제한되었던 전등서비스 범위를 크게 넓히기에 이르렀다. 이로써 업체들 간의 경쟁이 치열해지고 전등사업은 더욱 발전하게 되었다.

비슷한 시기에 전차사업도 시작되고 있었다.[2] 1830년대부터 차량에 전지와 전동기를 달아 움직이게 하는 연구가 진행되다가 1879년 베를린산업박람회에서 지멘스-할스케Siemens-Halske 회사가 전차를 운전하는 데 성공했고, 1881년 5월 베를린 교외 리히터펠데Lichterfelde에서 1.5마일 구간에 전차를 운행해 상업적으로 승객을 수송하기 시작했다. 미국에서는 '전기철도의 아버지'라고 불리는 스프레이그Frank J. Sprague에 의해서 1888년 버지니아주 리치몬드에서 최초의 전기철도가 운행되었다.[3] 이후 전기철도는 중앙발전식 전기공급체계와 맞물려 급속히 발달하여 투입비용에 비해 효율이 떨어지고 속도가 느린 마차철도를 제치고 도시교통수단으로서 중심역할을 수행하게 되었다.

조선정부는 보빙사報聘使(1883)의 미국 방문을 계기로 이러한 전력산업의 발전현황을 직접 체험하고 큰 관심을 갖게 되었다.[4] 보빙사의 귀국 직후 미국에서 전등시설을 수입하려고 했지만 갑신정변의 발발로 일차 연기되었고, 1886년 말에서야 에디슨의 대리인 프레이저Everett Frazer(厚禮節)를 통해 에디슨전등회사로부터 전등설비를 구매하여 1887년 초 미국인 전등교사電燈教師 맥케이William McKay(麥臣)에 의해서 경복궁 내 건청궁에 백열전등 750등 규모의 전등소가 설치되어 최초로 점등이 이루어졌다. 세계적으로도 매우 이른 전등 도입이었다. 그 후 전등사업은 맥케이의 사망으로 일시 중단되었다가 새로운 외국인 기술자들이 고빙되어 재개되었고, 1894년 5월 30일에는 전등교사 파워Charles W. Power(巴窩)의 주도 아래 최신식 설비를 갖춘 제2전등소가 준공되어 240마력, 16촉광 백열전등 2천등을 켤 수 있는 규모로 확대되었다. 그러나 그간의 설비는 모두 궁궐 내 조명을 위해 사용되는 데에 그쳤다.

이에 고종은 전등을 민간에 확대 공급하고 서울 시내에 전차를 운행해 전력산업을 본격적으로 발전시키는 방안에 관심을 가졌다. 경복궁의 전등 가설 이후 프레이저가 서울 시내의 전기시설 설치를 꾸준히 권유해 왔고, 1891년에 고종이 알렌Horace Newton Allen(安連)을 통해 전기철도 부설을 타진했으나 위안스카이袁世凱의 간섭으로 실패한 적이 있었으며, 1893년에 당시 주미대리공사 이채연은 미국 국무부 장관 그레샴Walter Q. Gresham과 면담을 나누면서 고종이 전기철도 부설에 깊은 관심을 갖고 있음을 피력하기도 했다.[5]

따라서 아관파천으로 정권이 교체되고 그간 중단되었던 근대산업육성정책이 본격 추진되자 전력개발은 중요한 이슈로 부각되었다.[6] 알렌에 의하면 1896년 말부터 전차 부설에 대한 요청이 다시 시작되었다.[7] 중개역할은 한성판윤 이채연이 맡았다. 그는 일찍이 제중원 주사를 거쳐 주미공사관에 근무(번역관, 서기관, 대리공사)한 적이 있어서 영어에 능통했고 독립협회에 열성적으로 참여했으며 알렌을 비롯한 미국인들과도 친밀했던 친미개화파의 핵심인물이었다.[8] 광무황제의 신임이 두터웠으며, 당시 여러 민간회사의 설립과 경영에 나서 이 방면의 경험도 풍부했다.[9] 이런 일에는 적격이었던 셈이다.

알렌은 사업을 맡을 미국인 기업가로 콜브란Henry Collbran(高佛安, 1852~1925)을 추천했다. 콜브란은 원래 영국 태생이지만 1881년에 미국으로 이주하여 주로 철도, 광산업 등에 종사하며 콜로라도미들랜드철도회사의 총지배인을 거쳐 미들랜드터미널철도회사의 사장을 역임한 이 분야 전문가였다. 그는 경영상의 문제로 인해 이 회사 사장직을 물러나 사업기회를 찾아서 동양으로 건너왔는데, 1896년 가을 모스 James R. Morse(毛斯)의 경인철도 부설사업의 도급공사를 맡아 한국에 진출하였다. 한때 제임스와 동업관계를 맺었다가 청산하고 당시는 단독으로 활동하고 있었다.[10]

이채연은 알렌을 통해 콜브란과 긴밀하게 교섭했고, 1897년 말경에는 양측이 회사 설립의 구체안에 합의했던 것으로 보인다. 그 결과는 다음 문서에 잘 드러나 있다.

〈漢城電氣會社〉

資本銀二十萬元內 內下十萬元 京仁鐵道美國會社借給十萬元 而京城電氣會社具本利還報之前 美國鐵道會社典執京城電氣會社物品財産

1. 電氣會社與美國鐵道會社協議敷設電氣鐵道電氣燈電話筒於京城內外近處事

1. 電氣鐵道自南大門內經鍾路至山陵所先將敷設 而大皇帝陛下動駕時所
   用電氣車貰勿爲擧論 但常時官民往來車貰一切收取事

1. 電氣燈掛設於闕內及各處公私街路房屋一切收貰事

1. 電話筒掛設於公私所用各處一切按月收貰事

1. 本會社章程必得農商工部認可事[11]

이 문서에 의하면, 광무황제의 내탕금 10만원과 경인철도미국회사
(콜브란측)[12]로부터 차관 10만원을 합쳐 20만원의 자본금으로 전기회사
(명칭은 '경성전기회사')를 설립하여 한성부 내에 전차, 전등, 전화를 공
급토록 하고 차관을 갚을 때까지 경인철도미국회사가 경영권의 일부를
장악하고 회사 재산도 저당토록 한다는 계획이었다. 말하자면 황실과
미국 자본의 파트너십을 통해 회사를 설립하여 전력개발에 나선다는
계획이었다.

그러나 실제로 대한제국의 전력개발사업은 이 계획대로 진행될 수
없었다. 러시아 때문이었다. 아관파천 이후 러시아는 대한제국에 영향
력을 행사하고 있었는데, 1897년 9월 유순한 성격에 알렌과도 절친했
던 베베르Karl Ivanovich Weber를 주한러시아공사에서 해임하고 그 자리
에 강인한 성격을 가진 '공격적인 제국주의자' 스페이에르Alexis de
Speyer를 임명하면서 더욱 노골적인 간섭과 확장정책을 전개하고 있었
다.[13] 러시아인 군사교관과 재정고문을 파견하고 한러은행을 설립하여
대한제국의 군사·재정을 장악하려 했다. 따라서 대한제국 황실이 미국
자본과의 결합을 통해 전기회사를 설립하는 일은 러시아의 방해를 유
발하기에 충분했다.[14]

대책은 황실과 미국인의 투자를 숨기고 한국인 민간인을 내세워 회사를 설립하는 것이었다. 1898년 1월 18일 이근배와 김두승이 농상공부에 한성전기회사漢城電氣會社의 설립을 청원한 것은 이 때문이었다.[15] 러시아의 방해를 피하기 위해 일단 한국인 민간회사의 틀을 빌렸지만, 그 배후에는 이채연이 있었던 것 같다. 이는 설립청원인인 이근배와 김두승이 이채연의 신임이 두터웠던 인물이었고,[16] 회사 설립 이후에 이채연이 사장을 맡았지만 이근배와 김두승은 이 회사와 전혀 관계를 맺지 않았던 점에서 그렇게 생각된다. 이렇게 민간회사의 형태를 취한 데에는 다른 한편으로 당시 열강에 대한 개발권 양여를 극히 부정적으로 보는 여론[17]을 회피할 목적도 있었을 것이다.

한성전기의 설립청원은 곧바로 승인되어 동년 1월 26일 농상공부로부터 인가를 받았다. 이 회사의 설립청원서와 장정은 다음과 같다.

〈請願書〉

本人等이 資金을 鳩聚하고 會社을 合成하여 漢城五署區域 內에 電氣路車와 電氣燈과 電話筒을 設張코져하와 章程을 別紙에 另具하여 本部許可를 玆에 請願하오니 照亮하심을 望홈

光武二年 一月 日

農商工部大臣 閣下

農商工部大臣之章

請願人等 李根培 (章)

金斗昇 (章)

依願認許할 事

一月 二十六日

農商工部之印

〈漢城電氣會社 章程〉

第一條 本會社 名號는 漢城電氣會社라 稱홈

第二條 本會社를 擔保 主管하는 人員은 五人 以下로 定홈

第三條 本會社 資金은 限三十萬元하고 袴分으로 鳩聚홈

第四條 袴分은 每袴에 一百元으로 分袴홈

第五條 該袴人이 袴數를 所願하는대로 准許홈

第六條 袴券은 本會社에서 繕成하여 袴人으로 分袴홈

第七條 漢城 五署內에 電氣路車와 電氣燈과 電話筒을 設張홈

第八條 電氣路車는 大路를 從하여 建設하고 來去來往한 官民車費를 適當케 收取홈

第九條 電氣燈은 闕內와 五署內 各公廳과 內外國人의 松屋 及 商店과 街路에 掛設홈을 隨하여 燈費를 適當케 按月 收取홈

第十條 電話筒은 闕內와 五署內 各公廳과 內外國人의 松屋 及 商店에 掛設홈을 隨하여 筒貰를 適當케 按月 收取홈

第十一條 本會社가 農商工部 許可를 得한 後에는 京城 五署內에 電氣路車와 電氣燈과 電話筒 設張하는 權利專權케 하되 他人이 此等 會社 請願하는 境遇에는 農商工部 疊許하심을 勿홈

第十二條 本會社 電氣機械는 五署內에 從便한 處로 設置함을 得홈

第十三條 本會社 期限은 三十五個年으로 定하되 滿期한 後에는 本會社가 農商工部에 許可를 更請함을 得홈

第十四條 本會(社) 規則(은) 擔保主管한 社員이 議定施行함이 可홈
第十五條 本會社가 建設事務에 外國人과 定約 及 雇用함을 得홈
第十六條 本會社가 信章을 漢城電氣會社信章 八字로 圖書를 刻成하여
准行홈[18]

장정에서 나타나듯이 한성전기는 사업부문을 전차, 전등, 전화의 세
부문으로 나누어 각각 10만원, 합계 30만원의 자본금 규모를 계획하고
정부로부터 향후 35년간 황궁 내와 한성 오서구내五署區內의 독점공급
권을 허가 받고 있었다. 그러나 이 회사는 장정대로 경영되지 않았다.
실제로 사업에 착수한 부문은 전차와 전등에 한정되었고, 자본금은 광
무황제가 단독출자했기 때문에 주주[股本主]를 공개적으로 모집하지도
않았다. 그런데 이런 사실은 일반에게 알려지지 않았고, 다만 이근배와
김두승이 설립한 회사라고 소개되었다.[19]

설립 직후 한성전기 사장 이채연은 제일 먼저 서울 시내 전차 부설에
착수했다. 1898년 2월 1일에 미국인 콜브란과 계약하여 남대문에서 종
로를 거쳐 청량리에 이르는 구간의 전기철도를 20만엔(일화 기준, 이하
별다른 언급이 없는 한 동일)에 건설하기로 하고 궤도, 전주, 전선, 전차,
발전소, 차고, 정비창 등 전차운행에 필요한 시설물 일체를 갖추기로
했다.[20] 설계부터 자재 조달 및 설치, 시운전까지 책임지는 턴키 방식
(일괄수주계약)이었다. 착수금(10만엔)은 계약과 동시에 지급하고, 중도
금(2만5천엔)은 1898년 5월 1일 이전에, 잔금(7만5천엔)은 건설이 완료
되어 인도되는 즉시 현금이나 어음(1년간 8% 이자)으로 지불하기로 약
정했다. 한성전기가 상기 어음에 대해 만기 후 30일 이내에 상환하지

못할 경우에는 콜브란이 전 재산을 임의로 매도 처분할 수 있는 권한을 갖는다는 조건도 명시되었다.

그런데 이 계약 체결 직후 전차노선은 확대 조정되었다. 우선 기존에 남대문에서 출발해 종로를 거쳐 청량리에 이르는 구간은 출발점이 바뀌어 서대문에서 출발해 종로와 동대문을 거쳐 청량리에 이르는 구간(본선 및 청량리선, 약 5마일)으로 변경되었다. 이는 당시 부설하고 있던 경인철도의 서대문정거장('경성역')과 전차노선을 연계시키기 위한 것으로 보인다. 이에 따라 공사비도 22만5천엔으로 약간 늘었던 것 같다.[21] 이와 함께 새로운 노선도 추가되었다. 1899년 4월 29일에는 역시 콜브란과 계약을 맺어 종로에서 남대문을 거쳐 용산에 이르는 구간(용산선)을 공사비 14만3,037엔에 건설하기로 했다. 착수금(7만엔)은 계약 체결일로부터 30일 이내에 지급하고, 중도금(3만5천엔)과 잔금(3만8,037엔)은 공사 준공 후 30일 이내에 지급하며, 지불이 연기될 때는 연 12%의 이자를 부가하기로 했다.[22] 1900년 4월 16일에는 서대문과 남대문을 잇는 구간(의주선)도 건설하기로 했다.[23] 공사비는 4만1천엔이었다.

1898년 9월 15일에는 경희궁 흥화문 앞에서 한성전기 사장 이채연과 미국공사 알렌 등이 참석한 가운데 기공예식을 거행해 공사에 착수했다.[24] 공사는 비교적 순조롭게 진행되었다. 동대문 바로 안쪽에는 전기창電氣廠('동대문발전소')과 차고 등이 설치되었다. 발전소에는 밥콕-월콕스Babcock & Wilcox회사의 125마력 보일러, 매킨토시-시모어McIntosh & Seymour회사의 125마력 병렬식 무복수기 엔진, 웨스팅하우스사의 4극 75kW 직류발전기가 설치되었다.

한편, 발전소가 완공되고 일부 구간의 궤도가 부설되는 등 공사가 진척을 보이자 1899년 5월 4일에는 칙임관 이상의 고관과 귀족들이 참석한 가운데 서대문 경교京橋에서 동대문에 이르는 구간(본선)의 시승 및 개통식을 개최했다.[25] 이날 개통식은 동대문 일대가 수많은 인파로 뒤덮여 하얗게 될 정도로 성황을 이뤘다.[26] 2주간의 각종 시험과 점검을 거쳐 5월 20일부터는 일반인을 대상으로 본격적인 영업에 착수했고, 8월에는 운행구간을 청량리까지(청량리선) 연장 개통했다.[27] 용산선은 1899년 12월 20일에 준공식을 갖고 21일부터 민간을 상대로 영업에 나섰고,[28] 의주선은 1900년 7월 6일에 개통되었다.[29]

한성전기는 전차노선이 부설되고 있는 가운데 전등설비의 설치도 추진했다. 1898년 8월 15일 콜브란과 32만엔(장비 14만엔, 용역비 18만엔)에 서울 시내 전등설비 설치에 관한 계약을 맺었다.[30] 전등 공급사업을 위해 기존 동대문발전소에 발전기 2대를 추가로 설치하기로 하고 정동, 진고개, 남대문, 서대문 일원에 전기를 공급하는 설비, 그리고 전등 공급에 필요한 전주, 전선, 전등도 설치하기로 했다. 계약 체결과 함께 발전소 설계비조로 5천원(백동화)을 별도로 지급하기로 했다. 그러나 곧바로 공사에 착수하지는 않고, 유예기간을 두어 1900년 2월 1일까지 착수금 20만엔을 지불하면 공사를 시작해 1년 이내에 완료하기로 약정했다. 이미 전기철도에 막대한 금액이 투입되었기 때문에 당장 전등설비를 설치하는 것은 재정에 부담이 있었던 것 같다. 이 때문에 착수일을 1년 반가량 뒤로 미룬 것으로 보인다.

이상의 경과만 놓고 보면 콜브란측은 한성전기의 공사를 수주 받은 건설청부업자에 지나지 않았다. 그럼에도 불구하고 실질적으로는 콜브란측이 경영권을 행사하고 있었다. 그 근거는 한성전기가 이들과 맺은

'운영계약'이었다.

한성전기는 1899년 4월 29일에 콜브란과 18개조에 달하는 전기철도 운영계약을 체결하여 향후 1년간(적어도 3개월 이상) 콜브란이 경영을 전담토록 했으며, 전기철도 운영과 유지 비용의 12%를 용역비로 지급하기로 했다.[31] 한성전기는 콜브란에게 철도운영에 관한 모든 권한(요금 책정, 시간표, 종업원 고용·해고 등)을 위임했고, 그 대신 회사 재정에 대해 일부 통제를 가하는 것에 만족했다. 먼저 모든 지출은 한성전기 사장의 승인을 받도록 하고 수입은 매일 다이이치第一은행 경성지점 한성전기 계좌에 입금토록 했으며, 매일 약식보고서, 한 달에 한 번 종합보고서를 제출토록 하고 회계장부는 언제든지 사장이나 대리인이 열람할 수 있도록 했다. 그러나 실제로는 이 조항들이 제대로 이행되지 않았고, 콜브란의 동업자 보스트위크Harry Rice Bostwick(寶時旭, 1870~1931)가 한성전기의 총지배인이 되어 전권을 행사하는 등 경영은 거의 콜브란측이 전담했다.[32]

콜브란측에게 경영권을 준 이유는 재정문제 때문이었다.[33] 전술하였듯이 한성전기는 설립 당시 민간인의 청원에 의해 설립된 '민간회사'의 형태를 빌렸지만, 실제로는 자본금 전액을 황실에서 출자한 일종의 '황실기업'이었다.[34] 그런데 본선과 청량리선(22만5천엔), 용산선(14만3,307엔), 의주선(4만1천엔) 공사에 들어간 자금만 대략 41만여엔에 달했는데, 광무황제는 운산금광 개발권의 대가로 헌트Leigh S. J. Hunt에게서 받은 20만엔[35] 안에서 콜브란측에게 착수금만 지급하고 중도금, 잔금 등은 결제하지 못한 상황이었다.

이에 따라 1899년 8월 22일에 한성전기와 콜브란측 사이에 '저당권

설정계약'이 체결되어, 저당권설정자Mortgagor(出典者)인 한성전기가 1900년 2월 22일까지 밀린 채무(12% 이자 포함)를 전액 갚도록 하고 그 동안 회사가 소유한 모든 재산과 특허권 등은 저당권자Mortgagee(主典者)인 콜브란측에게 신탁하기로 했다.[36] 기한 내 채무를 청산하지 못하면 저당권자가 임의로 처분하는 것에도 합의했다. 저당목적물을 저당권자 임의로 처분 내지 환가換價할 수 있도록 규정한 일종의 '유저당계약'이 었다.[37]

결국 콜브란측은 그간의 부채를 빌미로 상기의 저당계약과 운영계약을 체결해 한성전기의 재산과 특허권을 저당하고 부채를 갚을 때까지 운영권을 장악(보수는 별도 수취)하고 있었다. 애초에 한성전기를 창립할 때 황실 자본과 미국 차관을 통해 자본금을 조달하고 차관을 제공한 미국회사에 경영권을 주려고 했던 방안과 사실상 일치하게 된 것이다. 한성전기는 명목상으로는 한국인 민간회사였지만, 실질적으로는 황실 기업이었으며, 그 성격은 황실과 미국 자본의 파트너십에 가까웠다. 알렌이 미 국무부에 보내는 전문에서 서울의 전기철도는 "사실상 미국기업의 소유"라고 과시한 데에는 이러한 배경이 있었다.[38]

이처럼 한성전기가 사실상 황실과 미국 자본의 파트너십이 된 데에는 개화파의 민간 중심 상공업진흥정책이 자리하고 있었다. 당시 개화파는 정부 주도의 산업발전보다는 지주경영이나 상업활동으로 축적된 민간자본을 활용한 회사 설립, 산업발전에 중점을 두었고, 민간자본만으로 자본의 결집과 기술 도입상 한계가 있을 경우에는 해외자본의 직접투자를 유치해 이를 타개하고자 했다.[39] 한성전기는 사실상 이러한 개화파의 정책 구상에서 비롯된 것이었다. 따라서 한성전기는 전력산업 개발에 대한 광무황제의 깊은 관심과 해외자본의 유치를 통한 산업 개발이라는 개화파의 정책 구상이 만나 이루어진 합작품이라고 해도 과언이 아니었다.

당시 서울에 부설된 전차노선은 이러한 이 회사의 성격을 잘 보여 준다. 우선 청량리선은 명성황후가 잠들어 있던 홍릉(현 국립산림과학원 홍릉수목원에 위치)까지 손쉽게 갈 수 있는 교통수단을 만들고자 했던 광무황제의 의도에 따라 건설되었다. 홍릉은 반일의식을 고양시켜 줄 수단으로서 광무황제에게 정치적으로 각별한 의미를 가지고 있었다(〈그림 I-1〉).[40] 이 때문에 청량리선은 홍릉 바로 앞까지 부설되었다. 전차 부설은 광무황제의 강력한 의지에 의해서 시작되었다고 해도 과언이 아니었다.[41] 그는 전차에 대해 각별한 관심을 기울였다. 전차가 완공되자 관계자들에게 격려금(100원)을 하사하기도 하였고,[42] 전차 사고가 일어났을 때는 관계자를 견책하고 사상자들에게 위로금을 지급하기도 하였다.[43]

광무황제의 이런 의도를 뒷받침했던 세력이 바로 친미개화파(특히 이채연)였다. 이들은 미국기업의 자본투자에 이은 미국의 정치적 관심 증대가 이 시기 열강들의 세력균형 강화에도 도움이 될 것이라고 판단했다. 또한 박정양, 이채연, 이계필, 남궁억 등 친미개화파가 주축이 되어 추진한, 수도 한성을 근대도시로 개편하기 위한 도시개조사업에서 전차노선은 중요한 의미를 점하고 있었다.[44] 이들은 도로의 정비와 신설을 통해 경운궁을 중심으로 한 도로망을 갖추어 나갔고, 독립문, 원구단, 장충단, 칭경기념비, 탑골공원 등 각종 기념물과 근대적 편의시설을 설치하는 한편, 청계천 준천 및 시가지 청소 등을 통해 도시의 청결, 위생을 강화해 나갔다. 그런데 본선, 용산선, 의주선 등으로 이루어진 전차노선은 경운궁 주위를 빙 둘러싼 형세를 취해[45] 경운궁을 중심으로한 교통망 형성에서 중요한 위치를 점하고 있었다. 특히 서대문과 남대문을 잇는 의주로는 종로나 남대문로와 같은 대로가 아니라 도성 밖에위치한 작은 길에 불과했는데, 이런 길에 먼저 전차선로를 설치한 이유가 여기에 있었다.

게다가 전차노선은 당시 도성 최대의 상업지인 종로, 이현, 남대문과신흥공업지대인 용산을 거치도록 설계되었다. 한성부 도시개조사업에따라 도로가 정비되고 확장된 결과 종로와 남대문로 일대의 임시 상업시설[가가]은 대대적으로 철거되고 노변에서 영업하던 좌판은 정리되었기 때문에 새로운 상업시설의 설치가 필요하게 되었다. 이를 계기로철거된 가가를 남대문 인근의 선혜청 창고 안으로 이설하여 선혜청 창내장(현 서울 중구 남창동에 위치)을 개설하였다.[46] 오늘날 남대문시장으로 불리는 한국 최초의 '근대적인 상설시장'이었다. 인근에 설치된 전차선로는 이 시장으로의 접근을 한층 용이하게 해주었다.

한편, 용산선 부설은 대한제국의 산업진흥정책과 깊은 관련을 가지고 있었다. 조선후기 조세곡의 운송기지로서 각종 관영창고가 설치되어 있었던 용산은 1884년에 개시장開市場으로 지정되어 기선과 외국인들의 출입이 잦아지면서 상공업이 크게 번성하고 있었다.[47] 게다가1899년 9월에는 경인철도가 영등포까지 개통되면서 영등포–용산 간은 별도로 경편레일이 부설되어 수압식手押式 궤도차로 승객과 화물을수송하기도 했다.[48] 용산선은 바로 기선과 철도로 용산에 집산된 화물과 승객을 도성 안으로 운송할 목적으로 설치된 노선이었다.[49] 이 때문에 용산선은 한강 연안까지 선로가 부설되었다. 또한, 장기적으로 용산을 신흥공업지대로 육성하여 도성과 긴밀하게 연결하려는 계획이 있었던 것으로 보인다. 용산선 부설 이후에 각종 관련 기관들이 용산으로 이전 혹은 신설되고 있었는데, 우선 1900년 5월 전환국을 용산의 구 군자감 창고터(현 원효로3가)로 이전 완료했고, 별영창 일대(현 원효로1가)에는 궁내부 소속 정미소, 도량형제작소, 유리창, 자기창, 직조창 등이 들어섰으며, 전환국 뒤쪽에는 이용익이 주도한 총기제조소가 자리하였다.[50] 한강변에는 훗날 한성전기의 제2발전소('마포발전소')가 설치된다. 민간 회사와 공장도 다수 들어서면서 용산은 단기간에 공업지대로 탈바꿈하고 있었다.

콜브란측의 경영 확장 기도

전술하였듯이 한성전기로부터 전차 부설을 비롯한 각종 청부계약을 수주했던 콜브란측은 한성전기(=황실)가 재정난으로 해당 계약의 중도금, 잔금을 제때에 치르지 못하자 저당계약과 운영계약을 맺어 해당 설비와 재산을 신탁 받고 부채를 상환할 때까지 운영권을 갖기로 약정했다.[51] 부채상환 만기일은 1900년 2월 22일, 운영계약 기한은 1900년 4월 29일로 정해져 있었다. 그러나 1900년 2월 22일 부채상환 만기가 도래했음에도 불구하고 한성전기는 채무를 갚지 못했다. 이에 콜브란측은 그해 12월 말까지 지불기한을 한 차례 연기해 주었고,[52] 1900년 4월 29일에는 운영계약이 만료되자 양측은 새로운 계약을 체결할 때까지 임시 연장하기로 합의했다.[53]

<그림 I-1> 한성전기의 전차노선

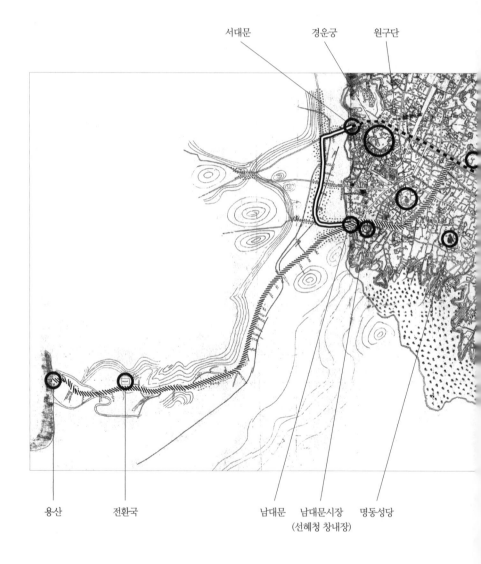

서대문   경운궁   원구단

용산   전환국   남대문   남대문시장   명동성당
                            (선혜청 창내장)

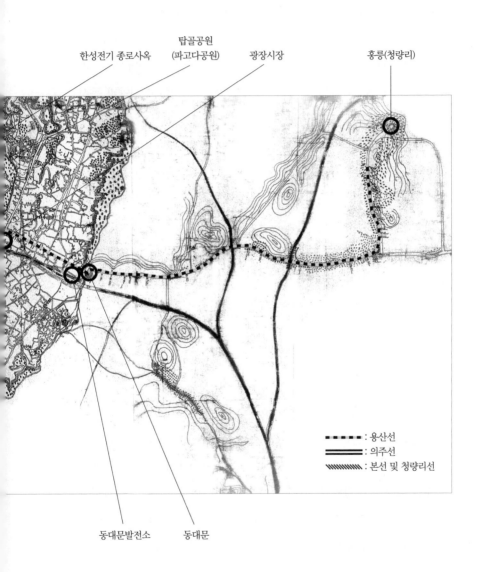

한성전기 종로사옥　　탑골공원
　　　　　　　　　　(파고다공원)　　광장시장　　　　　　　　홍릉(청량리)

■■■■■ : 용산선
━━━━━ : 의주선
〰〰〰 : 본선 및 청량리선

동대문발전소　　동대문

한편, 전등설비 부설도 재정문제 때문에 난항을 겪었다. 1898년 8월 15일에 체결된 전등설비계약에 따르면, 계약 체결과 동시에 발전소 설계비조로 5천원(백동화)을 지급하는 대신 재정난 때문에 착수금 지급을 약 1년 반 뒤로 미루기로 했다. 1900년 2월 1일까지 착수금 20만엔을 지불하면 그때부터 공사를 시작해 1년 안에 마치기로 약정했다. 그러나 약속된 기한이 도래했지만, 착수금 20만엔은 고사하고 계약과 동시에 주기로 했던 설계비 5천원도 지급하지 못한 상태였다.

기한 내에 착수금이 지급되지 않자 콜브란측은 강력하게 항의했다. 기한 내에 착수금이 지급되지 않으면 공사대금(32만엔)이 변경될 수 있다는 전등설비계약 제8조의 규정을 들어서 기계장비와 재료 구입비 부담이 늘어났다며 5만엔이 추가로 필요하다고 주장했다.[54] 당장 착수금을 지급하지 못하겠으면 다른 이권이라도 달라고 요구하고, 그렇지 않으면 발전소와 전기철도 운행을 정지하겠다고 협박했다.[55] 이 때문에 1900년 3월 10일 한성전기에서는 전등설비공사 설계비와 착수금을 비롯해 그간 밀린 대금 24만여엔을 정산해 주었다.[56] 〈표 I-1〉은 이에 관한 상세한 내역이다.

1898년에 체결된 전등설비계약에서는 총공사대금 32만엔 중에서 착수금으로 20만엔을 지불하기로 되어 있었지만, 이때는 일단 착수금조로 16만엔만이 지급되었을 뿐이다. 콜브란측에서는 약속된 날짜에 착수금을 받지 못해 손해를 보았다고 주장하며 공사대금을 5만엔 증액해 줄 것을 요구하고 있었다. 이런 사정 때문에 전등설비계약은 불가피하게 수정될 수밖에 없었던 것 같다. 이에 따라 양측은 1900년 8월 15일에 전등설비 수정계약을 체결하였다.[57] 그런데 바로 이날 한성전기의 사장은 이채연에서 이윤용으로 바뀌어 계약은 이윤용과 콜브란측 사이에 체결되었다.[58] 공사 지연에 따른 손실 보상 등을 이유로 공사비 총액은 37만엔으로 상향 조정되었고, 이미 지급된 착수금 16만엔을 제외한 잔금 21만엔은 만기일에 10%의 이자를 가산하여 지급하기로 약정했다. 그리고 일단 잔금 지급기일을 1901년 8월 15일까지로 정하되 만일 이때 지급하지 못할 경우에는 1902년 8월 15일까지 한 차례 더 지급기일을 연기하기로 합의했다.

같은 날 한성전기 사장 이윤용과 콜브란측은 전차운영권 위임과 부채상환 기한을 1902년 8월 15일까지 연장하는 데에도 합의했고,[59] 1900년 9월 22일에는 양자 간에 저당권설정계약을 다시 체결해 잔존부채액수를 21만엔(이자는 별도)으로 확정하고 상환기한을 전차운영계약 만기일과 동일한 1902년 8월 15일까지 재차 연장하는 데 합의했다.[60] 이로써 한성전기와 관련된 모든 부채의 만기일은 1902년 8월 15

〈표 I-1〉 1900년 3월 10일 콜브란-보스트위크회사 영수금액 상세내역

항목	금액(A) (일부는 백동화)	금액(B) (일화로 환산)
한성전기 철도운영비(1900.1.31까지)	17,706.98	17,706.98
운영비 수수료(1900.1.31까지)	4,706.72	4,706.72
전차폭동사건 당시 파손된 차량 2대 금액	6,850.00	6,850.00
용산선 잔금	48,037.00	48,037.00
전등설비공사 설계비(백동화 5천원)	* 5,000.00	4,166.67
전등설비공사 착수금	160,000.00	160,000.00
합계	242,300.70	241,467.37

자료: William Franklin, Sands Papers, MC93 Box4.
비고: 금액(A)는 백동화로 표시된 *를 제외하고 모두 일화로 표시되어 있음.
　　금액(B)는 모두 일화로 환산함. 따라서 합계는 금액(B)가 정확함.

일로 확정되기에 이르렀다.

한때 콜브란측이 발전소와 전기철도 운행 정지까지 고려했을 정도로 악화되었던 양측의 관계가 회복된 데에는 전등설비공사 착수금이 지급된 사실뿐만 아니라 1900년 4월과 5월 광무황제가 대리인을 보내 콜브란측에게 거액을 맡겼던 일이 결정적인 요인으로 작용했던 것 같다. 광무황제는 모두 6차례에 걸쳐 107만여엔이라는 거액을 콜브란측에게 특별예금 명목으로 신탁하였다.

게다가 콜브란측은 부채상환을 연장해 주는 대가로 한성전기와 대한제국정부로부터 각종 권한을 확보함으로써 대대적인 경영 확장을 도모하고 있었다.[61] 전기철도와 전등설비 이외에 콜브란측이 추진한 경영확장계획 중에서 중요한 것만을 간추리면 다음과 같다.

우선 1899년 9월 초 콜브란의 요구에 따라 한성전기는 대한제국정부에 송도松都로부터 한강안漢江岸 거야위巨野渭(행주 하류)까지 폭 3척6촌

〈표 I-2〉 광무황제의 콜브란측 신탁금 내역

연월일	신탁(대리)인	금액	비고
1900.4.16	이용익	190,000.00	일본 금화
1900.4.16	이용익	61,282.00	다이이치은행 수표
1900.4.16	이용익	515,000.00	세창양행 발행 약속어음 (1900년 5월 27일 만기)
1900.4.16	현상건	8,532.63	
1900.5.31	현상건	30,000.00	
1900.5.31	현상건	270,000.00	프리차드 모건 회사 발행 어음 (1900년 7월 16일 만기)
합계		1,074,814.63	

자료: Enclosure No.13, in Allen to the Secretary of State, "Claim of Collbran & Bostwick on Korean Government", 1902.8.29, Despatch No.500 Diplomatic.

의 경편철도輕便鐵道 부설사업을 청원하여 9월 30일에 인가를 받았다.[62] 처음에는 화륜으로 이용하다가 영업이 번성하면 전기로 전환하기로 약정하고, 33년의 특허기간과 필요한 자재 수입 시 면세혜택, 그리고 정거장, 선로 등의 용지와 수로를 이용할 권리 등을 확보하였다. 콜브란은 이날 한성전기와 계약금 1달러에 예비계약preliminary agreement을 체결하여 가까운 장래에 상호 동의 아래 본 계약을 맺으며, 일정 비율의 자금 제공을 조건으로 경편철도 건설과 자재 공급을 허가 받기로 약정하였다.

둘째, 홍릉의 천장을 계기로 양주군 금곡까지 황실도로를 건설하는 사업을 계획했다.[63] 주지하듯 홍릉은 원래 현재의 청량리 국립산림과학원 홍릉수목원 자리에 위치하고 있었는데, 갑작스레 풍수를 이유로 이장이 거론되더니 양주군 금곡으로 옮기자는 논의가 급진전되고 있었다.[64] 광무황제는 도감都監을 설치하고 심순택을 총호사總護使로 삼아 천릉사업을 주관하게 하였고, 홍릉이 위치할 지역에 소재한 주산主山의 봉호封號(천수산)를 제정하고 청량리에 있던 구릉舊陵을 열기 시작하였다.[65] 이에 새로운 홍릉까지 도로 정비가 시급히 요청되었고, 콜브란측은 이채연을 통해 이 권한을 확보하였다. 1900년 4월 28일 한성판윤 이채연과 보스트위크는 계약을 체결해 금곡까지 황실도로Imperial Highway(어도御道, 약 13마일)를 건설하기로 약정했다. 콜브란측은 공사에 필요한 예비조사가 끝나는 대로 가능한 빨리 공사에 착수하기로 하고 공사비는 추후에 백동화로 받기로 합의했다.[66]

셋째, 홍릉의 천장과 황실도로의 건설계획에 따라 기존의 전기철도를 새로운 홍릉을 거쳐 한강변 덕소까지 확장하는 방안이 함께 추진되

었다. 황실도로 건설계약을 체결한 날 한성전기 사장 이채연이 보스트

위크와 계약하여 기존 청량리선의 분기점인 보제원普濟院부터 새로운

홍릉까지 황실도로를 따라 전기철도를 부설하고 다시 금곡 아래 한강

변 덕소까지 지선을 연장(약 15마일)하기로 합의했다.[67] 차량기지와 차

량도 추가로 확보하기로 하고, 콜브란에게 공사비용을 견적토록 하여

빠른 시일 내에 본 계약을 체결하기로 약속했다. 1만5천엔 이내에서

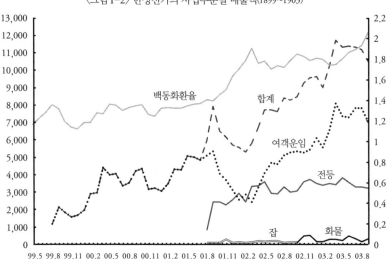

〈그림 I-2〉 한성전기의 사업부문별 매출액(1899~1903)

자료: 《총서 15》, 92~93쪽(①). 단, 1899.5~12는 《총서 14》, 392쪽(②), 1903.1~3은 《총서 15》,
163~165쪽(③), 1903.4~6은 《米國人〈コーブラン´ボストウヰツク〉ノ韓國に於ケル利權獲得
關係雜件/參考書》(B09040862900)(④), 1903.7~9는 《총서 15》, 190쪽(⑤). ①과 ②의 통계가
중복되는 구간에서 일부 차이를 보이지만, 전체적인 추세는 크게 다르지 않아 여기서는 상대
적으로 긴 시계열을 갖춘 ①을 기준으로 ②, ③, ④, ⑤를 보충함.

비고: 1899.5.27~1899.8.9까지는 휴업. 원자료에 여객운임, 화물, 잡수입은 백동화(元)로, 전등 수
입은 일본화(円)로 표시되어 있어서 이를 당시 환율에 의거 필자가 일본화로 통일함. 서울지
역 백동화 환율은 《通商彙纂》 15, 1904.2 참조. 단, 1903.4~9는 콜브란측의 환산액임.

조사, 계획, 설계 비용을 사용토록 하고 만약 한성전기가 최종 계약을 거부할 때는 즉시 이를 지불키로 했다. 그런데 덕소선은 주로 동대문 밖에 거주하는 주민과 농산물의 도성 내 수송을 목적으로 하고 있었다.[68] 특히 덕소 상류는 남한강 수계와 북한강 수계가 만나 서울로 연결되는 지점으로 일찍부터 수운을 이용해 각종 물화가 활발히 수송되는 곳이었다. 이 지역에 전기철도를 부설하면 여기에 집산된 화물을 서울로 운반하는 시간을 크게 단축할 수 있는 등 경제적 이점이 있었다.

넷째, 서울에 수도설비를 갖추고 수돗물을 공급하는 사업을 추진했다.[69] 이미 1898년 12월 26일에 이채연과 콜브란 사이에 한성의 수도설비에 관해 예비협정을 체결해 부설권을 콜브란에게 주기로 하고 콜브란이 미국에 가 설비를 조사한 뒤 빠른 시일 내에 본 계약을 체결하기로 합의했으나[70] 한동안 별다른 진척을 보지 못했다. 그런데 1900년 7월 14일 이채연과 콜브란측이 계약을 갱신해 재정 부족을 이유로 당분간 착공을 연기하면서 향후 수도설비와 서비스 공급계약권을 콜브란측에 주기로 재확인하였다.[71] 수도설비공사는 공사비 350만엔을 투입해 하루에 수돗물 500만갤론을 공급하려는 대규모 계획이었기 때문에 콜브란측이 가장 역점을 둔 사업이었다.

다섯째, 콜브란측은 한성전기(=황실)의 사업 파트너로서 각종 황실소요물품을 조달하는 일을 맡으며 신임을 쌓아 나갔고, 이를 발판으로 황실자금을 관리하는 지위까지 차지하였다. 전술하였듯이 황실은 1900년 4월 16일과 5월 31일 모두 6차례에 걸쳐 107만4,814.65엔을 콜브란측에 신탁하였고,[72] 콜브란측이 자금을 관리 운용하되 필요시에는 황제의 명령에 따라 지급하기로 약정했다. 알렌은 이를 두고 "황제를 위한

사적 은행가the private bankers for the Emperor"의 역할을 수행하고 있다
고 평했다.[73] 콜브란측은 이를 계기로 새로운 사업 기회도 포착했다.
1900년 12월 17일에는 궁내부와 200만원을 주조할 수 있는 백동지금
을 공급하는 계약을 체결하였고,[74] 1901년 5월 20일에는 다시 궁내부
와 계약을 맺어 백동지금을 수입해 용산 전환국까지 수송해 주면 대금
지급이 완료될 때까지 하루에 5천원씩 백동화를 주조해 이 가운데 3천
원을 받기로 약정했다.[75] 콜브란측이 황실의 신임을 얻어 자금관리를
맡고 백동화 주조에도 관여하게 되면서 자연스럽게 은행설립권까지 확
보한 듯하다.[76] 구체적 내용은 알려지지 않았지만, 한미합자로 가칭 '대

〈표 I-3〉 한성전기의 전등부문 영업 추이(1901.8~1902.10)

연월	8촉	10촉	16촉	32촉	50촉	150촉	아크등	전등수	촉광수	요금
1901. 8	23	424	140	3	8		15	613	9,560	814
1901. 9	105	542	193	5	8	1	15	869	12,458	2,385
1901.10	212	689	292	6	8	1	15	1,223	16,400	2,382
1901.11	245	706	308	8	8	1	15	1,291	17,154	2,234
1901.12	325	720	379	8	8	1	15	1,456	19,070	2,528
1902. 1	325	724	397	8	8	1	15	1,478	19,398	2,828
1902. 2	332	743	395	8	8	1	15	1,502	19,612	2,394
1902. 3	357	799	406	8	8	1	15	1,594	20,548	3,276
1902. 4	340	853	416	8	8	1	15	1,641	21,112	3,329
1902. 5	327	933	461	11	8	1	15	1,756	22,624	3,541
1902. 6	359	1,080	513	18	9	1	15	1,995	25,456	2,883
1902. 7	364	1,102	501	18	9	1	15	2,010	25,524	2,875
1902. 8	384	1,134	576	27	9	1	15	2,146	27,492	3,269
1902. 9	390	1,153	594	28	9	1	15	2,190	28,050	2,957
1902.10	377	1,149	576	26	9	1	15	2,153	27,554	2,962

자료:《총서 15》, 46~47쪽.
비고: 촉광수는 아크등을 160촉으로 환산하여 산출함. 요금은 일화 기준.

한은행大韓銀行을 조직해 대한제국의 공금을 취급할 계획이었다.[77] 실제로 콜브란측은 대한제국정부에 자금을 융통해 주기도 했다.[78]

요컨대, 송도철도, 황실도로, 덕소 연장선, 수도설비 부설, 백동지금 공급과 대한은행 설립까지 콜브란측이 확보한 권리는 날이 갈수록 크게 팽창하고 있었다.

한편, 콜브란측이 경영권을 장악한 한성전기의 전차사업은 순조롭게 진행되고 있었다. 한성전기는 1900년 4월 9일에 청량리-서대문 구간과 청량리-남대문 구간에서 전차 운행시간을 밤 10시까지로 연장하였고, 5월 25일에는 용산선에도 이를 확대 적용하였다.[79] 요금제도도 개편했다. 초기에는 전차에 타고난 뒤에 차장에게 요금을 지불하였지만, 새롭게 매표소를 설치해 차표를 발행하는 제도로 바꾸었다.[80] 늘어나는 전차수요에 맞추어 승객차 15대를 추가로 확보하였고,[81] 용산선에서는 화차를 이용해 화물을 운송하는 사업도 시작했다.[82]

재정난 때문에 미루어졌던 전등사업도 시작되었다. 1900년 4월 10일 종로에 전차영업을 위한 가로등 3등을 점등한 이래[83] 궁궐에도 전등 설치를 늘려 나갔다.[84] 민간전등 영업을 위해 추진하던 동대문발전소의 증설공사도 완료되었다. 웨스팅하우스사의 120kW 교류-직류 발전기 2대를 비롯해 밥콕-윌콕스사의 125마력 보일러 2기, 볼 엔진회사Ball Engine Company의 230마력 엔진 2기 등의 각종 설비가 이때 추가로 설치되었다.[85] 동대문발전소 증축을 계기로 1901년 8월 17일에는 전등 개설예식을 거행하여 민간을 상대로 한 전등영업을 본격적으로 개시하였다.[86] 이날 밤 만여 명이 운집한 가운데 열린 전등 개설예식에서는 알렌의 축하연설에 이어 민영환이 점등을 거행해 11시부터 가로등이 발전소 주변과 주요 간선도로를 환하게 비추었다고 한다. 이후 전등수요는 1901년 8월 613등에서 1902년 10월 2,153등으로 꾸준히 늘었고, 같은 기간 촉광수도 3배 가까이 늘어났다(〈표 I-3〉). 그 결과 1899년에는 2천엔에 미치지 못했던 한 달 총수입이 1902년 말에는 9천여엔까지 늘어나는 성과를 거두었다(〈그림 I-2〉).

또한 콜브란측은 황제의 승인을 받아 한성전기 본사 사옥의 건립을 추진했다.[87] 현상건을 통해 종로대로변(현재 종로2가 8번지)에 부지를 구입하고 르네상스식 2층 건물을 건립해 1902년 1월 2일 준공식을 거행하기에 이르렀다.[88] 대지 533평에 지상건물 3동 203평 규모로 부지 구입비를 제외하고 공사비로만 7만5천엔이 투입되었다. 옥상에는 전기로 움직이는 시계탑까지 설치한 최신식 건축물로서 당시에는 근대화의 상징이자 서울의 랜드마크로 기능했다. 준공한 지 얼마 되지 않은 1902년 1월 6일에 원인 모를 화재가 발생하여 내부가 소실되었지만,[89] 복구에 전력하여 그해 7월에 이를 완료하고 업무를 재개했다. 사옥은 단순히 전기회사 업무뿐만 아니라 콜브란측이 구상하는 은행업무까지 고려하여 내부를 구성하고 있었다.[90]

전차와 전등의 영업부문이 꾸준히 성장하는 가운데 콜브란은 한성전기를 통해 제물포지역의 전등공급권도 확보했다. 1900년 3월 4일 한성전기 사장 이채연은 농상공부에 35년간 전등설비 독점공급권을 신청해 그해 3월 20일 인가 받았다.[91]

이처럼 콜브란측은 당시 한국 내 미국인들의 괄목할 만한 사업 진전을 선도해 나가고 있었다.[92] 알렌이 국무부에 "미국인들이 한국에서 유일하게 대규모 자금이 투입된 사업을 수행"하고 있다고 자랑한 일은 바로 콜브란측을 염두에 둔 말이었다.[93] 이처럼 콜브란측이 대대적으로 경영 확장을 기도한 배경에는 미국공사 알렌과 서기관 출신으로 궁내부 고문에 임명(1900.1)된 샌즈William F. Sands(山島)[94]의 열렬한 지원, 그리고 이채연, 이윤용, 민영환, 민상호, 강석호 등 한국 내 친미파관료의 적극적인 후원이 자리하고 있었다.[95]

한성전기를 둘러싼 정치적 갈등

그런데 한국의 정치, 경제적 침탈을 기도하고 있었던 일본은 한성전기의 배후에 미국자본(콜브란측)이 있다는 사실을 파악하게 되고, 한국 내에서 미국인들의 사업이 단기간에 급속도로 확대되자 이를 경계하기 시작했다. 게다가 콜브란측이 각종 사업의 대대적인 확장을 기도하자 자국의 이해와 상충한다고 느끼면서 경계심은 적대감으로 발전했다.

양측의 갈등은 전차영업 초기부터 벌어졌다. 당시 한성전기는 전차 운행을 시작하면서 전차 운영인력에 일본인들을 활용하고 있었는데, 이들의 갑작스러운 철수로 큰 곤란을 겪게 되었다. 사정은 이러했다. 앞서 언급한 대로 전차는 1899년 5월 20일부터 일반인을 상대로 본격적인 영업에 나섰지만, 영업 7일째인 5월 26일 탑골공원 앞에서 어린이를 치어 사망케 하는 사고가 일어나고 말았다.[96] 사고 후 부근의 시민들은 달아나려던 전차를 막아 세워 운전수(일본인)를 끌어내 폭행했고, 차량 한 대를 불태우고 한 대를 파손했다. 참혹한 사고 현장을 접한 시민들의 분노가 가뭄과 물가고 등 정부의 실정에 대한 반감과 결합해 순식간에 폭동으로 돌변했던 것이다. 폭동은 발전소와 시설물 파괴에 이르기 직전에 가까스로 중단되었지만, 이를 계기로 일본인 종업원들은 전차마다 일본영사관 경찰을 배치하라는 등 승무원에게 권총 휴대를 허락하라는 등 무리한 조건을 요구하기 시작했다. 콜브란측이 이를 거부하자 일본공사관에서는 일본인 운전수 10명과 기관사 2명을 자국으로 철수해 버렸다. 콜브란측은 급히 미국에서 계약을 맺어 기관사 2명과 운전수 5명 등 모두 7명을 데려오고[97] 한국인들을 교육시켜 운행을 재개했지만, 그해 8월 10일 재개통할 때까지 전차운행을 두 달 반 가까이나 중단해야 했다.[98]

게다가 한성전기의 용산선 부설계획이 확정되자 일본은 자국의 철도 부설권 침해를 우려해 더욱 민감해졌다. 일본은 한성전기의 용산선 부설계획이 경인철도의 획정선로를 침범한다며 후발사업자인 한성전기가 선로를 옮길 것을 요구했다.[99] 그러나 이는 사실상 거주자가 밀집한 가로에서 멀리 떨어진 들판으로 이동하라는 의미였다. 콜브란측으로서는 도저히 받아들일 수 없었다. 게다가 일본은 경부철도가 계획하는 남대문정거장과 서대문정거장 근처의 철도노선이 한성전기가 추진하는 의주선과 교차하는 것을 알고 이를 방해하고자 했다. 한성소윤 이계필로부터 관련 정보를 입수한[100] 보스트위크는 즉각 알렌에게 이 사실을 알려 협조를 구했다. 알렌이 직접 하야시 곤스케林權助 공사에게 강력히 항의하였으며, 양측은 결국 교차로 유지비용을 상호 분담하기로 협의하여 문제를 해결하기에 이르렀다.[101]

그러나 일본의 방해공작은 계속되었다. 하야시가 직접 광무황제에게 용산선 구매 의사(10만엔)를 타진한 적도 있었고, 한성전기 독점권의 일부인 전등 분야의 매수를 시도하는 등 갈등을 빚고 있었다.[102] 그러던 중에 콜브란측이 갖가지 이권 확보와 함께 대대적으로 경영 확장을 기도하자 일본은 황실과의 연결통로였던 안학주(당시 회계원 출납과장)를 통해 황실도로의 사업권을 탈취하려는 시도를 본격화했다.[103] 일본은 콜브란측이 황실도로의 연장을 늘려 공사비를 부풀렸다고 주장하고 일본이 공사를 맡으면 연장을 줄여 공사비를 낮출 수 있다고 이야기하며 노골적으로 방해하고 나섰다. 이 때문에 1900년 9월 3일에 시작된 공사는 곧바로 중단되고 말았다. 콜브란은 공사비가 다액인 터널을 이용하지 않으면 도로 연장을 줄일 수 없다며 한국인 관리들을 다시 설득했고, 알렌까지 나서서 미국기업의 재산 손실 기도를 좌시하지 않겠다는 경고 편지를 하야시에게 보내고서야 사태는 겨우 진정되었다.[104] 9월 5일 현상건으로부터 황제의 세부지침을 전달받고서[105] 비로소 공사는 재개될 수 있었다. 그러나 그 후에도 일본은 일본인이 덕소 연장선 공사를 맡으면 공사단가를 72만엔에서 40만엔으로 대폭 낮출 수 있다며 황제를 설득하는가 하면,[106] 콜브란측이 주도하는 은행 설립에 반대하였고, 수도설비 이권을 자국에 달라고 강력히 청원했다가 여의치 않자 영국인 챈스Chance를 후원하는 등 계속해서 미국과 마찰을 빚었다.[107]

일본의 방해공작에도 아랑곳하지 않았던 콜브란측의 사업 확장계획은 한국 내 정파 간의 권력쟁탈전이 가속화하면서 난관에 봉착했다. 당시 정계는 황실측근세력(특히 이용익)이 급성장하면서 콜브란측의 강력한 지지세력이었던 친미파(특히 이채연)와의 갈등이 한층 첨예화되고 있었다.[108] 이용익은 1897년 4월에 친미파 이윤용을 박영효의 도망을 비호했다는 혐의로 상소했다가 도리어 무고죄에 걸려 유배형에 처해진

적이 있었고, 1898년 8월에는 친미개화파가 독립협회(주도자 남궁억)를 통해 이용익의 탄핵을 제기하기도 했다. 1899년에는 정동에 있던 이용익의 사저에 폭탄테러가 일어나기도 했으며,[109] 군부 경리국 제1과장을 지낸 이기홍과 이사범, 김병홍 등이 이용익을 암살할 모의를 하다가 발각된 적도 있었다.[110]

이처럼 수세에 몰려 있었던 이용익은 독립협회 해산을 계기로 전세를 뒤집었다. 이용익은 내장원과 탁지부를 발판으로 황실과 정부 재정을 장악하며 세력을 크게 확장해 나갔고, 1902년 5월에는 경무사警務使로서 유길준의 쿠데타 모의를 수사해 친미개화파 주요 인사들을 체포 위기에 몰아넣을 정도에 이르렀다. 이런 가운데 1900년 8월 16일에 친미파의 거두로 미국인의 한국 내 경제적 권리 확대에 지대한 공이 있었던 한성판윤(한성전기 사장 겸임) 이채연이 급서하자 콜브란측은 긴장하지 않을 수 없었다.[111] 이들은 그의 죽음이 독살에 의한 것이며 그 배후에는 이용익이 있다고 믿었다.[112]

이용익과 친미개화파가 이처럼 극도로 대립했던 이유는 단순히 권력 다툼으로 인한 정적에 대한 적개심 때문만은 아니었다. 양자 간에는 근본적으로 근대화의 방법에 관해 극복하기 어려운 견해 차이가 존재했기 때문이다. 개화파 관료들은 군주권의 제약을 통한 입헌군주제의 수립을 이상으로 여기며 갑오개혁 이래 민간 중심(외자 포함)의 상공업진흥정책을 적극 추진하고자 하였지만, 이용익은 황제의 무한한 군권을 바탕으로 한 절대군주제를 근대화의 방안으로 생각하여 황실 산하 궁내부 주도로 각종 근대산업육성정책을 추진하고 자신이 직접 관련 기구를 통제 관리하고자 했던 것이다. 특히 이용익의 입장에서 보면, 한성전기는 친미파가 황제를 감언이설로 속여 무분별하게 외국자본을 끌어들여 설립한 회사로서 미국인들에게 각종 이권을 넘겨주고 그 대가로 자신들의 정치·경제적 세력을 강화해 나가는 수단이므로 결코 용인할 수 없는 대상이었다. 이용익은 다각적인 방법으로 콜브란측의 경영확대를 저지하는 한편, 궁극적으로 한성전기의 경영권을 자신의 통제하에 두려는 생각을 가지고 이에 대응하고 있었다.

　이용익이 서북철도국을 조직하고 프랑스 기술을 도입해 경의선을 자력으로 부설하려고 했던 일은 사실 한성전기의 송도철도 부설계획을 무력화하려는 의도를 내포하고 있었다.[113] 또한 이용익은 전환국 관리를 비롯해 내장원경과 탁지부대신(서리) 겸직을 통해 황실과 정부의 재정권을 장악하고 이를 바탕으로 한성전기에 대한 자금 지원을 철저히 통제[114]하는 한편 광무황제를 설득해 콜브란측의 새로운 사업 확장계획을 철저히 봉쇄해 나갔다. 그간 콜브란측과 광무황제를 연결해 주던 이채연의 사망은 이용익의 이러한 시도를 더욱 용이하게 만들었다. 게다가 이용익은 이채연의 사망 이후 새로이 한성전기의 임원으로 임명된[115] 이윤용(사장)과 현상건(부사장) 중에서 현상건을 자신의 세력권으로 적극 포섭해 나갔다. 원래 유력한 역관 가문(천녕 현씨) 출신으로 프랑스어에 능숙했던 현상건은 궁내부 고문 샌즈의 통역으로 활약하면서 황실과 미국을 연결해 주는 역할을 수행해 한성전기의 부사장으로 발탁되었지만, 이후 점차 이용익 쪽으로 기울어졌다.[116] 또한 이용익은 궁내부 고문으로 콜브란측의 이권 확장에 열중했던 샌즈의 해고를 기도하기도 했다.[117]

　이용익의 적극적인 반대활동으로 인해 콜브란측의 경영 확대계획은 거의 모두 좌절하고 말았다. 콜브란측이 역점을 두고 추진했던 덕소선 연장계획은 황실도로의 완공에도 불구하고 홍릉의 천장사업이 미뤄짐에 따라[118] 계속 연기되었다. 1901년 2월 6일에 한성전기 사장 이윤용이 콜브란과 계약을 체결하여 덕소선 부설계획을 1년간 연기하기로 합의하면서[119] 총공사비를 72만엔으로 확정하고 계약 연기에 따라 발생한 비용(연 10%)을 지불하기로 약속했다. 그러나 끝내 실행되지 못했다. 콜브란측이 가장 큰 관심을 가졌던 수도설비 역시 마찬가지였다. 광무황제의 의향에 따라 설비 규모를 1일 공급량 500만갤론(공사비 350만엔)에서 250만갤론(160만엔)으로 축소 제안해 한때 광무황제가 공사 시작과 함께 총세무사 존 맥리비 브라운John McLeavy Brown(柏卓安)에게 8년간 매해 20만엔씩 콜브란측에 지급하도록 계자인(啓字印) 명령을 내리기도 했지만, 이용익의 반대로 인해 이루어지지 못했다.[120] 은행 설립이나 제물포지역 전등공급 등도 마찬가지였다.

콜브란측이 이미 완수한 사업의 경우는 대금 결제가 제때 이루어지지 않았다. 홍릉의 천장계획에 따라 금곡까지 건설된 황실도로는 1900년 9월에 착공하여 이듬해 초 완공되어[121] 1901년 2월 6일 한성판윤 이봉래와 콜브란이 공사대금으로 28만5천원(한화)을 백동화로 지급하기로 합의했다.[122] 채무가 청산될 때까지 매일 2천원씩 지급하되 만일 백동화가 일본화폐에 비해 35% 이상 하락할 경우에는 시장환율에 따라 차액을 지불하며 연체 시에는 이자(연 10%)를 지급하기로 약정했다. 그러나 공사대금 중 7만3천원만 이 방법에 따라 지급이 이루어지고 나머지 21만2천원은 정산되지 않았다.

해외에서 백동지금을 구매해 전환국에 인도하면 이에 따라 매일 주조한 백동화 가운데 일정액을 지급받기로 했던 계약도 전환국에서 백동지금 인수를 거부하면서 차질을 빚었다. 전환국 관리였던 이용익이 반대한 때문이었다.[123] 콜브란으로부터 지원 요청을 받은 알렌이 적극 나서 백동지금 구입대금 35만엔을 광무황제의 특별예금에서 상계하기로 해 문제를 겨우 해결하였다. 그러나 새로이 자금을 수취한 것이 아니라 기존에 맡아 두었던 자금에서 상계하였기 때문에 콜브란측으로서는 만족스럽지 않았다.

이 때문에 친미파와 알렌을 비롯한 콜브란측의 이용익에 대한 적개심은 극에 달했다. 알렌이 국무부에 보내는 보고서에서 이용익을 가리켜 황제에게 가장 강력한 영향력을 행사하고 있으면서 콜브란을 사업에서 몰아내려는 의도를 가지고 미국에 적대적인 행위를 모두 결정하고 있다고 주장하며 배후에는 러시아와 프랑스 공사관이 있다고 지적한 것은 이 때문이었다.[124] 알렌은 종종 이용익에게 "부패하고 사악한 관리"라는 인신공격도 서슴지 않았다.[125]

재정 부족과 이용익의 반대 때문에 계획한 사업들이 별다른 진척을 보이지 않자 콜브란측은 광무황제의 권유에 따라 차관을 적극 추진했다.[126] 관세를 담보로 1천만엔을 대한제국에 차관하여 500만엔은 수도공사, 300만엔은 화폐제도 개혁과 중앙은행 설립에 사용하고, 200만엔은 차관단 국가가 용도를 결정토록 한다는 구상이었다. 말하자면 콜브란 자신이 추진하는 수도설비사업과 은행 설립에 필요한 자금을 스스로 조달해 공급하겠다는 계획이었다. 그러나 이 차관계획은 총세무사 브라운의 지위 약화를 우려한 영국과 미국의 급격한 이익 확장을 경계하던 일본, 그리고 러시아의 반대에 부딪혔다.[127]

특히 브라운은 영국인 챈스에게 자금을 조달하는 대가로 수도설비 부설권을 부여하려고 시도한 적이 있었고, 당시에는 독자적인 금본위제 화폐개혁안을 마련하여 광무황제로부터 이를 위한 차관도입을 위임받아 교섭을 진행하고 있었으므로 이에 강력히 반대했다. 브라운은 우선 영국계 홍콩상하이香港上海은행에서 차관도입을 추진했으나 러시아의 반대 등으로 여의치 않자 이후 여러 차례에 걸쳐 일본 다이이치第一은행과 관세를 담보로 한 500만엔 차관도입을 교섭하였다. 자신의 감독 아래 해관지폐를 발행하고 다이이치은행에 그 발행업무를 위탁하고자 했다. 타국의 반대를 무마하기 위해 300만엔은 화폐개혁에 사용하는 대신, 100만엔은 미국을 위한 수도 공사에, 그리고 100만엔은 일본을 위한 등대 건설에 사용토록 한다는 방침도 마련했다. 이에 알렌은 이미 각국의 반대로 콜브란측의 차관계획이 어렵다고 보아 브라운의 계획에 적극 동조했다.[128] 일본 역시 찬성했다.

그러나 이 계획도 성사되지 못했다. 직접적 원인은 이용익의 반대 때문이었다. 이용익은 궁내부 주도로 각종 근대산업육성정책을 적극 추진하면서 일찍부터 금본위제 화폐개혁을 시급한 국정 현안으로 인식하고 정부 내에서 가장 적극적으로 준비해 왔던 인물이었다. 따라서 이용익으로서는 다이이치은행을 이용해 해관지폐를 발행하려는 브라운의 계획이나 차관을 빌미로 개발권을 확보하려는 미국 자본가들의 의도를 묵과할 수 없었다. 이에 이용익은 1901년 2월에 근대적 화폐제도 수립을 위해 공포한 화폐조례와 관련해 독자적으로 차관을 추진했다. 일본 신디케이트와 차관 교섭을 진행했으나 별다른 진척이 없자, 외국 공사관 모두에게 공식적으로 차관 교섭을 제의하기에 이르렀다.[129] 그 결과

1901년 4월 16일 프랑스, 영국, 벨기에 등 다국적 자본으로 구성된 운남신디케이트와 화폐 주조, 평양탄광 개발 등에 사용할 목적으로 500만원어치의 금·은괴 차관계약(관세 담보)을 체결하는 데에 성공했다. 이 계약은 다른 차관계획과 비교할 때 외국자본에 명시적으로 개발권을 주지 않았던 점에서 구별되는 특징이 있었다.

그러나 브라운의 차관계획에 기대를 걸고 있었던 영국, 미국, 일본은 이에 크게 반발했다. 특히 이용익의 차관계획은 담보로 제공할 관세가 영국인 총세무사 브라운의 관할 아래 있었기 때문에 브라운이 반대하면 성사가 불투명했다. 이에 이용익은 브라운의 해고를 기도하였다.[130] 양측의 갈등은 표면적으로는 브라운에게 경운궁 바로 옆에 위치한 관저를 양도해 주기를 요청했으나 브라운이 이를 거절하면서 시작되었지만, 그 이면에서는 브라운의 영향력 약화와 해고까지 예정되어 있었다. 알렌이 이 사건을 브라운을 "완전히 제거하기 위한 핑계"라고 본 것은 이 때문이었다. 브라운의 강제퇴거가 고려되고 이에 반발한 영국대리공사 거빈스John H. Gubbins가 본국에 군대 출동을 요청해 영국함대가 제물포에 정박하면서 갈등은 최고조에 달했다. 자칫 무력충돌이 우려될 정도였다. 영국과 일본 공사는 광무황제를 알현하여 이 사건의 주모자인 이용익의 퇴진을 요구하고 알렌은 간접적으로 이용익의 차관계획에 반대의사를 표시하는 등 외교문제로 비화했지만,[131] 차관도입에 대한 이용익의 태도는 변함이 없었다.

그러나 순조롭게 진행되어 가던 차관도입은 그해 9월 중순 운남신디케이트 대표 카잘리A. Cazalis의 갑작스러운 사망으로 좌초하고 말았다. 그해 12월 프랑스의 대한신디케이트가 운남신디케이트의 권리를 인수하여 벨시즈G. de Bellescize를 협상대표로 서울에 파견했지만, 영국과 일본의 강력한 반대에 부딪혀 결국 성공하지 못했다. 비슷한 시기 이용익은 프랑스와 벨기에 자본이 연합한 동양국제회사東洋國際會社를 통해서 경의선 부설자금을 조달하려고 했지만, 이 역시 일본의 강력한 반대로 무산되었다. 서북철도의 자재 조달과 인삼 판매를 맡기로 한 롱동—플레장회사Rondon Plaisant & Compagnie로부터 화폐개혁을 위한 200만원의 자금조달 협상도 마찬가지였다.

채무분규와 이용익의 경영권 장악 모색

브라운의 차관계획을 통해 수도설비사업의 실시를 기대하였던 콜브란측은 브라운과 이용익의 차관경쟁의 와중에서 이 계획이 좌절되자 더이상 사업의 시행을 기대하기 어렵게 되었다. 콜브란측은 수도설비공사에 대한 기대감 때문에 한국에 체류하고 있으므로 만약 향후 전망이 없다고 판단되면 황실에 대해 채무상환을 강력히 요구해야 한다고 생각하고 있었다.[132] 게다가 전술하였듯이 백동지금 구입대행 문제를 두고 이용익의 방해공작 때문에 콜브란측은 제때 대금을 수취하지 못하였고, 한미 간에 상당한 분란을 일으킨 뒤에 알렌까지 나서서 광무황제가 콜브란측에 맡긴 특별예금에서 35만엔을 상계하기로 하고서야 문제를 해결하였다. 그러나 콜브란측의 입장에서 보면 특별예금의 잔액이 50만엔 이하로 줄어들면서 만일의 경우 다른 미지급금을 받지 못할 수도 있다는 불안감이 높아져 있었다.

그런데 콜브란측이 전차와 전등 공급을 비롯하여 한성전기의 각종 공사를 진행함에 따라 황실이 그간 콜브란측에 지급한 금액은 적지 않았다. 현재로서는 정확한 액수를 알 수 없지만, 운영비를 제외하고 시설투자비 중에서 콜브란측에 지불된 사실이 확실한 것만 간추려 보아도 본선 및 청량리선(22만5천엔), 용산선(14만3,037엔) 부설과 전등사업(16만엔)에 모두 일화 52만8천여엔이 지불되었고, 황실도로 건설에 한화 7만3천원이 지급되었다. 당시 환율을 고려해 일화로 모두 환산하면 합계 58만2천여엔에 달했다. 그러나 의주선 부설비, 전등사업비 잔금, 황실도로 건설비 잔금, 한성전기 본사 부지 구입비, 사옥 신축 및 복구 비용 등 이미 공사가 완료되었으나 결제되지 않은 사업이 있었고, 덕소 연장선 부설이나 수돗물 공급 등 계약이 체결되고 추진되다가 중단된

〈표 I-4〉 광무황제의 특별예금계정 입출금 내역

날짜	항목	입금	출금	잔액
1900.4.16	4건 입금	774,814.63		774,814.63
1900.4.19	현상건(수표)		10,000.00	764,814.63
1900.5.31	2건 입금	300,000.00		1,064,814.63
1900.6.08	현상건(수표)		10,000.00	1,054,814.63
1900.8.17	현상건(수표)		10,000.00	1,044,814.63
1900.8.30	현상건(수표)		18,000.00	1,026,814.63
1900.9.18	현상건(수표)		55,000.00	971,814.63
1900.9.18	현상건(수표)		45,000.00	926,814.63
1900.9.18	다이이치은행(어음)		100,000.00	826,814.63
1901.2.28	현상건(수표)		10,000.00	816,814.63
1902.3.09	백동지금 구입비		350,000.00	466,814.63

자료: Enclosure No.14, in Allen to the Secretary of State, "Claim of Collbran & Bostwick on Korean Government", 1902.8.29, Despatch No.500 Diplomatic.

사업도 있었으며, 콜브란측이 조달한 각종 황실소요물품 비용 중에서도 미지불금액이 있었다. 콜브란측은 이 모두에 대해 한꺼번에 지불을 요구할 생각이었던 것이다.

마침내 채무상환 만기일(1902년 8월 15일)이 임박한 1902년 6월 30일 알렌은 광무황제를 알현하여 그간 수도설비공사를 위해 기술진을 고용해 조사, 설계한 비용이 막대하며, 공사대금 미지불금과 각종 황실 조달 물품비 그리고 공사 지연에 따른 손해액까지 합치면 채무액이 약 150만여엔에 달한다고 주장하고, 만기일까지 채무를 청산하거나 만족할 만한 계약이 이루어지지 않으면 저당한 자산을 유저당처분foreclosure 하겠다고 압박했다.[133] 만족할 만한 계약이란 수도설비공사의 시작 명령을 의미했다.

그러나 한국정부는 기존의 저당계약은 잔존부채액 21만엔에 대한 것이며 덕소 연장선, 은행 설립, 수도설비 공사, 송도철도 건설 등은 저당과 관계없는 사항이므로 분리해야 한다고 주장하고, 우선 부채액이 얼마인지를 확정하기 위한 조사부터 하자고 제안했다. 이에 양측은 총세무사 브라운과 미국인 실업가 타운센드Townsend를 조사위원auditor에 임명하여 10월 1일까지 한성전기의 장부를 조사해 보고토록 하는 데 합의했다.

콜브란측이 주장한 청구액은 모두 150만5,189.85엔이었다(〈표 I-5〉). 내역을 보다 상세히 살펴보면, 그간 황제가 예금한 금액(107만4,814.63엔)에서 찾아간 돈(60만8,000엔)과 그간 받지 못한 황실 조달 물품비 등(①~⑪, 27만5,010.05엔)을 제외하면 예금잔액은 19만1,804.58엔에 불과하며, 기완성된 공사대금 중 미지급분(⑫~⑮, 43만8,849.53엔)과 덕소 연장선과 수도설비 등 완성하지 못한 공사대금(⑯~⑳, 125만8,144.90엔)을 추가하면 오히려 황실이 150만5,189.85엔을 갚아야 한다는 주장이었다.

한편, 8월 15일이 되자 알렌은 한국정부에 외교문서를 보내 채무 미변제로 인해 이날부터 한성전기의 자산은 콜브란측의 소유가 되었다고 공식 선언하고 종로사옥의 대한제국 국기를 내리고 미국 국기를 게양하는 등 압력 수위를 더욱 높였다. 그러나 이때까지만 해도 미국은 수도설비공사 이행에 대한 기대를 완전히 포기하지는 않고 있었다. 자산 매각을 통해 변제한다고 해도 매각 대상을 선정해 금액을 협상하는 일이 쉽지 않았고 향후 한국정부의 승인을 얻는 일은 더욱 어려웠다. 알렌이 "이런 종류의 소송은 불확실"하므로 법적 수단보다는 "요령과 상식이 최선"이라고 말한 것은 이 때문이었다.[134] 말하자면 당시 콜브란측은 일단 채무 만기를 이용해 수도설비사업 시행을 압박하고 여의치 않을 경우에는 한성전기 자산을 매각해 채권을 변제 받겠다는 전술로 대응하고 있었다. 콜브란측이 비슷한 시기 한성전기의 자산 매각을 염두에 두고 일본에 접근했던 데에는 이러한 배경이 있었다.[135]

한국측의 요구로 기한이 한 차례 연기된[136] 1902년 10월 15일 드디어 '브라운 보고서Brown Report'가 제출되었고, 11월 1일 이를 토대로 콜브란측의 주장을 조목조목 반박하는 한국정부의 외교문서가 미국공사관에 송부되었다.[137] 브라운과 한국정부의 주장은 황제특별예금계정과 한성전기의 채무를 혼동해서는 안 되며 분리해야 된다는 원칙에 입각해 있었다(〈표 I-6〉).[138] 이에 따라 콜브란측의 청구권을 크게 다섯 가지로 나누어, 우선 13만954.81엔(①, ⑦, ⑧)은 이미 황제가 콜브란측에

<표 I-5> 콜브란측이 요구한 청구권 세부내역

청구권 항목(내역)	금액(잔액) (466,814.63)	브라운 평가
① 종로사옥 부지 구입비(현상건에게 지불)	14,954.81	※
② 광산조사를 위한 광산기사(Nardin) 지불비용	5,000.00	B
③ 통신비(미국 전보비용)	272.50	B
④ 황실을 위한 물품 구입 (50마일 피복 전선, 유리장식품, 황실용 미국 금고, 황실용 샹들리에와 비품, 황실 광산용 24릴 다이너마이트, 케이블, 기타)	14,059.16	B
⑤ 미국에 있는 의화군 지급 잔액	8,251.58	B
⑥ 탁지부 대부금(58,000엔)의 잔액	14,000.00	C
⑦ 의주선(서대문-남대문 확장선) 부설비용	41,000.00	※
⑧ 종로사옥 신축비용	75,000.00	※
⑨ 종로사옥 복구비용	15,308.00	C
⑩ 덕소 연장선 부설 연기로 인한 1년간 이자	72,000.00	C
⑪ 1902년 8월 15일까지 1년간 황궁의 전등 사용료	15,164.00	C
소계(잔액)	275,010.05 (191,804.58)	
⑫ 한성전기 저당계약(전등설비공사대금 잔액) 210,000엔과 이자 42,000엔	252,000.00	A
⑬ 황실도로 공사대금 지불잔액(백동화 212,000원)의 환산액 (환율:1.35) 157,237.03엔과 이자 21,200엔	178,437.03	A
⑭ 대관정大觀亭의 한국인 주거 건설 2,500엔과 이자 312.50엔	2,812.50	A
⑮ 서치라이트(황궁 경비탑 사용) 장비 2벌	5,600.00	D
소계(잔액)	438,849.53 (△247,044.95)	
⑯ 한성전기 철도 및 전등 운영 적자	80,000.00	D
⑰ 외국인 고용계약 및 귀국 여비	24,644.90	D
⑱ 덕소 연장선 계약 총액	720,000.00	D
⑲ 황궁 부근 도로를 가로지를 다리[虹橋]의 특별계획 및 설계비용	500.00	D
⑳ 수도설비 계약(1900.10) 1,732,000원의 25%	433,000.00	D
소계(잔액)	1,258,144.90 (△1,505,189.85)	

자료: Enclosure No.13~14, in Allen to the Secretary of State, "Claim of Collbran & Bostwick on Korean Government", 1902.8.29, Despatch No.500 Diplomatic; Enclosure No.4, in Allen to the Secretary of State, "Claims of Collbran&Bostwick", 1902.11.21, Despatch No.533 Diplomatic;《일본공사관 25》, 248~261쪽.

비고: ⑬은 원자료의 계산 착오임. 공사대금 지불잔액 환산액은 15만7,037.03원, 이자는 1만 5,703.70원이 맞지만 원자료대로 두었음.

맡긴 특별예금계정에서 지급하도록 허가해서 결제되었다고 보았고, 콜브란측이 황제의 특별예금계정에서 지급을 요구한 청구권 중에서 허가가 있는 청구권(B)과 허가가 없는 청구권(C)을 합해 14만4,055.24엔의 지급을 인정했다. 이렇게 하면 황제의 특별예금은 19만1,804.58엔이 남게 된다.

그러나 그 이외의 청구권들은 한성전기에 대한 청구권으로 파악했고, 이 가운데 청구권이 명확하다고 판단되는 항목(A)은 43만3,249.50엔에 불과하다고 보았다. 나머지 청구권(D)에 대해서는 지출을 입증하는 서류가 미비하다며 이를 갖춘 경우에만 지급하는 것이 타당하다고 주장했다. 특히 전체 청구금액의 과반을 점하는 덕소 연장선과 수도설비에 대해서는, 전자의 경우 그 보상액으로 10%에 해당하는 7만2천엔

〈표 I-6〉 브라운이 평가한 청구권 항목별 금액

구분	콜브란측 청구권 번호	브라운 보고서 번호	금액(엔)	내용
A	⑫~⑭	1~3	433,249.50	청구권이 명확한 항목 (사전에 가격 합의, 세부항목 불필요)
B	②~⑤	4~7	27,583.24	허가를 받고 황제의 특별예금계정에 청구한 항목
C	⑥,⑨,⑩,⑪	8~11	116,472.00	허가를 받지 않고 황제의 특별예금계정에 청구한 항목(세부회계나 증빙이 필요하지 않는 항목)
D	⑮~⑳	12~17	1,263,744.90	청구권이 명확하지 않는 항목(세부회계나 증빙이 필요한 항목)
※	①,⑦,⑧	(1)~(3)	130,954.81	황제가 특별예금계정에서 이미 지급을 허가한 항목

자료: 〈표 I-5〉과 동일.

을 지급하기로 이미 약속하였고, 후자의 경우 예비계약이므로 보상할 필요가 없다고 보았다. 다만 이 계약과 관련해 지출한 사항이 있다면 지불할 의사가 있지만, 콜브란측은 이를 확인할 증빙서류가 본사 사옥 화재 때 소각되었다며 제출을 거부했다고 밝혔다. 또한 브라운은 황실이 맡긴 예금을 활용해 이윤을 창출했다면 이자를 지급하는 것이 타당함에도 불구하고 그렇지 않았던 사실과 비용 계산 시 수수료의 이중계산 문제도 제기했다. 콜브란측이 한성전기로부터 이미 전체 경비의 12%를 수수료로 지급받고 있음에도 불구하고 개별 물품을 구입할 때 다시 수수료를 붙였다는 의혹이었다. 이런 점이 적자에 반영되어 있으므로 영수증이나 전표 같은 증빙서류로 확인되지 않으면 운영적자 8만 엔을 전액 지불할 수는 없다는 주장이었다.

브라운의 보고서는 전체적으로 보아 객관적이고 논리적인 내용을 담고 있었지만, 콜브란측에게는 불리한 내용이었다. 브라운의 주장대로라면 한국측이 갚아야 할 채무는 대략 40~50만엔 정도에 불과할 것이기 때문이다.[139] 그런데 알렌은 당초 브라운의 조사위원 임명을 내심 반기고 있었다. 그때까지 브라운은 콜브란측의 수도설비공사에 우호적인 태도를 보여 왔고, 사석에서는 콜브란측을 두둔하는 발언도 곧잘 했으며, 무엇보다도 '이 모든 문제의 근원'이었던 이용익과 차관경쟁을 거치면서 사이가 나빴고, 해고 위기과정에서는 자신의 지원을 받은 적이 있었다는 점에서 알렌은 그에게 큰 기대를 걸고 있었다.[140] 그러나 브라운의 조사 결과는 기대와 딴판이었고, 기대가 큰 만큼 실망은 더욱 컸다. 알렌은 브라운에 대한 인간적 배신감마저 토로할 정도였다.[141]

그러나 드러난 내용만 가지고 판단해도 콜브란측의 주장은 여러 가지로 문제가 많았다. 황제가 맡긴 돈은 채무변제를 위한 자금이 아니라 황제의 명령 없이는 인출이 불가능한 특별예금이었는데, 콜브란측이 이 예금을 자신의 채권 추심에 자의적으로 사용한 일은 잘못이었다. 청구된 금액의 산출도 불합리했다. 예를 들어 아직 공사에 착수하지도 않은 덕소 연장선 비용 전액과 수도설비 금액 25%를 배상하라는 요구는 지나쳤다. 알렌조차도 "물론 철도 연장선은 완성된 것이 아니라면 총액에서 감소될 것"이며 수도설비도 25%까지 요구하는 것은 무리라고 보았다.[142] 일부 항목에서는 명백한 계산 착오까지 있었다. 예를 들어 청구권 ⑬에서 황실도로 공사대금잔액의 일화 환산 시에 오류가 있었고, 1년치 이자를 일화로 환산하는 것도 누락했다. 이를 바르게 계산하면 공사대금잔액은 15만7,037.03엔, 이자는 1만5,703.70엔이 된다. 차액만 5,696.30엔에 달했다.

콜브란측의 청구권이 과다하게 부풀려졌다는 점은 이후 그들 스스로의 행동으로도 증명되고 있다. 일본과의 자산 매각 협상 시 이들이 제시한 가격은 청구권 액수보다 크게 낮은 100만엔에 불과했다.[143] 그럼에도 불구하고 당시 일본은 53만엔 및 부대이자 정도가 적당한 인수가격이라고 생각하고 있었다.[144]

브라운 보고서로 인해 콜브란측은 수도설비사업 시행에 대한 일말의 기대를 접고 한국 내 사업의 철수를 추진했다. 방법은 두 가지였다. 하나는 한성전기에 관심을 가지고 있는 외국자본(특히 일본)에 매각하는 것이고, 다른 하나는 한국정부와의 협상을 통해 채권액을 변제받는 일이었다. 전자는 협상은 용이하지만 한국 내의 반발이 커서 향후에 인정받을 수 있는지가 문제였고, 후자는 한국정부를 상대로 한 협상이 쉽지 않다는 점이 문제였다. 일단 한국정부의 협상 의욕을 고취하기 위해서라도 전자의 추진은 필요했다.

먼저 콜브란측은 일본의 미츠이三井물산(마스다 에이사쿠益田英作)과 접촉했다. 그러나 이들은 한성전기를 계속 경영할 생각이라기보다는 인수한 후에 경인철도나 경부철도에 다시 넘겨 커미션을 챙기려 했다.[145] 교섭이 잘될 리가 없었다. 그러자 콜브란측은 주한일본공사관에 한성전기 자산의 매각의사를 분명히 밝히고 자산 이전 후 한국정부의 승인을 획득할 수 있다고 자신했다. 또한 비밀리에 러시아에 매각의사를 타진하고 이 사실을 흘려 일본정부를 자극했다.[146] 원래 일본은 전력산업이 한국의 경제적 침탈과정에서 차지하는 중요성을 각별히 인식하여 한성전기의 설립 당초부터 큰 관심을 가지고 있었고, 회사 내의 일본인 회계 나가세Nagasse를 통해 회사 사정을 은밀히 파악하고 있었다.[147] 따라서 한미 간에 채무분규가 발생하자 한성전기를 장악할 절호의 기회가 왔다고 여겼고, 러시아 매각설까지 나돌자 이에 적극 관여하게 되었다.[148]

당시 일본이 생각한 방안은 두 가지였다.[149] 하나는 일본의 민간기업이 한성전기의 자산을 직접 콜브란측으로부터 인수하는 방법이었다. 경인철도가 이런 방식에 의해 일본으로 양도된 대표적 사례였으며, 콜브란측도 이를 가장 원하고 있었다. 그러나 향후에 한국정부로부터 자산 인수를 인정받을 수 있는지가 문제였다. 다른 하나는 한국정부에 차관을 제공해 콜브란측에 대한 채무를 청산하도록 돕고 이를 빌미로 일본인 기술진을 고용토록 해 경영권을 간접 장악하는 방법이었다. 이 경우 한국정부의 인정문제는 회피할 수 있지만, 한미 간 분쟁을 거중조정한다는 명분 아래 일본정부가 적극 개입하는 일이 요구되고, 일본을 대신해 한국 내에서 한성전기의 경영권을 장악할 인물도 필요했다. 일본은 한성전기의 경영권 인수에 가장 큰 관심을 가지고 있는 이용익에게 그 역할을 맡길 생각이었다.[150] 그러나 이용익이 일본의 의도대로 따라줄지도 의문이었고, 이용익이 친미개화파를 제치고 한성전기의 경영권을 장악하는 일도 쉽지 않으리라고 판단했다.[151] 일본은 우선 전자의 방안에 중점을 두었다.

일본정부가 정치권력과 긴밀한 관계를 맺고 있었던 정상 야스다 젠지로安田善次郎에게 한성전기의 자산 인수를 적극 권고하고 지원을 약속한 것은 이 때문이었다.[152] 야스다는 동생 야스다 젠자부로安田善三郎를 대리인으로 삼아 한국에 파견하여 콜브란측과 협상을 진행했다.[153] 한성전기의 자산 실사가 진행되는 등 협상은 일시 진전되었다. 그러나 원래 은행업으로 성장한 야스다는 전력산업보다는 은행설립권에 더 큰 관심을 가지고 있었는데,[154] 실사 결과 은행설립권이 콜브란측의 주장만큼 확고한 것이 아니라는 사실이 밝혀지면서 이들의 관심은 급랭하였다. 야스다는 30만엔 이내라면 인수가 가능하다고 보았지만,[155] 콜브란측은 100만엔(무형의 제특권을 포함하면 127만5천엔) 주장을 굽히지 않아[156] 협상은 결렬되고 말았다.[157]

콜브란측의 한성전기 자산 매각 시도가 진행되는 가운데 한국정부는 이를 무력화하기 위해 총력을 기울였다. 광무황제는 일본공사를 알현한 자리에서 한국정부의 동의 없이 자산 매각이 이루어질 경우 이를 인정할 수 없음을 알리고 일본공사의 확인을 얻는 데에도 성공하였다.[158] 그리고 각국에 정식으로 외교문서를 보내 한성전기 자산의 전매를 인

정할 수 없으므로 매수하지 말도록 요청했고, 미국공사관에도 매각해서는 안 된다는 뜻을 전달했다.[159]

이에 일본은 한미 간의 한성전기 채무분규의 거중조정 역할을 맡겠다고 한국정부에 공식 제의했다.[160] 이는 일본기업의 직접적인 자산 인수가 어려워지자 간접 장악으로의 전술 변경을 의미하는 일이었다. 애초에 일본은 한성전기 자산을 인수하는 일본기업에 대해 상당한 지원을 해서라도 장악해야겠다고 생각했지만, 한국정부의 강한 반대로 인해 인수 후에 소유권 분쟁이 일어날 수 있다고 보아 한국에 차관을 제공하고 그 대가로 운전권을 확보하는 편이 낫겠다고 생각했다.[161]

한편, 이용익은 광무황제에게서 전권을 위임받아 외국자본의 한성전기 자산 인수를 막기 위해 콜브란측과의 부채해결 협상에 나섰다.[162] 먼저 1903년 4월 5일 한성전기의 장부와 문서를 조사하고 협상을 진행할 전기철도사무사판査辦위원회를 조직하였다. 사판위원장에는 이하영, 사판위원에는 탁지부사세국장 이건영, 지계아문기사원 함인학, 시종 이무영, 전 재무관 윤태흥이 임명되었다.[163] 이하영은 일찍이 알렌의 한국어 교사로 일하면서 그와 친분을 쌓았고 영어와 일어에 능통했으며 주미공사관의 서기관, 대리공사를 거친 친미파의 대표적인 인물이었다.[164] 이용익은 그에게 알렌과의 중개역할을 기대했던 것 같다. 나머지 사판위원들은 이용익이 장악했던 탁지부, 지계아문, 궁내부의 중하급 관료로서 경력으로 보아 이용익계열로 분류되는 자들이었다. 알렌이 이들을 '이용익이 임명한 5인위원회Committee of Five'라 부르며 "무지한 한국인들로 구성된 위원회"라고 폄하했던 것은 이 때문이었다.[165]

4월 3일 이용익은 3시간에 걸쳐 알렌과 면담하면서 '한국인에 의한 해결'을 주장하며 외국에 의한 중재안을 단연코 거부했고, 모든 장부와 문서들을 검토한 후 지불할 것은 지불하겠다는 태도를 견지했다. 4월 7일 알렌은 공식적으로 외부를 통해 콜브란측의 세 가지 협상안, 즉 (1) 철도와 전등 서비스 대가 100만엔(수도 30만엔 제외, 반액은 즉시 지불, 나머지는 3개월 이내 지불), (2) 전등 서비스를 위한 발전소 설비 추가 113만엔(수도 제외, 60만엔은 즉시 지불, 중도금은 6개월, 잔금은 1년 이내 지불), (3) 덕소 연장선과 발전소 설비 추가 135만엔을 제시하고 이 가운데에서 택일하도록 종용했다.[166] 한국측의 요청에 따라 4월 10일 이하영의 집에서 알렌과 이용익, 그리고 사판위원들이 모두 모여 담화를 가졌고, 이 자리에서 사판위원은 덕소 연장선과 수도설비를 포함해 총액 70만엔의 역제안을 하기에 이르렀다.[167] 이에 일본은 경부철도 이사 다케우치 츠나竹內綱와 다이이치은행 경성지점장 다카기 마사요시高木正義를 내세워 이하영에게 90만엔을 제시하는 등 양측의 중재에 나섰지만[168] 결과는 실패로 끝났다. 콜브란측은 총액 100만엔에서 한 치도 양보하지 않았고 이용익은 80만엔을 마지노선으로 생각하고 있었다.[169] 아마도 이용익은 80만엔을 일본의 도움을 얻지 않고 자력으로 한성전기를 인수할 수 있는 최대한의 금액이라고 생각했던 것 같다.

협상이 결렬되면서 양측은 격렬하게 충돌했다. 먼저 대한제국은 궁내부가 콜브란측에 맡긴 돈이 실제로는 일화 141만여엔과 한화 27만여원에 달한다며 사판위원에 의한 한성전기의 장부 재조사를 다시 주장했다. 그러나 알렌은 이미 브라운에 의해서 조사가 끝났다며 이를 단호하게 거부했다.[170] 이에 한국정부는 장부를 조사하지 않으면 자금이 어디에 어떻게 쓰였는지 알 수 없다며 30마일 철도 건설에 160만원 이상이 지출되었다는 건 "난센스"며 "동서고금에 이런 불합리한 사건은 없"었다며 격렬하게 항의했다. 이에 알렌은 한국측의 외교문서가 비외교적이며 무례하다는 이유로 세 차례나 접수를 거부하고 이용익이 황제의 명령을 무시했기 때문에 이런 문제가 발생했다고 반박하는 등 양측은 크게 대립했다. 알렌이 국무부 보고 전문에서 이용익을 "완전히 비합리적absolutely unreasonable"인 인물이라고 평하고 "모든 문제는 이용익 때문"이라고 일갈했던 데에는 이런 배경이 있었다.[171]

그런데 채무분규가 장기화하게 된 배경에는 이용익이 한성전기 경영권을 독자적으로 장악하려는 계산이 깔려 있었기 때문이다. 사실 일본 자본을 이용해 채무분규를 원만히 타결하려고 했다면 얼마든지 가능성이 있었다. 그러나 한성전기의 경영권을 직접 장악하고자 했던 이용익은 일본의 간접 장악 의도를 간파하고 독자적으로 조달 가능한 자본 내에서의 직접 인수를 시도했던 것으로 보인다. 그가 외국의 중재를 거부하고 한국의 독자해결을 주장하며 협상금액이 70~80만엔을 넘지 않도록 애썼던 점[172]과 한성전기의 장부조사에 집착했던 데에는 이런 이유가 있었다.

주변 정황도 채무분규의 장기화를 촉진하고 있었다. 콜브란의 입장에서 보면, 당시 가족이 티푸스에 전염되어 딸은 죽고 아들은 위독한 상태에 빠지는 등 개인적인 불행으로 "극도로 혼란한 정신상태"에 있었으며 뤼순旅順에서 대규모 건설공사 계약에 입찰하고 있었으므로 하루빨리 분규를 해결하고 싶어 했다.[173] 게다가 10월 15일을 기한으로 콜브란측이 소유권 획득과 독자경영을 표방한 이상 한성전기의 적자경영이 지속된다면 그 손해를 감수해야 하는 처지였다. 그간 투입된 자본이 장기간 회수되지 않는다면 역시 막대한 손해가 예상되었다. 시간이 흐를수록 대한제국이 유리한 위치에 있었던 것이다. 이 점이 이용익이 지연작전을 택한 이유였다.

그런데 한성전기의 경영상태는 이용익의 기대와 다르게 전개되었다. 한성전기는 1901년 말부터 1902년 초까지 백동화 환율이 급등하면서 여객운임수입이 절반 이하로 줄어들어 적자에 시달리는 등 경영이 악화되었는데, 차츰 환율이 안정되고 전차수요가 늘어나면서 1902

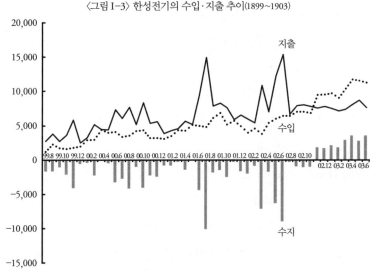

〈그림 I-3〉 한성전기의 수입·지출 추이(1899~1903)

자료: 《총서 15》, 89~91, 163~165, 190쪽; 《米國人〈コーブラン´ボストウ#ツク〉ノ韓國に於ケル利權獲得關係雜件/參考書》(B09040862900).

비고: 1902.11~1903.6은 모든 항목이 일본화(円)로 환산 통일되어 합산되어 있지만, 1899.8~1902.10은 항목 마다 환화(元)와 일본화가 그대로 단순 합산되어 있기 때문에 정확한 수지를 보여 주지 못함. 따라서 여기에서는 적자에서 흑자로 반전하는 추세만 의미를 가짐.

년 말에는 여객운임수입이 원래의 수준을 회복했고, 1903년 중반에는 7,700엔대의 최고 성적을 거두고 있었다. 그 결과 한성전기의 수지는 1902년 11월에 흑자로 반전되어 매월 2천엔 안팎의 흑자를 보기에 이르렀다.[174]

이용익으로서는 특단의 대책이 필요한 시점이었다. 다양한 전술을 통해 콜브란측의 경영을 압박해 나갔다. 우선 한성전기가 공급하고 있었던 황궁 내 전등을 궁내부 통신사에서 자체 공급하도록 했다. 1903년 6월에 영국의 홈링거회사Holme Ringer & Co.를 통해 발전설비를 들여오는 한편, 동 회사의 기사 코인Thomas A. Koen(高仁)과 5년간의 고용계약을 체결해 시공을 맡겼다.[175] 9월 30일에는 경운궁에 설치를 완료하고 다음날에는 미국공사관에 한성전기의 전기공급을 중지하도록 통고하고 자체설비로 약 500등의 전등을 점화하였다. 이는 한성전기 전체 전등공급량의 약 23.2%(1902년 10월 기준)를 차지할 정도의 막대한 양이었다. 콜브란측에게는 큰 위협이 아닐 수 없었다. 미국은 황궁 내 자체 전등설비 설치는 한성전기의 전등공급 독점권을 침해하는 것이라며 한국정부에 장차 손해배상을 청구하겠다고 경고하였고 영국공사 조던John Newell Jordan에게도 항의했지만, 단지 궁궐 내에 시설을 설치하였을 뿐이고 다른 회사에게 전등공급권을 준 것이 아니므로 한성전기의 독점공급권을 침해한 것이 아니라는 답변만이 돌아왔을 뿐이다.[176] 이용익은 도리어 한성전기에 궁궐 내 전선을 철거하도록 요구하기까지 했다.[177]

또한 이용익은 여객운임수입의 증가를 막기 위해서 콜브란측에 대한 여론의 반감을 활용해 전차승차거부운동을 확산시켜 나갔다. 전차승차

〈표 I-7〉한성전기의 수지 개괄표(1902.11~1903.9)

구분		1902.11	1902.12	1903.1	1903.2	1903.3	1903.4	1903.5	1903.6	1903.7	1903.8	1903.9
수입	전등	3,555.08	3,674.58	3,457.22	3,343.86	3,451.44	3,390.24	3,790.22	3,511.70	3,245.35	3,263.38	3,195.91
	여객운임	5,405.91	5,346.14	6,093.62	5,545.68	6,595.77	8,037.61	7,315.95	7,246.87	7,777.75	7,785.52	6,981.06
	화물운임	460.53	468.33	105.09	108.52	253.89	253.55	182.39	439.85	276.91	117.70	280.29
	광고수입								172.00			
	소계	9,421.52	9,489.05	9,655.93	8,998.06	10,301.10	11,681.40	11,288.56	11,370.42	11,300.01	11,166.60	10,457.26
지출	미국인월급	2,030.44	2,030.44	1,767.65	1,772.11	1,767.65	1,767.65	1,767.65	1,767.65		4,221.03	
	일본인월급	678.33	680.00	680.00	677.2	680.00	680.00	680.00	680.00		2,607.36	
	한국인월급	940.06	917.01	937.58	954.12	1,030.64	1,080.90	1,068.54	1,039.36		3,011.41	
	수리 및 유지	324.79	68.60	479.02	70.74	181.05	785.50	334.18	213.49		1,725.87	
	연료 및 석유	3,247.25	3,507.01	3,467.47	3,393.10	3,288.35	3,518.91	3,690.21	3,251.71		10,547.18	
	사무실비용	190.23	138.75	160.24	218.99	193.55	144.36	242.24	193.04		504.99	
	잡비	172.81	433.44	32.59	50.72	245.93	108.99	877.30	452.20		1,441.85	
	오락비								19.93			
	소계	7,583.91	7,775.25	7,524.55	7,136.98	7,387.17	8,086.31	8,660.12	7,617.38		24,059.69	
	순이익	1,837.61	1,713.80	2,131.38	1,861.08	2,913.93	3,595.09	2,628.44	3,753.04		8,864.18	

자료: 《총서 15》, 89~91, 163~165, 190쪽; 《米國人(コーブラン ド) ボス トウキ ック) ノ 韓國ニ 於ケル 利權要(件)關係雜件(參考書)》(B09040862900).
비고: 일본화 기준임. 환율은 콜브란측의 계산에 따름.

거부는 콜브란측이 부채 미청산을 이유로 한성전기의 자산을 자신들의 소유라고 선포하고 본사 사옥에 미국기를 게양하자 위정척사계열을 중심으로 산발적으로 제기되고 있었다. 1903년 5월 15일에 주사 김중진이 전차를 타는 한국인들은 대한제국의 신민이 아니라는 취지로 거리에 포고문을 붙였고, 그 다음날에는 종로에서 화서학파 김평묵의 문도 서병달(본명 서병칠)이 장부조사를 거부하는 콜브란측을 성토하고 앞으로 전차를 타지 말자고 연설하여 호응을 얻었던 적이 있었다.[178] 서병달은 현장에서 한성전기 직원들에 의해 경무청에 넘겨져 구금되었고 이 문제는 한동안 제기되지 않았다. 그런데 1903년 7월 10일 손진민 등 10명이 연명으로 각 동洞과 신문사에 참여를 호소하는 통문을 보낸 일을 계기로 전차승차거부운동은 크게 확대되었다.[179] 통문의 내용은 각 동의 가쾌와 통수가 시민들에게 전차를 타지 않도록 설득하고 정류장 밖에서 상인들이 전차표를 팔지 못하도록 하며 이 통문을 각 동 입구에 게시하도록 요청하는 것이었다. 그런데 이 사건은 언론에 집중 보도되면서 관민의 큰 호응을 불러일으켰다. 전환국 관리들은 출퇴근 때 전차 대신 도보 이용을 결의하였고, 민간에서도 주요 승차장을 중심으로 승차거부를 선동하는 행위가 확산되었다. 급기야 일각에서는 전차 승객들에게 욕설과 함께 오물과 사석沙石을 던지고 매표상인들을 위협하는 행위가 잇달았다. 콜브란측은 이들의 배후에 이용익이 있으며 한국군인과 경찰이 오히려 이들을 지원하고 있다고 확신하고 있었다.[180] 미국 공사관은 한국정부에 성문과 추요지樞要地, 신문지 등에 전차승차거부운동을 금지하는 포고문 게재를 요청하고 향후 이러한 일이 재발하면 한국정부에 손해배상을 청구하겠다고 위협했지만, 한국정부는 포고문

게시를 거부하고 장부조사를 하면 모든 의혹이 해소된다며 오히려 장부조사의 선행을 요구했다.[181]

이용익측의 이러한 대응은 한성전기의 경영에 큰 타격을 입혔다. 구체적인 피해액을 정확히 알 수는 없지만, 앞서의 〈그림 I-2〉에서 그 일단을 확인할 수 있다. 여름이라 전차수요가 많은 시기인 1903년 7월 이후 여객운임수입이 정체되고 9월에 크게 감소한 것은 바로 승차거부운동 때문이었다.[182] 다소 과장되었겠지만, 미국공사관은 7월 16일부터 8월 19일까지 승차거부운동으로 인한 손해액이 8,802원(한화)에 달한다며 배상을 요구하기도 하였다.[183] 따라서 콜브란측의 이용익에 대한 반감은 더욱 커졌고, 양측의 갈등은 극단으로 치닫고 있었다.

그 갈등은 1903년 8월 한성전기 직원의 서북철도국 고등관리(칙임관) 폭행사건으로 분출했다.[184] 사건의 경과는 다음과 같았다. 1903년 8월 11일 저녁 9시경 프랑스공사관 기수旗手 김기준과 고양군에 거주하는 시상柴商 김창엽이 서대문 안 성첩城堞에서 납량을 하고 있었는데, 갑자기 전차운전수(김학수)와 차장(주흥식)이 달려와 전차에 투석했다는 혐의를 대며 쇠막대기로 난타하였다. 김기준과 김창엽은 근처에 있는 서북철도국 총재 이인영의 집으로 피신—김기준이 이 집 행랑에 거주했기 때문—했는데, 한성전기 직원인 미국인 엘리어트Eugene Aylmer Elliott(魚利如)와 한국인 순검 2명(우경운, 전경진)이 집안까지 쫓아 들어와 마침 공무를 상의하기 위해 내왕해 있던 서북철도국 감독 이규환과 국장 이병관을 폭행하고 이들을 배후라고 의심하여 손발을 묶어 서대문 밖의 한성전기 사무소로 끌고 가는 행패를 부렸다. 이 사건은 승차거부운동에 대한 한성전기의 민감한 반응 때문에 발생한 단순한 해프닝이 아니었다. 근원을 따져 보면 이용익에 대해 오랫동안 누적되어 온 적개심이 당시 이용익의 핵심라인이었던 서북철도국 관료들을 향해 폭발한 것이었다.[185]

그러나 사건의 뒤처리는 극히 불합리하게 전개되었다. 한국정부는 영사재판권 때문에 관련된 미국인 직원은 조사조차 하지 못했고, 한국인 직원 3명의 신병은 확보했지만, 나머지 1명(주흥식)의 신병은 콜브란측이 인도를 거부하는 바람에 끝내 확보하지 못했다. 게다가 한국인 고원雇員을 사용할 수 없으면 일본인 운전수, 차장을 고용하고 일본순사에게 보호를 맡기겠다는 콜브란측의 협박에 밀려 그나마 6주 만에 관련자를 모두 석방하고 말았다.

그러나 이 사건 이후 한성전기(콜브란측)에 대한 반대여론이 확산되었고, 전차에 소년이 치여 숨지는 사고를 계기로 대규모 군중시위로까지 확대되었다.[186] 1903년 9월 30일 오후 5시경 광화문 네거리 부근에서 전차가 철길을 횡단하던 14세 소년 홍수돌(송교 서천변 거주 홍하관의 아들)을 치어 죽이는 사고가 발생했다. 사건 직후 전차 운전수는 한성전기 사옥으로 도주하고 미국인 직원이 현장검증을 위해 왔는데, 그중 한 사람이 군중을 헤집고 들어서면서 지팡이를 마구 휘둘렀다. 이에 격분한 군중은 소리를 지르며 돌을 던졌고, 겁을 먹은 미국인 직원은 마침 현장을 지나가던 일본인 우체배달부의 자전거를 빌려 타고 도망갔다. 그러자 군중은 미국인의 도망을 도운 우체배달부를 쫓았고, 그가 근처의 일본인 양복점 아사다淺田상점으로 피신하자 흥분한 군중들이 상점 가옥과 상품을 파괴하고 장부를 소각하는 사태로 이어졌다.[187] 일부 군중은 전차매표소를 파괴하고 전차 2대를 파손하였으며, 일부는 피해자의 사체를 한성전기 본사로 옮기던 직원을 추격하여 사옥에 난입하기도 했다. 이 소요는 군대와 경찰이 출동하여 가까스로 진압되었지만, 소란은 쉽사리 가라앉지 않았다. 10월 2일 저녁에는 전차궤도에 큰 돌을 올려놓아 운행을 방해하거나 전차에 투석하는 일이 일어났고, 10월 4일 저녁에는 전차궤도를 보수하고 돌아가는 한성전기 직원에게 투석하는 일이 발생했다. 10월 6일에는 술에 취한 군인들이 발전소에 침입하려고 하는 등 소동이 끊이지 않았다.[188] 이에 미국공사관은 일본에 보호를 청하고, 미국인 생명과 재산을 보호하기 위해서 본국에 군함 파견을 요청하겠다고 한국정부에 항의하였다. 한국정부는 그제서야 경무청에 경비 강화를 지시하기에 이르렀다.[189]

군중시위 이후 한성전기(콜브란측)에 대한 여론은 더욱 악화하였고,[190] 이를 배경으로 정부에서는 한성전기의 인허장을 환수하는 조치까지 고려하기에 이르렀다.[191] 콜브란측은 이용익측의 집요한 대응에 극심한 반감을 넘어서 공포심까지 느꼈다. 알렌은 이용익이 한성전기와의 협상에서 우위를 점하기 위해서 한성전기의 한국인 고용자에게 뇌물을 주어 회사 금고 속에 보관 중인 관련 특허장을 훔치려 한다고 의심했다.[192] 알렌은 양지아문에 수기사首技師로 고용되어 있던 미국인 크럼 Raymond Krumm(巨廉)이 운전하는 자전거에 부딪힐 뻔한 일이 있었는데, 이를 양지아문 부총재를 맡고 있던 이용익의 사주를 받은 테러행위로 간주했다.[193] 게다가 알렌은 이용익이 크럼을 통해 미 국무부에 로비하여 자신의 경질을 기도하고 있다는 정보를 입수하고 경악했다.[194] 콜브란의 의구심은 더욱 심했다. 콜브란 부인이 귀가하던 중에 아이들이 장난으로 던진 돌에 맞았던 일이 있었는데 혹시 돌을 던진 사람이 폭동

을 일으킨 군인이 아닐까 긴장했고,[195] 콜브란은 이용익이 이채연을 독
살했던 방법으로 자신들을 독살할지도 모른다고 걱정할 정도였다.[196]
양측의 갈등은 극에 달해 있었다.

2. 한성전기회사의 한미전기회사로의 개편

국제정세의 변화와 채무분규의 해결

극단으로 치닫던 이용익과 콜브란측의 갈등은 뜻밖에 1903년 말이 되면서 해결의 조짐이 보였다. 한반도를 둘러싼 국제정세가 급변하였기 때문이다.[197] 당시 국제정세는 만주와 한반도의 지배권을 놓고 일시 타협을 이루었던 러시아와 일본의 갈등이 다시 고조되어 전쟁의 발발까지 우려되는 상황이었다. 러시아는 온건파 비테S. Y. Witte의 퇴조와 강경파 베조브라조프A. M. Bezobrazov의 득세를 계기로 압록강지역 방어와 만주 문호폐쇄를 골자로 하는 '신노선New Course'을 채택하였고, 이를 바탕으로 용암포龍岩浦를 불법 점령하고 대한제국정부에 조차를 요구하였으며 뤼순에 동아시아총독부를 설치하기에 이르렀다. 일본도 무린안無鄰菴회의, 어전御前회의를 통해 러시아에게 만주에서의 철병과 일본의 한반도 지배권 인정을 요구하여 받아들여지지 않을 경우 개전도 불사한다는 강경방침을 확립하고, 초기의 한반도 분할점령안에서 차츰 만한滿韓교환론, 만주 일부 지배권까지 염두에 둔 만한불가분일체론으로 제국주의 야욕을 확대하고 있었다.

양국은 전쟁의 파국을 막기 위한 협상 테이블에 앉았지만 양보를 거부하는 내부세력 때문에 협상은 난항을 겪었다. 협상과정이 알려지면서 일본 내에서는 주전론이 크게 확산되고 있었다. 일본 내에서 타협적이던 원로정치인은 물론이고 실업가 시부사와 에이이치澁澤榮一를 비롯한 민간인들도 대거 주전론을 제창한다는 소식이 대한제국에 전해졌다.[198] 또한 러시아군이 무단 점령한 용암포에 포대를 설치한 것을 비롯해 만주와 압록강, 두만강 일대에 군사시설이 대거 설치되고 양국의 육해군이 증강되면서 대한제국 내에서는 러일전쟁의 개전을 우려하는 목소리가 더욱 높아졌다.[199]

대한제국 집권세력의 입장에서는 특단의 대책이 필요한 시점이었다. 제기된 방안은 한반도의 중립화였다.[200] 먼저 광무황제는 최대 이해당사자인 러일에 중립화안을 타진하기에 이르렀다. 1903년 8월 21일 현상건을 유럽에 파견하여 러시아와 접촉하도록 하였고, 1903년 8월 3일에는 동일한 목적으로 현영운을 일본에 파견하였다. 그러나 양국에 의해 중립화안은 거부되었다. 이에 광무황제는 한쪽으로는 친러파(이근택)를 통해 러시아에 은밀히 전시에 협조할 의사(한러밀약)를 타진하고 일본에는 친일파(이지용, 민영철)를 통해 공수동맹攻守同盟 체결협상을 진행해 양국을 안심시키면서, 다른 한쪽으로는 비밀리에 중립파(이용익, 이인영, 현상건, 이학균, 강석호 등)를 동원해 전시국외중립선언을 준비하였다. 최소한 청일전쟁 때처럼 한반도가 전쟁터로 변하는 일은 막아야겠다는 생각이었다. 그 결과 1904년 1월 21일 프랑스공사관의 협조를 얻어 상하이에서 중립선언을 각국에 타전하는 데 극적으로 성공하기에 이르렀다.

긴박하게 전개되는 국제정세의 흐름 속에서 대한제국 집권세력의 선택은 중립선언이었지만, 이는 다른 열강의 지지와 협력이 없으면 결코 확보될 수 없는 일이었다. 그간 한성전기의 채무문제를 놓고 극한 대립을 벌였던 미국과의 화해가 필요한 것은 당연했다. 여건도 괜찮았다. 1882년에 체결된 조미수호통상조약 제1조에는 일국이 타국에 부당한 침략을 당하면 서로 돕고 우호적 중재에 나서도록 규정하고 있었으며,[201] 관련 인물들이 대거 중립화를 지지하고 있었다. 미국공사관 서기관 출신으로 당시 궁내부 고문으로 있던 샌즈는 일찍이 중립화안을 적극 주장했던 인물이었고, 현상건, 이학균, 강석호 등 친미파들도 대거 여기에 찬동하고 있었다. 게다가 주한미국공사 알렌은 미국의 동아시아 정책을 놓고 러일 간 분규에 중립적인 태도를 견지해야 한다고 주장해 친일적인 루스벨트Theodore Roosevelt 대통령과 격론을 벌일 정도로 반일적 성향을 보이고 있었다.[202] 한편, 광무황제는 그간 한성전기를 둘러싸고 한미 간의 대립이 격렬해지는 과정에서도 미국과의 관계 유지에 큰 공을 들이고 있었다. 모든 문제의 원인을 이용익에게 돌리고 황제 자신은 뒤로 빠지는 전술을 채택함으로써 알렌조차도 황제에게는 아무런 악감정이 없으며 황제는 자신을 가장 신임하고 있다고 말할 정도였다.[203]

이러한 배경 아래 광무황제는 화해무드 조성을 위해 콜브란측이 그간 가장 기대를 걸었던 수도설비계약의 체결을 추진하였다. 1903년 11월 4일 자로 궁내부대신을 통해 이하영으로 하여금 콜브란측과 수도설비계약을 체결하라는 광무황제의 계자인(啓字印) 명령이 내려지고, 협상 끝에 12월 9일 드디어 콜브란측과 이하영 사이에 계약이 체결되었다.[204] 수도설비의 설치 운영에 관한 완전하고 배타적인 권리를 수돗물 공급일로부터 49년간 콜브란측에 주며, 1909년 1월 1일 이전에 공사를 시작해 1914년 1월 1일 이전에는 수돗물을 공급하도록 했다. 이를 어길 경우 권한은 소멸된다고 규정했다. 콜브란측은 49년이라는 장기간 독점권에 공사착수일까지 5년이 넘는 유예기간을 확보하였을 뿐만 아니라 수도설비에 필요한 물자에 대해서는 면세혜택을 누리고 상하이의 수돗물 가격보다 25% 이상을 초과하지 않은 범위에서 가격을 책정할 수 있는 권한도 부여받았다. 러일전쟁이나 군대 혹은 외국세력에 의한 정변이 일어나도 권리를 보장받는다는 조항까지 삽입될 정도로 전체적으로 콜브란측에 대단히 유리한 조건의 계약이었다. 전시중립선언을 준비하고 있었던 대한제국정부로서는 미국의 우호적인 태도가 중요했던 만큼 최대한 양보를 한 셈이다. 이로써 이용익과 콜브란측의 갈등과 대결 국면은 해소되었지만, 이 계약의 타결은 한동안 내외에 철저히 비밀에 부쳐졌다. 일본이 이 사실을 안 것은 1904년 6월경이었고, 알렌은 심지어 미 국무부에도 이 사실을 알리지 않고 있었다.[205]

한편, 러일 간의 최종협상이 실패하여 대결이 첨예화됨에 따라 전쟁 발발의 위기감은 더욱 고조되었다. 이에 미국공사관은 러일전쟁 발발에 따른 자국민의 재산과 생명 보호 그리고 한국군인들에 의한 폭동 발발 가능성을 이유로 들어 1904년 1월 5일 미군 36명을 입경시켜 공사관에 주둔케 했다.[206] 그런데 입경 직전 알렌이 대한제국 외부(外部)에 미군의 입경 사실을 통보하자 외부에서는 알렌을 직접 면담하고 이에 반대한다는 견해를 통보했지만, 면담은 지극히 형식적으로 이루어졌다. 정작 군대가 도시에 들어오는 과정에서는 아무런 반대가 없었다.[207] 그리고 알렌은 며칠 후 일부 한국인들이 정월 초에 행해지는 석전石戰을 이용해 한성전기 발전소, 전차 등에 대해 폭동을 일으키려 한다는 첩보를 근거로 국무부에 미군의 추가 입경 필요성을 통보하고, 1904년 1월 15일 추가로 미군 64명을 입경시켜 한성전기에 주둔하도록 하였다.[208] 미군의 대규모 입경은 이후 각국의 군대가 속속 서울에 진주하는 계기가 되었다.[209]

알렌은 정작 알려야 할 수도설비계약의 체결 사실은 미 국무부에 숨긴 채 신빙성이 낮은 괴소문(석전을 이용한 폭동 발발)을 이용해 100명에 이르는 대규모 병력을 서울에 주둔케 했던 것이다. 게다가 1월 19일에는 이용익이 쿠데타를 일으켜 정적들을 제거하려 한다는 출처미상의 첩보를 미 국무부에 보고하기까지 했다.[210] 그리고 실제 전차사고가 일어나자 자신의 주장을 뒷받침하는 근거로 이를 적극 활용했다. 1월 24일 8시경 청파정거장의 인력거꾼(석춘흥)이 물건을 싣고 남대문을 지나가다가 전차와 부딪혀 사망한 사건이 발생하였다.[211] 대한제국정부는 사고 발생 직후 경무청 순검을 보내 사태 확산을 막고 인력거꾼과 전차 운전수 양측 모두 잘못이 있다고 판단하여 한성전기에 적당한 배상을 하도록 조치했다. 1903년 9월 30일에 일어난 전차사고 때처럼 대규모 폭동으로 확산되지 않도록 초기에 신속히 대처한 것이었다.[212] 그런데도 알렌은 미 국무부에 전차사고에 이어 폭동이 발발했지만 미군이 출동해 가까스로 이를 저지할 수 있었다고 보고하고 이 사고가 사전 모의에 의해 의도적으로 발생한 것일지도 모른다고 의심하면서 한국정부가 아무런 조치를 취하지 않았다고 비난했다.[213] 이는 분명 사실과 다르지만 내막을 알기 어려운 미 국무부에 자신의 주장(대규모 파병)을 뒷받침하는 근거로는 충분한 것이었다.

그렇다면 수도설비계약을 체결해 이용익과의 갈등관계를 청산했던 알렌이 계약체결 사실을 미 국무부에 숨긴 채 출처불명의 괴소문들을 이용해 위기상황을 조성하고 전차사고를 실제와는 다르게 과장해서 보고하면서까지 대규모 병력을 서울에 주둔케 했던 진짜 이유는 무엇이었을까. 전시국외중립선언을 추진했던 광무황제의 입장에서 보면, 전쟁이 발발한 긴급한 경우 아관파천 때처럼 외국공사관으로 피신할 대책—실제로 프랑스공사관이나 미국공사관을 대상으로 구체적 방안을 강구하기도 했다—이 필요했고, 이 경우 외국군대의 주둔은 중요한 보호수단을 의미했다. 따라서 광무황제와 중립파에게 미군의 주둔은 큰 힘이 되는 것이었고, 그러한 점을 간파한 알렌이 자신의 입지를 강화하는 데 이를 활용했다고 생각된다.

이와 관련해 이용익이 전시국외중립선언을 마친 직후 영국인 특파원 맥켄지F. A. McKenzie와의 대화에서 러일전쟁이 발발해도 한국은 중립을 유지할 것이며 어느 한쪽이 중립을 파기하면 열강들이 개입해 보호해 줄 것이라고 주장[214]하면서 아래와 같은 발언을 한 점이 주목된다.

다른 나라들이 무얼 하는지는 중요하지 않습니다. 우리가 중립이라는 사실을 존중해 달라고 요청하는 성명서를 오늘 보냈습니다. ……우리는 미국의 약속을 받아 냈습니다. 미국은 무슨 일이 일어나도 우리의 우방이 될 겁니다.[215]

그간 미국과 극한 대립을 벌여 왔던 이용익이 이제는 오히려 미국을 대단히 신뢰하고 있었던 것이다. 이는 알렌과 광무황제 사이에 모종의 밀약이 존재했음을 시사하는 대목이지만, 만약 그런 밀약이 없었다고 해도 미군 주둔이 광무황제와 중립파에게 큰 도움이 되는 것만은 틀림 없는 사실이었다. 그리고 이는 향후 한성전기의 채무협상에서 콜브란 측이 유리한 고지를 점할 수 있는 조건이기도 했다.

한편, 국제정세는 더욱 긴박하게 돌아갔다. 1903년 12월과 1904년 1월에 걸친 러일 간의 최후협상이 아무런 성과 없이 결렬되자 일본은 개전에 돌입했다. 일본은 1904년 2월 6일 러시아에 국교단절을 통보하고 선전포고도 하기 전인 2월 8일 저녁 뤼순에 있는 러시아함대를 선제 기습했다. 그리고 2월 9일 16시에는 인천 팔미도八尾島 앞바다에서 러일 간에 격전이 벌어졌다. 전날 인천에 도착했던 러시아군함(2척)에 대해 일본군함(14척)이 전투를 벌여 러시아군함 2척과 상선 1척이 자침自沈하고 러시아해군 31명이 전사하는 참극이 일어났다.[216] 이른바 '제물포 해전'이었다. 당시 한국인들은 해변에서 전투 현장을 생생히 목도하고 일본의 위력을 절감했으며,[217] 서울까지 들릴 정도로 엄청난 포격 소리는 대한제국 정계를 공포에 몰아넣었다. 그뿐 아니라 그날 경인철도를 이용해 1천여 명의 일본 군인들이 서울로 밀고 들어왔다.[218] 이에 주한 러시아공사는 한국에서의 철수를 결정했고, 일본은 대한제국에 군사기지 제공과 협력을 내용으로 하는 한일의정서의 체결을 강요하기에 이르렀다.

제물포해전과 뒤이은 일본군의 입경, 그리고 한일의정서 체결 강요는 전시국외중립을 선언한 대한제국의 의지를 일거에 무력화시킨 것으로서 집권세력에게 향후 한반도가 전쟁의 와중에서 결코 안전지대가 될 수 없음을 각인시켜 주었다. 일본을 견제할 새로운 대책이 시급했다. 미국을 비롯한 열강의 지원을 획득하는 일이 더욱 절실해진 시점이었다.

이에 광무황제는 미국과의 관계 강화의 한 방책으로 콜브란측과의 채무분규 타결을 급히 서둘렀다. 1904년 2월 11일 이학균과 샌즈를 콜브란에게 보내 그간의 채무분규를 타결하기 위해 현금 70만엔을 주는 대신 한미전기회사를 설립하여 모든 권리와 자산을 이 회사에 인계하고 주식의 절반은 광무황제가 인수하는 방안을 제시토록 했다.[219] 또한 황궁 내의 전등설비도 콜브란측에 인도하고 궁내부 소속 광산의 개발권도 주기로 약속했다. 이에 대해 콜브란측은 금액을 75만엔으로 수정 제안했고, 다음날 광무황제가 이에 동의하면서 양측은 합의하기에 이르렀다.

그 결과 2월 13일 자로 궁내부와 콜브란측 사이에 우선 광산개발권에 관한 계약이 체결되었다.[220] 콜브란측이 한미광업회사American Korean Mining Company를 조직하면 이들이 선택한 광산의 개발권을 주기로 약속하고 회사 설립 후 100일 이내에 광무황제는 회사 주식 절반을 인수하거나 이윤의 25%를 수취하는 방안 중에서 선택할 수 있도록 약정하였다. 2월 15일에는 광산개발권의 세부사항이 합의되었다.[221]

2월 19일에는 이학균(광무황제 대표원)과 콜브란측 간에 한성전기 채무분규를 타결 짓는 계약이 체결되었다.[222] 광무황제가 현금 40만엔(일화)과 약속어음 35만엔(무이자, 지급기한 1904년 5월 13일)을 지불하는 대신 양측 간에 일체의 요구를 상호 철회하기로 했다. 약속어음의 결제가 끝나면 75일 이내에 미국 법률에 의거, 한미합자로 자본금 150만엔(일화)의 한미전기회사를 설립하여 한성전기의 모든 자산을 인계하되 경영권은 콜브란측이 갖기로 했다. 대신 주식의 절반은 광무황제가 인수하고, 황제는 검찰관을 임명하여 회사업무를 감사하며 연말에 콜브란측으로부터 업무보고를 받을 수 있도록 하였다. 만약 기한까지 약속어음을 결제하지 못하면 기지불한 40만엔은 위약금으로 배상한다고 규정했다. 그리고 채무분규로 인해 궁내부에서 직접 공급하였던 황궁 내 전등은 다시 콜브란측에서 공급하기로 약속했다. 이 계약에 따라 이용익은 현금 40만엔을 콜브란측에 지급하였고,[223] 이용익의 도장이 찍혀 있는 약속어음 35만엔이 콜브란측에게 건네졌다.[224]

이로써 1902~1903년에 치열하게 전개되었던 이용익의 한성전기 경영권 장악 구상은 실패로 끝나고 말았다. 콜브란측은 명실상부하게 합법적으로 한성전기의 경영권과 소유권을 장악할 토대를 구축하였고, 광무황제는 새로이 조직될 한미전기의 주식 절반을 인수하여 대주주로서 회사 경영에 관여할 수 있는 장치를 마련했을 뿐이다. 그런데 이 협상은 당시 이용익의 정세인식, 대응방안과 무관하지 않았다. 이용익이 이 협상의 전면에 나서지 않았지만 최소한 그의 동의 아래 협상이 진행된 것만은 틀림없다. 이는 이용익과 함께 중립선언을 주도했던 이학균과 현상건이 협상실무를 맡았던 점 외에도 당시 이용익이 미국에 대단한 신뢰를 보이고 있었던 점, 그리고 그가 분규 타결을 위한 자금 마련에 적극 나섰던 점 등에서 잘 드러난다. 이처럼 한성전기 자산을 완전히 인수하지 않고 한미합자 형태의 회사로 개편한 배경에는 향후 일본의 외압이 더욱 거세질 것을 대비해서 미국의 대한제국에 대한 정치·

경제적 관심을 지속시키기 위한 광무황제와 중립파의 의도가 자리하고 있었다.

그러나 이러한 집권세력의 미국(특히 알렌)에 대한 기대는 현실과는 크게 어긋나는 것이었다. 일본은 이미 러일전쟁 이전에 영일동맹을 통해 영국의 지원을 얻어 프랑스와 독일이 전쟁에 관여하지 못하도록 막는 한편, 러시아의 만주 진출을 견제하고자 했던 미국(특히 루스벨트)을 일본에 우호적인 방향으로 돌려놓고 있었다. 당시 루스벨트는 일본의 개전에 대해서 지원을 아끼지 않았다.[225] 프랑스나 독일의 전쟁 중립을 이끌어내는 데에 적극 협조했으며 일본의 대한 군사점령이나 한일의정서 체결에 대해서도 사실상 묵인해 줄 정도였다. 여기에는 러시아의 만주 독점을 저지하기 위해서는 일본을 지원하는 편이 유리하다는 계산이 깔려 있었다. 일본은 외교적으로 러시아를 고립시킨 뒤에 러일전쟁을 시작했던 것이다. 따라서 전쟁 개시 이후 루스벨트는 일본에 우호적인 태도를 유지하고 있었고, 미 국무부는 알렌에게 엄정중립을 유지하라는 훈령을 내렸다. 또한 미국공사 알렌이 미 국무부와 달리 반일적 태도를 가지고 있었다고는 하지만,[226] 이는 만주에 대한 미국의 경제적 이익을 확대하기 위해 러시아를 후원(알렌)할 것이냐, 일본을 지지(루스벨트)할 것이냐의 전술 차이에서 비롯한 것이지 약소국에 대한 신의를 가벼이 여기고 자국의 이익만을 극대화하려는 제국주의 외교정책에서는 본질상 하등 차이가 없었다.

따라서 알렌은 전쟁 초기 일본군의 서울 주둔과 한일의정서 체결, 그리고 압록강 도하와 만주 진격 등 전황이 일본에게 유리하게 기울자 가급적 일본에 적대적인 행동을 취하지 않으려고 했다. 이러한 태도 변화는 1904년 4월 14~15일 경운궁의 화재로 인해 광무황제가 미국공사관에 인접한 황실도서관(수옥헌漱玉軒)으로 피신하고 알렌에게 도움을 요청했을 때 잘 드러났다.[227] 알렌은 자칫 일본으로부터 광무황제를 보호하고 있다는 오해를 받을까 우려해 오히려 경호원수를 대폭 줄였다. 그리고 직접 일본공사를 찾아가 사정을 해명하고 곧바로 미군 100명 중에서 73명을 돌려보내는 조치를 취했다. 알렌은 기울어져 가는 국제관계의 힘의 논리에 따라 광무황제의 피난처 제공 부탁마저 냉정하게 거절하였던 것이다. 이처럼 대한제국에 크게 우호적이지 않았던 알렌마저도 미 국무부와의 갈등을 극복하지 못한 채 1905년 3월에 본국으로부터 소환을 통보받기에 이르렀다.[228]

한미전기로의 개편과정과 경영성적

채무분규 해결을 위한 계약에 따르면, 새로운 회사 조직은 약속어음 35만엔의 지불이 끝나는 날로부터 75일 이내에 설립하기로 되어 있었다. 그런데 실제 어음 지불은 당초 기한(5월 13일)보다 늦은 6월 6일에서야 완료되었다.[229] 아마도 재정 부족 때문에 일시 연기된 듯하다. 당시 일본공사관의 정보 보고에 의하면, 대한제국정부는 이 자금의 마련을 위해 전환국에서 다량의 백동화를 주조해 시중에서 일본화폐로 교환했다고 한다.[230]

약속어음의 지불 이후 콜브란측은 본격적으로 회사 설립에 착수해 1904년 7월 18일 미국 코네티컷Connecticut주 세이브룩Saybrook시 딥리

버Deep River에서 자본금 100만달러(일화 200만엔)의 유한회사로 한미전기회사를 설립하기에 이른다.[231]

그러나 한성전기의 한미전기로의 개편과정은 곧바로 이루어지지 않고 두 단계를 거쳐 이루어졌다. 첫 단계로는 1904년 6월 8일 한성전기의 자산 일체를 콜브란측의 고문변호사였던 스티븐 셀든Stephen L. Selden 개인에게 넘기고, 두 번째 단계로 7월 27일 셀든이 이를 다시 전술한 한미전기라는 미국 법인에 넘기는 절차를 밟았다. 한성전기를 한미전기로 개편하는 과정이 이처럼 복잡하게 진행된 것은 콜브란측이 혹시라도 과거에 겪었던 외교분쟁이 다시 발생할 경우를 대비해 미국 법인의 소유권을 더욱 강화하기 위한 전술로 보인다. 일종의 안전장치를 마련해 둔 셈이다.

이 때문인지 콜브란과 보스트위크는 회사 설립과정에서 전면에 나서지 않고 대신 자신들의 고문변호사였던 셀든과 콜브란의 사위 트리아나Eduardo P. Triana를 비롯한 미국인 5명을 내세워 설립사무를 마쳤다. 셀든이 전체 주식 1만주(1주 100달러) 중 9,996주를 소유했고, 나머지 밀스Hiram R. Mills, 풀러Lucius P. Fuller, 트리아나, 그리고 또 다른 셀든 Richard R. Selden은 각각 1주를 소유하는 데 그쳤다. 사장에는 회사 변호사인 밀스가 앉고, 부사장은 풀러, 재무는 트리아나, 서기는 또 다른 셀든이 맡았지만, 실제로 회사를 경영하지는 않았다.

회사의 실질적인 소유주인 콜브란과 보스트위크, 그리고 광무황제는 주식을 단 1주도 소유하지 않고 중역에 임명되지도 않았다. 아마도 회사 설립 직후 주식 소유를 콜브란과 보스트위크, 광무황제 명의로 이전하고, 중역진도 콜브란과 보스트위크를 중심으로 개편하였을 것이다.

1904년 12월 21일에는 한미전기 검찰장 이근상이 한미전기 주식 5천 주(액면가 50만달러)에 해당하는 증서를 광무황제에게 상납하였고, 1905년 8월 현재 한미전기의 사장과 부사장은 각각 콜브란과 보스트위크가 맡고 있었다.[232] 회사의 자본금은 전액 현물출자로만 이루어졌는데, 광무황제로부터 수취한 75만엔은 콜브란측이 사적으로 가져간 듯하고 새로이 설립한 한미전기의 주식은 기존 한성전기의 자산을 200만엔으로 평가하여 양측이 5천주씩 나눠 가진 것으로 보인다. 자본금 200만엔은 애초 채무분규해결계약 시에 약정했던 150만엔보다 50만엔이 증액된 것이었다.

한편, 서울에 지사를 설립할 수 있다는 회사 정관에 따라 8월 1일에는 서울지사가 설립되어 종로사옥에 한미 양국의 국기를 게양하고 본격적인 영업을 개시하기에 이르렀다. 그리고 광무황제와의 계약에 따라 한미전기의 문서와 장부를 조사하고 경영을 감독할 검찰관에는 궁내부참서관·궁내부협판·예식원부장·농상공부협판을 거친 이근상(검찰장), 탁지부문부조사위원·외국어학교장·농상공학교장을 지낸 홍우관, 예식원번역관·예식원참리관·박문원감서를 역임한 남정규 등이 임명되었다.[233]

회사 설립과정이 일단락되자 콜브란측은 본격적인 경영활동에 착수했다. 한미전기 설립 시에 실제 자본금 납입은 없었고 한성전기 자산의 현물출자로 대신했기 때문에 향후 회사 경영을 위해서는 새로운 자금이 필요했다. 애초 계약 체결 시 필요할 경우 채권을 발행할 수 있다는 합의에 따라 콜브란측은 광무황제의 허가를 얻어 영국에서 사채를 발행하여 5만파운드(50만엔)를 조달했다.[234] 연 6% 이자 지급에 1910년

10월 1일 이후 매년 1만파운드씩 5년간 연부상환하는 조건이었다. 또한 차입금도 조달했던 것 같다. 이는 한미전기의 1907년 12월 현재 대차대조표상에 영미합자전당회사Anglo-American Debenture Co.로부터 조달한 차관 39만7,966.71원이 기재되어 있었던 데에서 그 일단이 드러난다.[235]

한미전기는 이 자금을 바탕으로 경영 확대를 모색했던 것으로 보인다. 먼저 황토현에서 경복궁 앞까지 전차궤도를 부설하기로 하고 정부의 허가를 얻었으나[236] 이를 포기하고, 대신 마포선 부설에 나섰다. 주지하듯 마포는 조선후기 이래 한강변 최대의 민간상업 중심지였으므로 경제적인 측면에서 크게 기대할 만한 노선이었다. 1906년 4월에 서대문에서 마포 강변까지 약 3마일에 달하는 노선을 부설하기로 하였고, 1906년 7월 4일에 경성이사청京城理事廳에서 파견하는 감독관의 지휘 명령에 따르는 조건으로 경성이사청 이사관 미우라 야고로三浦彌五郎의 허가를 얻어 수일 내에 공사에 착수하기로 했다.[237] 현재 정확한 준공일은 알 수 없지만, 1907년 1월 19일에 마포선의 운영시간을 오후 4시에서 자정까지로 연장하였던 점에서 볼 때[238] 늦어도 1906년 말에는 통행이 시작된 듯하다. 개통 이후 마포선은 애초에 기대한 대로 급성장해 1908년 전반기에는 청량리선을 제치고 용산선과 본선에 이어 세 번째로 수익성(1마일당 수입)이 높은 노선이 되어 있었다.[239] 1907년 4월에는 동대문과 남대문 인근의 성벽이 철거되자 정부 허가를 얻어 그간 문 안쪽을 통과하던 전차궤도를 문 바깥쪽 좌우로 옮겨 전차 이동의 편의를 도모하고자 했다.[240]

또한 한미전기는 차장과 운전수의 친절교육을 통해 승객에 대한 서비스도 개선코자 노력했다. 이를 위해 100명 이상으로 크게 늘어난 승무원의 인사관리에도 만전을 기했다. 승객에 대한 언어나 행동이 늘 친절하도록 교육을 시켰고, 번호[號數]가 부착된 회사표[會社標]를 패찰토록 해 승객들이 불친절한 승무원을 회사에 고발하면 사규에 따라 처리토록 했다.[241] 이와 함께 결근이 없는 승무원에게는 상여금을 지급하는 인센티브 시스템도 도입했다.[242]

한편, 한미전기는 1905년 재정고문 메가타 타네타로[目賀田種太郎]가 단행한 화폐정리사업으로 인해 고용인의 월급이 올라가고 전차운임수입이 감소했다는 이유를 들어 1907년 말 1구간의 확대와 요금지불수단을 구화에서 신화로 변경하는 것을 골자로 하는 전차요금제도 개편에

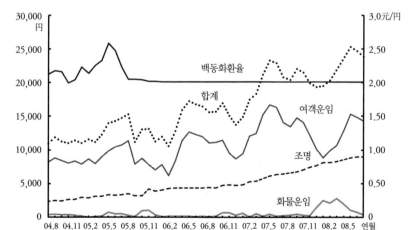

〈그림 I-4〉 한미전기의 영업 부문별 수입 추이(1904.8~1908.7)

자료: 《총서 16》, 354~359쪽.
비고: 원자료에 여객운임은 구 백동화(元)로, 나머지는 일본화(円)로 기록되어 있어서 당시 백동화 환율에 의거하여 일본화로 환산 통일함.

나섰다.[243] 이는 머지않아 있을 구 백동화 통용 전면금지조치를 대비한 대책이기도 했다.[244] 종로에서 남대문 밖 경인철도 교차점까지, 경인철도 교차점에서 용산까지, 서대문에서 공덕리까지, 공덕리에서 마포까지, 동대문에서 서대문까지, 동대문에서 청량리까지를 각각 1구간으로 하고 전차요금을 1구간당 신화 5전으로 책정했다. 그리고 이 제도를 1908년 1월 1일을 기해 시행하기로 했다. 구화에서 신화로의 변경은 당시 화폐교환비율이 2대 1임을 감안할 때 사실상 요금의 2배 인상을 의미하는 것이었다.[245]

한성전기 이래 회사의 전체 수입구조는 전차의 여객운임에 크게 의존하고 있었는데, 여객운임은 계절에 따라 변동이 심한 양상을 보이고 있었다. 하절기에는 승객이 많은 반면에 동절기에는 승객이 크게 줄었다. 이러한 수입구조는 회사 경영의 안정성을 저해하는 요인이었다. 이에 한미전기는 안정적인 수입 확보를 위해서 전등수입의 비중을 확대해 나가는 전술을 채택했다.

한미전기가 전등의 적극적인 판촉에 나섰던 것은 그 때문이었다. 우선 전등가설 신청서와 전등규칙을 다국어로 제작 배포해 전등 사용을 권유했고,[246] 전등뿐만 아니라 기계 운전 또는 공장의 동력을 위해 전력을 사용하는 경우에도 주문에 응하기로 했다. 또한 전등을 다수 설치할 때는 가설비를 할인해 주었고, 동일 가옥 또는 구내에 250촉광 이상의 전등을 사용할 경우 촉광수에 따라 할인해 주는 제도도 시행했다.[247] 회사 사정으로 하루 이상 정전될 경우에는 해당 날짜에 따라 요금을 감액해 주기도 했다. 종전에 오전 2시까지였던 점등시간을 철야 점등으로 전환해 서비스도 개선했다.[248]

〈표 I-8〉 한미전기회사의 각종 경영지표(1904~1909)

연도	전차		전등		수입	지출	순이익	비고
	1일평균승객	운행거리	등수	촉수				
1904	11,442명	145,110마일	2,312등	30,148촉	62,587.29	49,504.75	13,082.54	8~12월
1905	12,963	326,793	3,351	43,694	171,560.12	137,409.05	34,151.07	
1906	13,714	398,616	4,087	53,286	196,442.14	145,793.57	50,648.57	
1907	17,653	416,747	6,245	82,268	270,334.39	191,662.16	78,672.23	
1908	*16,325	*233,464	*7,215	*97,019			103,715.95	
1909			8,093				31,344.59	1~5월

자료: 《韓美電氣會社年終書》(1908.2); 《총서 16》, 349~368쪽; 友邦協會, 《舊韓末電氣事業關係重要文獻集成 第一卷》, 友邦協會, 1958, 84쪽.
비고: 일화 기준임. *는 1908년 6월 현재임.

〈표 I-9〉 민족별 전등 사용현황(1907.11)

민족	전등수	(비율)	전등 촉수	(비율)	전등 렌털	서비스 요금	합계	(비율)	촉당 수입
한국인	309등	(11.4)	3,738촉	(4.2)	28.70	439.42	468.12	(6.4)	12.50
중국인	254	(3.5)	2,910	(3.3)	22.95	195.94	218.89	(2.9)	7.60
외국인	1,108	(7.9)	20,194	(23.2)	87.40	729.41	816.81	(11.2)	4.00
일본인	1,935	(64.0)	18,618	(28.6)	165.60	1,997.04	2,162.64	(29.4)	11.80
일본관리	2,897	(13.2)	41,892	(44.5)	266.35	3,418.49	3,684.84	(50.1)	8.80
합계	6,503	(100.0)	87,352	(100.0)	571.00	6,780.30	7,351.30	(100.0)	44.70

자료: 《총서 16》, 354쪽.

전등의 판촉과 함께 전등과 관련된 부수입을 늘리고 회사 부담을 줄이기 위한 방안도 모색했다. 우선 신규로 전등 설치를 신청할 경우 전등 1개에 신청금 5원씩을 받았고, 전등 설치 시 새로이 전주, 전선, 기타 재료가 소요될 경우에는 그 비용을 신청자에게 부담시켰으며, 가옥 내에 설치할 경우 전등재료 사용료로 매월 10전씩을 청구했다. 전등의 위치 변동 시에는 2원 25전, 명의 변경의 경우에는 25전씩 수수료를 징수했으며, 사용자 과실로 고장이 발생한 경우에는 사용자에게 해당 비용을 물렸다.[249]

그 결과 전등수입이 꾸준히 증가하는 가운데 전체 수입에서 전등수입(전등료와 전등가설료 합계)이 차지하는 비중은 1904년 20.1%에서

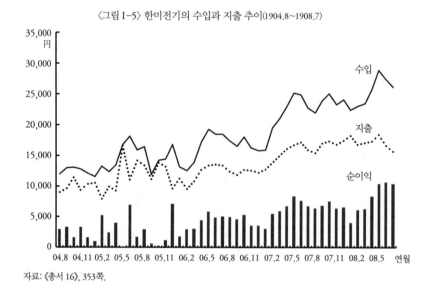

〈그림 I-5〉 한미전기의 수입과 지출 추이(1904.8~1908.7)

자료:《총서 16》, 353쪽.

1908년에는 34.0%까지 올라갔다. 전등가설료와 동력요금까지 합하면 42.3%에 달했다. 반면 여객운임이 차지하는 비중은 같은 기간 66.7%에서 50.2%로 낮아졌다.

적극적인 영업정책에 힘입어 한미전기의 전차와 전등 부문은 빠르게 성장했다. 정부에서 관리들의 교통수단으로 전차비를 지급하는 일이 일상적일 정도로 전차수요는 크게 확대되었다.[250] 하루 평균 승객수는 1904년 1만1,442명에서 1908년 1만6,325명으로 매해 평균 10.7%씩 증가했고, 전차 운행거리는 1905년 32만6,793마일에서 1907년 41만 6,747마일로 매해 평균 13.8%씩 늘었다. 한편 민간과 관청의 전등수요도 급증했다. 일례로 각전各廛에서는 경무청의 허가를 받아 석유를 사용하던 장명등長明燈을 전등으로 대체했고, 정부에서도 돈화문에 설치했던 장명등을 전등으로 바꿨을 정도였다.[251] 그 결과 전등수는 1904년 2,312등에서 1906년 4,087등, 1909년에는 8,093등으로 크게 늘어났다. 그러나 늘어난 전등수요의 대부분은 한국인보다는 일본인이 차지했다. 1907년 11월 현재 일본인과 일본관리가 전등수의 73.1%, 전등촉수의 69.3%를 점할 정도였다.

이뿐만 아니라 한미전기는 수입 증대를 위해 영화관 운영에도 나섰다. 한성전기 시절에도 한때 동대문발전소에서 일요일과 우천시를 제외하고 저녁 8시부터 10시까지 영화를 상영(입장료 백동화 10전)한 적이 있었는데,[252] 1906년 4월 30일부터 같은 장소에서 동일한 시간, 동일한 요금으로 영화 상영을 재개하기로 결정하고 적극적인 광고에 나섰다.[253] 특히 영미연초회사의 위탁을 받아 이 회사에서 제조한 빈 담배갑 10개 내지 20개를 가져올 경우에는 무료로 입장을 시킬 정도로 영업에

<표 1-10> 한미전기의 수입·지출 구조

구분		1904년 8~12월	1905년	1906년	1907년	1908년 1~8월
수입	여객운임	41,746.78 (66.7)	107,185.10 (62.5)	121,411.07 (61.8)	159,894.01 (59.2)	102,555.95 (50.2)
	화물운임	1,992.83 (3.2)	5,249.20 (3.1)	2,845.07 (1.5)	4,907.07 (1.8)	12,392.85 (6.1)
	광고수입	-	-	660.00 (0.3)	652.50 (0.2)	598.25 (0.3)
	전등료	12,586.98 (20.1)	40,036.21 (23.3)	53,281.88 (27.1)	75,921.82 (28.1)	69,356.47 (34.0)
	전등가설료	-	-	11,216.53 (5.7)	21,610.36 (8.0)	12,838.40 (6.3)
	잡품판매	-	-	969.61 (0.5)	383.70 (0.1)	296.77 (0.2)
	活動寫眞	-	-	1,181.39 (0.6)	625.84 (0.2)	138.10 (0.1)
	이자수입	-	-	1,187.72 (0.6)	1,719.32 (0.6)	947.65 (0.5)
	家屋貰	-	-	518.00 (0.3)	651.00 (0.2)	866.00 (0.4)
	雜利物資料	-	-	879.68 (0.5)	213.04 (0.1)	110.21 (0.1)
	電力稅	-	-	2,261.19 (1.2)	3,755.73 (1.4)	4,058.56 (2.0)
	합계	62,587.29 (100.0)	171,560.12 (100.0)	196,412.14 (100.0)	270,334.39 (100.0)	204,159.21 (100.0)
지출	전등가설비	2,080.36 (4.2)	7,556.42 (5.4)	12,957.15 (8.9)	22,982.75 (12.0)	10,754.83 (7.8)
	석탄가	19,177.42 (38.7)	55,048.11 (39.2)	61,421.69 (42.1)	78,698.53 (41.1)	57,063.83 (41.3)
	광고비	582.02 (1.2)	482.32 (0.3)	830.00 (0.6)	810.00 (0.4)	449.20 (0.3)
	사무소경비	2,978.50 (6.0)	4,826.72 (3.4)	5,949.51 (4.1)	7,279.95 (3.8)	6,641.93 (4.8)
	전력유지비	6,281.65 (12.7)	17,892.28 (12.8)	17,275.61 (11.9)	21,207.03 (11.1)	17,256.31 (12.5)
	궤도수리비	2,918.51 (5.9)	13,454.41 (9.6)	7,568.07 (5.2)	8,333.29 (4.4)	6,395.92 (4.6)
	전기비품	4,392.73 (8.9)	10,014.23 (7.1)	9,804.50 (6.7)	9,789.98 (5.1)	8,032.10 (5.8)
	分事務所經費	5,756.15 (11.6)	15,693.89 (11.2)	13,620.91 (9.3)	23,917.89 (12.5)	16,225.75 (11.8)
	電車廠維持費	2,868.44 (5.8)	8,918.47 (6.4)	8,043.39 (5.5)	8,893.09 (4.6)	7,645.22 (5.5)
	運物費			2,347.12 (1.6)	761.22 (0.4)	951.01 (0.7)
	잡비	918.47 (1.9)	1,424.60 (1.0)	1,179.48 (0.8)	1,121.41 (0.6)	513.08 (0.4)
	官方經費(향·심검찰판)	619.40 (1.3)	1,421.10 (1.0)	1,264.00 (0.9)	1,524.25 (0.8)	1,004.60 (0.7)
	보험	775.40 (1.6)	1,867.88 (1.3)	1,852.21 (1.3)	3,020.06 (1.6)	1,899.09 (1.4)
	물품하역운반비	155.72 (0.3)	292.95 (0.2)	321.18 (0.2)	416.22 (0.2)	459.61 (0.3)
	傭金(사고처리비)		198.95 (0.1)	308.75 (0.2)	556.50 (0.3)	326.64 (0.2)
	代理店經費		1,200.00 (0.9)	1,050.00 (0.7)	2,350.00 (1.2)	2,400.00 (1.7)
	합계	49,504.77 (100.0)	140,292.33 (100.0)	145,793.57 (100.0)	191,662.17 (100.0)	138,019.12 (100.0)
	순이익	13,082.54	34,151.07	50,618.57	78,672.22	66,140.09

자료: 《韓美電業會社年終書》(1908.2); 《총서 16》, 349~368쪽.
비고: -는 자료가 미비하여 알 수 없음.

적극적이었다. 영화관 운영은 관람시간에 맞추기 위해 이동하는 사람들에게 자연스레 전차 이용을 유도해 전차수요도 늘리는 효과가 있었다.[254] 1906년에만 영화 상영으로 거둔 수입이 1,181.39원에 달했다.[255]

한편, 콜브란측은 비용 절감을 위한 경영합리화 방안도 모색했다. 1907년 후반에 경제성을 이유로 남대문에서 서대문을 잇는 의주선 철거에 착수했던 것이 그 예였다.[256] 또한 콜브란측은 임금이 상대적으로 고액인 미국인 직원의 고용을 해지하고 대신 일본인과 한국인 직원을 크게 늘려 나갔다. 그 결과 1900년에 7명(총지배인 보스트위크 제외)에 달했던[257] 미국인 직원은 1909년에 잉글리쉬English, 모리스Morris, 스미스Smith 등 3명만이 남았고, 일본인은 21명, 한국인은 188명에 달했다.[258] 당시 잉글리쉬(500엔), 모리스(500엔)와 스미스(270엔) 등 미국인 직원 세 명의 월급(1,270엔)이 한국인 차장 53명(681엔)과 한국인 운전수 49명(824엔)의 합계(1,505엔)에 필적할 정도였으며 모리스 한 사람의 월급이 한국인 차장 평균 월급의 약 39배, 한국인 운전수의 약 30배에 달했다.

전차와 전등의 수요 증가와 적극적인 영업정책 덕택에 한미전기의 수입은 크게 늘었지만, 갖가지 경영합리화정책으로 비용은 별로 늘지 않아 한미전기의 수지는 개선되었다. 수입은 1905년 17만여엔에서 1907년에는 27만여엔으로 크게 늘었고, 수입에서 지출을 제한 순이익도 1905년 3만4천여엔에서 1908년 10만3천여엔으로 크게 증가했다. 반면 지출이 수입총액에서 차지하는 비중은 1904년 79.1%에서 1908년에는 67.9%까지 하락했다.[259] 1904년 8월부터 1909년 5월까지 한미전기가 거둔 누적이익은 31만1,615.75엔에 달했고, 그 대부분을 개량

<표 I-11> 한미전기의 대차대조표 및 누적이익 처분내역

구분	항목	1907년 12월	1908년 7월	1909년 5월
자본 및 부채	자본금(10,000주)	2,000,000.00	2,000,000.00	2,000,000.00
	저당채권(250매, 6%이자)	500,000.00	500,000.00	500,000.00
	영미합자전당회사차관(F)	397,966.71		
	예수금(C)	3,287.07	1,032.91	367.52
	이익금 누계	176,555.21	233,293.38	311,615.75
	합계	3,077,808.99	2,734,326.29	2,811,983.27
자산 및 지출	특허권 및 자산	2,500,000.00	2,500,000.00	2,500,000.00
	현금(B)	60,071.37	31,330.21	81,033.49
	미수액	16,104.37	24,658.58	15,481.77
	저장품	27,000.30	28,193.17	28,629.91
	석탄	5,677.95	15,561.96	18,888.56
	기지불 보험	1,155.99	1,643.92	1,569.83
	저당채권에 대한 지불 이자	38,241.28	53,396.96	83,498.96
	개량 및 확장비(E)	422,314.67	71,397.56	82,880.75
	잡비	7,243.06	7,011.90	
	미결산 기록		1,132.03	
	합계	3,077,808.99	2,734,326.29	2,811,983.27
누적 이익 처분 내역	현금(A)	56,784.30	30,297.30	80,665.97
	미수액	16,104.37	24,658.58	15,481.77
	저장품	27,000.30	28,193.17	28,629.91
	석탄	5,677.95	15,561.96	18,888.56
	기지불 보험	1,155.99	1,643.92	1,569.83
	저당채권에 대한 지불 이자	38,241.28	53,396.96	82,880.75
	개량 및 확장비(D)	24,347.96	71,397.56	83,498.96
	잡비	7,243.06	7,011.90	
	미결산 기록		1,132.03	
	합계	176,555.21	233,293.38	311,615.75

자료: 《韓美電氣會社年終書》(1908.2); 《총서 16》, 349~368쪽; 《朝鮮電氣事業關係重要文獻集成 第一卷》, 友邦協會, 1958, 84쪽.
비고: 현재의 회계방식과 다름. 일례로 대차대조표에서는 당기순이익 대신 누적이익이 기재되어 있고, 누적이익 처분내역에서는 A=B−C, D=E−F로 기재되어 있음.

및 확장비와 사채에 대한 이자 지불 등에 사용하고도 약 8만엔을 현금
으로 가지고 있을 정도였다.

3. 일제의 전력산업 장악과정

일제의 '시정개선'과 전력산업의 장악 기도

러일전쟁 발발을 계기로 일본은 한반도에 군사점령을 단행하고 강력한 내정간섭을 통해 대한제국을 정치·경제·사회적으로 장악하는 작업을 착착 진행해 갔다.[260] 1904년 2월에는 한일의정서를 체결하여 군사기지와 편의 제공을 강요했고, 1904년 8월의 제1차 한일협약을 통해서는 '시정施政개선'이라는 구실 아래 한국재정 전반에 관해 포괄적 권한을 획득(실질적으로는 경제정책까지 주도)한 재정고문 메가타를 파견하여 한국경제를 본격적으로 장악하는 작업을 시작하였다. 일본은 대한제국정부에 '시정개선', '부원富源개발'이라는 이름으로 강력한 '근대화' 조치를 요구하고 있었지만, 이는 자국의 이익에 부합하도록 한국을 식민지 경제구조, 즉 원료공급지, 상품시장, 자본수출지, 인구배출지로 개편하려는 기도에 불과하였다. 따라서 대한제국이 자주적으로 추진했던 각종 개혁사업은 흡수, 해체, 장악의 대상이 되었다.

특히 일제는 근대 상공업 발전의 기반인 전력산업의 중요성을 인지하여 일찍부터 이를 장악하기 위해서 다대한 노력을 기울이고 있었다. 이미 한성전기 설립 이래 일본인 회계를 통해 정보를 입수해 회사 경영 상태를 면밀히 주시하면서 경영권 장악 기회를 노리고 있었다. 전술하였듯이 1902~1903년 한성전기의 채무를 둘러싸고 대한제국과 콜브란 측의 분규가 발생하자 민간기업 야스다를 내세워 한성전기를 인수하려 한 적이 있었고, 대한제국에 차관을 제공하여 채무분규를 해결토록 하고 그 대가로 일본인 기술자를 대거 고용토록 해 간접적으로 운영권을 장악하려고 한 적도 있었다. 그러나 이 계획들은 모두 수포로 돌아갔다. 또한 1903년 10월 초에 경부철도의 시부사와가 한성전기를 인수해 서울의 전차와 경부철도를 연결하고 싶다는 의사를 청원해 오자 일본정부는 이를 적극 검토한 적도 있었다. 그러나 당시 이용익과 콜브란 측의 갈등이 최고조에 달할 때여서 인수한다고 해도 한국인들의 반발을 초래해 정상적인 운영이 불가능하다고 판단해 포기하도록 조치하였다.[261]

일제는 일찍부터 전력산업에 큰 관심을 가지고 지켜보고 있었으므로 일본군의 한국 주둔과 함께 메가타가 중심이 되어 한국을 식민지경제 구조로 개편하는 작업을 착착 진행함에 따라 대한제국의 전력산업 장악을 다시 추진하기에 이르렀다. 1904년 3월 서울을 방문한 이토 히로부미伊藤博文가 당시 채무 미변제를 이유로 콜브란측이 한성전기 사옥에 미국기를 게양한 일을 비판하며 한성전기는 한국인의 재산이 되어야 한다고 말했던 일은 그러한 장악 의도를 내비친 것이었다.[262]

일본의 전력산업 장악 의지가 이처럼 확고하였기 때문에 같은 시기 콜브란이 먼저 전력과 수도사업을 담당할 미일합자회사를 제안하자 크게 고무되었다. 콜브란은 미일합자회사의 일본측 출자는 반액 이내로 제한하되 중역은 일본측이 다수를 점할 수 있다는 구체적인 방안까지 제시했다.[263] 그러나 사실 당시에는 이미 광무황제와 콜브란측 사이에 채무분규해결계약이 체결됨에 따라 양측이 그간의 갈등을 완전히 종식하고 한미합자로 한미전기회사를 설립하기로 합의한 상태였다. 게다가 별도로 계약이 체결되어 수도설비, 광산개발권까지 콜브란측에 주어져 있었다. 그럼에도 불구하고 콜브란측은 이런 사실을 숨긴 채 미일합자회사 설립을 일본에 제안한 것인데, 그 이유는 이를 진심으로 원해서라기보다는 만일의 상황 변화를 대비해 일본과 일정한 교섭관계를 유지하고자 했기 때문이었다.

그러나 일본은 이윽고 민병석으로부터 한미전기회사 설립계약의 존재를 확인하고—이때도 수도설비와 광산개발계약의 존재는 여전히 알지 못했다—경악했다.[264] 이에 일본은 미국으로 가는 도중에 요코하마橫濱에 잠시 들른 콜브란에게 미츠이물산의 구레 다이고로吳大五郎를 보내 진의를 파악토록 했는데,[265] 콜브란이 일본인에게 권리를 양도할 의사가 없음을 밝히자 크게 실망했다. 기대가 컸던 만큼 분노도 컸다. 일본은 한미전기회사 설립계약이 지나치게 콜브란측에 유리하게 작성되어 있다는 점과 협상을 주도했던 이학균, 현상건이 이러한 계약을 체결할 만한 지위에 있지 않다는 이유 등을 들어 계약 자체의 부당성을 지적하는가 하면, 이학균이 도박에 빠져 막대한 부채를 지고 있어서 콜브란측에 유리한 계약을 체결했다는 등 매국노배賣國奴輩가 교묘하게 황제를 기만하고 사리사욕을 채웠다는 둥 근거 없는 인신모독까지 하면서 맹비난했다.[266] 일본은 한국정부에 압력을 가해 동 계약의 무효화를 추진할 것을 심각히 고려했지만, 자칫 미국의 악감정을 유발할 수 있다는 우려 때문에 결국 이를 포기해야 했다.[267] 러일전쟁을 치루는 가운데 미국과의 우호적인 관계 유지를 중요시했던 일본으로서는 외교적 판단으로 인해 한걸음 물러섰던 것이다. 그러나 한국의 전력산업을 장악해야겠다는 의도 자체를 포기한 것은 결코 아니었다. 일단 상황이 좋지 않다고 판단해 기회를 엿보고 있었을 뿐이다.

그런데 일본은 1904년 6월경 광무황제가 콜브란측과 수도설비에 관한 계약을 체결해 49년간의 독점권을 허여했다는 사실을 파악하고서 크게 놀랐고,[268] 1905년 2월에는 그 이외에 광산개발권까지 주었다는 것을 알고 더욱 충격을 받았다. 한편, 1904년 7월에는 원래 계획대로 한미합자의 한미전기회사가 설립되어 기존 한성전기의 자산을 인수했고, 1906년 1월에는 콜브란측이 전기, 수도, 광산 등 늘어난 업무를 감당하기 위해 회사 조직을 콜브란-보스트위크회사에서 콜브란-보스트위크개발회사(Collbran and Bostwick Development Co.로 확대 개편하였다.[269]

그런데 러일전쟁 발발 이전까지 우호적이었던 미일관계는 정작 전쟁이 일어나자 균열되기 시작했다.[270] 미국은 당초 러시아와 일본이 낢만주를 경계로 세력 균형상태에 있기를 바랐지만, 러일전쟁의 전황이 조기에 일본의 압도적인 승리로 기울어짐에 따라 이러한 구상은 수정되어야 했다. 게다가 일본이 애초의 만주 문호개방 약속을 지키지 않고 청일협약을 체결해 문호폐쇄를 단행하자 양국 관계는 급속히 냉각되었다. 미국은 러일전쟁 중에 드러난 일본의 군사력이 예상보다 강하자 자국 식민지 필리핀의 방어에 위협을 느껴 대일전쟁계획Orange War Plan을 수립할 정도였다. 게다가 미국 내에서는 일본인 이민이 급증하여 생계에 위협을 받은 서부지역 노동자들 사이에 불만이 누적됨에 따라 일본인에 대해 비우호적인 여론이 형성되고 있었다. 1905년 캘리포니아에서는 일본인을 표적으로 한 '이민제한법'을 제정하고 동양계 학생을 격리(차별)하는 조치까지 취했다. 이에 일본 내에서도 반미여론이 거세지기 시작했다. 양국의 갈등으로 인해 일각에서는 전쟁 발발까지 우려할 정도였다.

러일전쟁을 계기로 한국의 정치·경제적 침탈을 본격화하고 있었던 일본은 경제적으로 중요한 전력·수도사업을 콜브란측이 장악하고 있었기 때문에 이를 방해물로 여겨 제거해야 할 대상으로 인식했다. 처음에는 되도록 일본이 전면에 나서지 않고 대한제국정부를 통해 콜브란측의 경영활동에 압박을 가하려 했으나 시간이 흐르면서 미일관계가 악화됨에 따라 양측의 갈등은 첨예화되어 갔다.

먼저 일본은 외부대신 이하영에게 압력을 가해 한미전기와 수도설비 등 관련 계약의 부당성을 지적하고 이를 공정하게 개정하자는 주장을 미국공사관에 제기하도록 하였다.[271] 이 계약들이 급박하게 체결되어 각종 세금의 면제 등 콜브란측에 지나치게 많은 특권을 부여했기 때문에 계약을 개정해 대한제국정부의 감독권 명시, 적절한 세금 부과와 수도 부설 유예기간의 단축 등의 조건이 포함되어야 한다고 요구했다. 그러나 미국은 이 요구를 일축했다.[272]

한편, 일본은 콜브란측이 소유한 사업권을 침해하는 행동을 의도적으로 반복함으로써 경영활동에 제약을 가하고자 했다. 궁궐의 전등 설치와 운영을 둘러싼 갈등이 그 예였다. 1903년 채무분규가 일어났을 때 이용익은 콜브란측에 대항하는 전술의 하나로 영국 홈링거회사에서 전등설비를 수입하고 전기기사를 고빙해 경운궁의 전등을 자체 운영한 적이 있었는데, 1904년 채무분규해결계약에서는 향후 경운궁의 전등은 한미전기로부터 공급받기로 약정해 이 문제를 해결했다. 그러나 일본은 한미전기가 설립된 후에도 대한제국정부에 압력을 가해 수전受電하지 못하도록 막았다. 알렌은 이를 한미전기의 특권을 침해하는 행위라고 항의했다. 한편으로는 배상금(매달 약 1천엔) 지급을 요구하며 애초의 계약대로 이행할 것을 강력히 촉구하기도 하였고, 다른 한편으로는 배상금을 받지 않는 대신 경운궁의 전등시설을 적절한 가격으로 매수하겠다는 제안을 하기도 했다.[273] 그러나 이 제안은 받아들여지지 않았다.

일본은 오히려 전등의 자체공급을 확대해 나갔다. 1907년 헤이그밀사사건으로 광무황제가 퇴위하고 뒤이어 즉위한 융희황제가 창덕궁으로 이어함에 따라 창덕궁에 전등이 필요하였는데, 일본은 한미전기에서 수전하지 않고 자체공급을 추진했다.[274] 통감부에서는 통신관리국 기사 오카모토 카츠지로岡本桂次郎에게 미츠이물산 경성출장소와 다카다高田상회에서 관련 시설 5만엔어치를 들여와 전등시설을 설치하도록 해 1908년 9월에 전등공급을 개시했다. 한편, 통감부는 남산 아래(현재 중구 예장동) 새로 준공한 통감부 건물에도 철도관리국에서 전등을 직접 설치, 운영하는 계획을 추진하였다.[275] 이에 미국영사관은 한미전기의 독점권을 침해하는 행위라며 강력하게 항의했지만, 통감부는 한미전기의 독점권은 이윤 획득을 목적으로 한 전등업에 해당하는 것이지

개인적으로 한정된 사용을 위한 전등 설치까지 배제하는 것이 아니라는 논리로 이를 일축했다.

일본은 민간자본가를 내세워 콜브란측의 경영활동을 제약하는 방안도 추진했다. 1906년 3월에 시부사와 에이이치, 오오쿠라 키하치로大倉喜八郎, 쿠사카 요시오日下義雄, 오오하시 신타로大橋新太郎, 핫토리 킨타로服部金太郎, 오다카 지로尾高次郎, 츠치자키 아키라土崎儥 등이 한강과 대동강 수력발전소 설립을 청원하자 대한제국정부에 압력을 가해 동년 6월에 허가를 내주도록 한 것이 대표적인 예였다.[276] 이들은 향후 25년간 영등포 부근, 평양과 그 부근에 대한 독점공급권을 소유하며 매년 순익의 5%를 상납하는 대신 그 이상의 공과금은 내지 않는다는 매우 유리한 조건으로 특허를 받았다. 특허과정에서 통감부의 전폭적인 지원이 있었음은 물론이다.[277] 자본금 70만엔의 '한국수력전기주식회사'를 창립하고 한강 연안(광주군 고덕리)과 대동강 유역(상원군 산석동)에 발전소를 건설하여 각기 영등포 부근과 평양 일대에 송전한다는 구체적인 계획도 마련되었다. 비록 한미전기가 권리를 갖고 있는 한성 오서 구내五署區內에는 송전하기 어렵겠지만, 명백히 콜브란측의 경영활동을 위협하는 행위였다. 그리고 후술할 가스공급을 목적으로 시부사와가 중심이 되어 설립한 일한와사日韓瓦斯주식회사도 마찬가지였다. 자세한 내용은 알 수 없지만, 일본인 이치하라 모리히로市原盛宏, 이토伊東, 카메야마龜山 등이 서울에 자동전차自働電車 부설을 추진했던 일이나 인천의 일본인 거류민단이 자본금 15만엔의 회사를 조직해 전차 부설을 계획한 일도 이러한 범주에 속하는 일이었다.[278]

수도설비사업에서도 사정은 마찬가지였다. 일본은 당시 긴밀한 관계에 있었던 궁내부대신 민병석을 내세워 황궁 내에 공사비 4만원 규모의 임시수도설비시스템을 설치하기로 하고 일본인 청부업자 하야카와 Hayakawa에게 공사를 맡기도록 했다.[279] 이 소식을 들은 알렌은 즉각 궁내부대신과 일본공사에게 콜브란측의 독점권 침해에 대해 항의했다. 민병석은 임시설비이고 콜브란측의 공사가 완공되면 그 시스템에 연결될 것이라고 변명했지만, 미국의 강력한 항의로 인해 공사가 일시 중단되기도 했다.[280] 그러나 그 후 콜브란측의 수도설비가 완공되면 연결한다는 명목을 내세워 임시수도설비의 부설은 다시 추진되었다.[281] 한편, 일본공사관은 일본거류민회를 내세워 남산에 저수장을 설치하여 거류민에게 급수하려는 10만엔 규모의 수도공급계획을 추진하기도 했다.[282] 이에 미국공사관으로부터 콜브란측이 소유한 독점권을 침해하는 행위라는 항의를 받았지만, 대한제국정부가 외국인에게 준 독점권이 일본인의 영업자유까지 제한하지는 않는다는 논리를 내세워 방어했다. 일본공사관은 표면적으로는 짐짓 민간의 일로 치부해 관계없는 것처럼 행동했지만, 실제로는 일본공사가 작성한 편지를 거류민회의 의견인 것처럼 위장해 미국공사관에 보낼 정도로 깊숙이 관여하고 있었다.

나아가 일본은 콜브란측이 획득한 광산개발권을 무효로 하려고 기도했다.[283] 1905년 11월 콜브란측이 계약에 따라 광산개발 대상지로 갑산 甲山광산을 지정해 대한제국 외부에 통보하자 일본은 외부대신 박제순을 통해 갑산광산은 이미 대한제국정부가 한국인에게 채굴권을 부여한 곳이라며 이를 거부토록 조치했다.[284] 이에 콜브란측은 광무황제를 설득해 갑산광산에 대한 개발권을 재추인 받고 일본에 강력히 항의했지만, 일본은 계약서에 인장만 날인되고 서명이 없다는 형식상의 문제점

등을 들어 광산개발권 자체를 인정하지 않으려고 했다. 일본이 이러한 행동을 취한 이유는 당시 한국의 광업 지배를 위해 준비하고 있었던 광업법(1906.6)과 이 광산개발권이 충돌하고 있었기 때문이기도 했다.

이처럼 일본이 콜브란측의 경영활동에 강력한 제약을 가했던 이유는 경제적 이해관계의 충돌 때문만이 아니라 당시 한미전기가 광무황제의 '주권수호외교'를 지원하고 이에 필요한 비밀자금 조달창구 역할을 하였기 때문이다. 예를 들어 1905년 11월 말 광무황제는 한미전기 검찰관 남정규와 이근상을 한미전기에 보내 알렌에게 보내는 밀지를 전달해 달라고 부탁했다.[285] 이 밀지는 상하이에서 한미전기의 엘리어트와 셀든에 의해 샌프란시스코에 있던 보스트위크에게 비밀암호문으로 보내져 최종적으로 알렌에게 전달되었다. 밀지의 주요 내용은 을사조약의 불법 부당성을 알리고 미국정부에 중재를 요청하는 한편 일본의 단독보호 대신 미국, 영국, 일본의 공동보호를 희망하는 것이었다. 이는 일본의 주권탈취 기도에 큰 위협이 되는 행위였다. 또한 광무황제는 한성전기 시절과 마찬가지로 콜브란측에게 거액을 예금해 황제의 '사적은행'으로 활용하고 있었고,[286] 1907년 8월에는 당시 상하이에 있었던 이학균과 현상건에게 명령하여 한미전기 주식을 담보로 차관(20만엔)을 조달하려고 했다.[287]

일본의 압박이 노골화됨에 따라 콜브란측도 반격하기 시작했다. 콜브란측은 갑작스레 서울의 전화가설운영권은 원래 한성전기 소유이므로 일본이 경영하고 있는 서울의 전화사업은 자신들의 소유 특권을 침해하는 행위라며 미국공사관을 통해 강력히 항의했다.[288] 그러나 이전부터 서울의 전화사업은 대한제국정부(통신원)에서 담당해 왔었고 콜브란측도 이 전화를 사용하고 있었으므로 특권은 이미 사문화된 상태였다. 그럼에도 불구하고 항의를 제기한 것은 자신의 경영활동에 제약을 가하려는 일본측을 겨냥한 의도가 다분했다. 이에 일본은 일본인 거류민 지구에서 경영하는 전화사업은 콜브란측의 특허권과 무관하며 그 이외 지역에서도 종래 대한제국정부에서 경영하던 것을 한국통신기관 위탁에 관한 협정에 의거해 일본이 인수한 것인데, 그간 콜브란측이 아무런 항의를 제기하지 않았던 것은 권리를 포기했음을 의미하기 때문에 아무런 문제가 없다고 반박했다.

한편, 콜브란측은 수도설비사업에서는 일본과의 갈등을 피하기 위해 영국자본을 대거 끌어들이는 방법을 취했다.[289] 1905년 8월에는 영국기업인 만국기업조합International Syndicate Limited과 계약을 체결해 향후 서울에 수도를 공급할 회사를 창설하여 이 회사에 콜브란측이 소유한 특권을 넘기기로 합의하고 대신 현금과 이 회사 주식을 받기로 약정했다. 그러나 사정이 여의치 않자 1906년 5월에 역시 영국기업인 남서기업조합South Western Syndicate Limited과 계약을 체결해 같은 방식으로 수도회사를 설립하는 데에 합의했다. 그리하여 1906년 8월 6일 자로 대한수도회사Korean Waterworks Limited에 특권을 양도하였다. 콜브란측은 대한수도회사의 대주주가 되어 형식상으로는 이 회사로부터 수도설비공사의 청부를 맡아 활동을 개시하였다. 영국기업을 끌어들인 데에는 자본조달의 목적도 있었지만, 일본의 동맹국인 영국정부의 원조를 얻어 일본의 압력을 피하고자 하는 의도가 더 컸다.[290]

일한와사의 설립과 한미전기의 인수

러일전쟁에서 승리를 거둔 이후 일본은 통감부를 통해 한반도를 식민지경제구조로 개편하기 위한 정책을 대한제국에 강요하고 있었고, 그 과정에서 근대 상공업 발전의 기초산업인 전력산업을 먼저 장악해야 할 필요성을 절감하고 있었다. 이 때문에 다양한 방법을 동원해 콜브란측의 경영활동에 제약을 가하고 있었지만, 미국과의 외교관계 때문에 용이하게 해결되지 않고 있었다. 콜브란측과의 분쟁을 피하고 전력산업을 장악하는 길은 궁극적으로 이들의 권리를 매수하는 방법밖에는 없었다. 일찍부터 일각에서 한국정부를 내세워 미국으로부터 권리를 사들이든지, 아니면 일본이 직접 콜브란측이 소유한 한미전기 지분을 매수하든지 해야 한다는 주장이 제기된 것은 이 때문이었다.[291]

그러나 당시의 국제관계상 일본정부가 전면에 나설 수 있는 처지가 아니었다. 이를 대신할 민간자본가가 절실히 필요했다. 당시 일본 정관계 실력자들과 긴밀한 커넥션을 유지하고 있었던 시부사와, 오오쿠라 같은 일본인 정상政商, 재벌들은 일찍부터 조선에 진출해 많은 투자를 진행해 왔으므로 이러한 일에 적임이었다.[292]

이들은 1870년대 말부터 한국 진출을 서둘러 부산에 사설私設은행을 개설하는 한편, 1901년에는 경부철도, 1904년에는 농업개발회사인 한국흥업을 함께 설립하는 등 일본인 투자를 주도하고 있었다.[293] 특히 시부사와는 '일조동조론日朝同祖論'에 기초하여, 선진근대국가인 일본이 이익권利益圈인 조선을 보호해야 한다는 의식을 보지保持한 채 아직 성급하다는 주변의 만류를 뿌리치며, "국가에 대한 봉공"을 내세워 다이이치(국립)은행의 조선 진출을 서둘렀고 개인적으로도 투자를 늘리고 있었다.[294] 다이이치(국립)은행은 부산지점(1878) 개설을 필두로 원산지점(1880), 인천출장소(1883)·지점(1888), 경성출장소(1888)·지점(1903), 평양출장소(1904)·지점(1906) 등을 설치하여 그 세력을 확대하였고, 1900년대 후반에는 한국에만 5개 지점, 9개 출장소를 거느리면서 다이이치은행 전체 예금의 20% 이상, 대출금의 10% 이상을 차지하고 순이익금의 30% 이상을 거둬들였다.[295] 또한 다이이치은행은 1905년 화폐정리사업을 주도하면서 한국에서 사실상 중앙은행의 역할을 수행하고 있었다. 한편, 시부사와는 전술한 대로 1903년에 경부철도를 통해 한성전기의 자산 인수를 시도한 적이 있었을 만큼 한국의 전력산업에도 지대한 관심을 가지고 있었다.

일본은 대한제국의 전력산업 장악을 위해서 시부사와를 비롯한 정상들을 전면에 내세우면서 배후에서는 통감부가 이들을 적극 지원하는 체제를 구축하였다. 우선 일본은 시부사와 등을 동원해 수력전기회사 설립을 추진했다. 전술하였듯이 시부사와, 오오쿠라, 쿠사카, 오오하시, 핫토리, 오다카, 츠치자키 등은 1906년 3월에 한강과 대동강 수력발전소 설립을 청원하여 동년 6월에 특허를 받았다. 그렇지만 이 계획은 더 이상 진척되지 못했다. 이유는 두 가지였던 것으로 생각된다. 하나는 한강 유역을 개발하여 수력발전소를 건설할 경우 시간과 자본이 다량 소요됨에도 불구하고 한미전기가 독점공급권을 보유하고 있는 도성 안(인구밀집지대)에는 공급하지 못한 채 영등포 일대에만 공급함으로써 수익성을 보장할 수 없기 때문일 것이다. 다른 하나는 우선 전기회사와 밀접한 관련이 있는 가스[瓦斯]회사를 설립하여 이를 통해 한미전기회사의 영업에 압박을 가하는 방법을 사용할 경우 훨씬 용이하게 전력산업을 장악할 수 있다는 의견이 제시되어 이 계획에 역량을 집중했기 때문일 것이다.[296]

사실 세계적으로 볼 때 석탄가스를 이용한 가스등은 전등이 출현하기 전까지 도시에서 널리 사용된 조명수단의 하나였다.[297] 가스등은 냄새가 나고 오염물질이 배출되었으며 광력이 일정치 않은 단점 때문에 점차 전등으로 대체되는 과정에 있었지만, 전등에 비해 가격이 저렴한 장점 때문에 아직 강고하게 수요를 유지하고 있었다. 게다가 석탄가스는 조명 이외에도 난방이나 취사용으로도 사용할 수 있는 이점이 있었다. 이 때문에 시부사와는 일단 가스회사를 설립하여 한미전기의 영업에 압박을 가하고 궁극적으로는 이를 매수하려는 계획을 세운 것으로 보인다.[298] 당시 한미전기가 공급하는 전등요금이 비쌌기 때문에 가스회사를 설립하여 등화용燈火用(조명)이나 열용熱用(난방, 취사)으로 공급하면 충분히 경쟁력이 있다고 판단되었다.[299]

사실 시부사와는 자타가 공인하는 최고의 가스사업 전문경영인이었다. 시부사와는 도쿄에 가스공급이 시작될 때부터 깊이 관여하여 도쿄와사국장을 지냈으며, 가스사업이 민간에 불하될 때는 불수동맹拂受同盟을 결성해 위원장에 추대되었고, 1885년 도쿄와사(주)가 창립된 이후로 계속 위원장, 회장을 역임하고 있었다.[300] 시부사와는 자신의 역량과 도쿄와사의 인적·물적 자원, 그리고 주변의 커넥션을 동원하여 가스회사 설립에 나섰다.[301] 자신과 더불어 일찍부터 조선에 많은 투자를 해왔으며 한때 도쿄와사의 위원직을 맡기도 했던 오오쿠라를 위시하여 도쿄와사의 다카마츠 토요키치高松豊吉(당시 전무), 구메 료사쿠久米良作(상무), 오오하시 신타로大橋新太郎(이사), 와타나베 후쿠사부로渡邊福三郎(이사), 이토 칸이치伊藤幹一(감사)와 다이이치은행의 이치하라 모리히로市原盛宏(경성지점장) 등을 중심으로 한국의 가스회사 설립을 계획했다.

마침내 시부사와를 정점으로 도쿄와사, 다이이치은행의 주요 인물들이 중심이 된 '시부사와파派'에서는 통감부와의 긴밀한 사전협의를 거쳐 1907년 3월 경성부이사청을 경유하여 통감부에 가스사업 허가권을 신청하였다.[302] 그러나 허가 받기가 그리 용이한 상황은 아니었다. 당시에는 이미 백인기, 백완혁, 김시현, 권동수 등의 한국인들과 니혼오사카와사 두 곳에서 허가신청을 출원한 상태였다. 따라서 삼자는 가스업 허가권을 둘러싸고 치열한 경쟁을 벌였고 통감부에서는 내심 '시부사와파'를 후원하고 있었지만 형식적이나마 삼자가 합동하라고 종용하였다. 결국 니혼오사카와사는 신청을 포기하였고 '시부사와파'에서는 일부의 한국인들을 포섭하여 다시 신청함으로써 1907년 6월에서야 허가권을 취득할 수 있었다. 허가 내용은 한성 오서내五署內를 공급구역으로 하고 25년간 독점공급권을 소유하며 허가일로부터 15년간은 가스관 부설 및 가스 공급에 필요한 기계기구의 수입에 한하여 관세를 면제받는 특권을 누리는 한편, 매년 순이익금의 5%를 가스관 부설을 위해 사용하는 도로의 관리자에게 납부하고 회사의 순이익금이 불입자본금에 비해 연 15%를 초과할 때는 이를 공제한 잔액의 20%를 정부에 납부해야 하는 의무 이외에는 일체의 공과금을 징수하지 않는 조건이었다.[303] 전반적으로 권리는 많지만 의무는 적은 매우 유리한 조건이었다.

허가권 취득 이후 회사 설립은 급물살을 탔다. 1907년 11월 12일 도쿄은행집회소에서 발기인회가 개최되어 창립위원으로 시부사와 에이이치(위원장), 다카마츠 토요키치(*), 구메 료사쿠(*), 오오하시 신타로大橋新太郎, 와타나베 후쿠사부로, 오오쿠라 키하치로, 이토 칸이치(*), 히라사와 미치츠구平澤道次, 이치하라 모리히로市原盛宏, 야마구치 타헤에山口太兵衛, 오카자키 토오미츠岡崎遠光(*), 소네 칸지曾禰寬治(*)(*은 상무위원)가 선정되고,[304] 도쿄와사 내에 창립사무소가 설치되었다. 그러나 막상 주주 모집이 시작되자 난관에 부딪혔다. 1907년 이래의 재계불황, 금융경색 탓으로 일부 주주들이 인수예약을 파기하고 증거금을 포기하는 등 주식 인수사무가 제대로 진행되지 못했던 것이다. 설립인가 기한까지 공모주식수의 반도 차지 않아 다시 연기를 신청해야 할 정도였다. 결국 창립위원들이 대한제국 궁내부에 주식 인수를 요청하여 승낙을 얻고 한국 내 유력자들을 초대해 권유하는가 하면 일본 각지를 직접 돌아다니며 주주를 물색하고 설득해서 겨우 주금납입을 마칠 수 있었다. 마침내 1908년 9월 30일 일한와사주식회사의 창립총회가 도쿄은행집회소에서 열려 회장 시부사와, 전무 오카자키, 이사 다카마츠, 구메, 오오하시, 야마구치, 백인기, 감사 이토, 히라사와, 김시현 등 중역을 선출하고 도쿄에 본점, 경성에 지점을 설치함으로써 창립을 완성하였다.[305]

총주식 6만주 가운데 일본 거주 일본인(484명)이 5만880주, 재한 일본인(29명)이 2,820주, 한국인(19명)이 2,300주, 그리고 궁내부가 4천주를 인수하였다. 특히 1천주 이상을 인수한 대주주들은 대개 시부사와, 오오쿠라, 그리고 시부사와와 긴밀한 관계에 있던 아사노 소우이치로淺野總一郎, 후지타구미藤田組를 설립한 후지타 덴자부로藤田傳三郎의 아들 후지타 헤이타로藤田平太郎 등 일본의 저명한 정상들과 이들의 실질적 후원자 마츠카타 마사요시松方正義의 아들 마츠카타 오토히코松方乙彦, 그리고 박문관博文館의 경영주 오오하시 신타로, 와타나베渡邊은행의 설립자 와타나베 후쿠사부로, 니이가타新潟현의 대지주이자 다이욘第四은행의 중역인 다마키 켄타로田卷堅太郎 같은 화족華族, 재벌들이었다(〈표 I-12〉).[306] 한편, 시부사와는 그의 경영활동을 전폭적으로 지원해 줄 인물들을 일한와사의 중역진에 전면 배치하였다. 우선 니혼은행 조사역을 지낸 오카자키 토오미츠[307]를 스카우트하여 전무에 앉히고 도쿄와사의 중역인 다카마츠, 구메, 오오하시, 이토를 각각 이사와 감사에 임명하고 재한일본인사회의 유지 야마구치 타헤에[308]와 한국인 기업가 백인기, 김시현 등을 포섭하여 중역진 구성을 마무리하였다. 말하자면 일한와사는 일본의 거물급 정상, 재벌들의 자본이 연합한 가스회사로서 출범하였는데, 이 회사의 실질적 경영권은 시부사와를 중심으로 한 그의 친위부대(도쿄와사 중역진)에서 장악하고 있었다.

그렇지만 소유의 측면에서만 본다면, 시부사와의 지분율은 1.7%에 불과하여 다른 주주들을 압도할 만한 지위에 있지 않았다. 이와 같은 상황 아래에서 그가 일한와사에 대해 강한 영향력을 유지할 수 있던 배경은 무엇이었을까. 사실 당시 시부사와는 자신이 투자한 회사를 우량회사로 육성하여 기업가치를 높이고, 이 회사의 보유 주식을 매각한 대금으로 다시 새로 설립한 회사들의 주식을 인수하고 경영에 참가하고 있었다.[309] 그가 이런 방법으로 설립과 경영에 관여한 회사들은 수백개 사에 달했고 그 과정에서 다양한 기업가들과 두터운 교분을 맺어 "회사 설립의 조직자", "재계의 주선자"로서 명성을 높였다. 게다가 그는 회사 경영과정에서 출자액 이상의 무한책임을 불사하는 태도를 취하

여 주주들의 폭넓은 참여를 유도하고 분산된 소유구조하에서 대장성大
藏省 고위관료 출신과 다이이치은행 두취頭取라는 지위를 통해 형성한
정부와의 긴밀한 관계나 기업가들과의 두터운 교분을 바탕으로 자신
의 낮은 지분율을 넘어서는 강한 영향력을 유지하고 있었다. 일한와사
에 대한 시부사와의 투자와 경영활동도 이 범주에서 크게 벗어나지 않
았다.

한편, 한때 전쟁 발발까지 우려될 정도로 악화되었던 미일관계는 이
즈음 상당히 개선되고 있었다. 1907년 말부터 1908년 초에 걸쳐 미일
간에 신사협정이 체결되어 일본이 자국민 이민을 자주적으로 통제하도
록 해 양국간 최대 현안이었던 이민문제가 해결되었고, 일본은 미국함
대의 기항을 초청해 열렬한 환영의 뜻을 보내기도 했다. 그 결과 1908
년 말에는 미일 상호 간에 필리핀과 만주의 우위권을 각각 인정한 루트
Root-다카히라高平협약(1908.11.30)이 체결되어 양국 간의 유화무드는
더욱 고조되기에 이르렀다.

미일관계가 개선됨에 따라 한미전기를 둘러싸고 노골화되고 있었던

〈표 I-12〉 1~4기 일한와사전기의 1,000주 이상 대주주 명단

주주명	기별				경력
	1기	2기	3기	4기	
韓國帝室財産整理局	2,000	2,000			
韓國宮內府	2,000	2,000	4,000	4,000	
吉田傳	1,700	780	550	450	吉田殖産 사장, 日本興業 대표취체역, 九州合同炭鑛 취체역, 東京電興會社 중역
鈴木圭三				1,190	도쿄주식취인소 중매인

鷲尾德之助				1,100	新潟縣 고액세납자, 第六十九銀行 두취, 長岡貯蓄銀行 이사, 日本纖維工業 감사, 長岡商工會議所 회두, 朝鮮翔拓 중역
大橋新太郎	1,000	500	500	200	日韓瓦斯 창립위원·이사, 東京瓦斯 이사, 博文館主, 南滿洲鐵道 감사, 東亞公司, 國定敎科書共同販賣所 사장, 東亞製粉, 日本書籍 회장, 大日本麥酒, 第一生命保險相互會社, 韓國拓植, 韓國興業, 名古屋瓦斯, 北越製紙, 寶田石油, 國油共同販賣所, 下野紡績, 帝國製麻, 王子製紙, 三共 이사, 東京建物, 東京毛織物, 東亞興業, 東京莫大小, 中國興業, 東京火災保險 감사, 東京商業會議所 부회두
大倉喜八郎	1,000	1,000	1,000	300	日韓瓦斯 창립위원, 大倉組, 帝國호텔, 日本皮革, 日本化學工業, 東海紙料 회장, 東京製絨 사장, 群山絹絲紡績, 大日本麥酒, 帝國劇場, 帝國製麻, 新高製糖, 成田鐵道, 東京製鋼, 東京電燈, 東洋汽船 이사, 日本製靴, 北海道拓植銀行, 宇治川電氣, 臺灣銀行 감사, 鐵業銀行 감독, 日淸紡績, 秋田木材, 日本醋酸製造 상담역
渡邊福三郎	1,000	1,000	1,000	800	日韓瓦斯 창립위원, 東京瓦斯 이사, 渡邊銀行 두취, 渡邊合名 대표사원, 橫濱鐵道 상무, 東洋모슬린, 橫濱電氣 이사, 成田鐵道, 八千代生命保險 감사, 帝國冷藏, 旭日生命保險 상담역, 橫濱商業會議所 의원, 石福商店, 海産物商
漢胡農工銀行	1,000	1,000	1,000		
吉村鐵五郎	1,000				
具塚榮之助			1,000	1,000	
田卷堅太郎	1,000	1,000	1,000	1,000	新潟縣 고액세납자, 대지주, 第四銀行, 新潟貯蓄銀行, 新潟信託, 新潟電力, 田澤湖電力, 愛隣社 이사
松方乙彦	1,000				松方正義의 7남, 華族, 하버드대학 졸업, 日本石油, 新潟鐵工所, 常盤商會 감사
藤田平太郎	1,000	1,000			藤田傳三郎의 아들, 華族, 慶應義塾, 영국 유학, 藤田組 부사장, 恩賜財團 濟生會 평의원, 大阪商船, 日本火災保險, 北濱銀行 중역
淺野總一郎	1,000	620	200	100	日韓瓦斯 발기인, 東京瓦斯 이사, 東洋汽船, 石狩石炭, 淺野시멘트, 基隆地所建物, 磐城炭鑛 사장, 東京製鋼, 東京板紙, 橫濱倉庫, 鈴木洋酒店, 淺野製材, 沖電氣, 晝夜貯蓄銀行, 日本石膏, 鶴見埋築 이사, 大日本人造肥料, 帝國호텔, 帝國劇場, 茨城採炭, 日本電燈 감사, 日之出汽船 상담역, 石油石炭시멘트商
澁澤榮一	1,000	1,000	1,000	1,000	日韓瓦斯 창립위원, 華族, 東京瓦斯 회장, 東京貯蓄銀行, 帝國劇場 회장, 東京市養育院長, 敎育調査會會員, 東京銀行集會所會長, 東京興信所 평의원

자료 : 《日韓瓦斯(電氣)株式會社 營業報告書》第1〜4回; 《人事興信錄》, 人事興信所, 각년도판.

일본과 콜브란측의 갈등은 해소의 계기를 맞았다. 일본은 콜브란측에 대해 유화적인 태도로 전환했던 것이다. 이는 1908년 초 한미전기의 전차요금 인상에 대한 민간의 반대운동에서 보여 주었던 일본의 태도에서 잘 드러난다.

한미전기는 1908년 1월 1일을 기해 1구간을 다소 확대하고 요금 지불수단을 구화에서 신화로 변경(1구역 신화 5전)하는 것을 골자로 하는 요금제도 개편을 단행했는데, 이는 당시 구화와 신화의 화폐교환비율이 2대 1이었음을 감안할 때 사실상 요금의 2배 인상을 의미하는 일이었다. 이에 민간에서는 반대운동이 일어나기 시작했다. 1908년 1월 15일 한국인 유지, 실업가들이 경성상업회의소에서 임시한성부민회(회장 윤효정)를 조직하여 서비스 개선 없는 지나친 요금인상에 반대하고, 1구간 변경 철회와 함께 요금을 1구 3전으로 할 것, 그리고 차량 증대와 차체 개량, 정기통행자에 대한 할인권 발행 등을 요구했다.[310] 이들은 협의위원 40명을 선정해 정부와 한미전기에 요구사항을 전달했다. 한편, 일본인들도 거류민 단체와 언론사를 중심으로 거세게 반발했는데, 반대여론은 당시 일본인들 사이에 퍼져 있던 반미감정과 결합해 크게 확산되었다.[311] 특히 서울의 대한일보와 인천의 조선일일신문에서는 '추적퇴치醜賊退治', '벽안노碧眼奴' 등 과격한 용어를 사용해 가며 '전차소타電車燒打'를 부추겼고, 양 신문사원의 발기로 서울에서 반대연설회를 개최하기도 했다. 이에 통감부는 지나친 반미감정 선동이 미일관계에 장애가 된다는 판단 아래 1월 10일 자 조선일일신문의 발행을 정지하고 불온한 발언을 이유로 연설회를 중도 해산시키는 강경조치를 취했다. 이는 명백히 위기에 처한 콜브란측을 도와주는 조처였다. 일본은

당시 미국총영사로부터 감사 인사를 받기까지 했다.[312]

그리고 1908년 6월 17일에는 그간 인정할 수 없다고 버티던 콜브란 측의 갑산광산 개발권에 대해서도 한국의 광업법을 따른다는 전제 아래 50년 기한으로 1천평당 50전의 토지세와 산출총액의 1%를 로열티로 납부한다는 조건을 붙여 허가했다.[313] 대신 일본은 비밀리에 광업법 일부 조항 개정을 약속하는 등 전향적인 자세를 취하고 있었다.

일본은 미일관계를 고려해 한미전기의 요금인상에 대한 반대운동을 막아 주기는 했지만, 이 사건을 계기로 콜브란에 대한 불만은 고조되어 한미전기 인수의 필요성을 더욱 절실하게 느끼고 있었다.[314] 일본정부는 한때 50만엔을 주고 콜브란측의 지분을 인수한 다음 황실 소유주와 합쳐 한성부유漢城府有로 경영할 계획을 수립하기도 했지만[315] 일본인 민간회사가 한미전기를 인수하는 쪽으로 방향을 선회했고, 콜브란측이 소유한 전기·수도사업권을 동시에 매수하려 했지만 사정이 여의치 않자 하나씩 매수하기로 방침을 수정했다.[316] 일본정부는 일한와사가 창립되자 이 회사를 내세워 한미전기회사의 매수협상을 본격 추진하였다.[317] 이 일은 일본공사관 서기관 출신으로 당시에는 외무성 통상국장으로 재직하고 있었던 하기와라 모리이치萩原守一가 주도하였다. 하기와라는 통감 이토 히로부미, 부통감 소네 아라스케曾禰荒助 등과 긴밀한 사전협의를 거쳐 한미전기 인수를 위한 구체적 방침 수립을 총괄하고 있었다. 그러나 일본정부가 전면에 나서는 것은 회피해 중개인으로 민간인 다케우치 츠나竹內綱와 나카시마 다카키치中嶋多嘉吉 등을 콜브란측에 보내 의향을 타진했다. 특히 다케우치는 앞서 경인철도를 인수하는 데 공헌이 컸으며 1902~1903년 한성전기의 인수 시도 때에도 중개인으로 활약했던 이 분야 전문가였다.[318] 1908년 9월 말에 서울에 왔던 나카시마가 하기와라, 소네 등과 협상 전후로 긴밀한 협의를 거치면서도 콜브란측에게는 일본정부의 대리인이 아니라 다케우치의 대리인으로 자처했던 데에는 이런 배경이 있었다.[319]

나카시마는 1908년 9월 28일과 10월 1일 두 차례에 걸쳐 콜브란측과 협상을 벌였다.[320] 제1차 회견에서 콜브란측은 양도가격으로 125만엔(다케우치에게 중개료 10% 지급)을 제시하고 착수금 25만엔과 중도금 25만엔이 지불 완료되면 회사 재산을 전부 양도하고 잔금 62만5천엔(중개료 제외)은 3년 분할상환(연이율 10%)하는 방안을 제안하고, 이와 함께 한미전기회사에서 발행한 사채 50만엔도 승계해 줄 것을 요구했다. 대신 광무황제 소유 주식은 30만엔 이하로 염가매수해 주기로 약속했다. 제2차 회견에서 콜브란측은 착수금의 분리지급(가계약 시에 5만엔, 60일 후 20만엔)과 잔금 지불방법 변경(5년간 분할상환, 연이율 6%) 등 일부 조건을 완화했다.

그러나 일본은 지나친 고액이라 받아들이기 어렵다고 판단했다. 나카시마는 가스회사의 출현으로 향후 약 30%의 수입 감소가 발생할 것이라고 콜브란측에게 압박을 가했지만, 아직 일한와사의 사업이 구체화되지 않은 상태에서 콜브란측을 위협하는 데에는 부족한 감이 있었다. 게다가 당시 한미전기의 경영상태는 전차승객수와 전등수의 증가에 힘입어 순이익이 1905년 3만4천여엔에서 1908년 10만3천여엔으로 크게 늘어날 정도로 양호했다.

이에 일본은 일한와사의 사업 개시를 서둘렀다. 일한와사에서는 창립총회를 마친 뒤 공장 설계를 위해 임직원을 서울에 파견하였고 통감부와 대한제국 고위관료를 초빙해 성대한 창립 축하 만찬회도 개최했다.[321] 일한와사의 경영이 현실화되자 콜브란측은 더 이상 교섭을 미룰 이유가 없다고 판단했던 것 같다. 1909년 4월에 콜브란측이 다케우치를 통해 다시 교섭을 제의했고, 5월 초순에는 일한와사에서 시라이시 나오지白石直治, 구메 료사쿠, 오카자키 토오미츠 등 중역 세 명을 조사위원으로 파견하여 한미전기의 경영상태를 실지조사했다. 그런데 조사 결과 한미전기의 재산가액이 87만엔에 불과하다는 평가가 나오고,[322] 일한와사의 중역회에서는 작은 규모의 회사가 큰 규모의 회사를 매수하면 사업 초기에 부담이 커서 '공도共倒'할 수 있다는 부정적인 의견도 제기되었다. 부정적인 의사가 통감부측에도 전달되었지만, 통감부에서는 국책상 꼭 손에 넣어야 하는 회사이므로 어떠한 희생을 치르더라도 매수하라고 종용하였다. 이러한 방침에 따라 일한와사에서는 콜브란과 매수협상을 벌여 전체 120만엔에 한미전기의 특허, 권리, 자산, 재산을 모두 인수(광무황제 지분 포함)하고 별도로 50만엔의 사채를 승계하기로 하여 협상을 타결지었다. 이는 애초 콜브란측이 제시한 조건에 비해 겨우 5만엔이 줄어들었을 뿐이다.

마침내 1909년 6월 24일 요코하마横濱인터내셔널은행에서 콜브란과 일한와사 전무 오카자키 사이에 정식 계약이 체결되기에 이르렀다.[323] 계약 체결과 동시에 착수금 20만엔을 지불하고 1909년 8월 말일까지 중도금 50만엔을 지불하면 회사 재산을 양도하기로 하였고, 잔금 50만엔은 1910년 1월 31일부터 다이이치은행이 이서裏書한 어음으로 5개년 연부상환(연이율 6%)하기로 하였다. 일한와사에서 장부와 서류 조사를 위해 검사역 1명을 한미전기에 파견하는 데에도 합의했다. 계약 체결후 일한와사에서는 1909년 7월 2일 대주주상담회相談會와 1909년 7월 21일 임시주주총회를 개최하여 한미전기의 사업일체 매수에 대한 주주들의 최종 승인을 받았다.[324] 정관도 개정하여 회사 명칭을 일한와사 전기주식회사(이하 일한와전)로 개칭하고 영업 목적에도 전차, 전등, 전력 등을 추가하였다. 그리고 1909년 8월 17~18일경에는 중도금의 지불을 완료하여 한미전기 재산의 인계사무를 종료했다.[325] 이제 일한와전은 명실상부하게 한국의 수도 서울에 전기, 전차, 가스를 독점공급하는 독점기업으로서의 기반을 확고히 구축하였다.

이로써 1904년 러일전쟁의 와중에 유리한 조건으로 한성전기를 한미합자의 한미전기로 개편하고 경영권을 장악했던 콜브란측은 한때 광무황제의 주권수호외교를 도우면서[326] 한층 긴밀한 관계를 형성하고 광무황제로부터 다양한 지원을 획득하였지만, 일본의 대한제국 합병 기운이 농후해지고 일한와사의 등장으로 향후 사업의 전망이 불투명해지자 광무황제와 제대로 협의조차 하지 않고 일본에 사업을 매각해 버리고 말았다. 특히 협상과정에서 일본측이 광무황제의 지분에 대한 대금이 주권수호외교에 사용될 것을 걱정하자 이를 최소액으로 줄이겠다고 약속했고, 실제로 광무황제에게는 7만5천엔만을 지급해 매각작업을 마무리지었다.[327] 매각과정에서 보여 준 콜브란측의 모습은 돈만을 생각하고 신의를 저버린 제국주의 자본가 그것일 뿐이었다.

이처럼 일한와사의 설립과 한미전기의 매수과정에는 일본정부 차원의 지원과 통감부, 특히 통감 이토 히로부미의 적극적인 후원이 자리하고 있었다. 이토는 서울의 전등, 전차가 미국인의 손으로 경영되는 것은 '치욕'이므로 한미전기는 '국책상 꼭 손에 넣어야 하는 회사'이며 이 때문에 '일한와사가 어려워질 때는 뭐든지 해주겠다'는 언질을 줄만큼 한국의 전력산업 장악에 지대한 관심을 가지고 있었다. 1909년 말 서울을 떠날 때는 일한와사 관계자에게 손수 쓴 "광명보천光明補天"이라는 글씨를 선물하기도 하였다. 경영진이 이토를 가리켜 일한와사 창업과 한미전기 매수의 '대은인'이라고 표현한 것은 이러한 사정 때문이었다.[328] 이런 점에서 일한와사는 일본인 민간인들이 단순히 영리추구의 목적만으로 한국에 투자를 기도한 순수 민간기업이 아니었다. 그러한 성격은 일한와사가 '한미전기회사매수취의서'에서 일본인 세력의 전개에 장애가 되는 한미전기를 통감부의 조력을 얻어 매수협정을 체결한 것은 '일쾌사一快事'이며, 앞으로 자사가 한국의 수도에 주민 필수의 2대 요소인 전기, 가스를 독점하고 교통기관을 비롯하여 취열炊熱, 동력動力의 공급을 겸영하게 되었으며, 이는 한국경영책의 일단一端을 조성助成한 것이라고 자평한 사실은 이 회사의 창립의도를 분명하게 말해준다.[329] 한국 거주 일본인들도 "연래의 희망"을 이루었음을 축하하고 교통기관이 일본인의 손으로 경영됨에 따라 더욱 개량되기를 바랐다.[330] 이제 한국의 전력산업은 식민지경제구조 속에서 일한와사전기를 중심으로 급속한 변화가 일어날 것이 예상되고 있었다.

II

일제강점기
전력산업의
구조

1945

1. 1910~1920년대 전력산업정책과 전력업계의 동향

1910년대 전력산업의 감독제도 정비와 전력업계

러일전쟁을 계기로 한반도를 군사점령한 일제는 대한제국에 제1차 한일협약(1904.8)과 을사조약(1905.11) 체결을 강요해 식민지지배체제를 구축하기 시작했다. 1907년에는 헤이그밀사사건을 계기로 광무황제를 퇴위시키고 정미조약을 강제로 체결해 군대를 해산했고, 1910년 6월 경찰사무 위탁이라는 명목 아래 경찰권을 박탈하고 8월 22일 합병조약을 체결해 대한제국의 주권침탈 작업을 마무리했다. 통치기구도 정비되었다. 통감부가 폐지되고 식민지 통치기구로서 총독부가 설치되었으며, 초대 총독에 테라우치 마사타케寺內正毅가 임명되는 한편, 헌병경찰력을 배경으로 한 무단통치가 시행되었다. 이와 함께 일제는 경제정책의 기조를 '개발을 통한 수탈'에 두고 이를 뒷받침할 식민지 지배기구와 제도를 정비해 나가는 일에 박차를 가했다. 근대 상공업 발전의 기반인 전력도 예외일 수 없었다. 우선 감독기구와 법규 정비에 나섰다.

1910년 10월 일제는 총독부를 조직하는 가운데 조선총독부훈령 제6호로 조선총독부통신국사무분장규정을 제정하여 통신국 공무과工務課에서 전기사업의 감독업무를 맡도록 했다.[1] 그러나 전력산업의 중요성을 감안해 1911년 4월에 조선총독부훈령 제32호로 사무규정을 개정하여 통신국 내에 전기과를 별도로 설치하였다.[2] 전기과는 산하에 감독계와 수력조사계를 두어 각각 전기사업의 감독과 발전수력에 관한 사항을 관장하도록 했다. 1912년 4월에는 통신국이 체신국으로 개편됨에 따라 체신국 전기과에서 관련 업무를 맡게 되었고,[3] 이후 전력산업은 1941년 11월 전기과(1940년 3월 전기과는 전기제1과와 전기제2과로 분리)가 식산국에 이관될 때까지 체신국 전기과에서 담당하게 되었다. 감독기구의 수장에는 1905년 도한해 통감부의 통신관리국기사로 근무했으며 창덕궁의 전등시설 설치를 주도했던 오카모토 카츠지로岡本桂次郎가 임명되었다.[4] 오카모토는 1910년 10월에 공무과장에 취임했고 1911년 4월에는 전기과장을 겸임하면서 1921년 12월에 물러날 때까지 초창기 전력정책을 관장하였다.

1911년 3월 6일에는 조선총독부령 제24호로 전기사업취체규칙이 제정되기에 이르렀다.[5] 이에 따라 전력회사의 설립과 운영은 총독부의 허가사항이 되었고(제10조), 전기요금은 총독부의 인가를 필요로 하는 인가제가 채택되었다(제18조). 그러나 전기사업취체규칙은 원래 보안과 위험 방지를 주요 목적으로 하고 있었다. 이 때문에 전력산업 전반을 규정하는 데에는 여러 가지 면에서 미흡한 점이 많았다. 그럼에도 불구하고 총독부는 일본의 전기사업법에 해당하는 조선전기사업령을 별도로 제정하지 않은 채 관계 당국에서 자체적으로 운영원칙을 확정해 '행정지도'에 의해 전력산업을 규제하고 있었다.[6]

우선 전기회사 설립 시에는 영업권의 유효기한을 25년간으로 정하였고, 전기요금과 기타 공급조건은 총독부의 인가가 필요한 인가제를 채택했으며, 공급구역은 실제 필요 한도로 제한했다. 사업의 공공성에 비추어 국가 또는 공공단체가 회사를 매수할 수 있는 권한을 보유하도록 했다. 이와 함께 전기회사의 설립을 지원하기 위한 방안도 마련했다. 10촉광으로 환산해 1천등 이상의 수요가 예상되는 도시에 대해서는 가급적 속히 설립허가를 내주기로 하였고, 명시적으로 독점권을 부여하지는 않았지만 원칙적으로 '1지역 1사업'주의를 채택해 전기회사들의 공급구역이 중복되지 않도록 했다. 사실상 해당기업에 독점적인 지위를 보장해 주는 조치였다. 또한 혼란을 방지하기 위해 신규로 발전설비를 주문하는 경우에는 원칙적으로 주파수를 60사이클로 규제하기로 했다. 다만 가격이 매우 저렴해 해당기업에게 이익이 된다고 판단하면 50사이클도 허가해 주기로 했다. 이는 일본에서 중고 설비를 들여와 이용할 수 있도록 배려한 조치였다.

실제로 총독부는 평양전기가 설립허가를 신청했을 때 크게 보아 위의 원칙에 입각해 여러 가지 조건을 붙여 인가하고 있었다.[7] 전등, 전력에 관한 요금과 기타 공급조건을 정하거나 변경할 때는 허가를 받도록 했고, 설립허가의 유효기간은 30년으로 제한했으며, 필요한 경우 국가 또는 공급구역을 관할하는 공공단체에서 전기사업의 전부 또는 일부를 매수할 수 있는 권한을 갖도록 했다. 대신 평양전기 발전설비의 주파수는 50사이클을 허용해 주었다.

이러한 전력정책은 당시 일본의 그것과 비교해 크게 달랐다.[8] 일본은 1911년 3월 전기사업법을 제정해 수력발전소의 건설과 고압송전망의 부설에 적극 나섰고, 전기요금은 인가제가 아닌 신청제[届出制]를 채택했으며, 전기회사의 지역독점을 인정하지 않고 경쟁에 의한 전기요금 인하를 유도하고 있었다. 요컨대, 총독부는 전력산업에 대해 '1지역 1사업'주의와 요금인가제 등을 적용해 일본보다 엄격한 규제를 취하고 있었다. 이는 총독부의 '관치주의적 특성'을 잘 보여 주는 예였다. 이런 배경 때문에 당시 업계 일각에서는 총독부를 향해 "관치주의 관권만능의 미신"을 버리라고 강하게 비판하기도 했다.[9]

한편, 총독부의 전기사업 감독기구가 정비되고 전력정책이 확정되면서 전기회사가 본격적으로 설립되기 시작했다.[10] 대한제국기에는 1898년 서울에서 한성전기회사가 설립된 이래 개항장에서 그 지역 일본인 거류민들을 중심으로 전기영업을 담당하는 소수의 회사가 설립되는 데에 그쳤다. 한성전기는 대한제국이 황실의 단독출자를 바탕으로 친미 개화파 관료가 중심이 되어 미국기업 콜브란-보스트위크회사Collbran & Bostwick Co.의 자본과 기술을 도입해 설립한 최초의 전력기업이었는데, 설립 초기부터 미국기업에 지나치게 의존해 채무분규가 일어났다가 1904년 러일전쟁이 발발한 급박한 국제정세 속에서 한미합자의 한미전기회사로 개편되고 있었다.[11] 일본은 러일전쟁 발발을 계기로 한반도에 군사점령을 단행하고 '시정개선'이라는 명목 아래 식민지경제구조 구축에 착수하는 가운데 이 회사의 장악을 노렸지만, 사정이 여의치 않아 1909년에서야 일본인 정상, 재벌들을 내세워 설립한 일한와사로 하여금 한미전기를 인수토록 하여 장악에 성공했다. 이로써 대한제국의 한성전기는 일본인 소유의 일한와사전기로 개편되고 말았다. 일한와사전기는 1915년에 회사명을 경성전기로 변경했다. 한편, 1901년 9월 12일에는 부산의 오오이케 츄스케大池忠助, 기모토 신지木本晋治, 하자마 후사타로迫間房太郎(일본인 거류민), 오오사와 젠스케大澤善助(교토전등) 등이 주도하여 자본금 5만원의 부산전등을 창립하였고, 1905년 6월 19일에는 인천의 가쿠 에이타로加來榮太郎, 다나카 사시치로田中佐七郎, 호리 리키타로堀力太郎, 칼 오터 등 일본인과 독일인 거류민들이 주도하여 자본금 12만5천원의 인천전기를 설립하였다.[12]

그런데 한일 양국의 합병에 따라 일본인들의 이주가 대거 늘어나면서 개항장과 주요 도시에 몰려든 일본인들을 중심으로 전등수요가 크

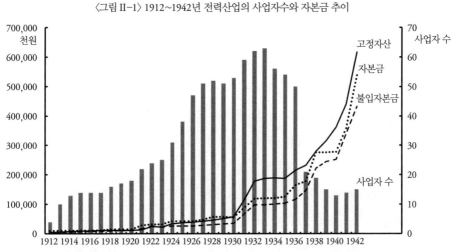

〈그림 II-1〉 1912~1942년 전력산업의 사업자수와 자본금 추이

자료: 《朝鮮電氣事業要覽》, 각년도판.
비고: 각 연도 3월 현재 수치임. 단 1917년까지는 전년도 말 기준임. 이하 동일함.

게 일어나 전기회사의 설립 기운이 고조되기 시작하였다. 1912년 초에 이르러 허가를 취득한 업자는 모두 15개소에 달했고, 그해 말에는 17개소로 늘었다.[13] 그리고 허가를 취득한 업자들이 회사 설립에 착수해 1911~1913년에 개업한 전기회사의 수가 크게 늘어났다. 1910년 10월 18일에는 자본금 300만원(불입 75만원)의 한국와사전기가 설립되어 부산전등과 부산궤도를 각각 20만원과 5만5천원에 매수하여 전기, 전차, 가스를 겸영하는 회사로 성장했고, 1913년 3월에는 회사명을 조선와사전기로 변경했다. 또한 진남포전기(1911.6, 영업개시연월, 이하 동일), 대전전기(1912.1), 나남, 청진 등지를 공급구역으로 한 조선전기(1912.8), 평양전기(1912.9), 원산수력전기(1912.12), 대구전기(1913.1), 목포전등(1913.2), 군산전기(1913.3), 청주전기(1913.7), 평북 영변, 운산, 박천 등지를 공급구역으로 한 오오쿠라 키하치로大倉喜八郞(1913.11), 수원전기(1914.1), 신의주전기(1914.6) 등의 설립으로 이어졌다.[14]

1907년 말 세계공황의 파급을 계기로 불황으로 접어들었던 일본경제는 일본정부의 신용팽창정책에 의해 1910년부터 일시적으로 회복 국면에 들어갔지만, 1913년부터 다시 하강 국면으로 돌아서 1910년대 말 제1차 세계대전으로 인한 전시경기가 도래할 때까지 불황에 빠져 있었다. 한국도 비슷한 국면이었다. 1910년대 중반 불황을 맞아 전기 사업의 신설 기운은 현저히 약화되었다. 그런데 1910년대 후반 제1차 세계대전의 영향으로 경기는 유례없는 호황으로 전환되었음에도 불구하고 한국의 전력업계는 오히려 경영에 어려움을 느끼고 있었다. 석탄과 전기설비를 비롯한 제반 물가가 급격히 상승했고, 임금도 덩달아 오르기 시작했으며, 특히 일본에서 회사와 공장 설립이 크게 늘어나면서 전기사업 관련 기구와 재료를 입수하기가 어려워졌던 것이다. 호황이던 이 시기에 전기회사수가 별로 늘지 않았던 것은 이 때문이었다.

그런데 1910년대 후반 한국의 전력산업이 위축되어 있었던 것과 달리 일본의 전력산업은 급속도로 발전했다.[15] 이는 일본에서 전기회사의 수가 1911년 248개사에서 1920년 648개사로 급증했던 데에서 잘 드러난다. 특히 1910년대 후반 미증유의 호황을 맞아 공장 설립이 늘어나고 산업용 전력수요가 격증함에 따라 전기요금은 상승추세에 있었고 전기회사의 수익성은 매우 좋아졌다. 10% 이상의 고배당을 실시하는 회사도 매우 많았다.[16] 당시 일본의 전등보급률은 1912년 15.7%에서 1920년 57.9%, 1925년 81.3%까지 급격히 상승했고, 공장전화율도 1912년 25.8%에서 1919년 58.1%로 올라갔다. 반면 한국의 전력업계 실적은 일본에 비하면 매우 저조했다. 한국의 전등보급률은 1912년 0.2%에서

〈표 II-1〉 1912~1930년 전등 및 전력 수요상황

연도	전등수요					전등보급 지역				전력수요	
	전등수용가(A)	전체호수(B)	보급률(A/B)	전등수(C)	1호당 전등수(C/B)	부	면	전체면	면지역 보급률	수용가수	계약(kW)
1912	4,456	2,879,870	(0.2)	27,525	0.01					27	150
1915	18,231	3,121,781	(0.6)	85,315	0.03	12	37	2,519	(1.5)	117	760
1917	35,520	3,167,362	(1.1)	131,225	0.04	12	37	2,512	(1.5)	244	1,788
1920	65,845	3,255,551	(2.0)	234,066	0.07	12	59	2,507	(2.4)	574	4,146
1922	95,490	3,308,614	(2.9)	324,274	0.10	12	67	2,505	(2.7)	791	5,524
1925	142,080	3,433,080	(4.1)	486,654	0.14	12	127	2,503	(5.1)	1,480	9,579
1927	164,914	3,614,505	(4.6)	580,858	0.16	12	231	2,503	(9.2)	1,824	13,113
1930	229,884	3,661,118	(6.3)	810,159	0.22	14	401	2,464	(16.3)	2,725	21,442

자료: 《朝鮮電氣事業要覽》, 각년도판.
비고: ( )안은 비율(%)임.

1920년 2.0%에 오르는 데 그쳤고, 1925년에도 4.1%에 불과했으며, 전력수용가수도 적었다. 특히 도농 간의 격차는 극심했다. 경성, 평양, 부산 같은 대도시에서 전등은 필수품으로 자리잡아 가고 있었지만, 농촌지역의 대부분은 아예 전기를 이용조차 할 수 없었다. 이는 전체 면에서 전등이 보급된 면의 비율이 1915년 1.5%, 1920년 2.4%, 1925년 5.1%에 불과했던 데에서 잘 드러난다. 그나마 1920년대 후반에 조금 늘었지만 1930년에도 16.3%를 기록하는 데에 그쳤다.

1910년대 후반 한국에서도 경기호황에 따라 전등과 전동력 수요는 크게 늘어났지만, 석탄을 비롯한 물가폭등으로 전력업계는 경영이 악화되고 있었고 자재 입수난까지 겹쳐 발전설비를 늘리지 못하는 사정에 있었다. 지역에 따라서는 설비 보전과 발전력 부하 때문에 쇄도하는 전등 신청을 사절해야 할 정도로 '전력 부족'에 시달리고 있었다. 일부 폐등廢燈·휴등休燈하는 수요가의 전등은 프리미엄까지 붙어서 거래될 정도였다.[17] 특히 대도시인 경성, 평양 등지에서는 전동력 수요가 크게 늘어났음에도 불구하고 기설회사의 설비가 불충분해 여기에 응하지 못하고 있었다. 총독부로서는 대책 마련이 필요했다. 우선 각 지역 전기회사들의 어려움을 타개하기 위해 1910년대 말 전기요금의 대폭 인상을 허가해 주었다.

예를 들어 경성전기는 1918년 석탄가격 상승 때 감독기관인 체신국에 전기요금 인상을 신청해 그해 7월 1일부터 전등요금은 10% 인상, 전력요금은 종량제의 경우 1kWh에 1전 인상, 정액제의 경우 10% 인상을 단행했고, 1919년에도 석탄가격 상승에 따라 그해 10월 1일을 기해 전등요금은 평균 15% 인상, 전력요금은 종량제의 경우 1kWh에 1전 인상, 정액제 15% 인상을 단행했다. 1920년 10월에는 전등요금은 그대로 둔 채 전력요금을 2배 가까이 대폭 올리는 조치를 취했다.

그러나 이것만으로는 불충분했다. 궁극적으로 전력 부족을 해결하기 위해서는 새로운 전원개발이 필요했다.[18] 수력발전이 대안으로 떠올랐다. 당시 일본에서는 일찍부터 수력전기의 개발이 이어져 이미 1911년에 발전력에서 수력의 비중이 화력을 능가하고 1920년에는 수력의 비중이 60%에 달해 '수주화종水主火從' 구조가 정착해 있었고, 대규모 수력발전소의 설립에 따라 발전지점부터 최종 소비지인 대도시까지 장거리 송전도 개시되었다. 1915년에 이나와시로猪苗代수력전기가 이나와시로호 개발을 통해 대규모 발전(제1, 제2발전소 합계 6만1,500kW)에 성공하고 140마일(224km)의 115kV급 고압송전선을 이용해 도쿄까지의 송전에 성공한 일이 대표적인 예였다.

그러나 같은 시기 한국의 수력발전은 극히 미미한 수준에 그치고 있었다. 한국 최초의 영업용 수력발전소인 원산수력전기의 발전력은 겨우 75kW에 불과했고, 영업용 발전력에서 수력이 차지하는 비중은 1920년에 1.9%에 지나지 않을 정도로 저조했다. 총독부에서는 일찌감치 수력발전에 주목해 전기과 산하에 수력조사계를 설치하고 도쿠시마현德島縣 토목부장 출신의 마츠우라 엔시로松浦圓四郞 기사를 주임으로 임명해 1911년부터 1914년까지 3년간 조사비용 9만원, 직원 15명을 동원해 '제1회 발전수력조사'를 벌였다.[19] 200마력 이상 수력발전이 가능한 지점을 선정하고 지형을 측량했으며 유량도 조사했다. 그러나 결과는 참담했다. 수력발전이 가능한 지점은 한강, 낙동강, 대동강, 섬진강 등 80개소에 총 7만6,375마력(5만6,976kW)에 불과했고, 그나마 경제성이 있는 지점은 39개소, 발전력은 3만3,909마력(2만5,296kW)에 지나지 않았으며, 그중에서 1천마력(746kW) 이상은 10개소에 불과했다. 수력발전은 낙차와 수량이 가장 중요한 조건임에도 불구하고 한반도의 하천은 낙차가 작고 강우량이 근소한 데다가 여름철에 강우량이 집중되고 겨울철에는 결빙으로 수량이 풍부하지 않기 때문에 수력발전 조건이 전반적으로 좋지 않은 것으로 조사되었다.

이 때문에 1923년 금강산전기철도의 수력발전소 건설 이전까지 수력발전의 비중은 극히 미미한 상태에 머물렀고, 건설 이후에도 수력발전 비중은 20%대에 그쳤으며, 기력과 내연력의 화력발전이 대부분을 점하고 있었다. 비중에서는 기력이 압도적이었지만, 실상 다수를 점하는 것은 소규모 내연력발전소였다. 이는 1920년대에 100kW 미만의 발전소가 과반을 점하고 있었고, 500kW 미만의 발전소가 거의 대부분을 차지했던 데에서 잘 드러난다. 전기회사가 영세하고 발전력이 미미했기 때문에 대규모 공장이나 광산, 관청 등에서는 자가발전 설비를 부설해 사

〈표 II-2〉 1915~1930년 영업용 발전소의 발전력별 구성

연도	100kW 미만		200kW 미만		500kW 미만		1,000kW 미만		5,000kW 미만		10,000kW 미만		30,000kW 미만		전체	
	개소	소계	개소	소계	개소	소계	개소	소계	개소	소계	개소	소계	개소	소계	개소	합계
1915	7	415	3	320	2	448	2	1,100	2	5,500					16	7,783
1917	7	370	5	605	2	448	2	1,100	2	5,500					18	8,023
1920	9	445	5	630	3	673	2	1,350	1	3,500					20	6,598
1922	13	661	6	860	4	1,073	2	1,000	2	3,850	1	6,500			28	13,944
1925	23	1,036	10	1,426	9	2,535	3	1,600	2	3,750	2	13,500	1	10,100	42	33,947
1927	39	1,601	11	1,490	9	2,439	4	2,332	3	5,250	2	13,500	1	10,100	69	36,712
1930	39	1,603	14	1,814	11	3,205	5	3,167	6	11,400	1	6,500	2	21,070	78	48,759

자료 : 《朝鮮電氣事業要覽》, 각년도판.

용하는 경우가 많았다. 1920년에 자가용과 관청용의 비영업용 발전력이 전체의 70%를 넘었고, 1930년에도 40%를 웃돌 정도였다(〈표 II-3〉).

한편, 1910년대 말의 석탄가격 폭등은 단순히 가격변동에만 그치지 않고 공급불안을 초래했다.[20] 당시 한국의 화력발전소는 만철滿鐵로부터 푸순撫順탄 수입에 크게 의존하고 있었는데, 만철이 석탄 부족을 이유로 푸순탄 수출량을 크게 줄였던 것이다. 총독부 내에서는 당면한 전력 부족문제를 해결하기 위해서는 한국 내 자원을 활용한 전원개발이 시급하다는 의견이 제기되었다. 또한 총독부가 통치방침으로 내걸고 있었던 '산업개발'과 '문화향상'을 위해서는 전력개발이 선행되어야 한다는 인식도 확산되었다.[21] 평양의 무연탄을 활용한 조선전기흥업과 강원도 북한강 상류의 수력을 이용한 금강산전기철도 등이 설립된 데에는 이러한 배경이 있었다.

1919년 5월 5일 동양척식東洋拓殖을 중심으로 자본금 1천만원(300만원 불입) 규모로 설립된 조선전기흥업(이하 조선전흥)은 평양의 무연탄을 활용해 화력발전을 추진했다.[22] 원래 평양탄은 무연탄이기 때문에 단독으로는 발전용으로 사용할 수 없었지만, 실지조사 끝에 미국 펜실베니아주에서 무연탄을 미분탄으로 만들어 공기를 섞어 가스상태로 바꾸면 유연탄을 혼입하지 않고도 연소가 가능한 미분탄연소법이 개발된 사실을 확인하고, 직접 미분탄 완전연소 장치와 발전설비를 들여와 동양 최초의 미분탄발전소(발전력 6,500kW)를 설립하기에 이르렀다.

1919년 12월 16일 자본금 500만원(75만원 불입) 규모로 창립된 금강산전기철도(이하 금전)는 강원도 회양군 안풍면의 북한강 상류 화천하北川河에 수력발전소를 건립하였다.[23] 황해 쪽으로 흐르는 물줄기를 추지령楸池嶺을 관통하는 터널에 의해 동해 쪽으로 흘려보내 급격한 경사와 고낙차를 이용해 발전하는 한국 최초의 '유역변경식' 수력발전이었다. 금전은 1923년 11월 중대리발전소(7천kW) 준공을 필두로 1927년 12월에는 판유리발전소(720kW), 1928년 11월에는 향천리발전소(3,250kW)를 완공했으며, 1936년 11월에는 신일리발전소(2,600kW)를 건설해 1936년까지 모두 4개 발전소 합계 1만3,570kW의 발전력을 구비해 나갔다. 특히 금전의 유역변경식 수력발전의 성공은 종래 한국은 수력발전 조건이 좋지 않다는 인식을 바꾸는 중요한 계기가 되었다.

새로이 설립한 전기회사를 비롯해 기존 전기회사들의 발전기 증설로 인해 발전력은 크게 높아졌다. 영업용 발전소의 발전력은 1920년 6,598kW로부터 1930년 4만8,759kW로 늘어났다. 그러나 대규모 발전소의 등장은 기존의 '1지역 1사업'주의 원칙을 위협하는 문제를 초래했다. 조선전흥은 발전전력을 평양지역에 공급하기로 해 기존 사업자인 평양전기와 갈등을 빚었고, 원래 철원과 내금강에 전기철도를 부설하기로 했던 금전은 전기철도에 사용하고 남은 잉여전력을 경성에 송전하기로 결정해 경성전기의 영업권을 위협했다.

총독부는 이 문제를 해결하기 위해 사전에 관련 기업 간 협상을 주선했다. 총독부의 끈질긴 노력으로 인해 1921년 조선전흥과 평양전기(이하 평전) 사이에 전력공급제한협정이 체결되어 수용가 1호당 30마력 이하는 평전에서, 그 이상은 조선전흥에서 맡기로 합의했고,[24] 1924년 12월에는 평전이 발전소를 휴지休止하고 조선전흥에서 수전하는 내용의 전력수급계약을 체결해 공급제한 범위를 100마력으로 확장하기에 이르렀다.[25] 경전과 금전 사이의 갈등도 1923년에 전력수급계약을 체결

〈표 II-3〉 1915~1930년 발전 및 송배전설비 추이

| 연도 | 발전설비(단위: kW) | | | | | | | | | 송배전설비(단위: km) | | | |
	수력(A)(미완성)	(A/B)	기력(미완성)	내연력(미완성)	영업용(B)	자가용	관청용	비영업용(C)	비중 C/(B+C)	배전선	송전선	66kV	110kV
1915	75	(1.0)	6,450	1,210	7,735	2,673	1,432	3,821	(33.1)	396	146		
1917	75	(1.0)	6,475	1,333	7,883	3,116	1,239	4,355	(35.6)	502	137		
1920	125(19,662)	(1.9)	4,650(8,030)	1,823(355)	6,598	18,041	1,819	19,860	(75.1)	721	63		
1922	275(21,492)	(2.0)	11,110(1,055)	2,559(40)	13,944	18,587	2,641	21,228	(60.4)	930	166		
1925	7,275(16,962)	(21.4)	22,539	4,133(475)	33,947	15,355	2,850	18,205	(34.9)	1,616	397	175	
1927	7,500(384,015)	(20.4)	24,039	5,173(350)	36,712	22,140	3,238	25,378	(40.9)	2,031	425	179	
1930	11,555(316,904)	(23.7)	30,614	6,590(352)	48,759	32,820	3,238	36,058	(42.5)	2,753	1,141	201	67

자료: 《朝鮮電氣事業要覽》, 각년도판.
비고: ( )안은 미완성 혹은 비중(%)임.

해 금전에서 생산한 전기를 경전에서 공급받아 판매하도록 해 해소하였다. 결국 조선전흥과 금전에 전력도매회사의 역할을 부여하고 평전과 경전에 전력소매회사의 역할을 부여하여 전력 도매와 소매를 분리하였던 것이다. 이런 방법으로 기존의 '1지역 1사업'주의는 가까스로 유지될 수 있었다.

그간의 전기회사는 모두 도시 인근에 소규모 화력발전소를 설치하고 도시의 가정과 공장에 직접 공급하여 발송배전을 모두 한 회사가 맡고 있었으나 위의 두 지역은 발송전과 배전회사가 각각의 역할을 분리해 맡았던 최초의 사례였다. 한국 전력산업의 역사에서 발송전과 배전이 분리되는 단초를 제공한 일로 기억될 만하다.

1920년대 수력발전소 건설과 전력통제정책의 필요성 대두

1910년대 말 원료가격의 상승으로 침체상태에 빠져 있었던 전력업계는 1920년 반동공황으로 물가가 하락추세로 반전되면서 오히려 활기를 찾았다. 1920년대 내내 일본경제는 만성불황에 시달렸고 산업계 전반은 침체를 면치 못하였지만, 한국의 전력업계는 원료와 설비 가격의 하락으로 오히려 수익을 개선할 수 있었던 것이다. 게다가 1920년대에 전등과 전력 수요가 빠르게 늘어나면서 영업에 큰 도움을 주었다. 사실 1910년대에 전등은 아직 도시민의 필수품으로 자리를 잡지 못한 상태였다. 관공서나 상류층을 비롯한 대수용가의 수가 상대적으로 많았고, 민족별로 볼 때는 일본인이 한국인에 비해 압도적으로 많았다. 그런데

1910년대 후반 이후 한국인을 중심으로 전등수요가 크게 늘어나면서 전등은 점차 도시민의 필수품이 되었다. 또한 1910년대 후반부터 전동기가 증기기관, 석유기관을 제치고 동력기관의 중심이 되었으며 1920년대에 들어 그 보급속도가 더욱 빨라졌다. 이런 배경 아래 1920년대 전기회사들은 고수익을 누리며 빠른 속도로 성장했다.

〈그림 II-2〉(158쪽)에 나오는 전기회사들의 이익률을 보면, 1917년 12.4%에서 1920년 7.4%로 크게 낮아진다. 1920년까지 이익률은 침체상태를 면치 못하고 있었던 것이다. 다만, 1919년에 이익률이 14.0%로 일시 상승한 것으로 나타나는데, 이는 당시 조선전기가 획득한 거액의 유가증권 수입(73만8,647원)이 이익금에 포함된 때문이다. 이를 제외하고 이익률을 구하면 7.4%로 크게 낮아진다. 1920년까지 침체상태에 있던 이익률은 1921년에 들어서 상승추세로 전환되어 1927년 16.4%까지 올라갔다. 배당률도 점차 개선되고 있었다. 1920년대 전력업계의 사정이 양호했던 것은 전기회사의 수가 크게 늘어 1933년 초에 63개로 회사수에서 정점을 기록했던 데에서도 확인된다. 특히 1923~1925년은 전기회사가 가장 활발하게 신설되었던 시기였다.

사실 1920년대의 만성불황 아래에서 당시 각 지역의 전기회사들이 이처럼 안정적인 고수익을 누릴 수 있었던 이유는 총독부가 정책적으로 '1지역 1사업'주의를 채택해 전기회사들의 지역독점을 인정하고 있었기 때문이다. 또한 1910~1920년대에 전기회사수가 크게 늘었던 이유는 전기회사가 간단한 발전설비를 활용해 적은 자본으로 창업이 가능했기 때문이다. 당시의 전기회사들은 대개 도시 인근에 발전소를 설치해 해당 도시의 전등수요에 응하는 형태를 취했다. 일부 대도시를 제외하고 공급하는 전등수는 기껏해야 수백, 수천 등에 불과했으며, 대개 영업을 전등에 주력하고 여력이 있으면 전동력 공급에 충당하고 있었다. 발전설비는 설치가 간단하고 비교적 소액이었던 흡입가스기관을 주로 사용했고 발전소 1개소당 발전력은 수십, 수백kW에 불과했다.[26] 일본에서 중고 발전설비를 들여다가 설치한 경우도 많았다. 1920년대까지 발전소 1개소당 발전력에서 500kW 미만이 대부분을 차지했던 것은 이 때문이었다.

당시에는 일본의 거대 정상, 재벌들이 대거 참여한 일한와사전기 (1915년 경성전기로 개칭)를 비롯한 소수 회사를 제외하고는, 한국 내 각

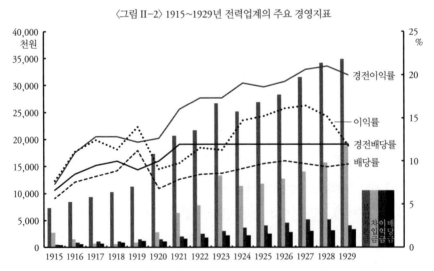

〈그림 II-2〉 1915~1929년 전력업계의 주요 경영지표

자료: 《朝鮮電氣事業要覽》, 각년도판.
비고: 이익률과 배당률은 업계 전체의 이익금과 배당금을 불입자본금으로 나눈 수치임.

지방의 일본인 유지, 자본가들이 독자적으로 창립하거나 일부 한국인 유지들을 포섭해 설립한 자본금 수십만원대의 소규모 전기회사들이 대부분을 차지했다. 이는 당시의 전기회사들을 민족별로 나눠 볼 때도 잘 드러난다. 현재로서는 일부 전기회사들의 민족별 주주 구성은 주주 명부를 통해 알 수 있지만, 전체 전기회사들의 민족별 주주 구성을 파악하기는 어렵다. 그 대신 경영진 명단은 모두 파악할 수 있는데, 경영진 구성이 민족별 주주의 보유 주식수를 반영하고 있다는 가정 아래 경영진 중에서 한국인의 비중을 살펴보면, 1921년 현재 평균 13.1%, 1931년 현재 평균 15.2%에 불과하다. 그런데 일본인 중역의 비중이 75% 이상인 경우가 전체 회사의 80% 안팎을 점했고, 전원 일본인으로만 구성된 회사도 1921년 12개사, 1931년 35개사에 달했다. 반면 한국인 중역이 과반을 차지하는, 다시 말해 한국인 소유 주식이 과반 이상이라고 추측되는 회사는 1921년 현재 해주전기와 개성전기 2개사, 1931년 현재 강릉전기, 북청전등, 선천전기, 서선전기, 장연전기, 개성전기, 성남전등 등 7개사에 불과했으며, 전원 한국인 중역으로 구성된 회사는 성남전등 한 곳뿐이었다. 일본에 본점을 둔 지점회사는 1921년 현재 5개사, 1931년 현재 1개사뿐이었다. 1910~1920년대 전기회사는 대부분 한국에 거주하는 일본인 지역 유지들이 중심이 되어서 설립했던 것이다.

이런 가운데 경성전기(이하 경전)가 전력업계에서 차지하는 위치는 막강했다. 외형적으로 볼 때 자본금, 고정자산에서 다른 업체들을 멀리 따돌리며 1위를 달렸을 뿐만 아니라 발전력, 수요 비중에서도 압도적인 위치를 점했다. 영업용 발전력에서 경전이 차지하는 비중이 1920년

에는 62.5%에 이를 정도였으며, 전등수요에서도 1915년 현재 전등수
용가수에서 경전이 차지하는 비중이 57.1%, 전등수에서 차지하는 비
중이 58.8%에 달했으며, 이후 전기회사가 속속 설립됨에 따라 그 비중
이 낮아져 갔지만 1930년에도 각각 35.7%와 42.1%에 달할 정도로 압
도적인 비중을 점하고 있었다. 기술수준에서도 후발업체들과 현격한
차이를 보였다. 초창기 지방 전기회사들의 창립 때에는 경성전기가 기
술이 부족한 회사들에게 기술자문을 하거나 설비공사를 대행해 주기도
했다.[27] 경영성과도 다른 회사들을 능가했다. 앞의 그림에서 보듯이
1920년대 경전의 이익률과 배당률은 업계 전체의 이익률과 배당률을
크게 앞지르고 있었다.

그런데 1920년대 만성불황하에서 경영난에 시달리던 여타 산업자본

〈표 II-4〉 1920년대 전기회사의 한국인 중역 비중

연도	구분	0%	0~25%	26~50%	51~75%	76~100%	100%	합계(B)	평균
1921	회사수(A)	12	20	1	1	1		23	(13.1)
	비율(A/B)	(52.2)	(87.0)	(4.3)	(4.3)	(4.3)		(100.0)	
1923	회사수(A)	16	23	4	1	1		29	(13.2)
	비율(A/B)	(55.2)	(79.3)	(13.8)	(3.4)	(3.4)		(100.0)	
1925	회사수(A)	20	32	5	2	2		41	(16.8)
	비율(A/B)	(48.8)	(78.0)	(12.2)	(4.9)	(4.9)		(100.0)	
1927	회사수(A)	27	38	6	3	2	1	49	(16.6)
	비율(A/B)	(55.1)	(77.6)	(12.2)	(6.1)	(4.1)	(2.0)	(100.0)	
1929	회사수(A)	30	41	3	3	3	1	50	(16.1)
	비율(A/B)	(60.0)	(82.0)	(6.0)	(6.0)	(6.0)	(2.0)	(100.0)	
1931	회사수(A)	35	48	5	4	3	1	60	(15.2)
	비율(A/B)	(58.3)	(80.0)	(8.3)	(6.7)	(5.0)	(1.7)	(100.0)	

자료: 《朝鮮銀行會社組合要錄》, 東洋經濟新報社, 각년도판.
비고: ( )안은 %임. 평균은 각 회사 한국인 중역 비율의 산술평균임.

가들로서는 고수익을 누리던 전기업자들이 탐탁할 리 없었다. 평양, 부산, 경성을 비롯해 각지에서 전기요금인하운동이 일어났고, 일부는 총독부의 '1지역 1사업'주의에 따른 지역독점을 비판하기에 이르렀다. 이 운동은 지역에 따라 민간독점기업을 매수해 지방행정기관에서 경영하려는 공영화운동으로까지 확산되면서 '반反독점'운동의 성격을 강화하고 있었다.

평양에서는 1920년대 초부터 평양전기의 부영府營화론이 제창되고 있었다.[28] 산업자본가들 사이에서는 평양전기가 조선전흥으로부터 전기를 싼값에 구입해 소비자들에게는 고액에 팔고 있다는 불만이 터져나오고, 평양지역의 유지, 평양상업회의소, 평양번영회, 한국인 정미업자단체, 신문기자들이 가세하여 커다란 세력을 형성하게 되었다. 전등부영전력치하値下기성회가 조직되고 전기문제시민대회가 개최되어 부영을 결의하였고, 이들은 요금납부 거부, 소등동맹까지 단행할 정도로 격렬히 투쟁했다. 그 결과 부협의회원을 중심으로 평양전기조사회가 조직되어 부영이 최종 결정되기에 이르렀다. 마침내 평양부는 1926년 말 150만원에 평양전기와 매수계약을 체결해 1927년 3월부터 부영에 들어갔다.

부산에서도 1920년대 초부터 부영화 문제가 계속 제기되어 오다가 1920년대 말 크게 확산되면서 부영기성회가 조직되고 부민대회가 개최되기에 이르렀다.[29] 마침내 1929년 7월에는 부산전기사업부영안이 성립되고 경남도지사의 조정에 따라 부산부와 조선와사전기 사이에 672만원의 가계약이 체결되기에 이르렀다. 부산부는 매수자금을 확보하기 위한 기채인가를 신청하고 부府전기조례를 제정하며 전기국장을 물색하는 등 부영사업을 본격적으로 준비해 나갔다. 그러나 부영안의 실현이 목전에 임박했지만, 갑작스레 일본 내에서 다나카田中 내각이 하마구치濱口 내각으로 교체되면서 재정긴축정책이 시행되고 지방공공단체의 기채 발행을 억압하는 방침이 결정되면서 거액이 필요한 부산부의 조선와전 인수는 좌절되고 말았다.

경성에서도 1920년대 내내 전기요금인하운동이 활발히 벌어지다가 경성전기의 전기와 전차영업권 만료(1933년 1월)를 앞두고 공영화운동으로 확산되고 있었다.[30] 전기요금인하운동을 주도했던 산업자본가와 지역 유지를 중심으로 경성전기와사부영기성회를 조직하여 공영화운동을 전개하였고, 마침내 경성부협의회나 경성부회의 주요 의제로 부상하게 되었다. 1930년 2월에 경성부협의회 차원에서 경성부영전기조사위원회 설치를 요구하기도 했다. 그리고 지방제도 개편에 따라 종래 자문기관이던 경성부협의회가 의결기관인 경성부회로 변경되면서 1931년 7월에는 경성전기와사부영안이 경성부회에 제출되어 8월에 통과되기에 이르렀던 것이다.

공영화운동이 확산되자 업계는 동요하지 않을 수 없었다. 우선 동업자단체인 조선전기협회(이하 전협)를 중심으로 조직적으로 대응했다.[31] 총독부를 상대로 로비를 펴기도 하고 신문, 잡지를 활용해 공영론에 대한 적극적인 반대 목소리를 높여 나갔다.[32] 이들은 공영론을 이상론자의 선전에 불과한 시기상조, 시대착오적 이론이라고 비판하고 일종의 '허영적 호기심', '매명적賣名的 공명심'에서 나온 주장으로 치부하였다. 관료 경영에 따른 병폐와 비효율을 상세히 지적하고 공영화에 따라 향후 요금이 인상될 우려가 있으며 결국 민중의 복리증진을 저해할 것이라고 주장했다. 공영론은 공공의 이름을 빌려 민간기업의 이익을 농단하는 행위로 발전도상에 있는 전력업자들의 불안을 조장해 투자의욕을 꺾을 것이라고 역설했다.

이런 시각 아래에서 전협은 영업권 수호와 이익 옹호에 적극 나섰다. 총독부가 전기사업을 허가할 때 붙였던 '국가 또는 관할 공공단체에서 필요한 경우 전기사업체의 매수권을 갖는다'는 조건에서 '관할 공공단체'를 제외해 줄 것을 공식적으로 요구하기도 했다.[33] 지방행정기관의 공영화 시도를 막으려는 의도였다. 평양에서 공영화운동이 확산되자 공영 반대의견을 담은 진정서를 총독부에 제출하기도 했다.[34] 그리고 부산에서 공영화운동이 확산되자 관이 매수할 경우에 매수가격이 불공정할 수 있다며 공정한 매수가격을 산정하기 위해서 전기사업에 정통한 권위자로 구성된 관민합동의 위원회를 설치해 줄 것을 청원하기도 했다.[35]

한편, 업계는 전력산업의 공영화에 반대하면서도 총독부의 '1지역 1사업'주의에 대해서는 적극적인 지지의사를 밝혔다. 전력산업의 지역독점을 보장하는 일은 중복투자를 방지해 효율을 높이기 위한 것이므로 전기사업의 속성상 자연스러운 일이라며 옹호했던 것이다. 또한 업계는 전력산업은 단순한 영리사업이 아니라 사회공중에 다대한 영향을 미치는 사회공공적 성격을 갖고 있는 사업이므로 총독부의 각별한 지원이 필요하다고 주장했다.[36] 사업발전을 저해하는 전주세電柱稅를 철폐해 줄 것을 요망하기도 하였고,[37] 전기요금제도에 대해서도 인가제를 폐지하고 신청제屆出制로 하자고 주장했다. 전력개발을 위한 저리자금의 융통을 요구하기도 하였으며, 각종 보호와 지원을 위해서 조선전기사업령을 조속히 제정해 줄 것을 촉구하기도 했다.

요컨대, 당시 전력산업에서는 지역독점과 전기요금 인하를 둘러싸고 산업자본가들과 전력업자들의 갈등을 어떻게 해소할 것인가가 중요한 문제로 등장하고 있었다. 그리고 이는 궁극적으로 향후 전력산업의 구조개편, 그리고 전력정책의 진행 방향과 밀접한 관련이 있는 문제였다. 총독부에서도 관심을 갖고 대응하지 않을 수 없었다.

그런데 전술하였듯이 총독부는 일본에서 공급구역의 중복허가로 인해 설비의 이중투자 문제가 발생했던 점을 우려해 '1지역 1사업'주의를 채택해 전력업계의 지역독점을 보장해 주고 있었는데, 업자들이 여기에 안주해 발전력 부족, 설비 불완전, 잦은 고장, 불친절 등으로 수요자에게 큰 불편을 초래하고 있었다. 이 점이 공영화운동을 촉발한 원인의 하나이기도 했다. 그러나 총독부 관료들은 문제를 해결하기 위해 일본과 같이 공급구역을 철폐해 자유경쟁에 맡기는 일은 바람직하지 않다고 보았다.[38] 오히려 사업의 건실한 발전을 저해하고 일반수요가에도 불행한 결과를 초래해 '교각살우矯角殺牛의 잘못'을 범할 수 있다는 생각이었다. 향후 새로운 전원을 개발하기 위해서는 일본으로부터 투자를 유치해야 하고 저리자금을 확보해야 하므로 일방적으로 사업자들에게 요금인하를 명령할 수가 없고 독점이윤을 보장하는 '1지역 1사업'주의를 폐기할 수도 없었던 것이다. 이 점에 대해서는 전력업계와 의견이 같았다. 그러나 산업자본가들의 불만을 무시할 수도 없는 일이었다. 전기회사들의 영리위주 경영이나 독점으로 인한 폐해는 시정해야 한다고 생각했다. 전원개발을 촉진하기 위해 사업자들에게 편의를 제공하되 엄밀한 감독을 통해 영리위주의 경영을 공익에 부합하도록 유도해야 한다고 보았다. 담당 관료들이 기회가 있을 때마다 전력업계가 전력산업의 공공적 성질과 공익적 사명을 자각해 전기의 보급을 확대하고 설비를 확충하며 영업에 친절을 기해 수요자에게 불편을 초래하지 않아야 한다고 당부했던 것은 이 때문이었다.[39] 또한 전기요금제도는 업계에서 강력하게 요구했던 신청제를 끝내 받아들이지 않고 인가제를 유지했다.[40] 요금인가제를 활용해 전기회사들에게 자발적으로 전기요금을 인하하도록 유도하고 있었던 것이다. 그러나 이런 조치만으로는 문제를 근본적으로 해결할 수 없었다.

총독부 관료들은 전기의 이용범위를 확대하기 위해서는 저렴하고 풍부한 수력전기의 공급이 긴요하다고 보았다.[41] 전기를 이용해 생활문화를 개선하고 전동력의 공급 확대로 산업발전에 기여하며 당면한 경제문제 해결을 위해서 농촌전화農村電化, 철도전화鐵道電化를 추진해야 한다는 것이다.[42] 그러나 사정은 여의치 않았다. 전술하였듯이 1910년대 초에 실시한 제1회 발전수력조사의 결과는 매우 좋지 않았다. 한반도의 하천은 낙차가 작고 수량이 풍부하지 않아 전반적으로 수력발전에 적합하지 않은 것으로 조사되었던 것이다.

그러나 1910년대 말부터 추진된 금강산전기철도의 '유역변경식' 수력발전의 성공은 한국 내에서 수력발전이 절망적이라는 인식을 바꾸는 계기가 되었다. 총독부는 수력전기의 경제성에 다시 주목하기 시작했다.[43] 1910년대 초에 이어 다시 수력전기조사에 착수했던 것은 이 때문이었다. 총독부는 1922년 11월부터 제2회 발전수력조사에 착수하고 1923년 3월에는 체신국 내에 임시수력조사과(과장 다카야 부스케高谷武助)를 별도로 설치하여 업무를 담당케 하였다.[44] 그리하여 1922년부터

1929년까지 7년간 약 30만원의 비용을 투입하여 수력발전조사에 임한 결과 제1회의 조사결과와 달리 전국 150개소 발전지점에서 최대 이론 발전력 294만kW(연평균 188만kW)라는 거대한 수력전기를 획득할 수 있다는 사실을 밝혀 냈다.[45] 이는 기존의 수로식이 아니라 금전과 같은 유역변경식을 채택할 경우 막대한 전기를 획득할 수 있다는 사실을 발견했기 때문에 가능한 일이었다. 이로써 한국은 종래의 평가와 달리 수력전기가 풍부하다는 사실이 알려졌다.

실제로 1920년대에 대규모 수력발전소가 개발되고 장거리 송전이 성공적으로 건설되면서 이러한 희망은 현실이 되고 있었다. 앞서 보았듯이 금전은 1920년대 초 북한강 상류에 수력발전소를 세우고 167km에 걸친 66kV급 고압송전선을 건설해 경성까지의 송전에 성공했던 것이다.[46] 그때까지 한국에서는 유례가 없었던 최초의 장거리 송전이었다.

총독부는 1920년대 중반 수력전기 개발에 나서 가장 경제성이 좋다고 판단되었던 부전강과 장진강 개발권을 각각 닛치츠日窒와 미츠비시三菱에게 부여했다. 이에 닛치츠는 1926년 1월 자본금 2천만원의 조선수력전기를 설립하고 부전강 개발에 착수했다.[47] 1929년 11월에 제1발전소(13만kW)를 준공해 발전을 시작했고, 1932년 말까지 모두 4개 발전소를 건설해 합계 20만kW의 대규모 발전력을 구비하게 되었다. 부전강발전소의 발전력은 1930년 현재 총 영업용발전력 5만여kW의 4배를 넘어설 정도로 엄청난 규모였다. 부전강발전소는 발전량의 거의 대부분을 조선질소비료의 흥남공장에서 유안硫安 제조용으로 사용하였기 때문에 실제로 다른 전기회사에 미치는 영향은 미미했지만, 당시로서는 '동양 최대'라 불렸던 대규모 토목공사를 벌였으며[48] 한국에서의 수력발전과 전기화학공업의 성공 가능성을 보여 준 사례로 주목을 받았다.

이러한 배경 아래 새로운 전원개발을 촉진하기 위해서는 일본자본을 대거 유치해야 하고 나아가 이를 지원하고 적절히 규제하기 위한 법안('조선전기사업령')과 발전, 송전, 배전의 역할을 구분해 주고 공급구역의 중복문제를 해결해 줄 새로운 전력정책('전력통제정책')이 필요하다는 인식이 체신국 관료들 사이에 확산되었다.[49] 우선 이들은 전원개발에 필수적인 조선전기사업령 제정부터 나섰다.

전술하였듯이 일본에서는 1910년대 초 전력산업 관계 법규가 정비되었지만, 한국에서는 이에 대응할 법규가 제정되지 않고 있었다. 일본에서는 보안, 전기공사의 감독, 위험 방지 등을 위해 이미 1896년 5월 9일에 체신성령 제5호로 전기사업취체규칙이 제정(1902.8.22 개정)되었고, 전기가 점차 생활필수품이 되자 대규모 전원개발이 필요하다고 판단해 전력산업 발전을 위한 법규 마련에 착수하고 있었다. 그 결과 1911년 3월 29일 발전소 건설에 수반하는 타인 토지의 매수, 공공용지의 사용, 식물채벌권 등을 비롯하여 전기사업의 보호와 감독을 위한 조항들이 담겨져 있는 전기사업법을 법률 제55호로 공포하였다.[50] 당시 이슈가 되었던 전기요금제도도 최종 확정되었다. 원래 정부 원안은 독점의 폐해를 우려해 전기요금의 인가제를 채택하려 했으나, 의회 심의 과정에서 정부가 민간의 사업에 관여하는 것은 부당하다는 이유로 이 조항이 삭제되고 대신 평소에는 허가가 불필요하지만 공익상 필요하다고 인정할 때에는 정부가 요금제한 등의 명령권을 갖는 것으로 바뀌었다. 자본 투하를 유인하고 개발을 촉진하기 위해서는 사업자측에 편리한 요금제도를 채택해야 한다는 이유로 논의 끝에 인가제가 아닌 신청제[屆出制]를 채택했던 것이다. 전기회사들 간의 경쟁을 통해 요금인하를 유도해야 한다는 생각 아래 전기회사의 독점권을 인정하지 않았다. 1920년대 일본에서 전기회사가 크게 늘어나면서 공급구역의 중복허가, 설비 착종문제가 발생했던 이유가 여기에 있었다.

총독부는 한편으로 수력전원 개발을 지원하고 다른 한편으로 전력산업을 적절히 규제하기 위해서 일본의 전기사업법에 해당하는 조선전기사업령이 필요하다는 인식 아래 그 제정에 착수했다.[51] 1921년부터 '일본의 전기사업법과 동일한 법규를 제정해야 한다'는 체신국장 다케우치 토모지로竹內友治郎의 선언 아래 조선전기사업령의 제정을 추진했지만, 그 과정은 순탄하지 않았다.[52] 1923년 체신국에서는 일본의 전기사업법을 본떠 조선전기사업령 초안을 작성해 조선전기협회에 자문을 구했지만, 업계의 반응은 탐탁하지 않았다. 업계에서는 전기요금의 인가제도가 불합리하다며 일본처럼 신청제[屆出制]로 바꿀 것을 요구했던 것이다. 결국 법안은 철회되고 말았다. 1924년에도 법안을 마련해 제출했지만 법안 제정에 성공하지 못했다. 1927년에 체신국에서 입안한 조선전기사업령은 전기를 공급하거나 전기철도에 전기를 사용하는 사업을 전기사업으로 규정한 조항 때문에 기존에 전기철도를 관장하던 철도국과 마찰을 빚었고, 마찰을 해소하고 심의실에 보내졌던 법안은 체신국장의 교체(마츠바라 히사시로浦原久四郎에서 야마모토 사이조우山本犀藏로)에 따라 철회되고 말았다.[53] 1929년 초에 성안된 조선전기사업령도 그해 말까지는 발포가 예정되었으나 역시 이루어지지 못했다.[54] 요컨대, 한국의 전력산업은 1920년대 말까지도 구체적인 법적 근거가 불충분한 상태에서 '행정지도'에 크게 의존하고 있었던 것이다.

사실 수력발전소 건설은 전력산업구조를 근본적으로 개편하지 않으면 안 되는 문제였다. 추요지樞要地에 대용량의 수력발전소를 건설하고, 이 발전소와 국내 주요 도시와 공업지를 연락하는 고압 장거리 송전망을 건설해야 하는 일이었다. 더 나아가 다수의 수력발전소들을 하나의 계통하에 연락하여 상호 융통시키고, 고능률의 예비화력발전소를 보급용으로 갖추며, 이들을 전반적으로 관리 통제할 중앙감독기구를 설치해야 하는 일이기도 하였다.[55] 그리고 최종 소비지까지 전기를 보낼 고압 장거리 송전기술과 대량의 전기를 소비할 전기 다소비산업의 존재가 전제되어야 했다. 총독부가 개발계획을 세우기 위해서는 업계의 협조가 필요하였다. 우선 총독부에서는 담당 관료들을 외국에 보내 사정을 파악하도록 하고[56] 일본 철도성 전기국장을 지낸 철도국 촉탁 요시하라 시게나리吉原重成에게 발전 및 송전망 건설계획의 기본안을 준비토록 하여 모두 1,700여쪽에 달하는 방대한 보고서(《전력정책기본계획조서》 제1~3집)를 완성시켰다.[57] 이러한 구상을 토대로 관민합동으로 전기사업조사회를 조직해 구체적인 개발계획에 대해 업계의 협조와 이해를 구해 전력통제정책을 수립하고자 했다. 그러나 그 과정은 순탄하지 않았다. 전력산업의 구조개편은 기초산업으로서 경제 전체에 미치는 영향이 중대하므로 경제 주체마다 이해관계가 복잡하게 얽혀 있는 어려운 문제였다. 특히 전력업계의 입장에서 보면 기존 사업의 존폐까지 좌우하는 중대 문제였다. 난항이 예상되고 있었다.

2. 1930년대 초 전력통제정책의 수립과정

전력통제정책을 둘러싼 갈등과 정책 수립 지연

1920년대 만성불황에 시달리던 일본경제는 유례없던 대공황의 충격으로 붕괴위기에 직면하고 있었다. 이에 일제는 국가권력의 시장 개입과 통제를 통해 사회안정을 추구하고 위기를 타개하고자 하였다. 이른바 '경제통제' 정책의 추진이었다. 당시 한국경제의 문제도 기본적으로 일본경제와 궤를 같이하고 있었다. 농촌에서의 지주제 확산과 도시에서의 독점자본주의의 심화에 따른 중소상공업 피폐문제는 사회주의 사상의 확산으로 이어져 식민지체제를 불안케 하였다. 지주제의 심화는 극단적인 토지소유의 불균등으로 인한 영세자소작농의 몰락과 농민생활의 파탄으로 이어져 각지에서 소작쟁의가 빈발하는 원인이 되었고, 독점자본이 덤핑, 약탈적 가격 책정 등 각종 불공정거래로 시장을 장악함에 따라 중소상공인, 중소자본이 몰락해 이들이 반反독점운동에 나선 계기가 되었다. 산업자본가들이 전기요금 인하를 요구하고 전기사업 공영화운동을 추진했던 일이나 백화점들의 대대적인 경영 확장에 대해 각지의 중소상인들이 반反백화점운동에 나선 것이 그 예였다.[58] 게다가 대부분의 한국인들은 민족문제와 계급문제가 일치하고 있다고 보아 당시의 모순구조를 일본인 대지주 대 한국인 소작농, 일본 독점자본 대 한국 중소상공인·중소자본의 문제로 파악하고 있었으므로 소작쟁의와 반독점운동의 성행은 곧바로 식민지 통치체제의 근간을 흔드는 요인이 되었다.

총독부로서는 대책 마련에 부심하지 않을 수 없었다. 통제정책의 일환으로 '자본주의적 기업통제'를 대대적으로 추진했던 것은 이 때문이다.[59] 조선철도12년계획(1927)을 마련해 경제적 수탈기반으로서 철도망 확충을 모색한 일이나 소운송업자들의 합동을 통해 조선운송주식회사(1930)를 설립케 하고 수차례에 걸쳐 기존 업체들을 흡수해 나갔던 일, 그리고 금융제도준비조사위원회를 설치해 은행령(1928)과 금융조합령(1929)을 개정하고 이를 통해 금융제도를 정비하고 은행합동정책을 대대적으로 추진한 일이 그 예였다. 또한 조선취인소령(1932)에 의거해 경성주식현물취인시장과 인천미두취인소를 합병해 조선취인소를 창립했던 일이나 조선신탁업령(1931)을 제정해 기존 난립상태의 신탁회사를 5개사로 정비하고 다시 조선신탁주식회사(1932.12)의 설립에 따라 5개 신탁회사를 차례로 흡수합병했던 일도 그 예였다.

앞에서 언급했듯이 전력산업도 통제와 구조개편이 요구되고 있던 상황이었다. 그런데 당시 일본에서도 한국과는 다소 사정이 다르지만, 전력산업의 구조개편 문제가 본격화되고 있었다.[60] 1910년대 후반 미증유의 호황을 배경으로 공업이 급속도로 발전하는 가운데 전화電化 (electrification)가 촉진되어 각 지방에는 전기회사들이 속출했는데, 1920 년대 만성불황하에서 과잉전력의 문제가 심각해지고 있었다. 과잉전력 은 전기회사들 간에 가격인하 경쟁을 불러왔다. 이른바 '전력전電力戰' 이었다. 과열된 경쟁은 차입과 회사채 발행으로 업세를 키워 왔던 전기 회사들의 경영난을 초래했고, 중복투자, 업적 부진의 폐해를 막기 위해 서는 전력통제가 필요하다는 의견이 제기되었다. 그러나 의견 조율은 쉽지 않았다. 관민합동의 대조사기관을 설치하자는 주장에서부터 반관 반민半官半民회사의 설립, 국유·국영안까지 실로 다양한 의견이 쏟아졌 고, 업계에서는 국영론은 재정상 곤란하다며 법률·행정에 의한 통제의 강화와 전력업자의 협조체제 확립 등을 주장했나. 1920년대 후반의 치 열한 논쟁 끝에 임시전기사업조사회(1929)가 설치되고 의견 절충을 시 도한 결과 조사회에서 채택된 자문안에 기초해 공급구역 독점과 요금 인가제 등을 골자로 한 전기사업법 개정안(1931.3)이 마련되었고, 일본 굴지의 전력회사인 5대 전력(도쿄東京전등, 도호東邦전력, 우지카와宇治川 전기, 다이도大同전력, 니혼日本전력)을 중심으로 카르텔의 일종인 일본전 력연맹이 설립(1932.4)되었다. 업계의 의견을 최대한 반영해 민영을 유 지하면서 전력기업의 '자치통제'를 통해 문제를 해결하려 했던 것이다.

앞에서 보았듯이 1920년대 한국의 전력산업은 과잉전력과 전기회사 의 경영난 문제를 안고 있던 일본과는 사정이 달랐지만, 역시 문제를 가지고 있었다. 첫째는 그간 총독부가 '1지역 1사업'주의에 입각해 공 공연히 전기회사의 지역독점을 인정해 주고 있었는데, 점차 산업자본 가를 비롯한 수요자 사이에서 높은 가격, 저질의 서비스, 불친절 등에 대한 불만이 커져 경성, 평양, 부산, 대구 등 전국 각지에서 전기요금인하운동이 촉발되고 나아가 공영화운동으로 발전하는 등 반독점운동이 심각한 사회문제로 비화하고 있었던 일이다.[61] 체신국장이 직접 나서 전력업계가 공공적 사명을 자각해 공급 방법과 조건, 요금제도 등의 개선에 자발적으로 노력해 주도록 당부했던 것은 그 때문이었다.[62] 둘째는 조선의 산업개발과 문화향상을 식민통치의 선전구호로 내세우고 있었던 총독부로서는 값싸고 풍부한 전력의 안정적인 공급이 갈수록 중요해지고 있었던 점이다. 특히 당시는 전국적인 수력자원조사에 따라 경제성이 뛰어난 전원電源이 보고되었고,[63] 이를 효율적으로 개발할 방안이 필요했다. 새로운 전원개발을 촉진하기 위해서는 일본자본을 대거 유치해야 하기 때문에 전기사업을 지원하고 적절히 규제하기 위한 법안('조선전기사업령')과 새로운 전력정책('전력통제정책')이 필요하다는 인식이 총독부 내에 확산되었다.

체신국에서 보안, 전기공사의 감독, 위험 방지 등을 목적으로 제정된 기존의 전기사업취체규칙(1911)만으로는 발달과정에 있는 전력산업을 감독하기 곤란하므로 일본의 전기사업법과 같은 새로운 법령이 필요하다며 조선전기사업령 제정에 착수한 것은 이 때문이었다.[64] 원래 조선전기사업령은 1920년대 내내 법안의 필요성이 제기되어 제정이 추진되었지만, 경제주체들 간의 이해관계 때문에 제정에 성공하지 못하고 있었다. 그런데 외부의 상황 변화에 따라 효율적인 전원개발을 위한 조선전기사업령의 제정과 전력통제정책의 수립은 더욱 긴요해지고 있었다.[65] 총독부의 7년간에 걸친 제2회 발전수력조사의 결과 대규모 수력발전이 가능하다는 사실이 알려졌고, 금강산전기철도의 북한강 개발과 닛치츠의 부전강 개발을 통한 수력발전 성공은 대규모 전원개발의 전망을 더욱 밝게 해주었다.

이에 총독부는 공익을 위해서는 전력산업의 특별한 관리방침이 필요하다며 체신국 내에 전기사업조사기관을 설치했으며,[66] 전력통제정책의 수립 필요성을 절감하여 일본 철도성 전기국장을 지낸 철도국 촉탁요시하라 시게나리에게 전력정책의 기본안을 준비토록 했고, 전력산업통제를 위한 법령 제정에 다시 착수했다. 소규모 화력전기회사의 난립으로는 전원개발이 어렵다며 합병을 통한 전력기업의 대형화를 추진하기도 했다.[67]

이런 배경 아래 전력통제정책의 수립은 더욱 긴요해졌고, 더 이상 조선전기사업령의 제정을 미룰 수 없었다. 총독부에서는 1930년 1월 10일 훈령 제6호로 전기사업법규조사위원회규정을 포고하고 고다마 히데오兒玉秀雄 정무총감을 위원장에 임명하여 총독부 관료들을 중심으로 동 위원회의 위원과 간사를 선발해 법령을 검토하도록 했다.[68] 그해 3월 19일 총독부 제1회의실에서 전기사업법규조사위원회 1회 위원회가

〈표 II-5〉 전기사업법규조사위원회의 구성(1930. 3. 19, 3. 28)

구분	성명(직위)
위원장	兒玉秀雄(정무총감)
위원(8)	今村武志(내무국장), 林繁藏(재무국장), 松村松盛(식산국장), 深澤新一郎(법무국장), 森岡二郎(경무국장), 山本犀藏(체신국장), 大村卓一(철도국장), 白銀朝則(심의실 사무관)
간사(8)	岸勇一(심의실 사무관), 富永文一(내무국 지방과장), 榛葉孝平(내무국 토목과장), 三橋孝一郎(경무부 경무과장), 新貝肇(체신국 서무과장), 高松順茂(체신국 사무관), 今井賴次郎(체신국 전기과장), 澤崎修(철도국 감독과장)

자료: 《朝鮮電氣協會會報》 19-1, 1930. 4, 57쪽; 《中外日報》 1930. 1. 18.

열렸고, 24, 25일에는 간사회가 개최되었으며, 28일 동 2회 위원회를 개최하여 간사회에서 협의한 내용을 최종 심의하였다.[69]

당시 체신국에서 마련한 법령 초안은 확보하지 못했지만, 위원회에서 야마모토山本 체신국장이 설명한 법안 요지를 통해 법령의 골격은 파악할 수 있다.

전술한 본 전기사업령 초안 기안의 목적으로 첫째, 전기공작물에 관한 규정은 전기사업자로서는 중요한 의무를 부담시키는 것이지만, 전기에 관한 기술의 진보는 매우 급속하여 제령으로서 규정하는 데에 적당하지 않는 사정이 있기 때문에 전기공작물 및 그 장해 방지의 시설 등에 관한 사항은 부령에 위임하기로 하여 별도로 전기공작물규정으로서 일괄 규정할 예정이다. 따라서 본 초안 중에는 우 위임에 관한 규정 외에는 공사 시행 전 및 공작물 사용 개시 전 인가를 받는 것, 전기공작물의 설계 및 그 조작상의 지휘 책임에 있는 주임기술자의 자격 및 해임 등에 관한 사항을 규정하는 데에 그쳤다.

둘째, 전기사업의 특별한 보호 및 감독의 규정에 대하여는 종래와 같이 단지 사영업으로서 취체한 취급을 완전히 고쳐 공기업으로서의 특권을 인정하고 동시에 업무 및 회계에 관하여 적극적 감독을 하려는 것이다. 먼저 특권의 방면에서 말하면 전기사업은 송전선 때문에 장거리에 걸쳐 타인의 토지를 사용할 필요가 있지만, 일일이 토지수용령에 의한 수속을 하는 것은 번잡하다. ……수용할 수 있는 사유를 확장하려고 한다. ……전기사업의 보호로서는 ……자금의 융통에 대하여 상법의 규정을 완화하여 예를 들면 주식의 제1회 불입액의 비율을 저하한다든지, 사채의 모집한도를 높인다든지, 불입완료 전의 증자를 인정하는 등의 규정을 둘 수 있는지 ……회사법의 규정은 현재 개정심의 중이다. ……전기사업의 특별감독의 방면에 관해서는 이를 공기업으로서 전기사업 경영권의 창설 및 이전에 대하여 허가를 요하도록 한 것, **사업의 강제매수의 규정을 두어 국가 및 공공단체의 경영권을 유보**한 것, 회사의 해산, 사업의 폐지, 휴지休止를 억제하여 사업수행의 의무를 명확히 한 것 등 외에 또 전기공급 의무, **요금의 인가**, 회계의 특별규정, 사업감사 등에 대하여 각각 전기사업자의 의무를 규정한 것이다.

셋째, 전기의 통제에 관하여는 하천의 유효한 이용, 발전 및 송전계통의 정리 통일, 공급구역의 독점 등 중요한 것 가운데 법령에 규정하는 데 적합하지 않고 행정방침에 맡길 수 있는 것도 많이 있지만, 본 초안에서는 전기의 경제적 저장을 허락하지 않는 성질상 넓은 범위에 걸친 상이한 수요를 집합集合하여 가능한 수요를 일정하게 하고 겸하여 대규모 경영이 가진 장점을 이용할 수 있도록 하는 점에 유의하였다. 이 목적으로부터 주파수를 통일하여 전기를 상호 융통할 수 있도록 하고 송전 연락 및 전기의 송전처를 명하여 수요 공급을 조절함과 동시에 전기공급의 안고安固를 기한 것이다. 이외 설비의 증설 또는 변경을 명하여 송전선 공용의 명령과 아울러 통제의 목적에 부합하도록 뜻을 둔 것이다.[70]

체신국장의 발언에 의하면, 법령 초안은 전기공작물에 관한 규정, 특별한 보호 및 감독의 규정, 전기의 통제에 관한 규정 등 크게 세 부분으로 구성되어 있었다. 특히 주목할 점은 두 번째 부분인데, 전기사업 보호를 위한 특권으로는 전기회사에 토지수용권과 금융상의 편의를 제공하고, 감독상의 규정으로는 사업의 창설과 이전 허가, 사업의 강제매수, 전기공급의 의무, 요금의 인가 등 각종 의무를 부과하였다.

여기에서 쟁점이 되었던 항목은 사업의 강제매수권 인정 여부와 요금의 인가제도에 관한 것이었다. 전술하였듯이 공영화운동에 직면하고 있었던 업계에서는 공공단체의 강제매수권을 강력히 반대하였고,[71] 오히려 요금의 인가제를 신청제로 바꿔 줄 것을 희망하고 있었다. 따라서 법규조사위원회는 순조롭지 않았다. 늦어도 그해 안으로는 발포될 것이라는 기대와 달리 법령은 여전히 시행되지 못했다.

한편, 당시 총독부가 구상했던 전력통제정책의 주요 내용은 정책 기초안 작성자였던 요시하라 시게나리의 기고문과 보고서 등을 통해서 그 개요를 살필 수 있다.[72] 이에 의하면, 한국은 수력자원과 무연탄, 갈탄 등 화력전기의 원료가 풍부한 곳으로서 향후 전력 생산에 유리한 천혜의 자연조건을 구비하고 있는데, 1920년대의 일본처럼 소규모 업자들이 난립할 경우 중복투자, 경영악화의 폐해가 발생할 것이므로 이를 사전에 통제해야 한다고 보았다. 이른바 '사전통제론'이었다. 효율적인 전력개발을 위해서는 계통적 송전시설하에 각 지방의 주요 변전소를 경계로 한 전력의 근간적 공급 통일 조직, 이른바 '초전력연계超電力聯係(super power system)'가 필요하고 이를 통해 국가가 전력 수요상태와 전력자원의 용량, 분포 등을 종합적으로 고려해 적절한 발송전계획을 수립해야 한다는 것이다. 말하자면 소규모 사업자의 난개발을 막기 위해 국가가 장래 전기수요를 정확히 예측하여 산업개발의 필요에 따라 어느 하천에 발전소를 설치하고 여기서 생산한 전기를 어떤 송전망을 통해 어디로 보내 소비할 것인가를 사전에 종합적으로 고려해 통제된 계획을 세워야 한다는 주장이었다. 또한 전국을 모두 6개의 전력계통구역으로 구분하고 중앙에는 '전력통제국' 같은 행정기구를 두어 명령을 집행하려고 하였다.

효율적인 전력통제정책의 수립을 위해서는 발송전계획과 함께 향후 전원개발을 담당할 전력기업의 형태를 결정하는 문제도 중요했다. 문제의 핵심은 발·송·배전의 분리·통합 여부, 지역별 분리 혹은 전국적 통합 여부, 민영·국영·반관반민영·지방공영 등 경영주체의 결정이었다. 요시하라는 주요 발송전사업을 국영으로 하는 것이 이상적이지만, 자본조달과 재정적인 면에서 실행이 어렵기 때문에 자금조달력에서 우위에 있는 민영을 인정하고 적당한 시기에 이를 국영으로 통일하면 된다고 보았다. 한편, 발·송·배전의 분리·통합, 지역적 분리·통합에 대해서는 시의에 따라 적당히 결정하면 된다고 유보적인 입장을 취했다. 다만 요시하라는 지방공영의 경우 행정구역별로 사업자가 생겨 전력연계 완성에 지장이 있다며 명백히 반대하고 있었다.

그러나 전력산업의 구조개편은 기초산업으로서 전체 경제에 미치는 영향이 중대하므로 경제주체마다 이해관계가 복잡하게 얽혀 있었고, 특히나 전력통제정책의 대상이 되는 기업의 경영형태를 결정하는 일은 기존 회사들의 존폐까지 좌우할 중대사이기 때문에 난제 중의 난제였다.

한편에서는 저렴하고 풍부한 전기를 공급하기 위해서는 현재의 민영체제로는 곤란하며 적어도 발송전 부문만은 국영이 필요하며 사업 초기단계에 국유화할 경우 적은 재원으로 가능하다는 점에서 조속한 실현을 주장하였고,[73] 다른 한편에서는 국영론은 '불가능에 가까운 이상론', '현실을 모르는 탁상공론'에 불과하며 일본자본의 한국 유치를 통한 개발이 절실한 시점에서 국영은 기업들의 의욕을 꺾는 행위이므로 민영을 유지해야 한다고 주장해 대립했다.[74]

관련 부서인 체신국 내에서도 의견은 갈렸다. 한쪽에서는 전력산업의 자연적 독점의 성격으로 인해서 민간기업에 맡길 경우 독점가격 책정에 따라 폭리를 취할 우려를 제기하고, 국가의 감독권 강화나 조세를 활용한 독점이익의 환수로는 이를 해결하기 어렵기 때문에 결국 국가 또는 지방공공단체의 소유로 이관해야 이 문제를 해결할 수 있다고 주장하였다.[75] 다른 한쪽에서는 정부의 재정난으로 인해 공영은 현실적으로 불가능하며, 민간기업이 독점가격 책정을 통해 폭리를 취하고 있다는 주장은 사실과 다르다고 비판하고, 전기회사의 공익적 속성을 고려하여 민간 전기회사에 대해 적당한 보호와 함께 오히려 보조금을 지급해 이를 육성해야 한다고 주장하였다.[76] 전력통제정책의 기초안을 작성했던 요시하라는 보고서에서 초전력연계 근본계획의 확정 및 통제방책의 수립이 선결과제이며 기업형태의 결정은 부수적인 문제라고 주장했지만, 이는 역설적으로 기업형태의 결정이 어려운 일이었음을 고백하는 것이었다.

그렇다면 당시 전력업계에서는 총독부의 정책 추진에 구체적으로 어떻게 대응하고 있었을까. 전력업계는 일찍부터 전력통제정책의 수립이 자신들의 이해관계에 큰 영향을 미친다는 점을 인지하고 동업자단체인 조선전기협회(이하 전협)를 중심으로 깊은 관심을 가지고 대처하고 있었다. 전협은 전력통제정책이 전원개발을 위해 업자들을 보호·조장하는 측면을 가지고 있음을 알고 정책의 필요성은 인정하고 있었다. 다만 사업자들에게 미치는 영향이 크므로 되도록 자신들에게 유리한 방안을 마련해 관계 당국에 건의하고자 하였다. 전협에서는 1923년 1월 협회 내에 전기사업조사회를 설치하고 동년 6월 조사에 착수해 1925년에 수백 쪽에 달하는 두툼한 조사보고서를 완성했다.[77] 전협은 이 보고서에서 대규모 발전과 발송배전의 통일을 기하기 위해서는 통제된 영업 조직하에서 과학적인 경영이 필요하다며 구체적인 방안으로 세 가지 안을 제시했다. 첫째는 발전 및 송전은 국가가 관장하고 배전은 민영회사에 위임하는 방안이고, 둘째는 반관반민의 일대一大회사를 창립해 현존 전기회사를 모두 통일하는 방법이며, 셋째는 현존 전기회사를 합동해 하나의 민영회사를 설립하는 방안이었다. 그런데 전협의 보고서는 이 중에서 세 번째 방안을 중심으로 논의한 것으로서, 1925년 4월 1일 기준으로 각사의 자산을 평가해 총자본 4,800만원의 대규모 회사를 설립한다는 계획을 토대로 구체적인 자산 매수, 합동지침까지 마련하고 있었다. 요컨대, 전협의 일차적인 의도는 발송배전의 통합을 통해 전국적으로 거대한 민영회사의 설립에 있었던 것이다.

이후에도 전협은 총독부의 정책 결정 추이를 면밀히 주시하면서 대응책을 강구하고 있었다. 우선 체신국 전기과장 다카사키 히토시高崎齊가 퇴임하자 그를 전협 상무이사로 초빙해 총독부와의 연결통로를 마련하고,[78] 전력통제정책의 주요 내용을 입안한 요시하라를 강사로 초빙해 전력정책에 대한 그의 전체 구상을 청취했으며,[79] 1928년 5월 27일에는 정책 수립과정에 자신들의 이해관계를 반영하기 위해 관민합동의 조사위원회 설치를 총독부에 요청하기도 했다.[80] 또한 전협에서는 1928년 8월에 오다기리 요시히코小田桐几彦를 조사위원에 촉탁해 협회 차원에서 전력통제조사에 착수했고,[81] 총회에서 일부 조사내용을 보고하는 한편 1930년에는 합리적인 송전망의 결정과 전원개발, 발전 및 송배전의 통일과 통제된 사업조직 등을 주요 내용으로 하는 별도의 전력통제안을 완성하기에 이르렀다.[82]

업계의 반대로 인해 정책 수립이 난항에 빠지자 총독부에서는 전협의 요구를 일부 받아들여 1930년 8월 18일 칙령 제149호로 조선전기사업조사회관제(이하 조사회)를 공포해 전력통제정책의 주요 사항에 대한 의견 수렴에 나섰다. 정무총감을 위원장으로 하고 총독부 관리와 민간 권위자들을 중심으로 위원과 간사 임명에 착수했다.[83] 전협에서는 회장 카시이 겐타로香椎源太郎(조선와전 회장), 부회장 무샤 렌조武者錬三(경전 전무), 상무이사 다카사키 히토시 등을 조사회에 위원으로 보내 자신들의 의사를 전달하는 창구로 활용했다.[84] 1930년 10월 18일에 조사회를 대비한 간사회가 열렸으며, 드디어 1930년 11월 4일부터 8일까지 5일간 총독부 제1회의실에서 조선전기사업조사회 제1회 위원회가 개최되었다.[85]

조사회에서는 발송전계획과 전력산업의 기업형태 등 두 가지 자문사항에 대해 심의에 들어갔다. 아래는 당시 야마모토 체신국장의 자문사항에 대한 설명이다.

자문사항에 대하여 자의諮議를 개시함에 앞서 일단 주무국主務局으로서 자문사항에 관하여 설명을 드리고 싶다. …… 이(전기사업: 인용자)를 자연의 발달에 맡기면 …… 특히 수력발전의 경우에는 장래 국가의 자원개발방법으로서 유감없는 계획하에 이를 시설하는 것이 아니라 단지 일부분을 이용할 설비를 설치하는 듯한 경향이 있기 때문에 …… 즉 수력의 이용은 국가의 자원개발의 방법으로서는 최경제적으로 또 최유효적으로 이를 해야 한다. …… 송전에 관한 문제로는 예를 들면 동일 수계의 발전소로부터 동일 방향의 수요지에 향하여 별개의 송전선로가 이중삼중으로 건설되어 경우에 따라서는 그중의 어떤 것이 전연 송전의 용도로

〈표 II-6〉 조선전기사업조사회 제1회의의 구성(1930.11.4~11.8)

구분		성명(직위)
조선전기 사업조사회 제1회의	위원장	兒玉秀雄(정무총감)
	위원 (17)	今村武志(내무국장), 林繁藏(재무국장), 松村松盛(식산국장), 森岡二郎(경무국장), 中村寅之助(토지개량부장), 山本犀藏(체신국장), 大村卓一(철도국장), 本間孝義(내무국 토목과장), 今井賴次郎(체신국 전기과장), 吉原重成(철도국 촉탁) 殖田俊吉(척무성 식산국장, 缺), 前原助市(체신성 기사), 澁澤元治(동경제대 교수, 缺) 高崎齊(朝鮮電氣協會 상무이사), 香椎源太郎(朝鮮電氣協會 회장), 武者錬三(朝鮮電氣協會 부회장), 森田一雄(朝鮮水電 전무)
	간사 (9)	萩原彦三(문서과장), 本間孝義(내무국 토목과장), 土師盛貞(식산국 상공과장), 三橋孝一郎(경무부 경무과장), 新貝肇(체신국 서무과장), 今井賴次郎(체신국 전기과장), 高松順茂(체신국 사무관), 田中重朗(체신국 기사), 大澤次三郎(철도국 기계과장)
특별위원회 (자문1호)	위원장	山本犀藏(체신국장)
	위원 (8)	大村卓一(철도국장), 前原助市(체신성 기사), 本間孝義(내무국 토목과장), 今井賴次郎(체신국 전기과장), 高崎齊(朝鮮電氣協會 상무이사), 吉原重成(철도국 촉탁), 香椎源太郎(朝鮮電氣協會 회장), 森田一雄(朝鮮水電 전무)
특별위원회 (자문3호)	위원장	山本犀藏(체신국장)
	위원 (10)	大村卓一(철도국장), 前原助市(체신성 기사), 松村松盛(식산국장), 中村寅之助(토지개량부장), 本間孝義(내무국 토목과장), 今井賴次郎(체신국 전기과장), 高崎齊(朝鮮電氣協會 상무이사), 吉原重成(철도국 촉탁), 香椎源太郎(朝鮮電氣協會 회장), 森田一雄(朝鮮水電 전무)

자료: 《朝鮮電氣協會會報》 19-1, 1930.4, 57쪽; 1930.12, 《朝鮮電氣協會會報》 19-3, 48~49쪽; 《中外日報》 8.21; 《每日申報》 1930.8.21, 11.3; 《配付書類》, 朝鮮電氣事業調査會; 《朝鮮電氣事業發達史 其ノ二》, 朝鮮電氣協會, 1936(?), 5-2-5~5-2-6쪽.

사용되지 않고 방치되는 등 불경제인 결과를 초래할 우려도 없지는 않다. 또한 송전 전압과 같은 것도 일시의 수지에 구속되는 결과 장기간을 통해 이를 볼 때는 매우 불경제인 것이 되어 …… 또한 송전선 상호 간에 연락하여 전기공급의 전수 설비를 일개의 조직으로 만드는 것은 한편에서는 각 수계의 유량을 평균하고 각지의 수요를 중첩하기 위하여 다른 한편에서는 고장 시에 대비하기 위하여 꼭 필요한 일이지만, 이는 개개 기업가의 국부적 이익의 견지로부터 할 때는 용이하게 실현할 수 없는 바이다. …… 적극적으로 이를 감독 지도함에 따라 요금의 저렴과 공급의 풍부 안고安固를 기할 수 있는 여지가 자못 크다. 차등에 관하여 사업의 개선, 발달을 바라는 방법으로서는 첫째로는 전기수요의 장래를 예상하여 가급적 장기의 수요에 적합하도록 발전 및 송전의 최선의 계획을 수립하여 이를 발전소 및 송전선로 건설의 허부許否의 기준으로 하는 것이 필요하다. 자문의 제일은 결국 이 계획을 수립한 위에 중요사항에 대해서 먼저 심의를 원하고, 그런 후 정한 바에 따라 구체적 계획을 세우려는 것이다. …… 제이로는 이러한 계획을 실현할 방책으로서 여하如何한 기업형태를 해야 이 실현의 임무에 당할 수 있을지를 고구考究하여 방침으로서 이를 확정할 필요가 있다. 여기에 다시 구할 것까지도 없이 발전 사업 및 송전사업의 관영, 민영, 혹은 차등의 절충적 경영 등 제종諸種의 형태가 생각되지만. 기업으로서의 일반성과 전기사업의 특수성 모두를 고려하여 대국의 이해를 계획함과 동시에 자금의 융통, 경영의 민활 등도 잊어서는 안 된다. …… 조선의 전기사업은 아직 발달의 초기에 있다고 하지 않으면 안 되지만, 수요지 상호 간 및 발전소와 수요지 간을 연계하는 6만6,000볼트의 송전선로는 이미 제처에서 건설되고 있고 대수력지점 개발의 출원도 잇따르는 상태이기 때문에 전기통제의 문제를 결정하는 것은 시기로서도 가장 호적好適이라고 말할 수 있을 것이다.[86]

그러나 여기에서도 논의과정이 순탄하지 않았다. 중요사항을 별도로 협의하기 위해서 일부 위원과 간사들로 특별위원회가 구성되었는데, 특별위원회(1930.11.5~11.6)에서는 자문에 대한 답신내용을 두고 상당한 격론이 벌어져 마츠무라 마츠모리松村松盛와 나카무라 토라노스케中村寅之助를 추가로 투입해 심의하였지만 완전한 합의를 이루지 못했다. 결국 동 위원회는 총독부가 마련한 발전 및 송전망계획을 검토해 경제성이 있는 수력을 모두 개발했을 때의 예정계획(당시에는 이를 '후기계획'이라 부름)과 함께 과거의 전력수요 데이터와 향후 발생할 수요예측을 토대로 1940년까지의 전력수요를 상정하고 이에 대응할 발전 및 송전계획안(당시에는 이를 '제1기계획'이라 부름)을 수립하기로 하였다. 이에 따라 경제성이 떨어지는 화력발전소는 수력발전소로 대체하고 대규모 수력발전소에서 주요 소비지까지 연결할 고압송전망을 건설하기로 하였다. 구체적으로는 장진강, 황수원강(허천강), 강릉을 비롯한 수력발전 33개소 61만8,011kW와 고압송전선 154kV 1,530km, 66kV 1,325km를 부설하기로 하는 계획을 확정했다.[87] 그러나 전력통제의 목적을 달성하기 위한 기업형태의 결정(자문 제2호)에 대해서는 끝내 합의를 이루지 못한 채 심의를 종료하고 말았다. 이로써 전력통제정책의 수립은 연기되었고, 그 중추가 될 조선전기사업령의 공포도 미루어지고 말았다.

공영화운동의 고조와 전력통제정책의 수립

앞에서 언급했듯이 1920년대부터 시작된 전기요금인하운동은 공영화
운동으로 확대되고 각지로 확산되고 있었다.[88] 평양에서는 부민들이 소
등동맹까지 결성할 정도로 격렬히 투쟁한 끝에 1927년 3월에 평양전
기가 부영으로 전환되었고, 이후 전국에서 가장 저렴한 가격으로 전기
를 공급하고도 상당한 이익을 거두어 매년 10여만원씩을 평양부에 전
입하는 등 성공적으로 경영되고 있었다. 부산에서는 1929년 7월에 부
산전기의 부영안이 성립되고 부산부와 조선와사전기 사이에 가계약이
체결되어 부영화 실현 바로 직전까지 도달했다. 다만, 전기회사 인수에
필요한 자금을 마련하기 위해서 신청한 기채 발행계획이 일본정부의
인가를 받지 못해 결국 실패하고 만다. 경성에서도 경성전기의 전기와
전차영업권 만료(1933년 1월)를 앞두고 공영화운동이 거세지고 있었다.
1930년 2월에 경성부협의회 차원에서 경성부영전기조사위원회 설치
를 요구하였고, 지방제도 개편에 따라 종래 자문기관이던 경성부협의
회가 의결기관인 경성부회로 변경되면서 1931년 7월에는 경성부회에
서 경성전기와사부영안이 제출되어 그해 8월에 부영안이 통과되기에
이르렀다.

  공영화운동이 전력업계 최대 회사의 하나인 경성전기로까지 확산된
것이다. 전기회사들의 위기의식은 크게 고조되기에 이르렀다. 이에 업
계에서는 전협을 중심으로 공영화 반대논리를 언론을 통해 확산시켰
다. 예를 들어 공영으로 인해 오히려 전기요금 인상이 우려되고, 도시
지역의 전기공영은 향후 농촌지역의 전기공급 확대에 장애를 초래할

것이며, 공영화 이후 일본자본의 유치가 어려워져 산업개발이 저해될 것이라는 논리를 펼쳤다. 공영론은 이상론자의 시대착오적 이론에 불과하다는 주장이었다. 그러나 공영화운동의 기세는 수그러들지 않았다. 이에 따라 업계는 공영화운동을 저지하기 위해서는 대규모 전원개발과 효율적인 전력수송망의 형성에 목표를 두고 있었던 총독부의 전력통제정책 수립에 협조하여 지역별 배전 통합에 따른 지역독점과 민영 유지를 확보해야 한다는 인식을 갖게 된 것으로 보인다.[89] 전기회사의 중역진이 나서 전력통제정책의 필요성을 대대적으로 주장했던 것은 이 때문이었다.[90]

마침 정세 변화도 이들에게 유리하게 전개되고 있었다. 우가키 카즈시게宇垣一成(1931.6.17~1936.8.4)가 일선만日鮮滿 블록체제 구축을 위해 각종 산업개발을 추진하려는 구상을 가지고 조선총독에 부임하였던 것이다. 우가키는 부임 이후 지주제의 확대로 인해 체제 동요가 심각하다는 판단 아래 지주 본위 농정의 기조를 수정해 농촌진흥운동, 자작농창정사업 등을 전개해 영세자소작농의 생활개선을 시도했다.[91] 그러나 우가키는 중소상공업 문제에 대해서는 오히려 일본보다 노골적으로 독점자본의 편에 서서 '경제통제'를 취하였다. 먼저 중요산업통제법 실시를 조선에서 유예하였고, 중소상공업 보호정책의 일환이었던 공업조합법(1931.4), 상업조합법(1932.9)을 조선에서는 실시하지 않았다. 이는 당시 우가키가 세계적인 블록 형성 움직임에 대한 대응책으로 구상하였던 일선만 블록체제와 관련해 일본자본의 한국 진출을 전제로 각종 산업개발을 추진하려던 희망 때문이었다. 우가키의 한국 산업개발 구상은 국가자본 부족이라는 구조적 문제를 안고 있었기 때문에 자원개발과 공업화에 필요한 대규모 자본은 민간자본을 유치하는 길 외에는 방법이 없었다. 그가 자본가 우대정책을 펴 일본독점자본의 진출을 적극 유도했던 것은 그 때문이었다. 그러나 자원의 합리적·효율적 개발을 위해서는 민간자본가에게만 개발을 맡겨 둘 수는 없었다. 사전에 총독부가 개발계획을 설정하고 이에 근거해 개발을 통제하고자 했다. 이 경우 소규모업자의 난립은 이러한 개발통제정책의 장애 요인이었다. 우가키의 경제정책이 독점체제의 강화와 기업통제로 귀결되었던 이유가 여기에 있었다. 요컨대, 우가키는 각종 산업개발을 계획하였지만, 국가 자본의 부족 때문에 총독부가 직접 개발에 나서지 못한 채 일정한 통제계획을 설정하고 이에 따라 일본의 민간자본을 적극 유치해 개발에 나서고자 하였던 것이다.

특히 우가키는 '산업개발정치'를 표방하면서 일선만 블록체제 구상과도 관련해 북한지역에 광업, 인견, 제지, 제철, 전기화학 등 대규모 공업화, 이른바 '북선개발'을 추진하고 있었다. 여기에는 전력이 필수요소였다. 당시 전력개발의 중요성이 크게 부각되었던 것은 이 때문이다.[92] 우가키가 전력개발을 중시했던 일은, 체신관료로 입문해 17년간 주요 관직을 두루 거쳤으며 퇴직 후에는 일시 오사카大阪시 전기국장 겸 참여를 지내다가 1929년 7월에 다시 체신성에 복귀해 차관까지 지냈던 이마이다 키요노리今井田淸德를 정무총감에 임명했던 데에서 잘 드러난다.[93] 이마이다는 앞에서 언급한 우가키의 구상을 일선에서 구현하고 경제정책을 총괄한 인물이었다. 이마이다는 개인적으로 우가키와 동향 출신으로서 그의 두터운 신임을 받았고, 체신관료 출신으로서 일본에서 전기사업법의 개정(1931.4)을 주도한 경력을 가지고 있었다.[94]

이런 배경으로 인해 그는 조선의 전력정책에 대해 거의 전권을 가지고 개편을 주도하고 있었다.

우선 이마이다는 조선전기사업조사회를 새로이 구성하고 스스로 위원장이 되어 전력통제정책의 작성에 착수했다. 당시 조사회의 최대 관건은 제1회 회의에서 합의를 보지 못했던 기업형태를 어떻게 결정할 것인가 하는 문제였다.[95] 회의에 임하기 전 총독부의 구상은 조사회에 배포된 서류를 통해 파악할 수 있다.[96] 먼저 경영주체별로 볼 때 국영·민영·반관반민영·지방공영 중에서 지방공영은 전력통제정책 수행에 부적합하다는 이유로 배제했다. 그리고 전기사업의 원만한 발전을 위해서는 발송전을 배전사업으로부터 분리해야 하며, 전국을 하나의 사업단위로 민영에 맡길 경우에는 독점의 폐해가 발생할 것이므로 여러 개의 사업구역으로 나눈다는 원칙을 정했다. 또한 발송전의 합동과 분리, 지역별 분리와 통합, 민영·공영·반관반민영 등의 다양한 선택방안의 조합을 통해 발송전을 맡을 회사의 기업형태에 대해서도 검토했다. 발송전 합동을 국영으로 하는 방안이 이상적이지만 재정상 실현 불가능하기 때문에 배제하고, 나머지 중에서 ① 발송전 합동사업을 수개의 민영에 맡기는 경우, ② 발전사업은 수개의 민영에 맡기고 송전사업은 국영으로 하는 경우, ③ 발전사업은 수개의 민영에 맡기고 송전사업은 반관반민영으로 하는 경우 등 세 가지 방안을 가장 유망하다고 판단해 설비통제, 자금조달, 업무운영, 요금 등 여러 방면에서 세 가지 방안의 효율성을 집중 검토했다. 그리하여 ①과 ②가 거의 대등한 결과를 얻었다. 그러나 ②는 건설자금이 상당한 액수에 달하여 재정상 곤란하지만, ①은 실현성이 가장 높고 현재 민영인 사업형태를 변경하는 데 따른 갈등을 유발하지 않는 장점이 있다고 보았다. 민영에 따라 발생하는 폐해는 입법, 행정상의 감독수단으로 시정이 가능하다고 판단해 최종적으로 ①을 선택하였다.

말하자면, 당시 총독부는 전력통제정책하의 기업형태를 발송전 합동사업을 복수의 민영회사에 맡기는 방안을 가지고 조사회에 임하고 있었던 것이다. 이는 일차적으로 일정한 개발계획을 설정하고 이에 따라 일본의 민간자본을 유치해 개발에 나선다는 우가키宇垣의 개발통제정책에 기인한 것이었다. 또한 평소 민영이 관영보다 효율적이라는 생각을 가지고 있었던 '민영우위론자' 이마이다의 소신이 반영된 결과이기도 했다.[97] 이마이다는 조선에 부임한 직후 논쟁 대상이던 전력기업의 형태에 대해서 구체적인 언급은 아꼈지만, 저렴하고 풍부한 양질의 전기가 공급된다면 전기사업의 특성상 독점과 대규모 경영을 인정해야 하고 독점으로 인해 발생할 폐해는 적절한 감독으로 방지할 수 있다고 주장했다.[98] 전력산업 국영은 아예 언급조차 하지 않았다.

마침내 1931년 10월 21일부터 23일까지 3일간 총독부 제1회의실에서 제2회의가 개최되었다.[99] 조사위원회의 구성은 제1회의 때와 대체로 비슷했지만, 일부 위원들이 교체되었다. 우선 총독부 내무국장, 식산국장, 경무국장의 교체에 따라 해당 위원이 바뀌었고, 조선수전 전무 모리타 카즈오森田一雄가 빠진 대신 조선식산은행 두취 아루가 미츠토요有賀光豊가 새로이 위원이 되었다. 그리고 1930년 제1회의에 참석했던 일본 체신성 기사가 참석하지 않은 가운데 불참했던 도쿄제대 교수 시부사와 겐지澁澤元治가 참석하였다.

심의사항은 두 가지였다.[100] 하나는 제1회의에서 결정하지 못한 전력산업의 기업형태(자문 제2호)이고, 다른 하나는 제1회의 이후 수정된 구체적인 발송전계획(자문 제4호)이었다. 그런데 역시 논란의 핵심은 자문 제2호였다.

앞서 언급하였듯이 당시 이마이다는 향후 전력통제정책하의 기업형태에 대해 발송전 합동사업을 복수의 민영회사에 맡기는 방안을 가지고 조사회에 임하였고, 이는 발송배전의 통합을 통한 거대 민영회사 설

〈표 II-7〉 조선전기사업조사회 제2회의의 구성(1931.10.21~10.23)

구분		성명(직위)
조선전기 사업조사회 제2회의	위원장	今井田淸德(정무총감)
	위원 (17)	牛島省三(내무국장), 林繁藏(재무국장), 渡邊忍(식산국장), 池田淸(경무국장), 中村寅之助(토지개량부장), 山本犀藏(체신국장), 大村卓一(철도국장), 本間孝義(내무국 토목과장), 今井賴次郎(체신국 전기과장), 吉原重成(철도국 촉탁), 田原和男(척무성 식산국장, 缺), 上妻傳(체신성 기사, 缺), 澁澤元治(동경제대 교수), 有賀光豊(朝鮮殖産銀行 頭取), 高崎齊(朝鮮電氣協會 상무이사), 香椎源太郎(朝鮮電氣協會 회장), 武者錬三(朝鮮電氣協會 부회장)
	간사 (9)	萩原彦三(문서과장), 上瀧基(식산국 상공과장), 大澤次三郎(철도국 기계과장), 高松順茂(체신국 사무관), 坂上滿壽雄(체신국 부사무관), 田中重朗(체신국 기사), 本間孝義(내무국 토목과장), 今井賴次郎(체신국 전기과장), 新貝肇(체신국 경리과장, 缺)
특별위원회 (자문 4호)	위원장	澁澤元治(동경제대 교수)
	위원	武者錬三(朝鮮電氣協會 부회장), 高崎齊(朝鮮電氣協會 상무이사), 吉原重成(철도국 촉탁), 大村卓一(철도국장), 渡邊忍(식산국장), 山本犀藏(체신국장), 今井賴次郎(체신국 전기과장), 本間孝義(내무국 토목과장)
특별위원회 (자문 2호)	위원장	有賀光豊(朝鮮殖産銀行 頭取)
	위원	澁澤元治(동경제대 교수), 香椎源太郎(朝鮮電氣協會 회장), 山本犀藏(체신국장), 渡邊忍(식산국장), 牛島省三(내무국장), 林繁藏(재무국장), 中村寅之助(토지개량부장), 今井賴次郎(체신국 전기과장)

자료: 《朝鮮電氣協會會報》 20-3, 1931.12, 1쪽; 《東亞日報》 1931.12.1; 《配付書類》, 朝鮮電氣事業調査會; 《朝鮮電氣事業發達史 其ノ二》, 朝鮮電氣協會, 1936(?), 5-2-15~5-2-16쪽.

립을 주장했던 업계의 요구와 크게 다르지 않았다. 그러나 조사회에 임하는 전력산업 국영론자의 세력도 만만치 않았다. 특히 특별위원회 위원장을 맡았던 조선식산은행 두취 아루가는 평소 배전은 민간에 맡겨도 되지만 발전과 송전은 반드시 총독부가 직접 경영해야 한다는 지론을 가지고 있었던 대표적인 '국영론자'였다.[101] 국영론자의 의견을 무시한 채 합의하기는 현실적으로 어려웠다. 결국 답신안에는 양측의 의견이 절충되었다. 아래는 자문 제2호에 대한 답신이다.

송전사업은 전기사업의 중추를 이루는 것으로서 전력통제상 가장 중요한 지위를 점하는 것임으로써 만약 발전계획 및 송전망계획 중의 송전선로를 민영으로 하고 전선일체全鮮一體로서 경영할 때는 현저하게 강력한 것이 되어 그 결과 독점적 폐해를 초래할 우려가 적지 않다. 또한 이를 수개의 사업자로 분할하여 경영할 때는 각 송전계통을 유기적으로 결합하여 송전의 연락과 수요의 조절을 도모하는 것이 지난할 뿐만 아니라 자칫하면 중복시설이 발생하게 되어 전력통제의 목적을 달성하는 것 극히 곤란함으로써 전기사업통제의 완벽을 기하려고 함에는 발전계획 및 송전망계획 중 그 근간이 되는 송전선로(보급용 화력발전소 및 변전소 포함)는 원칙으로서 이를 국영으로 하고 기타의 것은 이를 민영에 의함이 가장 적당하다고 인정한다. 전술한 대로 송전간선을 원칙으로서 국영으로 할 때는 이에 연락할 발전자원의 개발 및 그 경영에 대해서도 관여할 수 있다. 따라서 발전사업 국영의 경우와 대략 동일한 효과를 거둘 수 있음으로써 특히 국영을 필요로 하는 것을 제외하고 발전사업은 원칙으로서 이를 민영에 의존함을 적당하다고 인정한다. 단, 지방적으로 독립한 전력계통을 하는 것에 있어서는 그 발전 송전 배전을 일체—體로서 민영에 의함을 적당하다고 인정한다. 또한 전력통제의 목적을 달성하기 위해서는 발전사업 및 송전사업의 통제뿐만 아니라 배전산업의 통제까지도 도모할 필요가 있다. 따라서 배전사업의 기업형태에 관해서도 이를 연구할 필요가 있음을 인정한다. 그리하여 배전사업에 있어서도 전선全鮮을 전력계통과 수요 분포의 관계상 가장 경제적인 수개의 구역으로 분할하고 이 구역 내에서 배전사업은 점차 이를 통일하여 민영에 의함을 적당하다고 인정한다.[102]

우선 송전간선만을 국영으로 하고 나머지 송전(송전지선)과 발전, 배전은 민영에 맡기는 원칙을 채택하되 전력계통으로 보아 발송배전을 일체로 경영하는 것이 적당하다고 판단되면 이를 민영에 맡길 수 있도록 하였다. 말하자면 앞에서 언급한 방안 ②를 기본안으로 채택하면서도 '송전 국영' 원칙을 '송전간선 국영' 원칙으로 축소하고 '발전과 송전지선은 민영'을 유지하는 원칙을 채택하였으며, 필요한 경우 방안 ①과 같이 발송배전 합동사업을 민영으로 채택할 수 있다고 허용했다. 이렇게 볼 때 총독부는 원래 정책 구상인 ①을 기본 원칙으로 채택하고자 했지만, 국영론자의 세력을 무시하기 어려웠기 때문에 '송전간선 국영'이라는 원칙을 삽입하였을 뿐이었다.[103] 사실상 '발송배전 민영'이 기본 원칙이고 '송전간선 국영'은 부수적 원칙이라고 해도 과언이 아니었다. 이는 전력통제정책 수립 이후 실제로 총독부가 '송전간선 국영' 원칙을 지키지 않았던 사실에서도 잘 드러난다. 한편, 배전사업은 장차 전국을 여러 구역으로 나누어 통합하고 이를 민영으로 경영하기로 하였다. 결국 답신안에는 발송배전의 민영 유지와 지역별 배전 통합에 따른 지역 독점을 희망하고 있었던 업계의 주장이 대폭 반영되어 있었다. 이런 점에서 볼 때 기업형태 결정에서는 민영론자의 주장이 거의 관철되고 있었다. 일각에서 조사회를 가리켜 '민간 전기업자들의 괴뢰傀儡'라고 강하게 비난하거나 조사회의 답신을 두고 '민영지상론'으로 귀결되었다고 비판한 것은 이 때문이었다.[104]

전력산업 민영 유지를 골자로 하는 답신안이 채택되었음에도 불구하고 경전 공영화운동의 기세는 꺾이지 않았다. 이에 1931년 12월 17일 이마이다 정무총감이 직접 배전회사의 공영을 반대하는 성명을 발표하기에 이르렀다.[105] 이마이다는 이 성명에서 전기사업의 지방공영이 효율적인 전력통제정책의 추진에 방해가 되고 기업심 위축과 투자유치 저해로 인해 전기사업의 발달과 보급에 장애가 될 우려가 있으므로 이를 반대한다고 분명히 밝혔을 정도이다. 이를 계기로 경전 공영화운동은 세력을 상실하고, 경전은 가까스로 민영을 유지할 수 있었다.

한편, 조사회에서는 제1회의 이후 수정된 발송전계획(자문 제4호)에 대해서도 심의해 대체로 이를 적당하다고 인정해 승인하였다. 이에 따라 발송전계획은 1940년까지 수력발전 25개소 70만5,794kW와 화력발전 14개소 13만1,100kW를 개발하기로 정하였고, 고압송전선은 154kV 1,396km와 66kV 1,802km를 부설하기로 결정하였다.[106] 화력발전소는 수력발전소의 전력 부족을 대비한 예비보급용으로 개발하기로 하였다.

조사회 이후 발송전계획은 재차 정비되었다. 총독부에서는 1931년 12월에《전력정책기본계획조서》제4집을 완성해 전력통제정책의 주요 내용을 정리했고,[107] 1932년 3월에는 답신안을 토대로《발전계획급及송전망계획서》를 발간해 발송전계획을 확정지었다. 그리고 그해 4월에는 주요 내용을 관보에 고시해 일반에 널리 알렸다.[108] 관보에 최종 고시된 발송전계획은 기존에 수력발전 25개소 70만5,794kW를 개발하는 계획에서 32개 지점 76만7,751kW를 개발하는 계획으로 다소 수정되었지만, 나머지 화력발전이나 고압송전선 부설계획은 동일하게 고시되었다.

이러한 과정을 거쳐 확정된 발송전계획은 어떠한 정책 구상에 의해서 만들어진 것일까. 이는 조사회 직후에 있었던 이마이 요리지로今井賴次郎 전기과장의 아래 설명에서 잘 드러난다.

> 소화 15년(1940년)까지 건설할 수력발전소의 주된 자는 강원도 강릉 부근의 수력 약 8만2천킬로와트, 함남 오지에 있는 압록강 지류 장진의 수력 약 21만7천킬로와트이고, …… 함경남북도 지방에 대량의 전기를 필요로 하는 경은輕銀(알루미늄)제조공업에 …… 함경남도 단천 오지 압록강 지류 황수원강의 수력이 개발되게 되었다. 또한 강릉수력은 남선 및 호남지방과 경성 방면에 송送할 수 있으니 기 송전간선으로 강릉수력을 충청북도 단양·충주를 경하야 경성에 지至하고, 단양에서 분分하야 경북 상주를 경유 대구에 출出하며, 또 상주에서 분기하야 대전에 출하는 자 3자의 송전선이 건설된다. 또한 장진강의 수력을 발전할 대부분의 전기는 차此를 경성 방면과 평양, 신의주 지방에 송전하겠으니 기 송전간선으로 장진강 수력에서 평양을 경유 경성에 입入하는 자 및 평양에 출하기 전에 분기하야 경의선 신안주에 출하는 2자가 건설하게 되었다. 또 경은輕銀제조사업 등의 전기화학공업이 일어나 장진강 수력의 잔여를 부족할 시는 황수원강의 수력이 개발되겠는데 수력발전소가 출현되면

사업은 함흥 부근에 생生하리라 예상됨으로 발전소로부터 단천端川(에)
출出하고 거기에서 함흥 부근에 지도하는 송전선도 건설하게 된다. ……
강릉의 수전이 경성에 송전하게 되기는 소화 11, 2년경일 듯하고 또한
남선, 호남지방, 평양, 신의주 지방 등에 수력으로 공급하게 됨은 차보다
다소 지연되야 소화 14, 5년경일 듯하다. 수력발전소가 건설될 것은 금
일과 가티 지방적 화력으로 점차 통일할 터이니 화력발전소에 대하여도
…… 그 주된 자는 경성(20,000kW), 부산 (17,000kW), 평양(10,000kW),
신의주(14,000kW), 강원도 영월부근(16,000kW), 평남 덕천부근
(20,000kW) 등이다.[109]

이 설명에 의하면, 화력에 크게 의존하던 기존의 전력공급시스템은
전력통제정책에 의해서 수력발전 중심으로 크게 변모될 예정이었다.
특히 대규모 수력발전소는 북쪽에 장진강수력, 남쪽에 강릉수력을 2대
핵심발전소로 개발하기로 하고, 이 발전소를 기점으로 주요 소비지까
지 송전간선망을 부설하기로 계획하였다. 강릉수력으로부터 단양-충
주를 거쳐 경성에 이르는 송전선과 단양-상주-대전, 그리고 상주-대
구를 연결하는 고압송전선을 부설하기로 하였고, 장진강수력으로부터
평양과 경성에 이르는 송전선과 대동강-신안주를 연결하는 고압송전
선을 놓기로 하였다. 대규모 수력발전소가 건립되는 대신 화력발전소
는 예비전력으로 돌리고 경제성이 떨어지는 지방의 소규모 화력발전소
는 모두 폐지될 예정이었다.

1932년 초에는 전력통제정책의 제1기 실행방침이라는 이름으로 이
러한 계획이 재확인됨과 동시에 배전회사는 10개 지역(궁극적으로는 5

개 지역)으로 나누어 합동을 시작하기로 결정하였다.[110] 장진강수력과 강릉수력은 각각 민간자본인 미츠비시와 경성전기에 맡겨 개발할 생각이었던 것 같다.[111] 그런데 이때 총독부는 재정난을 이유로 '송전간선의 국영' 건설방침을 철회하고 필요할 때 국가가 매수한다는 조건을 붙여 민영으로 건설할 것을 천명하였다.[112] 이런 과정을 거쳐 총독부는 발송전 합동과 민영, 그리고 지역별 배전 통합에 의거해 전력개발을 추진할 것임을 예고하였다. 이는 애초 총독부가 '송전간선 국영' 건설 의지를 가지고 있지 않았음을 명백히 보여 주는 일이었다.

조선전력통제의 중추가 될 발전 급及 송전망계획은 송전사업이 전력통제상 최중요한 지위를 점하기 때문에 발송전을 일체로 하는 민영의 독점적 폐해를 피하고 송전계통을 유기적으로 결합할 견지에서 원칙으로 발전은 민영, 송전선로는 기 근간이 되는 것은 국영으로 하기로 총독부의 근본방침이 수립되었는데 당초의 방침계획은 난국에 직면하야 수遂히 발송전사업을 일체로 민영에 의하야 전력통제계획을 실행하기로 변경하는 부득이에 지至하였다. 당초 총독부가 계획한 송전사업은 송전간선로, 건설비, 보급용 화력발전 및 변전소 매수비 등을 합하야 약 3천만 원의 거액이고 장진강, 강릉 양 수력발전 기공과 병행하야 공채 재원에 의하야 착수할 예정이든바 그와 가튼 막대한 공채 발행은 금일의 사정으로 보아 도저 불허하고 일방 송전선로계획을 이대로 지연식히는 것은 전력통제상에 익익益益 지장을 초치케 함으로 실행상의 일시적 편법으로 그리 변경한 것이다. 이 때문에 송전사업은 경성 이북은 장진강수력에, 남부는 강릉수력에 2분하야 건설 경영되게 되었는데 총독부로서는 국영의 방침을 전혀 포기하는 것은 아니고 하시何時든지 국가가 매수할 수 있도록 특히 매수조건을 부하야 경영을 엄중 감독할 터이다.[113]

한편, 발송전의 주요 계획이 수립됨에 따라 그간 여러 차례 연기되었던 관련 법령의 제정도 이루어졌다. 1932년 2월 17일에는 조선전기사업령이 제령 제1호로 발포(시행일은 추후 결정)되었고,[114] 1933년 10월에는 동 법령의 하위법령인 조선전기사업령시행규칙(조선총독부령 제117호), 조선전기공작물규정(제118호), 조선전기사업회계규정(제119호), 조선자가용전기공작물시설규칙(제120호)이 제정되었다. 그리고 1933년 11월 1일을 기해 조선총독부령 제116호로서 조선전기사업령을 비롯한 일체의 하위법령이 실시되기에 이르렀다.[115]

새로이 제정된 조선전기사업령은 민영회사의 독점에 의한 폐해를 시정하기 위한 감독체제의 구축과 새로운 전원개발을 위한 전력회사의 보호·조장책이라는 두 가지 내용을 담고 있었다.[116] 전자의 측면에서 총독부는 요금, 사업의 창시·폐지·합병·양도, 공작물의 변경 등에 인가제를 적용하고 사업 전반에 걸친 감독권도 보유하게 되었다. 공익상 요금의 인가제를 유지하면서 필요에 따라 변경을 명령할 수 있었고, 엄격한 회계상 감독과 이익배당의 제한도 가능하였다. 공익에 반한 역원役員의 행위를 규제하고 중역의 개임改任 명령권도 가졌다. 업무 및 공작물의 검사를 통한 개선 명령권도 확보했다. 후자의 측면에서는 공급구역과 발송전의 중복을 금지해 사실상 독점을 인정했고, 발전지점과 전기 수요지의 간격이 커져 장거리 송전을 위해 도로나 타인의 토지를 사용할 필요가 많아짐에 따라 전기회사가 일정한 수속을 밟아 상당한 보상을 하면 토지수용권을 획득할 수 있게 되었다. 만약 소유자의 허가를 얻지 못하면 지방관청의 허가만으로도 가능하도록 했고, 위험이 급박한 경우에는 먼저 공사하고 차후에 계출 및 통지를 할 수 있도록 했다. 증자나 사채 모집에 대해 상법의 예외규정을 적용해 전액불입 전에 증자가 가능하고 불입자본금의 2배까지 사채 모집이 가능하도록 하는 편의를 제공했다.

그런데 법령은 전체적으로 보아 감독의 측면보다 보호·조장의 측면이 강했다. 조선전기사업령은 일본의 개정전기사업법(1931.4)과 거의 대부분의 조항에서 유사했지만,[117] 일본의 개정전기사업법에서 공익의 필요에 따라 국가 혹은 공공단체(공공단체는 주무대신 허가 필요)가 전기사업을 매수할 수 있도록 규정한 내용(제29조)이 조선전기사업령에서는 제외되었던 것이다. 동아일보조차 이를 가리켜 기업자 보호에 편중되어 있는 '자본가 위주의 법령'이라고 비판할 정도였다.[118] 이와 함께 전기사업에 관한 중요사항의 자문을 담당하기 위해 일본에서는 설치했던 '전기위원회'라는 기구(제32조)를 두지 않기로 했다. 애초 요시하라가 제안한 '전력통제국'과 같은 전력행정기구가 설치되지 않았던 것이다.

3. 전력통제정책의 전개와 전력산업의 구조개편

'북=수력, 남=화력' 분리된 두 계통의 전력네트워크 구축

앞에서 보았듯이 전력통제정책은 1920년대부터 그 필요성이 주장되었지만, 경제주체들 간의 이해관계 상충 때문에 성안되지 못하다가 1930년대 우가키 총독 시기에 들어서 정무총감 이마이다 키요노리의 주도로 관민합동의 조선전기사업조사회(1931.10)의 심의를 거쳐 비로소 성립을 보았다. 경제성이 유망한 지역에 대형 수력발전소를 설치하고 발전소와 소비지를 연결할 고압송전선을 부설하여 전력네트워크를 구축하기로 하였고, 갈수기의 수력전기 부족에 대비하기 위해 효율성이 높은 화력발전소를 예비용으로 갖추고 경제성이 떨어지는 도시 인근의 소규모 내연력발전소는 폐지하기로 하였다. 이를 위한 구체적인 내용의 발전 및 송전망계획(1932.4)이 확정되고 조선전기사업령(1932.2)을 비롯한 일련의 법안이 제정 실시되었다. 개발의 주요 원칙도 확정되었다. 일단 발전과 송전을 분리하여 송전간선은 국영으로 하고 발전 및 배전, 그리고 송전지선은 민영에 맡기기로 하였으며, 필요한 지역에 따라서는 발송배전을 일체로 민영에 맡길 수 있도록 하였다. 또한 향후 배전산업은 한반도 전역을 5개 구역(남선, 호남, 중선, 서선, 북선)으로 나누어 신속히 통합하기로 하였다. 총독부는 전력개발의 가이드라인을 구축하고 이에 의거해 일본으로부터 민간자본을 유치해 개발에 착수하

〈표 II-8〉 대규모 수력 및 화력발전소 건설계획(1932)

수력발전소				화력발전소						
구분	발전소 위치	지점수	발전력(kW)	발전소	발전력(kW)	용도별 상용	보조	예비	기설	비고
미허가	부령지방	3	27,000	회령	2,500			2,500		
	황수원강	6	225,000	명천	10,000	10,000				
				원산	3,000			3,000		
	고미탄천	3	29,000	평양	10,000			10,000		
	고성지방	2	9,000	덕천	20,000			20,000		
				신의주	14,000			14,000		
	강릉지방	5	82,000	경성	20,000		20,000		10,000	금강산전철 보조
	보성지방	1	6,000	영월	16,000		16,000			강릉수력 보조
기허가	조선질소비료	4	156,589	목포	6,600	5,000	1,600		1,600	
				여수	2,000		2,000			보성강수력 보조
	장진강전력	4	217,072	대전	4,900			4,900	1,400	
	금강산전기철도	3	10,970	군산	2,300			2,300	2,300	
				청도	2,800			2,800	2,800	
	남조선수력전기	1	5,120	부산	17,000			17,000	7,000	
	합계	32	767,751	합계	131,100	15,000	39,600	76,500	25,100	

자료: 《發電計劃及送電網計劃》, 朝鮮總督府遞信局, 1932.3; 《發電計劃及送電網計劃書》, 朝鮮總督府遞信局, 1932.3; 《朝鮮總督府官報》 제1591호, 1932.4.30.

는 가운데 전원개발을 맡은 기업에 대해 종합적인 지원시스템을 구축하였던 것이다.

그런데 1930년대 초반에 확정된 전력통제정책은 북쪽의 장진강수력과 남쪽의 강릉수력 개발을 핵심사업으로 삼아 추진되고 있었다.[119] 이에 따라 수력발전소와 소비지를 연결할 장거리 고압송전망 건설도 시급히 요구되었다. 그런데 총독부는 국가자본의 부족으로 송전간선에 소요될 거액을 감당할 수 없다는 이유를 들어 기존의 '송전간선 국영' 방침을 철회하고 발송전산업을 민영에 맡기기로 하였고, 장진강수력과 강릉수력의 개발을 맡을 두 민간회사가 중심이 되어 각각 남과 북에 송전망을 구축하기로 하는 전력통제의 구체적인 실행방침을 결정하였다.[120] 그리하여 향후 장진강수력에서 생산된 전기는 서쪽 평양으로 보낸 다음 다시 남으로는 경성, 북으로는 신안주에 공급되며, 장진강수력에서 북쪽 흥남으로도 송전될 계획이었다. 그리고 강릉수력에서 생산된 전기는 단양을 거쳐 상주로 보내고 다시 상주에서 대전, 상주에서 대구로 보내는 송전망이 구축되고 단양에서는 충주를 거쳐 경성으로 보내는 송전망이 건설될 예정이었다. 154kV급 고압송전선 길이만 1,396km에 달했다.

특히 장진강수력은 예상발전력이 자그만치 20만kW를 넘는 초대형 발전소로서 비교적 공사비가 저렴해 경제성이 유망할 것으로 기대를 모으고 있었다. 그런데 장진강수력은 이미 대재벌인 미츠비시三菱가 전원 개발권을 가지고 있었다. 1920년대 중반 총독부가 수력전원 개발을 위해 닛치츠에게 부전강 개발권을 주었을 때 미츠비시에게는 장진강 개발권을 부여했던 것이다. 그러나 닛치츠가 1926년 조선수력전기를

설립하고 부전강 개발에 착수해 1929년 11월에 제1발전소(13만kW) 준
공을 시작으로 1932년 말까지 모두 4개 발전소를 건설해 합계 20만kW
의 대규모 발전력을 갖추는 데에 성공하였지만, 미츠비시는 투자에 소
극적인 태도를 취하며 장진강 전원개발을 지연시키고 있었다. 이에 총
독부는 1933년 4월 미츠비시로부터 장진강 개발권을 회수해 생산전력
의 2분의 1을 공공용으로 공급하도록 조건을 붙여 닛치츠에게 허가하
는 특단의 조치를 단행했다.[121] 닛치츠는 이에 호응해 1933년 5월에 장
진강수력전기(자본금 2천만원)를 자회사로 설립하여 본격적으로 공사에

〈표 II-9〉 전력통제정책 이후 154kV급 고압송전망 건설계획

구분	송전선로명	긍장(km)	비고
남선	강릉-단양선	96	강릉수력
	단양-상주선	66	강릉수력
	상주-대구선	77	
호남	상주-대전선	74	강릉수력
	단양-충주선	35	
중선	충주-경성선	120	강릉수력
	평양-경성선	209	장진강전력
서선	장진강-대동강선	171	장진강전력
	대동강-평양선	76	장진강전력
	대동강-신안주선	51	장진강전력
북선	장진강-흥남선	45	
	황수원강-단천선	60	
	단천-함흥선	139	
	송흥-흥남선	177	기설, 110kV
합계		1,396	

자료: 《發電計劃及送電網計劃》, 朝鮮總督府遞信局, 1932.3; 《發電計劃及送電網計劃書》, 朝鮮總督府遞信局, 1932.3;
　　《朝鮮總督府官報》 제1591호, 1932.4.30.

착수하였다. 닛치츠가 계획한 장진강수력의 총발전력은 당초 20만kW를 훨씬 넘는 32만여kW에 이를 정도로 확대되었다. 이제 장진강수력 발전소의 완공에 맞춰 최대 소비지인 평양과 경성으로 전기를 보낼 고압송전망 구축이 시급한 문제로 대두되었다.

애초 총독부는 장진강 수력발전과 송전선 건설을 민영의 발송전회사에 한꺼번에 맡길 생각이었지만, 조선전기사업조사회에서 '송전간선 국영' 원칙을 주장했던, 다시 말해 송전간선 건설을 민간 발전회사에 맡기면 독점의 폐해가 우려된다는 시각도 여전히 강고했던 것으로 보인다.[122] 이에 총독부는 발전회사와 배전회사가 공동으로 참여하는 송전회사를 별도로 만들기로 결정하였다. 새로 설립할 송전회사에 발전회사와 배전회사를 동시에 참여시켜 이들의 상호 견제하에 회사를 운영토록 함으로써 회사 경영을 공익에 부합하도록 유도하겠다는 구상이었다. 이렇게 해서 1934년 5월 자본금 1,500만원(375만원 불입)의 조선송전이 탄생하게 되었다.[123] 당시 체신국 전기과장은 조선송전의 탄생 배경을 다음과 같이 설명하였다.

그런데 점차 민영의 발전회사도 생겼습니다. 또한 그 후 송전간선의 국영은 국가재정의 사정상 실현하기 어렵게 되었습니다만, 송전간선을 건설하지 않을 수는 없기에 당분간 회사에 맡기지만 그 조직은 가장 국영에 가까운 형태를 취하도록 한 것입니다. 즉 한 자본가에 의하여 농단되지 않도록 여기에 관계하는 수전자, 발전자, 기타를 개재시켜 소위 이해 상반한 자들을 주주로 한 회사를 만들어 경영시키도록 하여 선년先年에 송전회사가 만들어진 것입니다.[124]

그런데 애초에 조선송전은 발전회사측인 닛치츠계 장진강수전, 조선질소비료와 배전회사측인 서선합동전기, 동양척식, 금강산전기철도, 경성전기 등이 참여하기로 예정되었지만, 이 회사에서 공급하는 전기의 최대 예상수요자의 하나인 경전이 조선송전의 설립에 참여하지 않기로 결정하면서 총독부의 구상은 처음부터 큰 타격을 입게 되었다. 경전이 참여하지 않은 이유는 명확히 알 수 없지만, 여러 요인이 복합적으로 작용한 듯하다.[125] 경전이 표면적으로 내세운 이유는, 재계의 전도가 불확실한 때에 채산이 맞지 않은 사업에 거액의 자본을 투입할 수 없다는 것이었다. 그러나 그보다는 오히려 새로이 설립될 조선송전이 닛치츠 주도로 운영되는 데 대한 반감이 컸기 때문으로 보인다.[126] 애초 발전회사와 배전회사가 동시에 참여토록 해 상호 견제하에 공익에 부합하도록 운영하겠다는 총독부의 설명과 달리 실제 설립될 조선송전은 완전히 닛치츠 주도였다. 주식의 대부분을 장진강수전과 조선질소비료 등 닛치츠계가 인수하기로 하였고 창립사무소를 장진강수전에 마련하였으며 회사 수뇌부도 사장 노구치 시타가우野口遵, 상무 구보타 유타카久保田豊 등 닛치츠계가 주도하고 있었다.[127] 따라서 경전은 조선송전의 주식을 일부 보유한다고 해도 '들러리' 역할밖에는 할 수 없다고 생각했던 것으로 보인다. 경전이 별도로 송전회사를 설립하는 것보다 차라리 장진강수전이 평양과 경성에 직접 송전하면 배전회사의 비용 부담이 줄어들 거라며 '이중과세'론을 제기한 것은 바로 닛치츠 주도에 대한 불쾌감 때문이었다.[128] 체신국 이마이今井 전기과장이 직접 경전 사장 오오하시 신타로大橋新太郎를 만나 설득했지만, 결국 경전은 조선송전으로부터 수전受電은 하겠지만 자본 참여는 하지 않겠다고 선언해 버렸다. 이로써 총독부의 전력통제정책은 출발부터 난관에 봉착했고, 그간 긴밀한 유착관계를 맺었던 총독부와 경전의 관계는 급속히 냉각되었다.

북쪽의 조선송전을 둘러싼 총독부와 경성전기의 갈등은 남쪽의 전원개발에도 차질을 빚었다. 애초에 총독부는 예상발전력 8만2천kW의 강릉수력을 개발해 남쪽의 핵심발전소로 만들고 여기서 생산된 전기를 상주를 거쳐 대전과 대구로 보내고 다시 충주를 거쳐 경성으로 보내는 고압송전망을 구축할 생각이었다. 이처럼 강릉수력 개발은 당시 발전 및 송전망계획에서 핵심사안의 하나였고, 여러 정황으로 보아 총독부는 이 개발을 중부지역 최대의 전기회사인 경성전기에 맡기려고 했던 것 같다.[129]

그러나 앞에서 보았듯이 조선송전의 설립을 둘러싸고 조선총독부와 경성전기의 관계는 급속히 냉각되었고, 경성전기는 거액이 소요되는 강릉수력 개발에도 나서지 않았다. 총독부는 경성전기를 대신해 개발할 민간자본을 물색하는 데에 어려움을 겪었다. 이에 총독부에서는 강릉수력 개발을 일단 뒤로 미루고, 당초 예비용 발전소로 구상되었던 영월의 화력발전소 건설에 관심을 집중하였다. 당시 영월에는 7천만톤이 넘는 무연탄이 매장되어 있을 것으로 예측되었고, 이를 이용한 화력발전이 기대를 모으고 있었다. 총독부는 먼저 일본의 5대 전력회사(도쿄東京전등, 도호東邦전력, 다이도大同전력, 우지카와宇治川전기, 니혼日本전력)로 구성된 전력카르텔인 '일본전력연맹'에 권유해 참여토록 하는 데에 성공했다.[130] 당시 일본전력연맹은 발전용 석탄 확보에 큰 관심을 가지고 있었기 때문에 영월과 삼척을 비롯한 한반도의 탄광개발에 참여하길 희망했던 것이다. 이와 함께 총독부는 남선지역의 중요 배전회사인 대전전기, 대흥전기, 남선전기, 조선와사전기 등에도 권유해 참여하도록 하였다. 결국 총독부의 주선으로 일본전력연맹과 남선의 배전회사들이 50%씩 투자해 1935년 7월 자본금 2천만원의 조선전력을 창립하기에 이르렀다.[131] 조선전력의 설립에 따라 원래 2만kW에 불과했던 영월화력의 발전력은 10만kW로 크게 확대되었고, 강릉수력은 추후에 개발하기로 결정했다. 이제 영월화력은 예비용 보조발전소가 아니라 남부지역의 핵심발전소의 지위를 차지하게 된 것이다. 그리고 조선전력은 영월화력에서 생산한 전기를 남부지역 최대 소비지인 대전과 대구까지 보낼 154kV급 고압송전선 건설에도 착수했다.

그러나 조선전력에서 착수한 고압송전망은 애초 총독부가 전력통제정책 수립과정에서 구상했던 송전망 건설계획과는 달랐다. 조선전력은 송전선의 출발점을 강릉에서 영월로 바꾸었으며, 영월에서 상주를 거쳐 대구에 이르는 송전선과 상주와 대전을 연결하는 송전선만을 건설하고 단양에서 분기하여 충주와 경성을 연결하는 송전망은 건설하지 않았다. 이렇게 되면 북의 장진강수력발전소에서 생산된 전기가 평양을 지나 경성까지만 송전되고 그 이남으로는 내려올 수 없게 되어 경성이남에서는 영월화력발전소에서 생산되는 화력전기에 크게 의존할 수밖에 없는 구조가 된다. 이는 한반도에 '북=수력, 남=화력'의 분리된 두 계통의 전력네트워크가 만들어지는 계기가 되었다.[132]

그렇다면 애초에 구상한 한반도 전역을 하나로 연결하는 통일된 전력네트워크가 아니라 '북=수력, 남=화력'으로 분리된 두 계통의 전력네트워크를 구축한 이유는 무엇일까. 영월화력발전소에서 석탄을 이용해 생산된 전기는 저렴한 공사비로 인해 경제성이 매우 좋을 것으로 예상되던 장진강수력발전소의 전기보다는 요금이 비쌀 수밖에 없었다. 만약 한반도 전역에 통일된 전력네트워크를 구축하면 장차 조선전력의 화력발전소 경영에 지장을 초래할 가능성이 높았다. 남과 북의 분리된 두 계통의 전력네트워크는 이를 예방하기 위한 조치였다.

지역별 배전회사의 통합 추진

1930년대 초에 성립된 전력통제정책은 북쪽에 장진강수력, 남쪽에 강릉수력의 대형 수력발전소를 개발하고 이를 중심으로 전력네트워크를 구축하는 내용의 발전 및 송전망계획이 핵심을 이루고 있었지만, 그 외에도 향후 배전회사는 한반도 전역을 5개 구역(남선, 호남, 중선, 서선, 북선)으로 나누어 신속히 통합하기로 한 방침도 결정하고 있었다. 새로이 설립된 대형 수력발전소에서 생산된 전기를 소비지에 효율적으로 배급하기 위해서는 배전회사의 난립을 막고 이를 통합해 대형화해야 한다고 생각했던 것이다.

그런데 1930년대 초 한반도 전역에는 크고 작은 전기회사가 60개가 넘을 정도로 난립해 있었다. 이를 한꺼번에 5개사로 통합하기는 쉽지 않은 일이었다. 일단 10개 구역으로 나눠 1차 통합을 진행하고 이어서 5개 구역으로 최종 통합하는 구체적인 실행방침을 세웠다.[133] 이 작업은 5~6년 안에는 완수될 것으로 예상하였다.[134] 이에 따라 배전회사들은 지역별로 합병과 매수 등의 방법을 통해 부단히 통합되고 있었다.

<〈그림 II-3〉 전력통제정책 수립 당시 고압송전선 건설계획(1932)

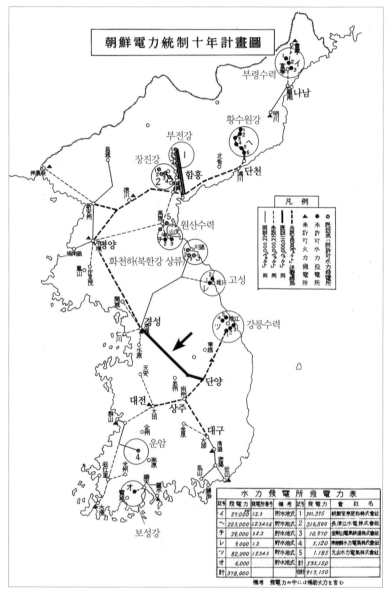

비고: 굵게 표시된 선은 계획상에만 존재하고 실제로는 건설되지 않은 단양-충주-경성을 연결하는
154kV급 고압송전선임.

〈그림 Ⅱ-4〉고압송전선 건설 현황(1936년 현재)

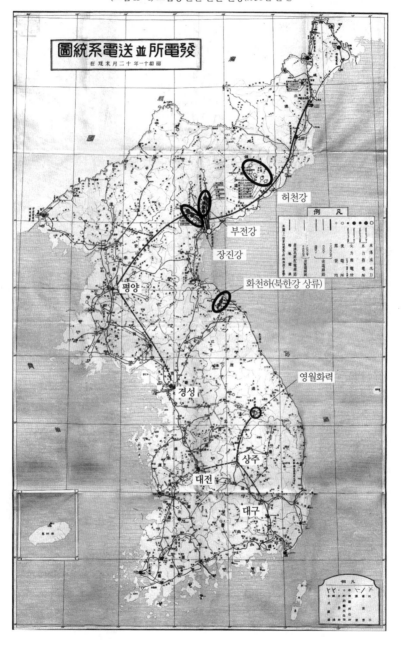

그러나 그 과정은 원래 총독부의 구상대로 매끄럽고 신속하게 이루어지지 못했다.

1930년대 배전회사들은 크게 보아 앞의 원칙에 따라 개편되고 있었다. 그러나 원래 5개 구역으로 나누어 통합하기로 한 방침은 통합과정에서 4개 구역(남선, 중선, 서선, 북선)으로 변경되었다.

배전회사의 통합은 평안도부터 시작되었다. 당시 장진강수력발전소가 완공되면 여기서 생산한 전기를 평안도지역에 공급하도록 되어 있었는데 이 때문에 이 지역의 배전 통합이 시급한 과제로 제기되었다. 총독부는 먼저 평안남도와 평안북도 전기회사들을 분리해 평남지역만

〈표 II-10〉 전력통제정책 수립 당시 배전통합계획

구분	공급구역	예상전력수요 (kW)
南鮮	晉州, 泗川, 三千浦, 河東, 咸安, 馬山, 鎭海, 固城, 統營, 釜山, 密陽, 淸道, 禮山, 守山里, 盈德, 浦項, 九龍浦, 蔚山, 方魚津, 慶州, 甘浦, 大邱, 高靈, 居昌, 尙州, 金泉, 安東, 江陵 (경남, 경북, 강원도 일부)	133,045
湖南	麗水, 順天, 筏橋, 南源, 求禮, 光州, 靈光, 榮山浦, 長興, 寶城, 康津, 木浦, 裡里, 群山, 公州, 永同, 大田, 鳥致院, 忠州, 天安, 平澤, 瑞山, 大川, 洪城 (전남, 전북, 충남, 충북, 경기도 일부)	117,081
中鮮	水原, 利川, 京城, 仁川, 開城, 新幕, 延白, 鐵原, 福溪, 春川 (경기도 대부분, 강원도 일부, 황해도 일부)	312,894
西鮮	海州, 長淵, 載寧, 沙里院, 兼二浦, 順川, 安州, 价川, 平壤, 鎭南浦, 宣川, 定州, 新義州, 狗峴, 江界 (평남, 평북, 황해도 대부분)	364,869
北鮮	淸津, 雄基, 富寧, 會寧, 吉州, 城津, 端川, 白岩, 北靑, 永高, 咸興, 新浦, 元山, 高山, 館坪, 惠山鎭, 甫安所, 茂山, 興南, 城峙附近 (함남, 함북)	2,035,195

자료: 《發電計劃及送電網計劃書》, 朝鮮總督府遞信局, 1932.
비고: 예상전력수요는 1940년 기준임.

을 대상으로 통합에 착수하고 나중에 평북지역 전기회사들을 흡수하는 방식을 취하였다. 이에 따라 총독부는 평남지역의 전기회사 가운데에서 일차로 1932년 4월에 해주전기를 서선전기에 합병시키고 1933년 2월에 안주전기를 조선송전에 합병시킨 데 이어 이 지역 최대 전기회사인 조선전기흥업(이하 조선전흥)을 자회사로 거느린 동척을 설득해 배전 통합에 대한 동의를 얻었다. 그리하여 경영성적이 좋지 않았던 조선전흥의 정리에 착수해 탄광사업을 동척에 매각하고 감자減資를 실시해 자본금을 500만원에서 400만원으로 낮추었다. 공영인 사리원면영을 주식회사로 전환한 뒤 1933년 12월 6일에 조선전흥을 중심으로 사리원전기, 서선전기, 진남포전기, 조선송전 등 5개사를 합동하여 서선합동전기(자본금 787만3천원)를 탄생시키기에 이르렀다.[135] 이렇게 해서 평남에서의 배전 통합은 일단락되었지만, 이 지역 최대 소비지에 위치한 평양부영전기는 부민들의 반대가 거세서 일단 통합에서 제외할 수밖에 없었다.[136] 이런 점에서 볼 때 아직 완전한 통합은 아니었다. 한편, 평안북도에서는 신의주전기를 중심으로 만선식산, 정주전기, 선천전기 등을 차례로 합병했고,[137] 1937년 1월에 평남의 서선합동전기가 평북의 신의주전기를 합병해 서선지역의 배전 통합은 다시 큰 진전을 보았다.[138]

이에 비해 북선지역의 통합은 지체되었다. 여기도 함경남도와 함경북도로 나누어 1차 통합을 한 뒤 두 지역의 전기회사를 최종 통합하고자 했다. 이에 따라 함남에서는 원산수력전기, 북청전등, 함남전기, 북선전력, 대흥전기 함흥지점이 통합 대상이 되었는데, 대흥전기 함흥지점이 통합에 소극적인 태도를 보이자 일단 이를 제외하고 1935년 11월에 원산수력전기를 중심으로 4개사만 합병하여 함남합동전기를 탄생시켰다.[139] 이후에 함남합동전기가 대흥전기 함흥지점을 매수하고 혜산진전기를 합병하여 함남지역의 통합을 마무리하였다. 그러나 함북에서는 상대적으로 통합 속도가 지지부진하다가 1938년 4월에서야 조선전기, 회령전기, 웅기전기3사가 합동하여 북선합동전기를 탄생시키는데에 성공한다.[140] 이 두 회사의 합병에는 더 오랜 시간이 필요했다.

남쪽에서는 원래 경상도지역을 중심으로 한 남선구역과 전라도, 충청도지역을 중심으로 한 호남구역의 2개사로 통합하려고 하였지만, 추진과정에서 이를 하나로 통합하기로 방침을 변경하였다. 이렇게 방침을 변경한 이유는 분명하지 않다. 아마도 영월화력발전소의 전기를 이 두 지역 모두에 송전하도록 예정되어 있었기 때문에 이에 대응하는 배전회사도 하나로 통일하는 편이 좋겠다고 판단한 듯하다. 게다가 애초의 남선구역에는 부산의 조선와사전기와 대구의 대흥전기가 통합의 주도권을 두고 갈등을 벌일 것으로 예상되었기 때문에 대흥전기에 주도권을 넘겨주기 위해서 의도적으로 통합구역을 확대했다고 생각된다. 대흥전기의 사장 오구라 다케노스케小倉武之助는 남부지역의 제주, 고성, 울산, 안동, 순천, 여수, 경주, 벌교 등지에 다수의 전기회사를 설립 경영하고 있었는데 통합구역을 확대하면 상대적으로 그의 지분율이 높아져 통합의 주도권을 장악할 가능성이 높아지게 된다. 이 때문에 당초 경성전기에 이어 제2의 전기회사였던 부산의 조선와사전기가 남선지역 통합의 중심이 되리라는 일반의 예상과는 달리 대구의 대흥전기가 통합을 주도하는 회사가 되었다.

그러나 이 지역에는 무려 29개사가 난립해 있었기 때문에 통합과정은 매우 지난하였다. 총독부에서는 우선 조선와사전기, 대흥전기, 남조선전기, 천안전등, 목포전등, 대전전기 등 상대적으로 규모가 큰 6개 회사를 선정해 이를 중심으로 인근의 군소 전기회사들을 흡수하도록 하였다. 이 과정에서 대흥전기는 무려 15개 회사를 합병해 회사 규모를 크게 키울 수 있었다. 그 결과 1937년 4월에 대흥전기를 중심으로 6개 회사가 합병해 자본금 2,065만여원의 거대한 남선합동전기가 탄생하였다.

경기도를 중심으로 한 중선지역의 문제는 가장 심각했다. 원래 이 지역은 당시 최대 전기회사인 경성전기가 중심이 되어 금강산전기철도, 개성전기, 춘천전기 등을 흡수할 예정이었다. 한때 공영화운동으로 사업 존폐의 위기를 맞았던 경전은 전력통제정책의 수립과정에서 총독부에 전폭적으로 협력하며 공영화운동을 저지하고 사업기한을 연장할 수 있었고, 이로 인해 양자는 긴밀한 관계를 형성하였다. 그러나 전술하였듯이 경전은 조선송전의 설립과정에서 닛치츠 주도에 불만을 품어 비협조적인 태도를 취했고 이에 따라 총독부와 경전의 관계는 급속히 냉각되었다. 이 때문에 중선지역의 배전 통합도 난항을 거듭했다. 우선 경성전기로 합병될 것으로 예상되었던 개성전기는 결국 서선합동전기에 합병되고 말았고, 경전은 1938년까지 한 곳의 전기회사도 통합하지 못한 채 오히려 경남의 진해지점과 마산지점을 조선와사전기에 넘겨줘야 했다.

게다가 경전과 금강산전기철도의 합병도 지지부진하였다. 앞서 언급하였듯이 경전은 1920년대부터 장거리 송전선에 의해 금전으로부터 수력전기를 공급받고 있었기 때문에 양사는 긴밀한 관계를 맺고 있었다. 당시 금전은 수력전기를 활용해 전등, 전력을 공급하는 외에도 철

〈표 II-11〉 전력통제정책에 의한 배전회사의 통합과정(1938년 이전까지)

회사명	전력통제 이후 통합			전력통제 이전 통합
北鮮合同電氣	1938.4.14 3사 합동	朝鮮電氣	1934.4.30 양수 城津電氣 1937.3. 1 합병 茂山電氣	
		會寧電氣		
		雄基電氣		
咸南合同電氣	元山水力電氣(상호변경) 1935.11.1 합병 北靑電燈, 咸南電氣, 北鮮電力 1936.10.1 양수 大興電氣 咸興支店(咸興電氣) 1937.11.1 합병 惠山鎭電氣			
西鮮合同電氣	朝鮮電氣興業(상호변경) 1933.12.6 합병 鎭南浦電氣, 沙里院電氣(沙里院面營), 西鮮電氣(海州電氣), 朝鮮送電*(安州電氣) 1936.11.1 합병 開城電氣 1936.11.1 양수 江界電氣			
	1937.1.1 합병	新義州電氣	1932.6. 8 합병 定州電氣 1934.6.19 합병 宣川電氣	1931.5.30 합병 滿鮮殖産
	1937.4 합병 長淵電氣			
京城電氣	日韓瓦斯電氣(상호변경: 漢城電氣, 韓美電氣)			1912.7.10 매수 仁川電氣 1928.9.24 매수 水原電氣
南鮮合同電氣	1937.4.10 6사 합동	朝鮮瓦斯電氣	韓國瓦斯電氣(상호변경, 釜山軌道, 釜山電燈) 1935.3.8 양수 咸安電氣 1935.10.22 양수 京城電氣, 鎭海支店, 京城電氣 馬山支店	1927.1.17 양수 密陽電氣 1930.8.16 양수 晉州電氣 (三千浦電氣 泗川電氣),
		大興電氣	大邱電氣(상호변경) 1932.10.21 합병 靈光電氣, 南原電氣 1936.4.15 합병 固城電氣, 安東電氣 1936.2.26 합병 慶州電氣 1936.10.1 합병 九龍浦電氣, 甘浦電氣, 河東電氣, 蔚山電氣(蔚山本府電氣), 盈德電氣, 巨濟電氣, 麗水電氣, 濟州電氣, 順天電氣, 筏橋電氣	1918.8.4 합병 咸興電氣 1920.7.7 합병 光州電氣 1920.10.22 합병 浦項電氣 1926.6.2 합병 統營電氣 1928.1.30 합병 全南電氣
		南朝鮮電氣		1927.8.30 합병 상호변경 群山電氣, 全北電氣[中外電氣 全州支店(全州電氣)], 1927.10.24 합병 井邑電氣 1929.4.6 합병 江景電氣
		天安電燈	1936.11.1 합병 溫陽電氣, 平澤電氣,忠南電氣 瑞山電氣, 大川電氣	
		木浦電燈	1936.10.1 합병 昭和電氣, 寶城電氣, 莞島電氣 1936.11.1 합병 長興電氣	
		大田電氣	1936.10.1 합병 公州電氣, 利長電氣	1919.4.11 양수 淸州電氣 1929.5.20 합병 忠州電氣

자료: 條木敬雄,《躍進途上にある朝鮮電氣事業の槪觀》, 朝鮮電氣協會, 1937, 45~54쪽;《朝鮮電氣要覽》, 각년도판.

비고: ( )안은 합병, 양수 혹은 개편한 회사. *조선송전은 1934년에 고압송전선 설치를 위해 설립된 동명의 조선송전과는 다른,
평원, 안주, 박천 등지에 전기를 공급하던 배전회사임.

원부터 금강산까지 전기철도를 운영하고 있었다. 그러나 이 철도부문의 경영성적이 좋지 않아 적자에 시달리고 있었는데 이를 정부보조금으로 겨우 버티고 있었다. 금전이 받은 정부보조금 총액은 순이익금 총액의 60%에 육박할 정도였다. 이러한 이유 때문에 경전 사장 오오하시는 양사의 합병을 강력히 반대했다. 원래 차입금에 의존하지 않는 건전경영과 고배당정책을 중시해 왔던 오오하시는 총독부로부터 보조금을 지급받고 있던 금전과의 합병이 달갑지 않았다. 당시 오오하시는 보조금에 의존해 근근이 배당을 유지하고 있는 금전의 경영행태를 가리켜 경영자로서 채택할 수 없는 '기괴지극奇怪至極한 일'이라고 혹평할 정도였다.[141] 최고경영자인 오오하시의 반대가 확고한 이상 합병은 어려운 일이었다.

그렇다면 이처럼 배전 통합이 신속하게 이루어지지 못한 근본적인 이유는 무엇일까. 우선 통합과정이 법령에 의거해 강제로 추진된 것이 아니라 행정지도에 의해서 '자발적'인 통합의 형식으로 추진되었기 때문이다. 총독부의 압력에도 불구하고 통합 대상이 되는 기업이 이를 강하게 거부하면 강제할 수단이 마땅치 않았다. 특히 군소 전기회사에 대해서는 행정지도와 같은 총독부의 압력이 유효하게 작용했지만, 경전 같은 거대 전기회사에게는 별다른 영향을 미치지 못했다.

게다가 통합과정에서 통합회사의 경영권을 비롯해 중역 선정, 피통합회사의 자산평가, 주식 반영비율 등을 둘러싼 다툼이 치열했고, 이를 조정하는 데에도 어려움을 겪었다. 예를 들어 서선합동전기 창립과정에서는 사장 선임을 둘러싸고 큰 갈등을 일으켰다. 조선전기흥업을 중심으로 5개사가 합병할 당시 중역비율, 주식 반영비율 등 합병조건을 두고 각사의 이해관계가 엇갈려 오랜 시간 논의를 거쳐 합의를 이끌어 냈지만,[142] 사장 선임을 두고서는 합의를 이루지 못하고 있었다.[143] 동척에서는 조선전흥 전무인 요시다 에이자부로吉田英三郎를 서선합전의 전무로 선임하기로 해 실권을 장악하는 선에서 사장 자리를 양보했지만, 일각에서는 조선송전 사장 카시이 겐타로香椎源太郎가 동척 고문임을 내세워 새로운 통합회사의 사장에 적합한 인물이라고 주장하고 반대쪽에서는 진남포전기 사장을 지낸 니시자키 츠루타로西崎鶴太郎를 후원하며 대립했다. 좀처럼 합의에 도달하지 못한 양측은 사장 선임권을 정무총감에게 위임하기로 해 갈등을 봉합했지만, 그 결과 체신국장 야마모토 사이조우山本犀藏가 서선합전 사장에 선임되어 관료 출신이 전기회사에 내려오는 계기가 되었다. 이른바 '낙하산 인사[天降]'의 시작이었다.

남선합동전기의 경우는 갈등이 더욱 격렬했다. 군소 회사들의 합병과 매수를 통해 29개사를 6개사로 줄이는 1차 통합을 완료하였지만, 6개사를 다시 1개사로 합병하는 2차 통합과정에서 심각한 갈등을 노정하였다. 특히 통합 후 중역의 선임과 본사의 위치를 둘러싸고 갈등이 격렬해졌는데,[144] 총독부의 주선을 통해 6개사 대표가 논의한 끝에 신합동회사의 중역비율은 피통합회사의 자본금, 자산, 수입 등을 고려하여 정하기로 하고 중역과 본점의 위치는 추후 회합을 통해 결정하기로 하여 일단 가계약을 체결하는 데에는 성공하였다.[145] 그러나 나중에 갈등은 더욱 크게 번졌다. 우선 사장 선임을 둘러싸고 대흥전기 사장 오구라 다케노스케를 후원하는 측과 조선와사전기 사장인 카시이 겐타로를 희망하는 측이 대립하였고, 여기에 통합회사의 본사를 어디에 둘 것인가 하는 문제가 결부되면서 갈등이 격렬해졌던 것이다.[146] 대전전기는 통합된 배전 관할구역의 중심에 위치하여 이동이 편리한 점을 부각하며 본사를 대전에 둘 것을 희망하였고, 대흥전기는 새로운 통합회사가 대흥전기를 중심으로 합병하므로 본사는 당연히 대구에 위치해야 한다고 주장했다. 조선와사전기는 사장을 대흥전기측에 양보할 테니 본사는 부산에 양보해 달라고 요구했다. 세 지역의 본사유치운동은 단순히 세 회사의 이해관계를 넘어서 각 지역의 상공회의소를 비롯한 지방 기업가, 실업가들까지 가담하고 부회나 부윤을 비롯한 지역 정계와도 결부되어 갈등의 양상을 한층 복잡하게 만들었다. 한때 사장을 포기하는 대신 본사를 유치하려던 부산 쪽으로 의견이 기울어지기도 했지만, 이 문제를 법정으로 가지고 갈지언정 절대로 양보할 수 없다고 버티는 대흥전기의 반발 때문에 도저히 합의를 이끌어 내지 못했다. 결국 총독부가 개입하여 본사는 잠정적으로 경성에 두되 추후에 사업경영상 가장 필요한 지역으로 옮기는 것으로 정리해 겨우 갈등을 무마할 수 있었다.

조금 뒤의 이야기지만, 북선지역의 배전 통합 때도 갈등이 일어나기는 마찬가지였다. 함남합동전기와 북선합동전기의 최종 합동을 앞두고 긴 논의 끝에 1대 1로 대등하게 합병하기로 하고 양측의 중역이 그대로 신회사의 중역을 맡기로 합의하기에 이른다. 또한 본사의 위치를 두고서도 한때 함남과 함북으로 의견이 갈렸지만 최종적으로 함흥에 두기로 합의를 보아 가계약을 맺을 수 있었다.[147] 그러나 그 이후에 사장 선임을 둘러싸고 갈등이 급격히 확대되었다.[148] 이 지역 배전회사들의 자본계통으로 보아 통합 이후에는 오구라계와 노구치계가 유력할 것으로 예상되었다. 그중에서도 오구라계가 대주주의 위치를 점할 가능성이 높아 신회사의 사장에는 오구라 다케노스케가 유망했지만, 닛치츠의 노구치가 여기에 강하게 반발했다. 노구치는 자신이 통합회사의 사장을 맡지 않겠지만 오구라가 사장이 되는 것도 원하지 않는다고 언명할 정도였다. 그리고 오구라는 이미 남선합동전기의 사장이기 때문에 새로운 통합배전회사의 사장까지 겸직해서는 안 된다는 논리를 폈다. 양측이 극심하게 대립함에 따라 체신국까지 개입하게 되어 양사 합동 후 당분간만 오구라가 사장을 맡되 당국에서 적합한 인물을 사장에 추천하기로 해 갈등을 봉합했다. 이후 오구라는 10개월여 만에 사장에서 물러나고 1940년 9월에 함남지사를 퇴직한 사사카와 교자부로笹川恭三郎가 후임 사장에 취임하기에 이른다.[149]

한편 서선합동전기, 남선합동전기, 북선합동전기와 같은 거대한 통합배전회사의 등장은 전력업계 내부에 여러 면에서 파급효과를 일으키고 있었다. 우선 퇴임한 체신국 관료들이 '낙하산 인사[天降]'를 통해 대거 전력회사에 진출해 관료와 전력업계 사이에 강한 유착관계가 형성되기 시작하였다. 앞에서 언급하였듯이 체신국장을 지낸 야마모토 사이조우(1928.1~1933.12)는 퇴임 후 서선합동전기(이하 서선합전)의 사장이 되었으며 조선송전이 창립될 때에 서선합전 사장의 자격으로 이 회사 취체역을 맡았다. 1937년 야마모토가 퇴임하자 체신국 전기과장 이마이 요리지로今井賴次郎(1929.12~1937.7)가 그 뒤를 이어 서선합전의 사장과 조선송전 취체역에 취임하기에 이른다. 야마모토의 후임 체신국장 이노우에 키요시井上淸(1933.12~1936.7) 역시 퇴임 후에는 조선전력의 전무로 자리를 옮겼다가 나중에 남조선수력전기 사장과 강릉전기 취체역을 겸임하게 된다. 체신국 관료는 아니지만 함남지사를 역임한 사사카와 쿄자부로가 북선합동전기 사장에 취임한 것도 비슷한 범주에 들어가는 일이었다. 사사카와가 물러난 뒤에는 앞의 이노우에가 그 뒤를 이어 사장에 선임된다.[150] 이렇게 형성된 관료-자본 유착관계는 1930년대 초에 수립된 전력통제정책이 비교적 장기간 유지되는 데에 강력한 기반이 되었고, 후술하겠지만 한반도에서 전력국가관리체제 수립을 지연시키는 데에도 일조하였다.

통합과정에서 총독부 관료들이 깊숙이 개입한 사실도 이러한 유착관계를 심화시키는 요인이었다. 사실 통합순서나 통합구역, 합병이나 매수 같은 통합방법 등에 따라 통합의 주도회사가 충분히 달라질 수 있었기 때문에 총독부 관료들이 특정한 의도를 가지고 통합과정에 개입하는 일이 빈번하게 일어났다. 배전회사들의 통합과정을 거치며 남선에서는 대흥전기의 오구라, 서선에서는 동척, 북선에서는 닛치츠의 노구치가 점차 주도적 위치를 점하게 된다.

한편, 배전 통합은 전기보급의 확대라는 면에서 긍정적인 효과를 낳기도 했다. 우선 장거리 고압송전망의 건설에 이어 통합된 배전회사들이 배전구역 내에서 각 지역으로 흩어지는 배전선을 건설하면서 전기가 공급되는 지역이 크게 늘어났다. 배전선의 길이가 1931년 3,570km에서 1938년 8,806km로 2.5배 가까이 늘어났고, 이에 따라 전체 면에서 전기가 공급되는 면이 차지하는 비율이 같은 기간 14.6%에서 36.0%로 역시 2.5배 가까이 늘어났다. 그러나 전등보급률은 같은 기간 6.7%에서 11.9%로 올라가는 데에 그쳤다. 아직까지 전기가 들어가지 못하는 면지역이 전기가 보급되는 면지역보다 더 많았으며, 일본의 전등보급률이 1925년에 이미 81.3%에 달했던 것과 비교하면 한국의 전

〈표 II-12〉 통합배전회사의 중역진과 대주주

회사명	자본금(불입)	중역진	대주주
西鮮合同電氣(株)	1935년말 10,000,000원 (3,401,100원)	(회장)香椎源太郎 (사장)山本犀藏 (전무)吉田英三郎 (상무)岡部修二, 難波源一 (이사)大橋恒藏, 米澤嘉久松, 橫田虎之助, 貪狼嶽吉, 松井邑次郎, 鈴木種一, 高橋謙三 (감사)田淵勵助, 松谷安太郎, 樋口虎三	(주식수) 200,000 (주주수) 974 東拓(47,167), 日本電興會社(21,790), 松谷安太郎(5,544), 湖南銀行(5,000), 難波瀾一(4,108), 松井邑次郎(3,956), 橫田虎之助(3,713), 島田房次郎(3,500), 香椎源太郎(3,500), 元孝變(3,600), 樋口虎(2,812), 近藤鐵治合(2,672), 香椎宗太郎(2,000)
南鮮合同電氣(株)	1939년말 21,683,000원 (19,771,000원)	(회장)香椎源太郎 (사장)小倉武之助 (부사장)古谷修二, 松井邑次助 (상무)飯後文甫, 增田定吉, 佐久間曜大郎, 靑柳八百造, 樋口虎三, 小瀨子次郎 (이사)內田大郎, 柳崎延太郎, 張棟相, 油間房太郎, 石津龜輔, 菊谷支吉 (감사)藝松友光, 高草美七滅, 倉重理良, 竹內淸次郎, 村上直助	(주식수) 433,660 (주주수) 1,913 大光業(53,125), 大邱證券(52,556), 菊谷支吉(9,758), 古谷脩(8,467), 朝鮮信託(8,740), 松井邑次郎(6,500), 香椎源太郎(6,360), 古谷鍊一(7,510), 迫間房太郎(4,900), 野審銀行(5,431), 松田與三郎(4,500), 英友次郎(4,059)
京城電氣(株)	1939년말 23,000,000원 (17,000,000원)	(회장)大橋新太郎 (전무)武者鍊三 (상무)見目德太 (이사)澁澤敬三, 石坂泰三, 福島甲子三, 吉合專吉 (감사)福島方信, 木本音一, 関大植	(주식수) 300,000 (주주수) 1,395 第一生命保險(58,275), 大橋本吉(23,500), 西川武三(9,000), 朝鮮生命保險(10,980), 朝鮮信託會社(8,900), 朝鮮信言會社(12,800), 高津株(5,500), 大森國平(5,651), 東京信審銀行(5,200), 大森慶次郎(4,875), 東一銀行(4,662), 大日本麥酒(4,650), 服部(合資)(4,500), 田務区太郎(4,500), 仁壽生命(4,272)
咸南合同電氣(株)	1939년말 2,400,000원 (2,400,000원)	(사장)淸水榮次郎 (이사)松浦充美, 小林儀三郎, 松井邑次郎, 方義錫, 岩村隆, 川畑雨藏, 小倉武之助, 林良作, 小倉安之, 大沼正一郎, 中井淸三郎 (감사)康濱富夫, 靑柳八百造	(주식수) 48,000 (주주수) 128 北鮮合同電氣會社(14,535), 大光興業小倉武之助(11,600), 方義錫(3,628), 紳富淸吉(1,420), 小林儀三郎(1,210), 菊谷支吉(1,332), 大二商會(760)
北鮮合同電氣(株)	1939년말 7,700,000원 (4,550,000원)	(사장)小倉武之助 (상무)尾崎變平, 木下與九郎 (이사)近藤廉郎, 岩村隆, 堀川淳一郎, 八十島五郎台衛門, 菊谷支吉, 平澤喜作 (감사)淸水榮次郎, 柳崎延太郎, 松浦充美, 大島英光,	(주식수) 154,000 (주주수) 341 右近衛左衛門(14,368), 日本窒素肥料會社(13,650), 菊谷支吉(10,841), 日本海上保險(10,130), 大光興業(9,555), 淸水土地開林(6,300), 大邱證券(5,375), 川畑雨藏(4,920), 失邊靑兵衛(4,320), 松浦充美(4,000), 小林儀三郎(3,600), 右近商事(3,420)

자료: 《朝鮮銀行會社組合要錄》, 東亞經濟時報社, 각년도판.

등보급률은 턱없이 낮은 수준이었다.

산업용 전력수요는 더욱 가파르게 증가했다. 전력수요가는 1931년 3,138호에서 1938년 3만2,424호로 12.2배 늘어났고, 이들의 전력수요는 같은 기간 8만5,459kW에서 57만4,793kW로 6.7배나 증가하였다. 전력수요 증가를 선도한 기업은 경금속, 제철, 화학공업과 같은 전력다소비산업이었다. 같은 기간 대량소비자의 전력수요량은 8.1배나 증가하고 있었고, 1938년 현재 대량소비자의 전력수요가 총전력수요의 85.0%나 차지할 정도였다.

거대 발송전회사의 등장과 대규모 발송전 설비

거대 발송전회사가 등장하고 지역별로 통합된 대형 배전회사와 짝을 이뤄 전기를 생산 공급하면서 기존의 전력구조를 근본적으로 변화시키고 있었다. 개별 지역을 각기 살펴보면, 원래 서선합전이 관할하는 평안도지역은 조선전흥 시절에 만든 무연탄발전소를 비롯하여 화력발전소가 중심에 있었다. 그런데 장진강수력발전소가 준공되자 여기에서 생산된 전기가 조선송전이 만든 송전선을 통해 평안도지역에 배급되었다. 장진강수력발전소가 있는 하기천下岐川에서 평양까지 199.9km에 걸쳐 154kV급 고압송전선이 부설되어 1935년 11월에 개통되었다. 그때까지 유례가 없던 장거리 초고압송전선이었다. 또한 이 지역에 광산개발 붐이 일어나자 광산에 필요한 전기를 공급할 목적으로 평남 영원에서 평북 운산에 이르는 154kV급 60.2km의 송전선이 추가로 부설되

〈표 II-13〉 1931~1942년 전등 및 전력수요 상황

연도	전등수요					전등 보급지역					전력수요		
	총수용가수(A)	전체호수(B)	보급률(A/B)	총전등수	1호당 전등수	부	읍	면	전체면	면지역 보급률	총수용가	총전력(kW)	대량 소비자
1931	256,936	3,821,564	(6.7)	895,979	0.23	14	48	353	2,416	(14.6)	3,138	85,469	60,000
1932	267,841	3,831,179	(7.0)	954,028	0.25	14	48	432	2,404	(18.0)	3,557	213,604	185,526
1933	287,598	3,912,121	(7.4)	1,036,959	0.27	14	48	476	2,397	(19.9)	4,090	221,381	189,056
1934	315,594	3,952,049	(8.0)	1,139,355	0.29	14	49	509	2,374	(21.4)	4,863	233,634	198,783
1935	357,308	4,010,606	(8.9)	1,293,822	0.32	14	51	573	2,343	(24.5)	11,748	257,388	209,834
1936	398,228	4,142,976	(9.6)	1,484,919	0.36	17	48	664	2,342	(28.4)	15,650	292,988	246,716
1937	454,974	4,178,929	(10.9)	1,698,057	0.41	18	46	773	2,325	(33.2)	20,839	409,127	353,818
1938	504,405	4,227,117	(11.9)	1,877,976	0.44	18	63	828	2,303	(36.0)	32,424	510,129	436,820
1939	543,073	4,271,303	(12.7)	2,063,708	0.48	19	74	857	2,276	(37.7)	38,440	574,793	488,186
1940	622,886	4,296,524	(14.5)	2,338,724	0.54	20	77	874	2,271	(38.5)	45,572	706,049	-
1941	701,556	4,409,950	(15.9)	2,658,763	0.60	20	91	905	2,245	(40.3)	69,456	850,197	-
1942	795,849	4,558,617	(17.5)	3,022,315	0.66	21	104	983	2,323	(42.3)	90,991	889,604	-

자료: 《朝鮮電氣事業要覽》, 각년도판.
비고: ( )안은 비율(%)임. -는 자료 미비.

어 1937년 12월에 개통되었다. 그 결과 서선합전은 1938년 현재 총소요전력량의 90% 이상을 조선송전이 공급하는 수력전기에 의존하게 되었다. 종래 가지고 있던 화력발전소는 모두 예비용으로 전환되고 경제성이 떨어지는 소규모 내연력발전소는 차츰 폐지되었다.

　장진강수력발전소를 기점으로 하는 조선송전의 장거리 송전은 중부지역의 경성전기에도 적지 않은 영향을 미쳤다. 전술하였듯이 경전은 비록 조선송전의 주식을 인수하지는 않았지만, 조선송전과 계약을 맺어 장진강의 수력전기를 이용하고 있었다. 이를 위해 조선송전은 평양에서부터 경성에 이르는 187.5km 길이의 154kV급 고압송전선을 추가로 부설하였는데, 장진강발전소로부터 평양을 거쳐 경성까지 계산하면 거의 400km에 달하는 당시로서는 최장거리 송전이었다.[151] 이 송전선은 1937년 12월에 개통되었는데, 그 결과 경성전기에서는 상대적으로 규모가 작아 경제성이 떨어지는 용산화력발전소(발전력 6,600kW)를 아예 폐지하고 1930년에 거액을 들여 한강 연안에 새로이 건설한 당인리 화력발전소(발전력 2만2,500kW)를 예비용으로 전환하였다. 경성전기는 기존의 금강산전기철도에서 생산된 수력전기와 함께 장진강의 수력전기를 더해 거의 대부분의 전기를 수력전기에 의존하게 되었다. 1938년 현재 경성전기는 전체 필요전력량의 60%가 넘는 전력량을 조선송전에 의존하고 있었다.

　북선지역도 장진강수력발전소에 의존하기는 마찬가지였다. 다만 이지역은 조선송전이 아니라 장진강수전이 직접 송전선을 건설하여 전기를 공급하였다. 우선 장진강발전소로부터 단천에 이르는 구간과 단천에서 청진에 이르는 구간에 110kV급 송전선을 부설하여 1936년 12월에 개통하였다.[152] 전체 길이가 400km가 넘었다. 이어 청진에서 회령에 이르는 구간 약 95km도 110kV급 송전선으로 연결하여 1937년 11월에 개통하였다. 이렇게 하여 이 지역의 통합배전회사였던 함남합전과 북선합전이 장진강수력발전소에서 생산된 전기를 활용하게 되었다. 1938년 현재 북선합전은 99%가 넘는 전기를 장진강수력발전소에서 공급받고 있었고, 같은 시기 함남합전도 장진강과 부전강발전소를 합쳐 90%에 육박하는 전기를 의존하고 있었다.

〈표 II-14〉 1938년 현재 고압송전선 운영현황

송전전압	사업자	송전선로명	구간		긍장 (km)	사용개시 연월
			시점	종점		
154kV	조선전력	대구	영월화력	대구	169.8	1937. 9
		대전	상주	대전	64.7	1937. 9
	조선송전	평양	하기천	평양	199.9	1935.11
		경성	평양	경성	187.5	1937.12
		운산	성양	운산	60.2	1937.12
	합계				682.1	
110kV	조선질소비료	부전강제1	부전강제2	흥남	55.1	1931. 5
		부전강제2	부전강제1	흥남	61.0	1930.11
		부전강제3	부전강제1	흥남	60.4	1929.12
		제1(송)제4(발)연락	제1(송)	제4(발)	1.8	1933. 2
		본궁분기	제1(송)	본궁	2.6	1936. 6
	장진강수전	함북	기곡	단천	128.1	1936.12
			단천	청진	172.8	1936.12
		회암	청진	회암	94.5	1937.11
		부전강연락	장진강제1	기곡	31.3	1935.11
		제2연락	장진강제1	제2	6.4	1936. 7
		흥남	장진강제2	본궁	44.5	1936.12
		장진강제4발전소분기	장진강제4	흥남	1.1	1938. 7
	합계				659.6	

자료:《朝鮮電氣事業要覽》, 각년도판.

그런데 남선합전의 경우는 다소 달랐다. 전술하였듯이 남선합전은 조선전력에서 경영하는 영월화력발전소에서 전기를 공급받았다. 당시 조선전력은 강원도 영월군 하동면 정양리에 화력발전소를 건설하여 운영하고 있었다. 영월탄광에서 직접 석탄을 캐서 12km의 가공삭도를 이용해 발전소 내 저탄장으로 운반하였고,[153] 냉각수는 발전소 인근의 남한강에서 채취하여 사용하였다. 조선전력은 1937년 10월에 영월화력발전소 제1기공사(발전력 5만7천kW)를 완성하여 송전을 개시하였고,

〈표 II-15〉 통합배전회사의 발전/수전 실적(1938)

| 회사명 | 발전 | | | 수전 | | 합계 |
	화력	내연력	수력		공급자별	
북선합전		177,856 (0.2)		92,839,855 (99.8)	장진강수전 (99.8)	93,018,696 (100.0)
함남합전		412,545 (0.9)	5,305,509 (12.1)	37,994,021 (86.9)	장진강수전 (68.8) 조선질소 (17.9)	43,712,075 (100.0)
서선합전	14,602,269 (6.1)	935,917 (0.4)		222,292,671 (93.4)	조선송전 (93.4)	237,908,962 (100.0)
경성전기	5,136,687 (2.9)		57,408,200 (32.4)	114,676,500 (64.7)	조선송전 (64.7)	177,221,387 (100.0)
남선합전	20,533,035 (10.6)	733,887 (0.4)		172,492,213 (89.0)	조선전력 (73.7) 남조선수전 (10.2) 보성흥업 (5.2)	193,759,135 (100.0)
합계	40,271,991 (5.4)	2,260,205 (0.3)	62,713,709 (8.4)	640,295,260 (85.9)		745,620,255 (100.0)

자료: 《朝鮮電氣事業要覽》, 각년도판.
비고: 단위는 kWh. ( )안은 비율(%)임.

나중에 제2기(2만5천kW), 제3기(2만5천kW) 공사를 거쳐 발전력을 크게 늘려 나간다. 또한 조선전력은 1937년 4월 전북에서 운암수력발전소(5천kW)를 경영하던 남조선수력전기(자본금 250만원)의 주식을 전량 매수하여 자회사로 만들었다. 이에 따라 남선에서 조선전력의 전력 독점력은 더욱 강화되었다.

또한 조선전력은 영월화력발전소 준공에 맞춰 고압송전선 건설에 나섰는데, 영월화력발전소에서 대구까지 169.8km 구간에 154kV급 대구송전선을 건설해 1937년 9월에 개통하였고, 같은 시기에 상주에서 분기하여 대전에 이르는 64.7km 구간의 송전선도 개통하였다. 게다가 66kV급 강경송전선(대전-강경) 44.4km를 건설해 호남방면으로 송전하고, 수산송전선(대구-수산) 59.3km를 건설하여 부산방면에 공급하였다. 각각 1937년 9월과 11월에 개통하였다. 그리고 조선전력은 삼척탄전을 거쳐 북삼면에 이르는 북삼송전선을 건설해 강원도 삼척지방에도 송전하였다.

그 결과 1938년 현재 남선합전은 전체 소요전력량의 70% 이상을 영월화력발전소의 화력전기에 의존하고 있었다. 화력전기에 크게 의존하고 있던 점에서 남선합전은 다른 배전회사들과 성격을 달리하였다. 또한 남선합전은 조선전력이 자회사로 거느리던 남조선수력전기에서도 약 10%의 전력량을 공급받고 있었는데, 이 둘을 합하면 80% 이상이 된다. 당시 언론에서 남선합전과 조선전력이 "밀접한 불가분의 관계"에 있다고 평한 것은 이러한 배경 때문이었다. 또한 남선합전이 화력전기에 크게 의존하고 있었던 일은 총독부가 의도한 남과 북의 분리된 두 계통의 전력네트워크에 기인한 것이었다.

한편, 154kV급, 110kV급 송전간선을 주축으로 하여 이를 각지로 연결해 줄 66kV급, 44kV급, 22kV급 같은 송전지선도 대거 건설되어 전체 송전선의 길이는 1931년 1,583km에서 1938년 7,009km로 크게 늘었다. 그 가운데에서도 66kV급 송전선은 같은 기간 213km에서 2,121km로 크게 증가하였다. 여기에는 장진강수전이나 조선전력과 같은 발송전회사 이외에 통합배전회사들이 적극 활약하고 있었다.

이렇게 보면 조선전력통제정책의 시행 결과 함남합전과 북선합전은 장진강수력전기로부터 직접 전기를 공급받고 있었고, 서선합전과 경성전기는 장진강수력발전소의 전기를 조선송전을 통해서 간접적으로 공급받고 있었는데, 장진강수력전기와 조선송전은 모두 닛치츠의 자회사이기 때문에 북부와 중부지역은 사실상 닛치츠가 생산하는 전기에 크게 의존하고 있는 상황이었다. 게다가 남선합전은 조선전력으로부터 소요전력량의 대부분을 공급받고 있었기 때문에 양자는 밀접한 관계를 맺고 있었는데, 특히 남선합전은 조선전력의 대주주였기 때문에 양자는 자본적으로도 긴밀히 연결되어 있는 상태였다. 이렇게 보면 통합배전회사들은 소요전력량의 거의 대부분을 이들 대형 수력발전소와 화력발전소에 의존하고 자체 발전소에서 생산한 전력량은 극히 미미해져 있었기 때문에 사실상 이 시기에는 전력소매회사로서의 성격을 강하게 띠고 있었다. 그리고 북선에서는 장진강수전이 발송전을 겸하고 있었고, 서선과 중선에서는 장진강수전이 발전, 조선송전이 송전을 분리 경영하고 있었으며, 남선에서는 조선전력이 발송전을 겸하고 있었다. 그런데 장진강수전과 조선송전은 모두 닛치츠의 자회사이기 때문에 사실상 발송전의 겸영이라고 해도 과언이 아니었다. 이렇게 보면 1930년대

〈표 II-16〉 1931~1942년 발전 및 송배전 설비 추이

| 연도 | 발전설비 | | | | | | | | | 송배전설비 | | | | |
	수력(A)	(A/B)	기력	내연력	영업용(B)	자가용	관청용	비영업용(C)	C/(B+C)	배전선	송전선	66kV	110kV	154kV
1931	109,355	(67.2)	45,964	7,522	162,841	32,906	2,790	35,696	(18.0)	3,570	1,583	213	134	
1932	166,704	(71.7)	58,014	7,800	232,518	34,108	2,790	36,898	(13.7)	4,317	2,032	345	188	
1933	179,079	(71.7)	62,314	8,203	249,596	43,819	2,765	46,584	(15.7)	4,932	2,332	407	190	
1934	218,650	(74.8)	65,214	8,553	292,417	46,552	2,765	49,317	(14.4)	5,388	2,560	492	190	
1935	218,650	(70.6)	86,050	4,904	309,604	51,669	3,275	54,944	(15.1)	5,445	3,001	636	190	
1936	326,650	(76.0)	98,550	4,876	430,076	54,636	3,280	57,916	(11.9)	6,814	4,100	991	421	
1937	416,350	(79.4)	102,400	5,934	524,684	71,817	4,888	76,705	(12.8)	7,583	5,323	1,404	430	
1938	522,350	(78.2)	141,100	4,756	668,206	98,191	2,583	100,774	(13.1)	8,806	7,009	2,121	775	234
1939	550,850	(81.0)	126,500	3,082	680,432	96,711	2,583	99,294	(12.7)	9,116	7,818	2,306	675	682
1940	550,850	(82.3)	115,150	3,075	669,075	107,165	2,516	109,681	(14.1)	9,443	7,927	2,288	671	682
1941	717,470	(83.5)	139,300	2,867	859,637	124,731	2,516	127,247	(12.9)	10,158	8,374	2,334	759	682
1942	858,390	(86.0)	137,900	1,388	997,678	130,440	2,556	132,996	(11.8)	10,519	8,432	2,511	804	682

자료: 《朝鮮電氣事業要覽》, 각년도판.

비고: ( )안은 비율(%)임.

초 조선전기사업조사회에서 정한 '송전간선=국영'이라는 원칙은 실제 전력통제정책의 전개과정에서는 전혀 지켜지지 않았고, 오히려 애초에 총독부가 희망했던 발송전 합동사업을 민영회사에 맡기려 했던 방안에 따라 추진되고 있었던 것이다.

한편, 수력발전소에서 생산한 발전전력량을 살펴보면, 1935년 이후 장진강수력발전소의 비중이 점차 늘어나 1938년에 장진강에서 생산한 전력량은 15억7,812만4,646kWh로서 전체 수력발전소 발전량의 57.6% 를 차지했다. 거기에 닛치츠 소유인 부전강발전소 전력량까지 더하면 전체 수력발전소 발전량의 95.6%나 되었다. 사실상 한반도 전역에서 생산되는 수력전기의 거의 대부분은 닛치츠가 생산해 내고 있다고 해 도 과언이 아니었다. 그런데 남부의 핵심발전소였던 영월화력발전소의 1938년 발전량은 1억7,643만940kWh이었는데, 이는 같은 시기 장진강 수력의 11.2%에 불과했다. 당시 닛치츠가 전력업계에서 차지하는 위치 가 어떠했는지를 여실히 보여 준다.

그런데 앞에서 보았듯이 1930년대 전등보급률이 올라가고 산업용 전력수요가 팽창하면서 장진강수력이나 영월화력 이외에 새로운 전원 개발의 필요성이 증대하고 있었다. 이에 따라 총독부는 장진강 다음으 로 경제적으로 유망하다고 판단했던 허천강 개발에 관심을 기울였다. 우선 총독부는 1936년 3월에 장진강수전에게 허천강 개발권을 부여해 발생전력량의 3분의 1은 자가용으로 사용하되 나머지 3분의 2를 공공 용으로 공급하도록 하였다. 장진강수전에서는 허천강의 두 지류인 황 수원강과 웅이강 양쪽에 여러 개의 댐을 쌓아 저수지를 만들고 이 물을 동해 쪽 남대천으로 끌어와 낙차를 이용하는 유역변경식 수력발전을 채택하였다. 원래는 5곳에 발전소를 건설하여 17만여kW의 발전력을 갖출 예정이었지만, 나중에 발전력이 34만5천kW까지 늘어났다.

또한 총독부는 만주국과 공동으로 압록강 본류를 개발하는 대규모 전원개발사업을 계획하였다. 수풍, 의주, 운봉, 위원, 만포, 임강, 후창 등 7개 지점에 댐을 막아 저수지를 만들고 댐 아래에 수력발전소를 설치하는 당시에는 '세계 최대'라고 선전하던 초대형 발전계획이었다.[154] 예상되는 공사비만 3억원에 달하였고, 이를 통해 도합 160만kW의 발

〈표 II-17〉 1934~1938년 수력발전소의 발전전력량 추이

회사	발전소	최대출력 (kW)	발전전력량(kWh)				
			1934년	1935년	1936년	1937년	1938년
남조선 수력	운암	5,120	16,574,780	13,958,660	23,263,250	29,126,640	22,805,050
금강산 전기	중대리	7,000	43,246,388	39,081,138	53,615,490	46,495,696	44,913,046
	향천리	3,250	18,846,980	16,754,116	24,106,155	20,179,240	18,509,560
	신일리	2,600			6,879,621	16,349,583	15,187,824
	판유리	720	3,272,364	2,177,484	3,643,668	2,781,372	3,175,920
원산수력	삼대리	350	1,051,289	850,477	909,760	761,600	781,360
	상평리	235	1,003,912	859,843	852,724	819,860	755,040
북선전력	용흥강	600	3,140,860	1,561,930	3,752,527	4,391,975	3,769,109
조선 질소비료	부전강제1	129,600	755,932,000	954,438,000	830,223,000	690,371,000	701,813,000
	부전강제2	41,400	231,338,500	294,947,000	248,041,000	201,142,000	199,464,000
	부전강제3	18,000	102,170,160	130,358,560	110,628,920	87,875,960	85,697,800
	부전강제4	12,375	60,327,000	68,037,500	63,334,000	55,553,300	52,573,900
장진강 수력	장진강제1	144,000		290,463,900	699,690,000	787,736,600	804,354,346
	장진강제2	106,300				490,721,700	567,489,800
	장진강제3	42,000					179,501,000
	장진강제4	34,200					26,779,500
보성흥업	보성강	3,100				3,903,150	11,736,650
합계		550,850	1,236,904,233	1,813,488,608	2,068,940,115	2,438,209,676	2,739,306,905

자료: 《朝鮮電氣事業要覽》, 각년도판.

전력을 확보할 수 있을 것으로 예상되었다. 조선총독부는 여기서 생산된 전기를 만주국과 절반씩 나누어 소비하기로 약정하고, 7개 지점 가운데 가장 큰 규모인 수풍수력발전소(70만kW) 건설에 일차로 착수하였다. 조선과 만주국의 국경하천이었던 압록강을 개발하기 때문에 양국의 이해를 조정하는 일이 문제였다. 이를 해결하기 위해 조선과 만주국에 각기 자본금 5천만원의 조선압록강수력발전과 만주압록강수력발전을 세우고 양사는 동일한 자산을 소유하는 한편 임원과 주주도 동일인으로 구성하기로 했다. 양사의 지분을 절반씩 나눠 갖기로 하고 이익도 절반씩 차지하기로 하였으며, 개발사업은 수력발전소 건설 경험이 풍부한 닛치츠에 맡기기로 했다. 이에 따라 1937년 9월에 닛치츠는 만주국, 동척과 합동으로 조선압록강수력발전을 설립하기에 이르렀다. 닛치츠는 발생전력의 6분의 1을 자가용으로 확보하는 대신 3분의 1을 공공용으로 제공해야 했다.

이렇게 대규모의 전원개발계획이 확정됨에 따라 추후에 이들 발전소가 준공되어 발전을 개시하면 한반도의 전력구조는 다시 한번 크게 변화를 맞이할 것이었다. 그리고 허천강과 수풍 발전소가 준공되면 닛치츠의 전력산업 장악력도 한층 높아질 것으로 예상되었다.

한편, 이 시기에는 동척의 전력업 진출도 본격화되었다. 1919년에 조선전흥의 설립을 시작으로 이미 전력업에 관심을 두고 있었던 동척은 1930년대 중반 이후 본격적으로 전력업에 진출하려는 의지를 보였다. 우선 두만강 지류인 함북의 성천수를 막아서 부령천으로 끌어다가 낙차를 이용해 발전하려는 유역변경식 수력발전계획을 세웠다. 부령군 정탐동, 부령동, 허통동 등 3개 지점에 발전소를 건설하여 총출력 2만8

천kW의 발전력을 확보할 계획이었다. 이 발전소는 애초에 동척계인 조선전기야금에 공장용 전력을 공급하기 위해서 만들고자 하였다. 이에 따라 동척은 1936년 8월에 자본금 1천만원의 부령수력전기를 설립

〈표 II-18〉 1930년대 주요 발송전회사의 자본구성과 중역진

회사명	설립일 자본금(불입)	자본구성	중역진
朝鮮送電(株)	1934.5.16 15,000,000원 (3,750,000원)	30만주 長津江水電(13만), 東拓(5만), 金剛山電鐵(2만), 朝鮮窒素肥料(2만), 朝鮮中央電氣企業組合(19,500)	(사장)野口遵 (이사)久保田豊, 山本犀藏, 吉田英三郎, 岡本桂次郎, 山內伊平 (감사)大島英吉, 田淵勳
長津江水電(株)	1933.5.11 20,000,000원 (5,000,000원)	40만주 日本窒素肥料(20만), 朝鮮窒素肥料(199,200)	(사장)野口遵 (이사)白石宗城 (상무이사)久保田豊 (감사)大島英吉
朝鮮電力(株)	1935.7.1 30,000,000원 (30,000,000원)	60만주 南朝鮮水力電氣(20만), 南鮮合同電氣(192,000), 東拓(149,400), 小倉安之(16,000), 池尾芳藏(9,200), 日本電力(4,600)	(사장)小倉武之助 (전무이사)市吉崇浩, 內藤熊喜, 井上清 (이사)池尾芳藏, 林安繁, 香椎 源太郎, 石津龍輔, 增田次郎, 古谷脩一, 佐方文次郎, 三木喜延, 海東要造, 松井邑次郎, 新井章治 (감사)裏松友光, 樋口虎三, 靑柳八百造, 澤田豊丈, 田邊隆二
富寧水力電氣(株)	1936.8.17 10,000,000원 (2,500,000원)	20만주 東拓(199,000), 9명(각100)	(사장)竹內健郎 (이사)森鼻至良, 津田尚道 (이사지배인)江藤盛一 (감사)種野文雄, 上內彦策
朝鮮鴨綠江水力電氣(株)	1937.9.7 50,000,000원 (37,500,000원)		(사장)野口遵 (상무이사)久保田豊, 陳悟 (이사)佐方文次郎, 高橋康順, 德埒額 (감사)大島英吉, 村尾重孝, 永井四郎, 恩麟

자료:《朝鮮銀行會社組合要錄》, 東亞經濟時報社, 각년도판.

하고, 이 회사의 주식을 단독으로 인수하였다. 그러나 닛치츠의 전원개발계획에 비하면 아직 작은 규모의 계획이었고, 자회사의 소요전기 확보에 치중한 계획이었기 때문에 다른 전기회사들에 미치는 영향은 크지 않았다.

4. 전시 말 전력국가관리체제의 수립

전력통제정책이 초래한 문제와 해결방안 모색

1937년 중일전쟁 발발 이후 일제는 정치·경제·사회 체제를 '총동원체제'로 전환하였다. 임시자금조정법(1937.9), 국가총동원법(1938.5) 등을 기반으로 자금, 물자, 인력을 끌어 모아 전쟁 수행을 뒷받침할 군수산업에 집중 배분하는 경제재편성이 추진되었고, 금융·생산·분배·소비·가격·노무 등 경제의 모든 면에서 국가의 전면적 개입을 통한 강력한 통제가 시작되었다.[155] 이른바 '전시통제경제체제'가 구축되었다. 새로운 경제체제의 성격은 단순히 산업별 개별자본의 사적 통제에 의한 부분적, 소극적 '경제통제'가 아니라 국가의 전면적, 적극적, 직접 통제를 통한 '고도국방국가'의 창출, '경제신체제'로의 질적 전환을 의미했다. 장기전하 일만지日滿支 블록 건설을 목표로 하던 일제는 한국경제의 재편성을 요구했고, 조선총독부는 병참기지와 대륙전진기지로서의 역할을 부각하면서 이에 호응했다. 인력 동원을 위한 황국신민화·내선일체 이데올로기가 극단적으로 강요되는 가운데, 군수산업을 지원 육성하기 위한 방안의 하나로 전력 동원이 필요해졌고, 기간산업인 전력산업의 중요성은 더욱 부각되었다. 전력통제를 강화해야 한다는 주장이 등장한 이유였다.

그런데 1930년대 초에 수립된 전력통제정책은 실시과정에서 여러 가지 문제점을 드러내고 있었다. 첫째, 앞에서 보았듯이 원래 남선, 호남, 중선, 서선, 북선 등 5개 지역으로 통합하려던 배전통합계획은 남선과 호남을 합해 남선, 중선, 서선, 북선 등 4개 지역으로 수정되어 진행되고 있었는데, 1938년 이전까지 서선합전, 남선합전, 함남합전 같은 대형 배전회사들이 등장하여 일정 부분 진척되기는 했지만, 원래 총독부가 기대한 대로 조속한 시일 내에 완수되지 못하고 있었다. 우선 서선지역에서는 최대 소비지인 평양에서 부민들의 반대로 인하여 평양부영전기가 통합 대상에서 제외되었고, 북선지역에서는 함남합전과 함북지역 전기회사들의 통합이 완수되지 못한 채로 남아 있었다. 남선지역에서도 소수의 군소회사 합병이 마무리되지 못한 상태였다. 중선지역에서는 한때 최대의 배전회사였던 경성전기가 조선송전 설립과정에서 빚어진 총독부와의 관계 악화로 인해 통합과정에서 소외된 채 별다른 진전을 보지 못하고 있었다. 특히 경성전기와 금강산전기철도의 합병이 중대한 과제로 남아 있었다. 따라서 총독부에서는 이런 과제들을 서둘러 해결해야만 했다.

우선 서선지역에서는 1938년 1월에 서선합동전기가 마지막으로 남아 있던 평양부영전기를 매수하여 서선지역 배전 통합을 완료하였다.[156] 평양부전은 자체 화력발전소를 보유하길 희망하였지만 총독부의 인가를 얻지 못해 서선합전이 전송하는 고비용 수전에만 의존하고 있었다. 따라서 산업자본가들의 동력요금 인하 요구를 반영하지 못하였고 부채가 늘어남에 따라 경영이 위축되어 있었다. 서선합전은 이 틈을 파고들어 평양부전이 안고 있던 부채 266만원을 인수하는 조건에다가 350만원(종업원 퇴직수당 15만원 별도)을 지급하여 평양부전을 매수할 수 있었다. 그런데 매수금액 350만원은 전액 주식으로 교부했기 때문에 사실상 서선합전은 큰돈을 들이지 않아도 되었다. 다만 평양부에 일부 중역의 추천권을 주고 종업원을 전원 인계하는 조건을 받아들여 매수작업을 마무리지을 수 있었다.

북선지역 중 함남에서는 어느 정도 진척을 보았지만, 함북에서는 아직 통합에 진척을 보지 못한 상태였다. 함남에서는 1935년 11월에 원산수력전기, 북청전등, 함남전기, 북선전력 등이 합동하여 함남합동전기를 탄생시키고 대흥전기 함흥지점과 혜산진전기를 합병하는 데에 성

〈표 II-19〉 1938년 이후 배전회사의 통합과정

회사명	통합과정		
北鮮合同電氣	北鮮合同電氣	1938.4.14 3사 합동	朝鮮電氣
			會寧電氣
			雄基電氣
	1939.11.30 합병 咸南合同電氣		
西鮮合同電氣	1938.1.1 양수 平壤府營電氣		
京城電氣	1939.4.1 양수 春川電氣 1942.1.1 합병 金剛山電氣鐵道		
南鮮合同電氣	1938.9.7 합병 城南電燈 1940.2.26 합병 江陵電氣		

공했지만, 함북에서는 조선전기, 회령전기, 웅기전기 3사의 합동이 지연되고 있었던 것이다. 마침내 3사 간의 긴 논의 끝에 1938년 4월에 조선전기를 중심으로 3사가 합동하여 자본금 770만원의 북선합동전기를 탄생시켰다.[157] 그리고 북선합전과 함남합전은 최종 통합 논의에 들어갔다. 그러나 양사의 대주주들은 사장 선임과 본사 위치문제를 두고서 격렬하게 대립하다가 총독부의 중재를 통해 본사는 함흥에 두고 사장은 추후에 총독부에서 추천하기로 합의했다. 1939년 11월에 북선합전이 함남합전을 합병하는 형식을 통해 북선지역의 배전 통합도 최종 완료되었다.[158]

남선지역에서는 남선합전이 아직 통합되지 않은 채 남아 있던 소규모 배전회사인 성남전등과 강릉전기를 합병하여 통합을 완료하였다. 안성에 본거를 둔 성남전등은 원래 안성지역 한국인 자본가들이 모여서 만든 회사였다. 사장은 이 지역 출신인 박필병이었으며, 자본금이 10만원(불입 2만5천원)에 불과한 작은 회사였다. 남선지역 전기회사들이 남선합전으로 대통합을 이룰 때 유독 한국인 소유였던 이 회사만이 제외되었는데, 아마도 합병을 거부했던 것 같다.[159] 그러나 발전소 화재로 인해 자체 발전력을 상실해 남선합전으로부터의 수전에 의존하고 있었고 지역적으로 고립되어 있었던 데다가 경영부실 때문에 자본금을 5만원으로 줄이는 등 경영난 때문에 통합은 피할 수 없었다. 우여곡절 끝에 1938년 9월에 남선합전에 합병되고 말았다.[160]

강릉전기는 다소 복잡한 과정을 거쳤다. 원래 계획대로라면 경성전기가 강릉전기를 통합해야 했으나 총독부와 경전의 관계가 악화되면서 실행되지 못했다. 그런데 이후 총독부에서 동해안지역은 발송전회사인 조선전력에서 직접 배전하기로 방침을 변경함에 따라 조선전력이 강릉전기를 인수하기로 계획을 바꾸었다. 그 결과 1936년에 조선전력이 강릉전기의 주식을 인수하여 자회사로 거느리고 있었다.[161] 그러나 한반도 전역의 배전 통합이라는 측면에서 보면 발송전회사가 배전회사를 자회사로 거느리고 있는 것은 부적합한 일이었다. 결국 남선합전에서 강릉전기를 합병하기로 하여 1940년 2월에 인수인계를 마쳤다.[162] 이렇게 해서 중선지역을 제외한 배전 통합은 1940년까지 모두 완료되기에 이르렀다.

그러나 중선지역은 경성전기와 금강산전기철도의 합병이 여전히 큰 과제로 남아 있었다. 그런데 배전 통합의 결과로 인해 거대 배전회사들이 속속 등장하는 가운데 한때 한반도 최대의 전기회사였던 경전의 사세는 상대적으로 위축되어 갔다. 이에 경전 경영진은 총독부와의 관계 개선이 필요하다고 판단했던 것 같다. 경전 경영진은 전력국가관리 추진에 적극적인 협조의사를 보내면서 총독부와의 관계개선을 꾀하였고, 그 결과 1939년 4월에 총독부의 협조를 얻어 춘천전기를 매수할 수 있었다.[163] 당시 춘천전기는 남선합전에 통합될 예정으로 협상 중에 있었지만, 돌연 방침을 변경하여 경전에 합병되었던 것이다. 이후 경전은 그간 미루어 왔던 금강산전기철도의 합병에도 나섰다. 그러나 과정은 순탄하지 않았다. 적자에 시달리고 있던 철도부문이 걸림돌이었다. 경전은 전등·전력 부문만을 인수하고 철도는 인수하지 않으려 했는데 철도국에서 이를 반대했던 것이다. 게다가 경전 사장 오오하시 신타로의 합병 반대의지도 여전했다. 그러나 오오하시의 건강이 악화되어 예전의 리더십을 발휘하기 어려워지고 총독부에서 양사에게 철도를 포함한

회사명	자본금(불입)	중역진	대주주
西鮮合同電氣(株)	1942년판 30,000,000원 (25,100,000원)	(사장)今井賴次郎 (상무)難波彌一, 金正浩, 神保信吉, 龜山猛治, 永木茂一, 祁笒院規矩雄, (이사)倉知鐵吉, 松井邑次郎, 樋口虎三, 上內彦策, 津守豊治, 安城基 (감사)鈴木種一, 多田羅淺吉	(주식수) 600,000 (주주수) 1,086 東拓(79,511), 平壤府(70,000), 日本電興(53,653), 西電役員團(39,161), 朝鮮信託(32,500), 漢城銀行(10,605)
南鮮合同電氣(株)	1942년판 35,000,000원 (25,341,500원)	(회장)香椎源太郎 (사장)小倉武之助 (부사장)松井邑次郎, 樋口虎三 (상무)飯會文甫, 增田定吉, 靑柳八百造, 小瀨守次郎 (이사)古谷脩一, 梅崎延太郎, 張元稷相, 石津龍輔, 菊谷茂吉, 森春藏, 菅平八 (감사)裏松友光, 高草美代藏, 村上直助, 岩井庄次	(주식수) 700,000 大光興業(85,820), 大邱證券(74,091), 菊谷茂吉(14,012), 朝鮮貯蓄銀行(11,409),
京城電氣 (株)	1942년판 33,800,000원 (28,080,000원)	(사장)武者鍊三 (전무)見目德太 (상무)平井秀雄, 前原肇, 米倉元一, 杉村貞雄 (이사)石坂泰三, 吉谷專吉, 木村雄次, 穗積眞六郎 (감사)福島行信, 木本倉二, 閔大植, 中村孝吉	(주식수) 676,000 第一生命相互保險(65,510), 大橋本店(21,500), 朝鮮信託(18,118), 朝鮮商業銀行(14,620), 西川武吉郎(9,000)(1941년12월말) 第一生命相互保險(79,079), 朝鮮信託(37,455), 復部合資(24,300), 大橋本店(17,027), 朝鮮商業銀行(27,868)(1942년12월말)
北鮮合同電氣(株)	1942년판 11,500,000원 (9,450,000원)	(사장)笹川恭三郎 (상무)尾崎逸平, 木下與九郎, 時久龍太郎, 小林儀三郎, 大沼正一郎, 中井淸三郎 (이사)小倉武之助, 堀川淳一郎, 八十鳥五郎右衛門, 菊谷茂吉, 藤田聯藏, 淸水榮次郎, 松井邑次郎, 方義錫, 川畑淸藏, 林良作, 梅崎延太郎, 靑柳八白造, 大島英吉 (감사)松浦充美, 岩村隆, 葭濱信夫, 小倉安之, 平澤喜介	(주식수) 230,000 (주주수) 418 日本窒素肥料(28,318), 菊谷茂吉(14,041), 朝鮮土地證券(11,700), 大光興業(12,694), 日本海上保險(11,668), 右近商事(9,230), 淸水土地植林(7,254), 右近權左衛門(7,460), 小林儀三郎(7,640), 大邱證券(5,585), 川畑淸藏(5,598), 藤田聯藏(5,284), 矢邊淸兵衛(4,974), 方義錫(4,837), 小倉安之(7,664)

자료: 《朝鮮銀行會社組合要錄》, 東亞經濟時報社, 각년도판; 《帝國銀行會社要錄》, 帝國興信所, 각년도판.

합병방침을 강력히 지시함에 따라 양사의 합병은 움직일 수 없는 사실이 되어 갔다. 결국 오오하시는 경전 간부들의 건의를 받아들여 금전과의 합병을 승인하기에 이르렀고, 1942년 1월 1일을 기해 양사는 마침내 합병을 이루었다. 중부지방의 배전 통제, 나아가 한반도 전역의 배전 통제가 완성되는 순간이었다.

북선합전, 서선합전, 남선합전, 경성전기 등 거대 통합배전회사들이 등장한 이후 이 회사들의 성격 변화도 주목할 만하다. 우선 남선합전의 오구라를 제외하고 세 회사의 최고경영진은 모두 총독부 관료 출신이 차지하게 되었다. 서선합전은 1933년 통합배전회사로 출범한 이후 체신국장 출신의 야마모토와 체신국 전기과장 출신의 이마이가 차례로 사장을 맡고 있었고, 북선합전은 함남합전과의 통합 이후 사장이 오구라에서 함남지사를 역임한 사사카와로 바뀌었고, 1943년에는 체신국장 출신 이노우에가 이 회사 사장에 취임했다. 경성전기는 식산국장 출신의 호즈미 신로쿠로가 1942년 8월에 이 회사의 취체역이 되었다가 그해 12월에 사장에 취임하기에 이르렀다. 이런 변화의 배경에는 통합배전회사들에 대한 국책회사와 국책금융기관의 소유 주식이 점차 늘어났던 사정도 영향을 미치고 있었다고 생각된다.

둘째, 발전과 관련된 문제점도 발생하고 있었다. 발전부문 내에서 닛치츠의 비중이 확대될수록 전기 사용을 둘러싸고 닛치츠와 여타 산업자본가들과의 갈등이 격화되고 있었던 것이다. 전력통제정책의 본격적인 전개에 따라 발전과 송전에서 닛치츠의 비중은 급격히 증대하고 있었다. 앞서 보았듯이 부전강과 장진강 개발에 성공한 닛치츠는 여세를 몰아 1930년대 후반 허천강 개발권까지 손에 넣기에 이르렀다. 닛치츠는 1937년부터 장진강수력전기를 통해 허천강 개발사업에 적극 나서 1940년에 제1기 공사를 마치고 제1, 제2발전소를 완공해 발전력 10만 7,400kW를 확보했고,[164] 1944년까지 제2기 공사를 마치고 모두 4개의 발전소에서 33만8,800kW의 발전력을 얻기에 이르렀다. 게다가 장진강수전은 1941년에 단천부터 흥남까지 당시로서는 최초로 220kV급 송전선을 설치하는 데에 성공했고,[165] 이후 북으로 단천, 성진, 길주, 청진, 아오지에 이르는 송전선을 건설해 함경도지역에만 모두 220kV급 송전선 365.4km를 설치하기에 이르렀다.

게다가 비슷한 시기에 진행된 압록강 개발사업의 성공은 닛치츠의 지위를 더욱 높여 주었다. 압록강 개발사업은 애초에 압록강 본류에 모두 7개의 댐을 막고 수력발전소를 설치해 160만kW의 발전력을 확보하려던 계획이었는데, 닛치츠는 그 첫사업으로 1937년에 가장 규모가 큰 수풍수력발전소(예상발전력 70만kW)의 건설에 나섰다. 그리하여 1941년 8월과 9월에 발전기 1, 2호기를 각각 설치하는 데에 성공했고, 1942년 4월과 1943년 1월에 3, 4호기를 각각 설치하였으며, 그 후 1944년까지 모두 6호기를 설치해 60만kW의 발전력을 갖추는 데에 성공했다.[166] 애초 만주국과의 약정에 따라 그 절반인 30만kW만을 한국 내 사용 발전력으로 확보할 수 있었지만, 그것만으로도 장진강이나 허천강의 발전력과 맞먹을 정도로 거대한 규모였다. 그리고 수풍발전소 건설에 맞추어 닛치츠의 자회사인 조선송전에서는 수풍에서 평양까지, 평양에서 진남포까지, 그리고 수풍에서 다사도까지 154kV급 송전선을 설치하는 계획을 세웠다.

이렇듯이 완공된 수력발전소의 대부분이 닛치츠 소유였기 때문에 한국 내 전력업계 내에서 닛치츠는 막강한 지위를 차지하게 되었다. 1942년경 닛치츠는 기설 수력발전력의 94.5%(공사중인 것은 77.2%)를 점유하고 있었고, 실제 발전량의 90%를 생산했으며, 발생전력량의 61.7%를 사용할 정도였다.[167] 게다가 닛치츠는 수풍발전소의 준공에 이어서 압록강 개발사업 중에서 의주와 운봉발전소(예상발전력 70만kW)의 건설에 나섰고, 두만강 지류인 서두수 개발권(예상발전력 31만2천kW)도 확보한 상태였다. 1942년 8월에는 서두수 개발을 위해 조선수력전기(장진강수전의 개칭) 자회사 형태로 자본금 1억원 규모의 북선수력전기를 별도로 창립했다. 이 개발이 성공적으로 끝나면 향후 닛치츠의 지위는 더욱 강고해질 것이었다.

그런데 이렇게 닛치츠가 경제성이 좋은 수력발전소들을 대거 장악하고 거기에 생산된 전기의 대부분을 사용하게 되면서 닛치츠와 다른 산업자본 사이에 갈등이 발생하고 있었다. 닛치츠는 어렵게 개발한 전력을 일부만 자가용으로 사용할 수 있고 나머지를 공공용으로 공급해야 하는 조건에 불만을 가졌지만,[168] 반대로 다른 산업자본들은 우량한 발전소를 장악한 닛치츠가 저렴한 전기를 자사의 전력 소비에 우선적으로 사용하는 현실에 불만을 가졌다. 이런 배경 때문에 자유로이 전기를 사용하고 싶은 산업자본들은 독자적인 전원개발로 나가게 되었다.

양측의 갈등은 일본고주파중공업의 사례가 잘 보여 준다.[169] 고주파제련법이라는 새로운 기술로 금속 생산에 뛰어든 일본고주파중공업은 소요전력량 확보를 둘러싸고 닛치츠계인 장진강수전과 갈등을 일으켰고, 결국 독자적인 전원개발을 열망해 모회사인 조선식산은행(이하 식은)을 중심으로 계열사들을 동원해 한강수력전기의 설립에 나섰다. 식은은 1939년 2월에 자본금 2,500만원(불입 1,250만원) 규모의 한강수력전기를 창립하고 화천과 청평, 김화와 춘천에 수력발전소 건설을 계획했다. 그리고 우선 제1기 공사로 청평과 화천에 수력발전소 건설에 나섰는데, 두 곳의 예상발전력만 12만600kW에 달했다.

동양척식도 독자적인 전원개발에 나섰다. 동척은 이미 조선전기흥업을 통해 무연탄발전소의 건설과 운영 경험을 가지고 있었는데, 조선전흥이 서선지역 배전 통합의 중심회사로서 서선합전의 모체를 이룸에 따라 동척은 서선합전의 최대주주가 되었고 조선송전에도 참여하였다. 그리고 남선지역에서는 일본전력연맹과 배전회사들의 연합으로 탄생한 조선전력이 1936년 삼척탄광 개발을 위해 증자를 할 때 여기에 참여해 역시 대주주가 되었다. 일찍부터 전력산업에 적극적으로 진출해 오고 있었던 것이다.

이런 배경 아래 동척은 부령수력발전소의 건설에 관심을 가졌다. 두만강 지류인 함북의 성천수城川水를 막아서 부령천에 흘려보내 발전하려는 유역변경식 수력발전이었다. 동척은 이를 위해 자회사로 자본금 1천만원의 부령수력전기를 설립했다. 주식은 동척이 단독 인수하였다. 이 발전소의 주된 역할은 동척계의 조선전기야금에 필요한 전력을 공급하는 데에 있었는데, 발전소의 발전력은 2만8천kW이며 1941년경에 완공을 보았다. 그러나 아직까지는 전력업계의 판도에 영향을 미칠 만한 규모는 아니었다.

동척은 부령수력발전소의 건설에 이어서 장진강 하류를 개발하는 사업에도 적극 나섰다. 함남 장진강의 물을 저수하고 평북 강계군 쪽으로 끌어들여 3개 지점에서 발전하고 다시 여기서 흐르는 물이 합류하는

〈표 II-21〉 주요 발송전회사의 영업상태(1942)

회사명	설립일	자본금	주요 발송전설비	자본구성	특이사항
朝鮮水力電氣	1933.5.11	1억5천만원 (1억5천만원)	長津江(326,500kW) 虛川江(171,100kW) 220kV급 365.4km 110kV급 511.1km	600만주, 대주주 日本窒素肥料	1941.7 상호변경 (元 長津江水電) 1942.8 3억원으로 증자
朝鮮送電	1934.5.16	3천만원(3천만원)	下岐川一平壤 (199.9km) 평양-경성(187.5km)	60만주 중 朝鮮水電(263,600), 동척(101,800), 서선합전(100,200), 일본질소비료(47,600), 경성전기(41,000)*, 북선합전(32,000)	1940.5 증자
朝鮮電力	1935.7.1	3천만원 (2,250만원)	鷺梁水力(107,000kW) 영월-대구-門山(169.8km) 상주-대전(64.7km) 대구-진영(66.1km)**	60만주 중 남선합전(345,600), 동척(224,100), 日電證券(17,300), 山一證券3,300)	1939.2 日本電力聯盟 탈퇴
富寧水力電氣	1936.8.17	1천만원(500만원)	富寧川(28,000kW)	20만주 중 동척(199,400)	발생전력을 朝鮮電氣冶金에 공급
朝鮮鴨綠江 水力電氣	1937.9.7	1억원	水豊(700,000kW)** 義州(200,000kW)** 雲峰(500,000kW)** 기타(584,000kW)**	200만주 중 만주국(999,000), 조선수전(400,000), 동척(400,000), 조선송전(200,000), 永井晃輔(1,000)	
江界水力電氣	1938.1.25	1억원(7천만원)	장진강하류 (305,400kW)**	200만주 중 동척(1,499,300), 소화전공(199,500), 남선합전(100,000), 조선금융조합연합회(100,000), 발송전흥업(50,000), 동경전등(49,900)	발생전력을 朝鮮電氣製鐵, 신규 경금속공업 전원에 충당
漢江水力電氣	1939.2.1	2,500만원 (1,250만원)	화천(81,000kW)** 청평(39,600kW)**	50만주 중 조선식산은행(80,000), 경춘철도(80,000), 일본고주파중공업(80,000), 조선신탁(20,000), 조선저축은행(20,000), 小林采男(20,000), 경성전기(10,000)*	경인지방에 송전, 각종산업수요에 충당
南鮮水力電氣	1940.3.30	2천만원(2천만원)	섬진강(27,700kW)** 금강(40,720kW)**	40만주 중 동척(199,700), 조선전력(199,200)	
北鮮水力電氣	1942.8.21	1억원(2,500만원)	呂溝工 지구 西頭水 (312,000kW)**	200만주 중 朝鮮水電(1,999,200)	

자료: 《電氣事業槪況》, 朝鮮總督府, 朝鮮電氣協會；《銀行會社組合要錄》, 東洋經濟新報社, 1942；《營業報告書》；《朝鮮産業の決戰再編成》, 東洋經濟新報社, 1943；《第30回 電氣要覽》, 朝鮮總督府遞信局, 1943.

비고: 자본금의 ( )안은 불입자본금. *는 원래 금강산전기철도 소유 주식이었으나 1942년 1월 합병에 따라 경성전기 소유 주식이 되었음. **는 1942년 현재 공사 중이거나 계획 중임.

독로강을 막아 1개 지점에서 발전하려는 계획이었다. 예상되는 발전력이 30만kW에 달해 장진강발전소의 발전력에 맞먹는 대규모였다. 이를 위해 동척은 1938년 1월에 쇼와昭和전공과 합자로 자본금 1억원(불입 7천만원)의 강계수력전기를 설립하였으며, 총 200만주 주식 가운데 절반이 넘는 140만주를 인수하였다. 발생전력의 대부분은 함남 홍원에 보내 함남지방의 공업 수요에 대응하고 일부는 독로강부터 평양까지 송전선을 건설하여 서선지역에도 보낼 계획이었다. 한편, 동척은 섬진강과 금강 일대에 수력발전소를 건설하려는 계획에도 참여했다. 1940년 3월에 조선전력과 합동으로 자본금 2천만원의 남선수력전기를 설립하고 주식의 절반을 인수했던 것이다. 이외에도 동척은 조선압록강수력발전의 대주주이기도 했다. 이런 과정을 거치며 동척의 전력산업 내에서의 지위는 점차 상승하고 있었다.

셋째는 전력통제정책 수립 당시 결정된 '송전간선 국영' 원칙이 송전선 건설과정에서 지켜지지 않고 있었던 점이다. 총독부는 조선전기사업조사회의 심의과정에서 민영론자와 국영론자의 대립으로 인해서 전력통제정책의 수립이 지연되자 '발전과 송전을 분리'하여 '송전간선은 국영'으로 건설하기로 원칙을 정하고 발전과 배전 그리고 송전지선은 민영에 맡기기로 하였다. 그러나 실제로 전력통제정책의 진행과정에서는 '송전간선의 국영' 원칙이 전혀 지켜지지 않았다. 총독부는 재정 부족을 이유로 들어 '송전간선=국영' 원칙을 유보하고, 그 대신 발전회사와 배전회사가 참여하는 민영회사인 조선송전을 설립해 송전선 건설을 담당케 하였다. 총독부는 조선송전이 설립에 참여한 발전회사와 배전회사의 상호 견제하에 경영되므로 공익을 충분히 관철할 수 있다고 주장했지만, 사실상 이 회사의 설립과 경영은 닛치츠가 주도하였다. 이 때문에 유력한 수요처의 하나인 경성전기가 불만을 품어 조선송전 설립에 참여를 거부했고, 이로 인해 총독부의 의도는 손상될 수밖에 없었다. 또한 북선지방과 남선지방의 경우에는 각각 장진강수전과 조선전력이 송전간선의 부설을 맡고 있었다. 발전회사가 송전사업을 겸영함으로써 발송전 분리의 원칙마저 깨져 있었던 것이다.

이렇게 송전선 건설을 민영에만 의존할 경우 총독부의 정책 목적에 부합한 송전망 부설이 제대로 이루어지지 않을 수 있었다. 이런 문제점은 총독부도 인지하고 있었다. 예컨대, 이는 산금정책의 추진과정에서 잘 드러난다. 1930년대 후반 총독부는 국제수지 적자와 정화 부족을 메우기 위한 일제의 금 수요 증대에 따라 조선산금령과 산금5개년계획을 통해 금의 산출을 늘리고 수집을 강화하는 산금정책을 대대적으로 전개하였다.[170] 이에 따라 금 매입가격 인상, 탐광探鑛 및 각종 설비투자에 대한 보조금 지급, 금산도로 개설, 자금대출 지원 등 여러 가지 지원책이 강구되었는데, 특히 광산채굴과 정련작업에는 안정적인 전력공급이 긴요했다. 그러나 이를 위한 송전선 부설에는 다액의 자금이 소요되었고, 민간 전기회사들은 공사비 부담과 폐광에 따른 투자 손실을 우려해 적극적으로 나서지 않는 상태였다. 이에 총독부는 예산을 확보해 금광까지 직접 송전선을 건설하는 작업에 착수했다.[171] 이른바 '국유산금 송전선'으로 1938년부터 1941년까지 4년간 도합 5,300여만원이 투입되어 1942년 3월 말 현재 66kV급 송전선 2,007.6km와 22kV급 1,203.7km가 부설되었다. 동급 전체 송전선의 각각 52.2%와 25.3%를 차지할 정도로 대규모 사업이었다.[172] 총독부는 늘어나는 산금송전 업무를 담당하기 위해 1938년 4월에 전기과 아래에 산금계를 신설하였고,[173] 1940년 3월에는 전기과를 전기제1과와 전기제2과로 분리해 전기제2과에 국유산금송전선의 건설 및 보수 업무를 맡겼다.[174] 그러나 막대한 비용을 투입해 건설한 국유산금송전선은 대개 광산지역까지의 송전지선이었지 송전간선은 아니었다. 그리고 운용마저 민간회사에 위임해 당시로서는 이례적인 '국유 민영'의 형태를 취하고 있었다.

넷째는 전력통제정책의 전개과정에서 만들어진 '남=화력'과 '북=수력'의 분리된 두 계통의 전력네트워크가 초래한 '남과 북의 전력 불균형' 문제였다. 1930년대 초반에 확정된 발전 및 송전망계획에 의하면, 북부에는 장진강수력발전소, 남부에는 강릉수력발전소를 핵심발전소로 삼아 이를 중심으로 한반도 전역을 하나의 통일된 고압송전망으로 연결하려고 했지만, 남부의 강릉수력발전소 개발에 차질을 빚어 이를 영월화력발전소로 대체하면서 문제가 발생하고 있었다. 총독부는 수력발전소와 화력발전소의 원가 차이로 인하여 향후 영월화력을 경영할 조선전력의 수지 악화를 우려했다. 그리하여 남부와 북부를 연결할 충주—경성선을 의도적으로 건설하지 않아 남과 북의 전력네트워크를 분리했던 것이다.

그런데 북부에는 장진강수력발전소 건설 이후에 허천강수력발전소, 수풍수력발전소와 같은 대형 수력발전소들이 속속 등장한 데에 비해 남부에는 영월화력발전소 건설 이후에 강릉수력발전소 건설이 결국 실현되지 못한 채 운암발전소(5,120kW)나 보성강발전소(3,100kW) 같은 소규모 수력발전소만 운영하며 전력 불안정에 시달리고 있었다. 이 때문에 남부에 위치한 산업자본가들 사이에서는 저렴한 수력전기의 혜택을 입지 못하고 화력발전에만 의존해 상대적으로 고액으로 유지되던 전기요금에 불만이 증대하고 있었다.

게다가 남부의 핵심 발송전회사인 조선전력은 경영진 사이에 분규가 일어나면서 위기에 봉착하고 있었다.[175] 애초 조선전력은 일본전력연맹과 남선의 배전회사들이 전체 주식의 50%씩을 출자하여 만든 회사였다. 그런데 일본전력연맹은 발전력 증대보다는 탄광개발과 석탄의 일본 반출에 더 큰 관심을 가지고 있었지만, 남선의 배전회사들(남선합전)은 수력발전소 개발에 대한 희망을 버리지 않고 발전력 증대를 희구하고 있었다. 이 때문에 양측은 경영방침을 둘러싸고 일찍부터 갈등을 일으키고 있었다. 우선 경영권을 갖고 있던 일본전력연맹측에서는 영월 이외에 삼척탄광의 경제성에 주목하여 조선전력의 자회사로서 삼척개발과 삼척철도를 설립하여 삼척탄광을 대대적으로 개발하려는 계획을 세웠다. 이를 위해서 조선전력의 증자를 추진했는데, 남선의 배전회사들이 기존 50대 50의 지분구성을 흐트러뜨리는 증자계획에 반대했던 것이다. 이에 총독부가 개입하여 동척을 증자에 적극 참여시켜 양측의 갈등을 일시 무마시키기에 이르렀다. 그러나 이후에도 회사의 경영방침을 둘러싸고 양측의 갈등은 깊어졌고, 결국 1939년에 일본전력연맹이 조선전력의 경영에서 손을 떼기로 결정하기에 이르렀다. 양측은 조선전력이 소유한 삼척개발과 삼척철도의 주식과 일본전력연맹이 가지고 있던 조선전력의 주식을 맞교환하는 데에 합의하고 지분을 정리했다.

일본전력연맹의 철수 이후 조선전력은 남선합전의 오구라를 사장에 임명하고 남선합전과 동척의 연합으로 경영을 꾸려 갔다. 그리고 발전력 확보에 매진했다. 조선전력은 1940년 3월에 동척과 합동으로 섬진 강과 금강 일대를 개발하려는 목적 아래 자본금 2천만원의 남선수력전기를 설립하였다. 예상발전력이 섬진강 2만7,700kW, 금강 4만710kW를 합쳐 6만8천여kW에 달하는 대규모 수력발전이었다. 그러나 전시하 자재난 때문에 공사는 쉽사리 진척되지 못했다. 일단 금강 개발은 미루 고 섬진강 개발에만 착수해 섬진강 하류를 막아 저수지를 만들고 6.2km에 달하는 터널을 통해 동진강 쪽으로 물을 흘려보내 발전하려는 유역변경식 발전소 건설계획을 세워 공사를 시작했지만, 계획대로 진 척을 보지 못하던 상태였다. 이와 함께 조선전력은 영월화력의 발전력 을 높이는 사업도 추진하였다. 1940년 2월에 3호기를 준공하여 발전력 2만5천kW를 추가로 확보했고, 1942년 6월에 다시 4호기를 증설하여 2 만5천kW를 확보했다.[176] 그러나 조선전력의 영월화력발전소 운전도 불 안정한 상태에 놓여 있었다. 영월탄광의 출탄량이 예상했던 양에 미치 지 못하였고 탄질이 좋지 않아 애초에 계획한 전력량을 발전하지 못하 고 있었던 것이다. 이 때문에 남부에서는 북부의 저렴하고 풍부한 수력 전기를 사용하지 못한 채 심각한 전력 불안에 시달릴 수밖에 없었다.

반면 북부에서는 1940년부터 조선수력전기가 허천강발전소 건설에 성공해 발전을 시작하고 허천강발전소로부터 청진, 흥남 등지를 연결 하는 220kV급 송전선 365.4km를 부설하여 송전하기에 이르렀고, 1941 년부터는 압록강수전의 수풍발전소가 운전을 개시하고, 조선송전에 의 해서 수풍—평양, 평양—진남포, 수풍—다사도 간의 154kV급 송전선을 부설하여 기존의 평양—경성선과 연결하여 송전을 시작하였다. '남=화 력과 북=수력'의 분리된 두 계통의 송전망에 의한 전력 불균형은 더욱 심화되었다. 이에 따라 남과 북의 전원을 연결해 한반도 전역의 통일된 전력네트워크를 구축해야 한다는 의견이 고조되었다.

그러나 이는 남부의 주요 발송전회사인 조선전력의 경영과 중대한 관계가 있기 때문에 그리 간단한 문제가 아니었다. 당시 체신국장은 남북 전원 연계에 대해서 '기술상으로는 극히 용이한 문제'이지만 '기업 형태의 점에서 신중하게 고려해야 한다'고 말했던 것은 이 때문이었다.[177] 그러나 영월화력발전소의 운전이 여의치 않아 남부지역 전력공급의 불안정이 갈수록 심해지자 총독부는 결단을 내렸다. "오랜 현안"이었던 남과 북의 송전간선을 연결할 부평-대전 간 154kV급 송전선 건설을 추진하기에 이르렀던 것이다.[178] 이른바 '남북연락송전간선'이었다. 이 노선은 1941년 3월에 착공되어 1941년 11월 1일에는 부평-천안 구간이 일단 준공됨에 따라 경전에서 운영하는 수색-부평선(66kV)과 남전에서 담당하는 천안-대전선(66kV)에 연결하여 임시개통되었다.[179] 그리고 1943년 10월 4일에 부평-대전 구간은 전 구간 154kV급으로 승압되기에 이르렀다.[180]

이로써 드디어 한반도 전역에 걸쳐 통일된 하나의 전력네트워크를 구축하게 되었다. 그리고 북부의 우량한 수력발전소들과 남부의 영월화력발전소가 연계되면서 남과 북의 전력 불균형 문제를 해소할 수 있게 되었다. 한쪽 발전소의 운전이 정지되거나 고장이 발생해도 다른 쪽 발전소의 운전을 통해서 이를 해결할 수 있어서 안정성도 한층 높아지게 되었다. 그러나 북부의 저렴한 수력전기가 장거리 송전을 통해서 남부로 내려오면서 가뜩이나 원가가 비쌌던 남부의 화력전기는 경쟁에서 뒤처지게 되었다. 영월화력은 수력발전의 보조적 지위로 전락했던 것

<그림 Ⅱ-5> 고압송전선 건설현황(1945년 현재)

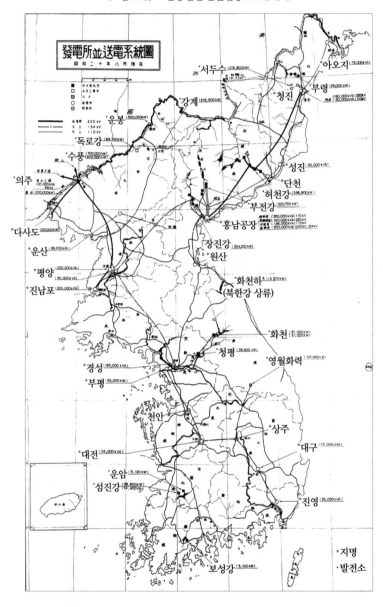

이다. 그리고 이를 경영하던 조선전력의 수지는 더욱 악화되어 주주들에게 배당조차 하지 못하는 상태로 떨어지고 말았다. 이에 대한 해결책이 필요하게 되었다. 그리고 기존에 주로 경성 이북에만 한정되어 있던 닛치츠의 전력산업에 대한 장악력은 이제 한반도 전역으로 더욱 확대되는 계기가 되었다.

다섯째, 향후 개발 예정인 수력전원의 경제성이 점차 악화하고 있는 문제였다. 1936년부터 한만 국경의 압록강, 두만강을 비롯하여 각지의 하천을 대상으로 제3차 수력조사가 실시되어 제2차 수력조사 결과(294만kW)에 비해 발전능력을 크게 늘릴 수 있다는 사실이 확인되었다.[181] 1939년 6월 말 현재 145개 지점에서 456만kW나 조사되었고, 1944년 7월 말에는 160개 지점 500만kW에 달했다. 그러나 개발허가를 받지 못한 발전지점은 1939년 6월 말 현재 108개 지점 252만kW에 달했고, 1944년에도 여전히 109개 지점 216만kW에 이르렀다. 이처럼 미허가 수력이 크게 줄지 않은 이유는 경제성이 우수한 전원이 이미 개발됨에 따라 향후 개발될 전원은 상대적으로 경제성이 떨어지는 것으로 평가되었기 때문이다. 게다가 당시는 전시통제경제가 진행되는 가운데 자재·기술·노동력 확보가 어려워지고 전시인플레이션하에서 공사비도 급증하고 있었다. 경제성은 더욱 악화될 수밖에 없었다. 따라서 공사중인 발전소가 개통되면 원가상승에 따라 전기요금이 인상될 것이라든지, 기존의 방식대로 민간기업가에게 전원개발을 맡길 경우 이익을 고려하는 민간기업의 속성상 향후 적극적인 전원개발이 어려울 것이라는 우려가 제기되고 있었다. 이에 따라 전시경제하 전력수요가 급증하는 상태에서 경제성이 낮은 수력지점도 적극적으로 개발할 필요가 있다는 이유를 들어 총독부가 개입해야 한다는 목소리가 높아졌다.

한편, 전시통제경제하에서 자재난과 전시인플레이션에 의한 건설비 증가로 인해 이미 공사 중인 수력발전소들도 예정된 준공시기가 미뤄지고 있었다. 특히나 일본정부가 조선과 만주국이 공동으로 개발하는 수풍발전소 건설에 자재를 최우선 배급하면서 비슷한 시기에 건설되고 있던 강계수력전기, 한강수력전기, 남선수력전기의 공사는 더욱 늦어졌다. 한강수전이 맡고 있던 청평과 화천수력발전소 공사는 1939년에 착공했지만 만 4년이 지나서야 청평수력발전소 공사를 일부 마칠 수 있었고, 1945년에도 원래 계획된 발전력 12만여kW 가운데에서 9만여kW를 확보하는 데에 그쳤다. 강계수전과 남선수전은 아직 발전소를 완공하지

<표 II-22> 제3차 수력조사에 의한 수력 발전능력

조사 시점	구분	지점수	발전력(kW)	세분	지점수	발전력(kW)
1939년 6월말	기허가수력	37	2,041,350	발전 개시	17	550,850
				공사시행중 공사미착수	20	1,490,500
	미허가수력	108	2,521,850	미허가수력	108	2,521,850
	합계	145	4,563,200	합계	145	4,563,200
1944년 7월말	기허가수력	51	2,828,610	발전 개시	31	1,285,990
				공사시행중	11	1,119,400
				공사미착수	9	423,220
	미허가수력	109	2,158,610	조사 완료	39	1,264,860
				조사 미완	70	903,320
	합계	160	4,996,750	합계	160	4,996,750

자료: 《朝鮮電氣統制ニ關スル意見書》, 遞信局電氣課, 1939.9(民族問題硏究所 編, 《日帝下 戰時體制期 政策史料 叢書 第82卷》, 한국학술정보(주), 2001에 수록); 〈第86回 帝國議會說明資料〉, 《日帝下 戰時體制期 政策史料 叢書 第23卷》, 한국학술정보(주), 2001.
비고: 국경하천의 발전력은 1/2만 계산됨.

못하고 공사 중인 상태였다. 이처럼 공사가 지연되면 될수록 건설비는 더욱 증가하고 따라서 발전원가도 올라갔다. 이렇게 되면 원래 경제성이 좋은 것으로 평가받았던 장진강, 허천강, 수풍수력발전소에 비해 가격경쟁력을 상실하게 되어 발전소를 완공한 이후에도 높은 전기요금 때문에 경영이 부실해질 가능성이 농후했다.

따라서 이 수력발전소들이 모두 완공되었을 때 전기요금과 전력공급을 어떻게 조정해야 할 것인지가 중대 과제로 등장하고 있었다. 사실상 모든 발전소들을 내부화해서 가장 효율적인 발전소부터 차례로 운전하여 전력수요에 대처하는 방법이 최선이었다. 이렇게 하면 가장 저렴한 요금으로 전기를 공급하고 전력수급의 불안정 문제도 해결할 수 있었다. 이를 위해 기존의 전력통제정책에 대한 전면적인 재검토가 요청되고 있었다. 그러나 이는 여러 전기회사들의 이해관계가 엇갈려 있기 때문에 해결하기 쉽지 않은 문제였다.

일원적 전력국가관리의 실시 요구와 도입 지연

한편, 당시 일본의 전력국가관리 실시를 비롯한 외부 환경의 변화도 전력통제정책의 재검토를 요청하는 배경이 되었다. 만주사변과 금 수출 재금지를 계기로 인플레이션정책으로 전환한 일본경제는 공업생산이 급속도로 회복되는 가운데 전쟁의 확대에 따라 군수산업의 생산력 확대가 필요하게 되었고, 생산력 발전의 기반이 될 저렴한 전기의 풍부한 공급 필요성이 강하게 제기되었다.[182] 이에 따라 군부와 혁신관료 사이에서는 전력산업에 대한 강력한 통제를 가하려는 '전력국영론'이 제기되었고, 관민합동의 임시전력조사회(1937.10)가 설치되어 구체적인 방안을 논의하였다. 업계의 반대에도 불구하고 발송전을 담당할 특수회사 설립 등을 골자로 하는 전력국책요강이 최종 결정되었고, 1938년 초 전력관리법을 비롯한 관련 법안을 정비한 뒤 그해 5월 전력국가관리의 시행기관으로 전력관리준비국(1939년 4월 전기청으로 개편)이 발족되었으며, 1939년 4월 민간 전기사업자들의 설비를 강제로 출자케 하여 일본발송전주식회사가 설립되었다. 일본발송전은 업무수행상 필요한 여러 가지 특권을 부여받았지만, 역원의 임명과 중요사항은 정부의 승인이 필요해 사실상 일본정부가 운영을 맡았다. 이른바 '제1차 전력국가관리'가 시작되었다. 그러나 일본발송전은 발송전설비 전체를 장악하지 못하고 기설 수력발전설비를 제외한 채 화력발전설비와 고압송전선을 중심으로 인수해 전 발전력의 약 40%를 점유하는 데에 불과했고, 재정난 때문에 배전사업은 종래대로 민영 또는 공영을 유지하되 구역별로 정리통합을 유도해 가기로 방침을 정했을 뿐이다.

일본에서 전력국가관리가 성립하자 일본정부는 엔블록 내의 통제 강화를 위해서 조선총독부에 더욱 강력한 전력통제정책을 요구하기 시작했다.[183] 당시 총독부 전기과에서 객관적 정세의 추이를 보아 종래 전력정책의 재비판, 재검토가 요청되는 시기에 도달했으며 종래 이상의 통제 강화가 필요하다고 한 것은 이 때문이었다.[184] 그러나 전기과 관료들은 전력국가관리에 대해서는 회의적인 태도를 완강히 견지했다.[185] 전력통제의 목적은 풍부하고 저렴한 전력을 원활하게 배급하는 데에 있는데, 현재까지 한국의 성과는 대체로 양호하므로 일본처럼 국책회사 설립을 통한 발송전 통제는 필요하지 않다고 주장했다. 또한 송전사업의 국영화도 거부했다. 송전사업이 국영이 되면 민간기업들은 향후 수력개발에 주저할 것이며 현재의 재정상태로 보아도 국영은 무리라는 이유를 들었다. 다만 발송전사업 또는 배전사업의 정리 통합은 현재 법제상 근거 없이 행정운용에 의해 이루어지고 있으므로 법령의 개정을 통해 강화할 필요가 있다고 보았다. 한국은 일찍이 백지상태에서 합리적 전력개발계획에 따라 전원을 개발하고 대송전망을 구축해 왔으며, 현재의 민영사업자들은 전력통제방책에 따라 설립된 '준準국책회사'로서 이미 한국의 발송전부문은 상호 유기적으로 연계되어 있고, 배전 통제, 주파수 통일, 송전간선 국영원칙 등에 따라 국가의 의사를 충분히 반영할 토대를 구축하였다고 주장했다. 따라서 일본처럼 종래의 무통제로 인한 다수 사업자들의 난립, 상호 이해관계의 착종문제를 국책회사 설립을 통해 일거에 정리 통합하려는 것과는 사정이 다르다고 설명했다. 사실상 일본정부의 전력국가관리 시행, 즉 일원적 통제 요구를 거부한 채 현 체제의 연장을 고수했던 것이다.

총독부 관료들이 전력국가관리를 회피할 수 있었던 근거는 한국 내 수력전기의 양적, 질적 우수성과 그간의 개발성과에 있었다. 한국은 수차례에 걸친 수력조사 결과 양적인 면에서 굴지의 수력포장지구를 가지고 있는 것으로 평가되었을 뿐만 아니라 새로 개발된 수력발전소는 종래의 수로식이 아니라 광활한 저수지를 갖춘 제언堤堰식이나 유역변경식을 채택해 갈수기에도 정시전력을 유지할 수 있어 전력의 질에서도 우수한 것으로 인정받고 있었다.[186] 이는 강우량이 대체로 적고 대부분 여름철에 집중되는 악조건 속에서, 일본에 비해 수력의 비중이 매우 높고 갈수기를 대비한 보급 화력이 근소하면서도, 1939년 후반과 1940년 전반에 일본이 심각한 전력기근으로 고통을 겪을 때에 한국에서는 전혀 영향을 받지 않았던 이유이기도 했다. 또한 한국의 수력발전소는 개발에 필요한 양질의 노동자가 풍부하고 1개 지점에서 거대한 발전력을 생산해 내는 대규모 발전소이기 때문에 발전력에 비해 공사비가 저렴하고 전력원가가 싸다는 점이 장점으로 부각되고 있었다. 한마디로 한반도 수력전기의 우수성은 '한국과 일본은 사정이 다르다'고 주장할 수 있는 배경이었다.

이처럼 당시 체신국 전기과 내에서는 그간 한국의 전력산업은 성적이 좋아 일본과 사정이 다르므로 전력국가관리 같은 '급진적'인 방법은 필요가 없다는 인식이 대세를 이루었다. 1930년대 초 이마이다 정무총감의 지휘 아래 전력통제정책 수립 실무를 총괄했던 전기과장 이마이 요리지로今井賴次郎(1929.12~1937.7)나 그 밑에서 전기사업조사회 간사를 지내며 전력통제정책 수립을 보좌했고 이마이의 뒤를 이어 전기과장에 취임했던 사카가미 마스오坂上滿壽雄(1937.7~1938.9)가 대표적인 인물이었다.[187] 이러한 생각이 전기과 관료들의 주류를 이루고 있었다.

원래 체신국 전기과 관료는 업무의 특성상 전기 관련 전문지식과 기술, 경험이 요구되었고, 이 때문에 문관시험을 통해 선발한 사무관료(서기-부사무관-사무관)보다는 기술관료(기수-기사)에 의해 업무가 주도되고 있었다.[188] 원래 사무관료는 중앙과 지방을 오가며 여러 부서를 거치기 때문에 특성 부서의 전문지식을 갖추기 어려웠지만,[189] 기술관료는 특별한 일이 없으면 퇴임 때까지 동일한 부서에서 근무하며 전문성을 확보하기에 용이했던 것이다. 이들은 업무의 전문성에 자부심을 가지며 강한 결속력을 유지했던 것 같다. 그 중심인물이 바로 이마이 전기과장이었다.[190] 그는 도쿄제대 전기공학과를 졸업한 기술관료 출신으로서, 탁월한 업무능력과 경험을 바탕으로 1930년대 초 전력통제정책 수립을 주도해 이마이다 정무총감의 각별한 신임을 받았으며, 무려 7년여간 전기과장의 직책을 수행하며 부하들로부터 두터운 신망을 받고 있었다. 게다가 사무관료 가운데에서도 비교적 전기과에 오래 근무하면서 기술관료와 각별한 관계를 맺었던 인물들이 상당수 있었다. 이마이의 뒤를 이어 전기과장이 되었던 사카가미나 그와 함께 조선전기사업령 초안 작성 실무를 맡았던 아사하라 사다노리淺原貞紀가 그 대표적인 예였다.[191] 전기과 관료들 중 일부는 퇴임 후에 각급 전기회사로 자리를 옮겨 총독부와 업계를 연결해 주는 파이프 역할을 수행하기도 했다. 이른바 '낙하산 인사[天降]'였다. 예를 들어 게도인 키쿠오祁答院規矩雄 기사는 퇴임 후 서선합동전기 기사장이 되었고, 다카하시 킨고高橋金吾 기사는 한강수전의 전기부장에 취임했다. 이마이가 전기과장 재직 시에 부하 중에서 서선합동전기와 북선합동전기에 자리를 잡은 사람만 5명이나 되었다. 그런 이마이도 퇴임 후에는 서선합동전기 사장과 조선송전 취체역에 취임했다.

이마이의 영향을 강하게 받았던 전기과 관료들은 대체로 전력국가관리에 부정적인 인식을 공유했던 것으로 보인다. 그러나 일본정부의 전력국가관리 요구는 더욱 거세졌고, 총독부 내에서도 식산국을 중심으로 이를 받아들여야 한다는 분위기가 형성되기 시작했다. 이 때문에 식산국과 체신국은 상호 대립했던 것으로 보인다. 일찍이 중소 금산金山의 자가발전 허가문제를 둘러싸고 식산국 광산과장 이시다 센타로石田

千太郎(1933.8~1938.8)와 체신국 전기과장 이마이가 대립한 적이 있었고, 일각에서 전기는 산업상 중요한 부문이기 때문에 산업정책의 원활한 추진을 위해서는 전기과를 식산국으로 이관해야 한다는 '전기과 이관론'이 부상하기도 했다.[192] 이러한 가운데 1938년 9월 13일에 전기과장 사카가미가 급서하는 일이 발생했다.[193] 후임은 전력국가관리 시행 여부와 밀접한 관련을 가질 수밖에 없었다. 그런데 총독부는 무려 한 달 반이나 후임자를 물색하지 못하였다. 인선을 둘러싸고 갈등이 얼마나 치열했는지를 보여 준다. 마침내 1938년 11월 1일 문관 시라이시 코우지로白石光治郎(1938.11~1940.3)가 전기과장에 임명되었다.[194] 시라이시는 1922년 도쿄제대 법과를 졸업하고 고등문관시험에 합격하여 경기도 지방과장, 강원도 재무부장, 평북 재무부장, 총독부 경무국 사무관, 평북 경찰부장, 경남 경찰부장, 평남 내무부장 등을 거친 정통 엘리트 관료였다.[195] 그의 경력으로 보면 도지사 임명이 통상적인 승진코스였는데 갑작스레 전기과장에 임명되었던 것이다.[196] 전임 사카가미에 비해서도 고참인 데다가 전기과 근무 경력이 전혀 없던 그가 갑작스레 전기과장에 임명된 일은 매우 이례적인 인사였다.[197]

이를 계기로 전기과 내에 전력국가관리 실시에 대해 변화의 조짐이 보이기 시작했다. 시라이시는 전력국가관리에 부정적인 전기과 관료들을 제치고 앞장서서 전력통제정책의 강화가 필요하다는 주장을 제기하였던 것이다.[198] 그는 중요산업의 지원과 육성을 위해서는 전력자원의 적극적인 개발과 요금정책의 재검토(원가주의의 시정, 산업별 정책요금제 이행 등)를 통해 전면적으로 전력을 동원할 필요가 있다고 주장하였다. 그리고 그러한 인식 아래 과거 송전사업의 통제방식이 과도한 편법에 의존해 왔던 사실을 인정해 이를 속히 시정해야 하며, 향후 급격한 전력수요 증가에 응하기 위해서는 이미 개발된 발전소보다 경제적 가치가 떨어지는 전원이라도 일정한 통제 아래 적극적으로 개발할 필요가 있다고 역설했다. 일본자본을 유치하여 전원을 개발하고 일부 잉여전력을 일반에 공급하는 기존 시스템으로는 타 수요에 대한 전기 분배에 소극적인 태도를 보이는 문제점을 고치기 어렵다는 의견이었다. 구체적으로는 송전간선의 국유·국영, 발송전사업을 담당할 민영 특수회사의 설립, 송전간선과 보조발전을 담당할 민영 특수회사의 설립과 수력발전회사에 대한 총독부의 통제명령권 확보 등 다양한 방안이 검토되기 시작했다.

전기과장의 교체에 따라 전기과 일각에서 전력국가관리의 시행을 검토하기 시작했지만, 아직 전기과 내에서는 통제강화론에 대한 반대가 대세를 이루었다.[199] 전기과 내 이마이의 영향을 강하게 받았던 기술관료 출신들이 반대세력의 중심이었다. 그리고 이들은 시라이시 전기과장과 대립했던 것 같다.[200]

그런데 시라이시의 상관인 체신국장 야마다 츄지山田忠次는 기술관료들과 견해를 같이했다. 원래 야마다는 1930년대 초 전력통제정책 수립의 주역이었던 이마이다 정무총감의 체신성 후배로서 그와 각별한 관계를 맺고 있었다.[201] 체신성 관료생활 내내 이마이다에게 많은 도움을 받았을 뿐만 아니라 총독부 체신국장에 임명된 일도 그의 지원이 있었기 때문에 가능했다. 야마다는 사실상 이마이다 노선에 입각한 인물이었던 셈이다. 비록 뜻을 이루지는 못했지만, 사카가미 전기과장이 급서했을 때 후임에 기술관료를 임명하고자 시도했을 정도로 기술관료들의

든든한 후원자 역할을 했다.[202]

체신국장 야마다가 직접 나서 전력국가관리에 반대의견을 피력했던 것은 이러한 배경 때문이었다.[203] 그는 이른바 '제2차 전력통제'(전력국가관리를 의미함)의 필요성을 주장하는 사람들에 대해 전원개발이 먼저며 통제는 나중의 일이라며 반박했고, 현재의 통제방식이 하등 부적합하지 않다고 옹호했다. 형태만 통제하는 일은 백해무익하며 민간업자의 왕성한 기업심을 국가의 목적에 합치시켜 선도하는 것이 보다 중요하다고 주장했다. 민영에 국가의사를 반영할 수 있으면 그것으로 충분하므로 국가관리나 특수회사 설립은 불필요하다고 보았다.

이런 이유 때문에 야마다 체신국장과 시라이시 전기과장 사이에는 갈등이 있었던 것으로 보인다. 1940년 3월 9일 시라이시가 갑작스레 전기과장에서 하차하고 체신국 서무과장 아사하라 사다노리淺原貞紀가 이를 겸직한 데에서 그렇게 생각된다.[204] 아사하라는 사무관료이지만 체신국 서무과, 전기과, 감리과 등에서 오랫동안 근무한 '체신통'으로서 전기과 기술관료들과도 친분이 두터웠다. 게다가 1940년 3월 20일 전기과가 전기제1과와 전기제2과로 분리될 때 아사하라는 제1과장, 기술관료인 기사 다나카 시게로田中重郎가 제2과장에 임명되었다. 사실상 기술관료를 과장에 임명하려던 야마다의 구상이 일부 실현된 셈이다. 그리고 1940년 9월 2일에는 임시로 전기제1과장 자리에 앉았던 아사하라의 뒤를 이어 사무관료 니시다 토요히코西田豊彦(1940.9.2~1942.9.30)가 임명되었다.

한편, 전력업계도 기업경영에 대한 통제 강화를 계기로 경영권을 상실하지 않을까 우려해 전력국가관리에 부정적인 인식을 가졌다.[205] 앞서 언급했듯이 퇴임한 체신국 관료들이 '낙하산 인사'를 통해 대거 전력회사에 진출해 있었기 때문에 업계와 체신국은 긴밀한 네트워크를 구축하고 있었다. 게다가 1939년 7월 이후에는 현직 체신국장이 전기회사들로 조직된 조선전기협회의 회장직을 겸직하는 게 관행으로 정착되었을 정도였다. 전력국가관리는 이러한 관료-자본 유착관계를 깰 수 있는 위험요소였다. 체신국 관료들과 업계가 한목소리로 반대했던 이유가 여기에 있었다.

그러나 외부 사정은 통제 강화의 필요성을 더욱 증폭하였다. 주지하듯 1941년 말 일본의 진주만 기습에 따라 전쟁은 확대일로를 달려 군수산업의 생산력 확충 필요성은 더욱 높아지고 있었고, 앞서 일본에서 실시한 '제1차 전력국가관리'가 시행되자마자 문제점을 노정해 다시 통제를 더욱 강화한 '제2차 전력국가관리'로 이어졌던 것이다.[206] 일본에서는 1939년 후반부터 이상 갈수, 석탄 부족, 탄질 저하에 따라 심각한 '전력기근'(전력 부족사태)이 발생해 간사이關西지방에 대정전사태 (1940.1)를 초래했을 정도로 큰 문제를 일으켰다. 이에 일본정부는 국가총동원법에 근거해 1940년 2월 전력조정령을 발동하기에 이르렀다.[207] 그리고 전력기근은 일본발송전의 업적 부진과 배전회사의 지지부진한 통합 때문이라며 이를 계기로 통제정책을 더욱 강화해야 한다는 의견이 제기되었다. 결국 1941년 초 관계 법안이 정비되어 종래 출자 대상에서 제외되었던 기존의 수력발전설비와 기타 주요 전력설비를 일본발송전에 귀속시켜 발전설비의 대부분(수력 70%, 화력 60% 정도)을 장악케하였고, 1941년 8월에는 배전 통제령을 공포해 배전회사의 강제통합에 착수했다. 1942년 4월에 70개사를 기초로 지역별로 9개의 특수배전회사를 설립해 1943년까지 통합을 완료했다.

일본에서의 전력국가관리 강화조치는 한국에도 영향을 미쳤다. 일본에서 국가총동원법에 근거해 전기의 수급조절을 목적으로 하는 전력조정령이 시행되면서 1939년 10월 27일부터 한국에서도 동시에 실시되기에 이르렀고,[208] 일본정부는 대동아공영권 전체에서 일관된 전력정책의 수립을 위해 전기청 내에 대동아전력조사실을 특설特設하기에 이르렀던 것이다. 이에 따라 일본정부의 전력국가관리 실시 요구는 더욱 거세졌다.[209]

기득권 유지를 위해 기존의 민영회사체제와 '자치통제'가 지속되기를 희망했던 전기과 관료들이라도 이러한 흐름을 거스르기는 어려웠다. 이들은 일본의 전력국가관리 강화 동향을 예의주시하면서 이를 대세로 인식하고 대안을 모색하기 시작했다. 예를 들어 발송전을 일관할 특수회사의 설립, 한반도를 4블록으로 나누어 발송배전을 일관할 특수회사의 설립, 발전과 배전은 그대로 둔 채 송전회사의 재강화 같은 방법들을 구체적으로 검토하였다.[210]

그런 배경 아래 체신국에서는 1941년 9월 전력조사실(실장 아다치 토오루安達逶)을 설치하고[211] 국책안 마련에 착수해 '전력국가통제안요강'(이하 통제요강)을 작성하였다. 통제요강에는 고도국방국가체제의 정비 요청에 따라 전력자원의 계획적 개발 및 배급의 합리화를 위해서는 전력산업의 국가통제가 필요하다는 인식 아래 발송전을 담당할 '조선전력공급주식회사(가칭)'를 설립해야 한다는 주장이 담겨 있었다.[212] 기존 전력회사로부터 신규 수력발전설비(기존 수력발전설비 제외)와 주요 화력발전설비, 그리고 주요 송전설비(100kV급 이상)를 현물로 출자케 해 자본금 1억5천만원의 특수회사를 설립하고[213] 특수회사에는 자금조달의 편의, 이익배당의 정부 보증(6%), 조세 감면, 기타 업무수행상 필요한 특권을 부여하는 한편, 특수회사에 속하지 않는 기존 수력발전설비의 발생 전력을 특수회사에서 원칙적으로 일괄구입토록 하였다. 배전회사는 종전대로 경영토록 하되 경영이념을 자유주의·영리주의에서 국가주의·공익주의로 전환하도록 유도한다는 복안이었다. 또한 총독부는 전력수급, 발전 및 송전설비의 건설계획, 전기요금 등의 중요사항을 결정하고 전력배급에 관한 지령권을 획득하며 전기국을 설립해 전력통제사무를 관장한다는 계획도 들어 있었다. 말하자면 일본에서 '제1차 전력국가관리' 정책에 의거해 만들어진 전기청과 일본발송전주식회사를 그대로 모방해 통제요강을 작성했다. 당시 일본에서는 이미 '제2차 전력국가관리'가 실시되고 있었음에도 불구하고 통제의 강도가 상대적으로 강한 일본의 '제2차 전력국가관리'를 회피하고 되도록 통제의 강도가 약한 '제1차 전력국가관리'를 모델로 하여 전력국가관리방안을 마련했던 것이다.

조선전력관리령 공포와 조선전업의 설립

이처럼 전력통제정책의 강화, 즉 전력국가관리는 더 이상 거부할 수 없는 대세가 되었지만, 아직도 체신국 일각에서는 한국의 특수사정을 내세워 반드시 일본을 답습할 필요는 없고 '반도半島 독자의 통제'를 해야 한다는 주장이 이어졌다.[214] 그러나 식산국을 중심으로 군수산업의 지원을 위해서는 전력 동원이 필요하며 기존의 전력통제정책을 전력국가관리로 전환해야 한다는 주장이 강하게 제기되어 체신국과 대립하였다. 양측의 갈등은 첨예해졌다.

당시 병참기지정책을 내세워 군수산업을 육성하고 이를 통해 엔블록 내에서 한국의 위치를 강화하고자 했던 총독부로서는 이러한 부서 간 대립과 갈등을 해소할 필요가 있었다. 결국 총독부는 전력국가관리의 원활한 추진을 위해 1941년 11월 체신국 전기제1과와 전기제2과를 식산국에 이관하는 조치를 전격적으로 단행했다.[215] 이제 식산국장 고타키 모토이上瀧基(1941.11.19~1943.12.1)의 지휘 아래 전력산업 재편성이 본격적으로 추진될 수 있는 계기가 마련된 것이다. 고타키는 기존의 전력국가관리방안을 백지에서부터 다시 검토하기 시작했다.

한편, 1942년 5월에는 총독 고이소 쿠니아키小磯國昭와 정무총감 다나카 타케오田中武雄가 새로 부임했다. 이들은 대동아전쟁 완수를 내세우며 더욱 강고한 통제경제의 구축을 지향했고, 전력통제정책의 강화에도 강한 의지를 표출했다.[216] 이런 정세 변화 속에서 식산국장 고타키는 전력국가관리 추진을 강하게 밀어붙였다. 그러나 전기과 조직을 장악하기 위해서는 다소 시간이 필요했던 것 같다. 이에 자신의 생각과 다른 관료의 교체를 시도했다. 1942년 9월에는 전기제1과장을 니시다 토요히코西田豊彦에서 가쿠나가 키요시角永清(1942.9.30~1945.3.28)로 바꾸고, 이마이의 노선을 추종하는 기술관료 아다치 토오루安達逵를 전력조사실장에서 해임하는 특단의 조치를 취하였던 것이다.[217] 그리고 전기제1과와 전기제2과 과장을 비롯한 주요 관료들의 사무실을 기존의 체신국 제2분관에서 총독부 내 식산국장실 옆방으로 옮기도록 했다.[218] 장악력을 높이기 위한 조치였다. 1943년 2월에는 전력조사실을 전력관

리실시준비실로 개편해 전력국가관리 준비에 가일층 박차를 가했다.[219]

고타키는 기존의 전력통제정책이 '자유주의를 기조로 한 소극적 통제'에 머물렀다고 비판하고, 고도국방국가를 건설하기 위해서는 국방자원의 확보가 절실하며, 생산력 확충을 위해서는 전력의 증산과 합리적 배급이 긴요하다고 주장했다.[220] 따라서 과거처럼 민간기업의 영리심에 기대어 전원개발을 출원한 기업에게 발생 전력의 일부를 다른 사업에 개방하는 조건을 붙여 허가하는 방식으로는 향후 경제성이 떨어지는 전원을 개발할 수 없으며, 전시통제경제하에 자재, 자금, 기술, 노무 등이 극도로 제약된 상태에서 전력증산을 효율적으로 달성하기 위해서는 국가의 전력통제정책이 강화되어야 한다고 강조했다. 국가의 의지에 따라 지정된 국방산업에 풍부한 전기를 저렴하게 공급하는 일이 중요하므로 국책회사를 통해 이를 신속하게 수행하고 국가적 대규모 종합경영에 기초하여 기술적, 경제적 이익을 확보하는 이른바 '전력국방체제'를 수립해야 한다고 역설했다.

이러한 고타키의 구상 아래 식산국 전기과에서는 발송전 통합과 이를 담당할 특수회사의 설립을 주요 내용으로 하는 국책안 마련에 착수했다. 그러나 전력국가관리는 사실상 기존 발송전 회사의 존폐와 연결되는 문제였기 때문에 전력업계의 반발이 우려되었다. 당시 전력산업에서 막강한 지위를 차지하고 있던 닛치츠는 수시로 총독부 수뇌부, 그리고 식산국장, 전기과장과 회동하며 의견을 전달하고 있었다.[221] 닛치츠는 전력통제의 강화 주장에는 공감하면서도 '통제를 위한 통제'를 해서는 곤란하다며 거부감을 드러내고, 경영권 상실을 우려해 일본발송전의 통제방식에 대해 반대의사를 표명했다. 통제정책은 생산력 확충에 즉응한 활발한 전원개발과 송배전 합리화에 중점을 두어 추진해야 한다고 주장하고, 경영진 구성에 있어서도 '공고한 체제의 통합'을 주문했다. 사실상 닛치츠 주도의 전원개발과 경영권 유지를 희망했던 것이다. 또한 일본의 전기청과 같은 관료적 통제의 병폐를 피해야 한다고 강조했다.[222]

일본정부와 총독부는 이들의 반발을 무마하고 국가관리의 필요성을 설득하기 위해 다각도의 방안을 마련했다. 우선 일본정부는 대동아공영권 전체 차원에서 일관된 전력정책을 수립하기 위해 정책 수행 외곽단체로서 대동아전력간담회를 조직하였다.[223] 여기에는 일본, 한국, 만주, 화북, 타이완 등 각 지역의 유력한 전력회사들이 대거 참여하고 있었다.[224] 대동아전력간담회는 이름은 간담회였지만, 일시적인 조직으로 구상된 것이 아니라 간사장, 간사 등 임원진을 선발하고 사단법인으로의 전환과 주기적인 '간담회' 개최를 도모할 정도로 처음부터 상설 관변단체로 구상되고 있었다.

한편, 총독부는 전력국가관리 시행안 작성과정에서 업계의 의견을 수렴하기 위해 관민합동의 조사회를 개최하기로 하였다.[225] 이에 따라 총독부는 1942년 9월 30일 칙령 제660호로 조선임시전력조사회관제를 공포하였고,[226] 정무총감을 위원장에 임명하고 총독부 관계 국·과장과 각 발송전회사와 배전회사 대표, 재계 대표, 그리고 일본의 전 전기청장관 후지이 소우지藤井崇治와 일본발송전 총재 이케오 요시조우池尾芳藏 등을 위원에 임명해 조사회 구성을 마쳤다.[227] 마침내 1942년 10월 20일부터 21일까지 이틀간 조선총독부 제1회의실에서 조선임시전력조사회가 열렸다.[228] 조사회는 먼저 실무관료들이 작성한 '발전급及송전예정계획요강'을 심의해 향후 5년간을 계획기간으로 하는 발전계획 및 송전망계획과 모든 전력자원을 개발 대상으로 하는 예정발전계획 및 예정송전망계획을 확정했다. 또한 향후 전력국가관리의 근간이 될 '전력국가관리안요강' 초안을 놓고 검토에 착수했다. 조사회에서는 20일 저녁에 식산국장 고타키가 위원장이 되고 총독부 관계자를 제외한 나머지 위원들로 소위원회를 구성해 보다 상세한 심의에 착수했다.

위원회와 소위원회의 진행과정에서 업계 일각은 초안에 들어 있던 '감독제도의 강화' 항목에 문제를 제기했다. 총독부가 세밀하게 감독을 하려는 의도가 들어 있는 것 아니냐고 따지고, '일본에서는 관청이 머리, 회사는 수족에 불과하다는 평판이 있다'고 소개하며 이러한 폐해에 빠지지 않도록 해달라고 초안의 수정을 요구했다. 사실상 일본에서 전력국가관리 실시과정에서 등장한 전기청과 같은 감독기구의 설치를 강

〈표 II-23〉 조선임시전력조사회(1942.10.20~10.21)의 인적 구성

구분	명단(직위)
회장	田中武雄(정무총감)
위원	鈴川壽男(사정국장), 水田直昌(재무국장), 上瀧基**(식산국장), 鹽田正弘(농림국장) 信原聖(정보국 정보관), 奧村重正(재무국 사계과장) 角永清*(식산국 전기제1과장), 田中重朗*(식산국 전기제2과장) 池尾芳藏*(일본발송전 총재), 藤井崇治*(전 電氣廳 장관) 久保田豊*(조선수전 사장), 小倉武之助*(조선전력·남선합전 사장), 谷多喜磨*(한강수전 사장) 池邊龍一*(강계수전 사장), 今井賴次郎*(서선합전 사장), 武者鍊三*(경성전기 사장) 笹川恭三郎*(북선합전 사장), 松原純一*(조선은행 총재), 林繁藏*(조선식산은행 두취)
간사	鈴木高麗雄, 三津田松吉, 安達遑, 加藤韓三, 高橋洋次郎, 中村長一郎, 木村三郎

자료: 《朝鮮電氣雜誌》 31-10, 1942.10, 40쪽; 岸謙, 〈朝鮮に於ける電力統制の新展開〉, 《京電》 6-4, 1942.11, 2~7쪽.
비고: *는 소위원회 위원, **는 위원장임.

하게 거부한 것이었다. 이에 대해 총독부는 자구의 수정과 함께 이러한 폐해에 빠지지 않겠다고 약속해야 했다.[229] 또한 서선합전 사장 이마이는 사회적 지위가 높은 사람이나 통합대상회사의 임원들을 모아서 신설되는 국책회사의 경영진을 구성[寄合世帶]하는 폐단에 빠지지 말아야 하며, 그간의 경험이나 기량을 고려하여 '단일제'로 해야 한다고 주장하였다.[230] 이외에도 이마이는 적극적인 공사비 지원을 통해 전력요금을 낮출 것을 주문했으며, 종래의 업계 공로자에게는 충분한 보상이 필요하다는 견해를 밝혔다. 또한 조선수전 사장 구보타 유타카久保田豊는 특수회사의 내용과 성격, 출자 등의 중요성을 강조하고, 국가관리 이후 기존 산업의 추진력이 상실되어서는 안 된다며 생산이 제일이고 전력은 수단일 뿐이라고 피력했다.[231] 사실상 닛치츠가 주도하여 한국의 전력업계를 끌고 가고 싶다는 의지를 표출한 셈이었다.

〈전력국가관리안요강〉

1. 관리의 범위

조선총독은 발전, 송전 및 배전을 관리함. 단, 자기의 전용專用에 공급供하거나 또는 일 지방의 수용需用에 공급供하는 전기의 발전, 송전 및 배전으로서 조선총독이 지정하는 것은 이를 제외하기로 함.

2. 관리의 방법

(1) 조선총독은 새로이 특수회사를 설립하여 그 관리에 속하는 발전, 송전 및 배전 중 우선 주요한 발전 및 송전을 행하기로 함.

(2) 조선총독은 그 관리에 속하는 주요한 발전 및 송전을 행하는 자에 대하여 특수회사에 사업의 통합 또는 전력설비 및 그 부속설비의 출자

를 명할 수 있도록 함.

(3) 조선총독은 특수회사의 전력설비의 건설 또는 변경의 계획 및 전력 요금 기타 전력수급에 관한 중요사항을 결정하기로 함.

(4) 조선총독은 그 관리에 속하는 발전, 송전 및 배전을 행하는 자에 대하여 발전, 송전 및 배전에 관하여 관리상 필요한 명령을 할 수 있도록 함.

(5) 배전사업은 우선 특수회사로서 이를 행하지 않지만 전항의 명령에 따라 특수회사의 사명 달성에 협력시키도록 함.

3. 특수회사의 성질

(1) 사채 발행한도의 확장, 사채의 정부보증 등 자금조달에 관하여 이편 利便을 도모함과 동시에 정부소유주의 후배後配, 배당 보증, 조세의 감면, 기타 업무상 필요한 특권을 부여하기로 함.

(2) 조선총독은 회사의 역원을 명면命免하고 정관의 작성 또는 변경, 사채의 모집, 이익금의 처분 기타 중요사항에 관하여 인가를 받아 회사의 업무에 관하여는 감독상 필요한 명령을 하기로 함.

(3) 조선총독은 국유의 전력설비 및 그 부속설비의 일부를 특수회사에 현물출자하기로 함.

4. 감독제도의 강화(초안)

조선총독은 전력의 국가관리의 적정을 기하기 위하여 감독기구를 정비하고 감독력의 강화를 도모하기로 함.

---

4. 관리기구의 정비(최종안)

조선총독은 전력의 국가관리의 적정을 기하기 위하여 관리기구를 정비하기로 함.

이러한 업계의 의견은 적극적으로 답신안에 반영되었다. 우선 전력국가관리안요강 초안에 들어 있던 '감독제도의 강화' 항목은 최종 답신안에서는 뉘앙스가 다소 약한 '관리기구의 정비'로 바뀌고 감독기구의 정비나 감독력의 강화라는 문구는 아예 삭제되었다.[232] 사실상 일본의 전기청에 해당하는 전기국電氣局을 만들지 않겠다는 의사를 확고히 했던 것이다. 한편, 답신에는 초안과 별도로 업계의 요구가 〈희망사항〉이라는 항목으로 추가되었다. 특수회사의 운영은 민간의 창의 및 경험을 활용하고, 중요산업과의 관계를 고려해 생산활동에 악영향을 미치지 않도록 발송전 통합을 진행하며, 향후 피통합회사의 자산평가를 위해 평가위원회를 설치하고 발송전설비 건설 시에 총독부가 건설비를 분담해 전력원가를 낮춘다는 내용이었다.

임시전력조사회의 심의를 거친 뒤 1942년 12월 31일에는 '조선전력국가관리실시요강'(이하 요강)이 정식으로 각의에서 통과되었다. 이에 따라 기존 전기회사의 합병과 사업 양수, 설비의 현물출자 등에 의해 발송전을 담당할 특수회사로 조선전기주식회사(가칭)를 설립해 전력국가관리체제를 확립하기로 최종 결정되었다.[233]

〈조선전력국가관리실시요강〉

| 제1-방침 |

대동아공영권 내에서 조선에 부하된 생산력 확충 특히 초미의 급무인 경금속공업 기타 주요 국방산업의 확충계획의 완수를 기하기 위하여 그 기초산업인 전기사업에 대하여 전력자원의 합리적 개발을 촉진하고 전력요금의 적정을 기함과 동시에 전력 동원을 강력히 실시함은 각하의

급무임에 비추어 이에 국가관리체제를 확립함으로써 조선에서 전기사업을 고도국방국가체제에 즉응시키도록 함.

| 제2-요령 |

1. 조선총독은 조선에서 발전, 송전 및 배전을 관리할 것. 단, 자가용 또는 지방적 수요로서 통제의 필요가 없는 것은 이를 제외할 것.

2. 조선총독은 전력설비의 건설계획, 전력요금 기타 전력수급에 관한 중요사항을 결정하거나 또는 전력관리상 필요한 명령을 할 수 있도록 할 것.

   전항 후단의 규정에 따라 하는 명령으로 인하여 발생한 손실은 정부가 보상할 것.

3. 조선총독은 새로이 제령에 기초하여 특수회사인 조선전기주식회사(가칭)를 설립하고 우선 그 정한 발전 및 송전을 행할 것.

4. 조선전기주식회사는 조선에서 기존 전기회사의 통합, 사업의 양수 및 설비의 현물출자 등에 따라 이를 설립할 것.

   전항의 경우에서 평가에 관해서는 평가위원회를 설치하여 공정 타당을 기할 것.

   정부는 국유에 관계 있는 주요 전력설비 및 그 부속설비를 조선전기주식회사에 현물출자할 것.

5. 조선압록강수력전기주식회사는 만주국과의 특수관계에 비추어 조선전기주식회사에 통합하지 않음. 제령에 기초한 특수회사로 개조하여 이를 존치하고 압록강 및 도문강 본류에서 발전을 할 것.

6. 정부는 조선전기주식회사에 대하여 사채 및 배당의 보증, 조세의 감면 기타 업무상 필요한 특권을 부여할 것.

7. 조선총독부는 조선전기주식회사의 업무에 관한 중요사항에 대하여 그 인가를 받아 기타 회사의 감독상 필요한 명령을 할 수 있도록 할 것.

8. 조선압록강수력발전주식회사에 대하여도 전2항에 준하여 조성 감독을 할 것.

| 제3-조치 |

1. 조선총독은 본 요항을 실시하기 위하여 법령 및 예산상 필요한 조치를 하기로 함.

2. 특수회사의 설립 및 운영에 대해서는 민간의 우수한 기술 및 경험을 중심으로 하여 이를 적극적으로 활용하기로 함.

3. 전기사업의 통합에 당하여서는 중요산업과의 관련을 고려하여 전시하에 생산활동에 지장 없도록 하기 위하여 필요한 조치를 의논하기로 함.

4. 조선전기주식회사는 조선압록강수력발전주식회사의 주식의 반수를 소유하는 등의 조치에 따라 일원적으로 운영하기로 함.[234]

최종적으로 결정된 요강에는 조사회에서 제기된 업계의 요구와 희망사항이 대부분 반영되었다. 우선 특수회사의 설립 및 운영에서 민간의 우수한 기술과 경험을 적극 활용하기로 하였고, 통합·양도되는 전기회사의 평가는 평가위원회를 통해서 결정되도록 했으며, 만약 전력설비의 건설, 전력요금이나 전력수급과 관련한 총독부의 명령으로 손실이 발생할 때는 보상을 받는다는 조항이 삽입되었다. 또한 전기사업의 통합은 전시하 생산활동에 지장이 없도록 한다는 내용도 포함되었다. 조사회에서 논란이 되었던 '감독제도의 강화'나 '관리기구의 정비' 같은 조항은 아예 포함되지 않았다.

한편, 1943년 3월 30일에는 제령 5호로 전력관리령이 발포되어 전력 국가관리의 범위와 방법, 그리고 특수회사로서 조선전업주식회사(명칭 변경)의 설립과 경영에 관한 중요사항이 확정되었고,[235] 4월 20일에는 조선총독부령 제118호로 전력관리령시행규칙, 1943년 4월 26일에는 칙령 제397호로 조선전력평가심사위원회관제가 공포되어 전력국가관 리를 실현할 법적 기초가 정비되었다.[236] 이른바 '제2차 전력통제정책' 곧 '전력국가관리'의 시작을 의미했다.

전력관리령을 비롯한 일련의 법령들의 주요 내용은 다음과 같았 다.[237] 우선 국가관리의 범위는 발전·송전·배전 전체의 일원적 관리를 목표로 하되 당분간 지방적 수요 또는 자가 전용專用을 위한 발송배전 은 대상에서 제외하기로 했다. 향후 발송전에 이어 배전까지 통합할 계 획을 염두에 두고 있었던 것이지만, 끝내 실현하지는 못했다. 한편, 자 가용을 제외한 발송전회사를 통합해 국책대행기관인 조선전업주식회 사를 설립하기로 하였지만, 만주국과 공동으로 개발에 착수한 조선압 록강수전은 여기서 제외하기로 했다. 그러나 조선압록강수전에서 생산 한 전기는 반드시 조선전업에 일괄판매하도록 하고 조선압록강수전의 실질적 운영은 조선전업 중역진이 책임져 발송전의 일원적 관리를 훼 손하지 않도록 했다.

조선전업의 설립과정에서는 정황에 따라 합병, 사업 양도, 출자 등 다양한 방법을 모색할 수 있도록 했고, 통합대상회사의 합병조건, 양도 가격, 출자가격 등을 평가하기 위해 조선전력평가심사위원회를 구성하 도록 했다. 조선전업은 특수회사에 걸맞게 정부의 배당 보증(6%)과 사 채의 발행한도 확장(불입금액의 3배), 정부의 원금과 이자 지불 보증(3억원 한도), 10년간 소득세 및 영업세 면제 등 갖가지 특권도 부여받았다. 그러나 경영과정에서는 총독부의 통제를 받아야 했다. 우선 사장, 부사장은 총독이 임명하고 이사는 총독의 인가를 거쳐 주주총회에서 선임하도록 해 사실상 총독부가 중역의 임명권을 장악했고, 전력설비 등의 건설 또는 변경 계획, 전력요금, 기타 전력수급에 관한 중요사항은 총독이 결정하도록 했다. 총독부는 감독상, 공익상 필요할 경우 명령권을 행사할 수 있었고, 조선전업은 총독부의 명령을 수행할 의무를 졌으며, 이를 어길 경우를 대비해 갖가지 벌칙조항도 구비해 두었다. 또한 회사의 업무를 감시할 감리관제도도 마련했다.

제반 법규 정비에 따라 전력국가관리의 주요 방책과 조선전업의 설립과 경영에 관한 구체안도 마련되었다.[238] 조선압록강수전을 제외한 8개사(실제로는 9개사였음)를 통합해 조선전업주식회사를 설립하기로 하고, 먼저 조선수전을 중심으로 업적이 대체로 유사한 조선송전과 부령수전을 합병하고 총독부는 국유인 부평-대전 간 남북연락송전간선을 출자해 모체회사를 창립하기로 했다. 그리고 나머지 5개사는 전력관리령에 따라 양도명령을 내려 모체회사에서 매수하기로 했다. 그 대신 양도회사에는 자산을 시가로 평가해 액면 4.2%의 사채를 지급하기로 했다. 향후 조선전업은 총괄원가주의와 업종별 요금제에 의해 중요산업에 대해 저렴한 요금으로 전기를 공급하는 방법을 모색하기로 했다.

그러나 조선전업은 기존에 체신국에서 작성한 통제요강에 등장했던 특수회사인 '조선전력공급주식회사(가칭)'와는 그 성격에서 다소 차이가 있었다. 조선전력공급은 일본발송전을 그대로 모방해 기존 전력회사로부터 신규 수력발전설비(기존 수력발전설비 제외)와 주요 화력발전설비, 그리고 주요 송전설비(100kV급 이상)를 현물로 출자케 해 설립될 계획이었는데, 조선전업은 조선수전을 중심으로 모든 발송전회사(조선 압록강수전 제외)를 통합하려는 점에서 차이가 있었다. 이에 따라 조선 전력공급의 예상자본금은 1억5천만원에 불과했지만, 조선전업의 자본 금은 약 3억4천여만원, 자산은 7억수천만원에 달할 것으로 예상되었 다. 또한 체신국의 통제요강에는 일본의 전기청에 해당하는 전기국의 설치가 나와 있었지만, 조선전업의 설립과정에서는 업계의 우려를 받 아들여 전기국과 같은 감독기구는 설치하지 않기로 하였다.

총독부는 전력국가관리안의 확정에 따라 조선전업의 설립을 급히 서 둘렀다.[239] 우선 총독부 관계 관료들, 그리고 전력업계와 재계의 주요 인사들로 조선전업설립위원회를 구성했고, 1943년 7월 9일에는 조선 총독부 제1회의실에서 제1회 설립위원회를 개최했다. 이 자리에서 조 선수전, 조선송전, 부령수전 3개사를 합병하고 총독부 소유의 남북연 락송전간선을 현물출자해 조선전업을 설립하기로 결의했다. 조선수전 600만주(50원 불입, 이하 동일), 조선송전 60만주, 부령수전 10만주 등 통 합대상회사의 주식 할당기준을 정하고 남북연락송전간선은 673만원으 로 평가해 총독부에 13만4,600주를 배정하기로 해 자본금을 3억4,173 만원으로 확정했으며, 신설회사의 정관도 심의했다. 다음날(7월 10일)에 는 총독부 관료들과 재계 주요 인사들로 구성된 제1회 조선전력평가심 사위원회를 같은 장소에서 소집해 통합대상회사들의 주식비율과 총독 부 출자에 대한 평가를 원안대로 확정했다. 7월 31일 오전 10시에는 체 신사업회관 회의실에서 제2회 설립위원회를 열어 경과 보고와 함께 기 타 설립사무를 마치고, 설립위원회가 끝나자마자 같은 날 오후 1시부터 같은 장소에서 창립총회를 개최해 조선전업의 설립을 완성했다. 불과 한 달이 안 되는 기간에 설립사무를 모두 끝냈던 것이다. 총독부가 조선전업의 설립을 얼마나 급히 서둘렀는지를 보여 주는 대목이다.

또한 나머지 회사들에 대한 통합작업도 곧바로 이어졌다. 1943년 8월 31일에는 조선전업이 북선수전을 흡수합병했다.[240] 북선수전은 조선수전이 단독출자해 설립한 자회사로서 조선전업의 설립과 함께 조선수전의 소유 주식이 조선전업에 귀속되어 있었다. 따라서 합병과정은 주식을 상각하고 자본금의 변동 없이 이루어졌다.[241] 또한 조선전업은 1943

<표 II-24> 조선전업 설립 관련 위원회의 인적 구성

구분		명단(직위)
朝鮮電業設立委員會 (1943.7.9, 7.31)	위원장	田中武雄(정무총감)
	위원	江口親憲(총무국장), 新貝肇(사정국장), 水田直昌(재무국장), 上瀧基(식산국장), 早田福藏(법무국장), 丹下郁太郎(경무국장), 兵頭儁(총무국 기획실장), 田中鐵三郎(조선은행 총재), 穗積眞六郎(조선상공회의소 회두), 林繁藏(조선식산은행 두취), 池邊龍一(동척 부총재), 谷多喜磨(한강수전 사장), 松本誠(朝金聯 회장), 久保田豊(조선수전 취체역), 今井賴次郎(조선송전 취체역), 小倉武之助(조선전력 사장), 白石宗城(닛치츠 취체역), 望月伸(부령수전 사장), 玉置正治(조선수전 취체역), 橫也靜夫(조선수전 취체역)
	위원보조	筒井竹雄, 吉良喜重, 磯崎廣行, 山地埥之, 奧村重正, 角永淸, 山名酒喜男, 木野藤雄, 岡村峻, 辻桂五, 高橋英夫, 渡鄒隆治, 加納富夫, 三津田松吉, 橫井增治, 田中重朗, 安達遼, 加藤韓三, 高橋洋次郎, 木村三郎,
朝鮮電力評價審査委員會 (1943.7.10, 9.17)	회장	田中武雄(정무총감)
	위원	江口親憲(총무국장), 水田直昌(재무국장), 上瀧基(식산국장), 信原聖(정보국 정보관), 兵頭儁(총무국 기획실장), 關口聰(경성세무감독국장), 田中鐵三郎(조선은행 총재), 穗積眞六郎(조선상공회의소 회두), 林繁藏(식은 두취), 人見次郎(조선무연탄 사장), 萩原彦三(조선광업진흥 사장), 伊達四雄(경성토목건축협회 회장), 鈴木武雄(경성제대 교수)
	간사	吉良喜重, 山地埥之, 奧村重正, 角永淸, 山名酒喜男, 木野藤雄, 岡村峻, 辻桂五, 高橋英夫, 加納富夫, 新貝肇, 三津田松吉, 上田新, 田中重朗, 安達遼, 中村長一郎, 高橋洋次郎, 木村三郎, 寺脇宗男, 新美武, 江口信平, 高橋敏夫, 矢野誓治, 中野人士, 富野井正

자료: 《朝鮮電氣雜誌》 32-8, 1943.8, 38쪽.

년 9월 20일에는 강계수전, 한강수전, 남선수전, 조선전력 등 4개사의 사업 일체를 자산평가액에서 채무액을 제한 1억1,865만2,668원에 양수하고, 경성전기로부터 수색−부평 간 송전선 17.9km를 장부가격 88만8,732원에 양도받아 통합작업을 일단락 지었다.[242] 4개사 매수대금은 현금이 아닌 연리 4.2%의 사채를 교부하였다. 또한 1943년 11월 20일에는 전북지방에서 소규모 수력발전소인 운암발전소(5,120kW)를 운영하는 자본금 250만원(불입 112만5천원)의 남조선수력전기를 합병해 통합작업을 최종 완료하였다.[243]

조선전업 설립과정에서 자산의 평가와 수뇌부의 구성은 최대 관심사항이었다.[244] 당시 관료들은 설립과정에서 통합대상회사의 자산을 물타기[水增]하거나 조선전업의 임원을 통합대상회사의 임원들을 모아서 구성[寄合世帶]하는 폐해를 방지해야 한다고 역설했다. 우선 자산의 물타기는 향후 조선전업의 경영에 부담을 초래하고 전력원가 상승을 유발하는 요인이기 때문에 필히 막아야 할 중대 문제였다. 총독부에서는 엄격한 자산평가를 공언했지만, 현실은 만만하지 않았다. 피통합회사들의 자산평가 과정에서 건설기술의 빈곤에 기초한 무효투자액이 각각 강계수전 117만5천 원, 한강수전 220만5천 원, 남선수전 22만7천 원에 달한다는 평가가 제출되었으나 해당회사들의 강력한 반발에 밀려 결국 장부가격대로 인정하기로 했고,[245] 조선전력에 대해서 불량자산 350만원, 그리고 강계수전에 대해서 공사 지연으로 인한 금리 증가액과 본사비 증가액 330만원을 감액하는 데에 만족해야 했다.[246] 결국 조선전업은 4개사 합계 자산총액 3억7,865만9,099원에서 680만원을 감액하고 부채 2억5,320만6,431원을 제한 나머지 1억1,865만2,668원을 사채로 교부해 매수작업을 매듭지었다. 기존 발전회사들의 반발을 무마하고 통합을 서두르기 위해 일부 물타기를 묵인한 것이지만, 결과적으로 조선전업이 피통합회사들의 경영부실을 고스란히 떠안은 셈이었다.

두 번째는 임원 구성문제였다. 기존 회사들의 합병과 매수에 따른 통합회사의 속성상 인적 구성은 복잡해지고 향후 경영과정에서 내분이 일어날 가능성이 있었다. 총독부는 종래의 특수회사가 각 방면의 유능자들로 중역진을 구성해 국가적 관념을 관철하고자 했으나 책임소재가 불분명하고 비능률적이어서 업적이 좋지 않았다며 통합회사는 능률이 좋은 사람들을 중심으로 중역진을 구성해 국책회사의 장점과 주식회사의 장점을 모두 살리겠다고 밝혔다. 그리고 이에 근거해 그간 전원개발에 큰 성과를 보여 왔던 닛치츠계의 인사들을 중심으로 중역을 구성했다. 조선전업의 사장에는 노구치의 강력한 후원을 바탕으로 닛치츠의 조선 내 전기사업을 총괄지휘했던 구보타 유타카가 임명되었고, 부사장에는 구보타의 전기기술부문 보좌역격인 다마키 마사하루玉置正治, 이사에는 구보타의 토목부문 보좌역격인 요코치 시즈오橫地靜夫가 임명되었으며,[247] 나머지 중역들도 경남지사를 역임하고 당시는 동척 취체

〈표 II-25〉 조선전업 피통합회사의 자산평가

구분	강계수전	한강수전	남선수전	조선전력	합계	경성전기 수색-부평송전선
총자산	172,816,731	107,167,376	27,017,836	71,657156	378,659,099	
불량자산	3,300,000			3,500,000	6,800,000	
자산평가액	169,516,731	107,167,376	27,017,836	68,157,156	371,859,099	888,732
채무승계액	102,816,731	94,667,376	7,017,836	48,704,488	253,206,431	
사채교부액	66,700,000	12,500,000	20,000,000	19,452,668	118,652,668	

자료:《每日新報》1943.9.19;《朝鮮電氣事業史》, 中央日韓協會, 1981, 320~324쪽.

역이었던 야마자와 와사부로山澤和三郎를 제외하고는 모두 닛치츠계로 채워져 "단일색單一色"으로 구성되었던 것이다.[248]

비록 총독부가 표면적으로 능률적인 회사운영을 내세워 중역진을 닛치츠 "단일색"으로 구성했지만, 이는 실상 새로이 탄생한 조선전업의 성격과도 깊은 관련이 있었다. 앞에서도 지적했듯이 같은 시기 일본에서 발송전 통합을 맡았던 일본발송전이 기존 전기회사들의 현물출자로 자본을 이루고 새로이 중역진을 임명해 전혀 새로운 성격의 국책회사로 탄생했던 것과 달리 조선전업은 설립과정에서 닛치츠계인 조선수전을 중심으로 자본구성을 이루고 있었다. 전술했듯이 조선수전, 조선송전과 부령수전 3사가 모체회사를 이루었는데 불입자본금을 기준으로 각각 조선전업의 주식 600만주, 60만주, 10만주를 할당받았다. 그런데 주지하듯 조선수전과 조선송전은 닛치츠가 장악하고 있는 회사였다. 총독부 보유 주식이 13만4,600주(2.0%)에 불과했던 점을 감안하면 주식의 거의 대부분을 닛치츠계가 장악했던 셈이다. 나머지 회사들의 매수는 주식 대신 사채를 지급했으므로 자본구성에는 전혀 영향을 미치지 못했다.

이렇게 보면 총독부는 조선전업의 모체회사를 일부러 닛치츠계 중심으로 구성해 자본구성에서 닛치츠의 장악력을 높여 주었던 것이다. 전력국가관리는 명목상으로는 국영을 지향했지만, 조선전업의 자본구성과 중역진에서 보듯이 실질적으로는 닛치츠 주도의 민영회사나 마찬가지였다. 예를 들어 조선전업의 설립사무소를 조선수력전기 내에 설치했던 일은 바로 닛치츠 주도를 상징적으로 보여 주는 일이었다.[249] 결국 총독부는 닛치츠 '몰아주기'로 전력 경영을 닛치츠에 위탁한 셈이었다.

이는 닛치츠가 전시하에 경금속, 인조석유, 항공연료와 각종 유기합성 제품의 군납 등 군수품의 생산과 공급에 적극 나섰던 것과 무관하지 않았다.[250] 또한 조선수전 사장 구보타가 임시전력조사회의 석상에서 특수회사의 내용과 성격, 출자 등의 중요성을 강조하고, 국가관리 이후 기존 산업의 추진력이 상실되어서는 안 된다고 주장해 최종적으로 각의에서 통과된 요강에 특수회사의 설립 및 운영은 민간의 우수한 기술과 경험을 적극 활용하며 전기사업의 통합은 전시하 생산활동에 지장이 없도록 한다는 내용이 포함될 때부터 예견된 일이었다.

당시 총독부 관료들은 종래 전원개발에 우수한 실적을 보인 자에게 전권을 위탁해 충분히 능력을 발휘토록 하는 데에 '제2차 전력통제정책'의 목표가 있음을 자인하고 있었다. 그리고 닛치츠가 전원개발에서 다년간 축적한 기술과 경험을 살린다는 이유를 들어 "가장 우수한 회사에 한국의 전력개발을 위탁시켜 국가와 함께 포합抱合하는 것"이라고 정책의도를 설명했다.[251] 이는 재벌과 국가권력의 결합을 이르는 '관재포합官財抱合'을 스스로 인정하는 것으로서 국가독점자본주의의 일면을 보여 주는 일이었다.

이제 한국의 전력산업은 발송전을 통일한 조선전업과 지역별로 통합한 4개의 배전회사(경성전기, 남선합전, 북선합전, 서선합전)가 중심이 되어 이끌어 가게 되었다. 이렇게 성립한 한국의 전력국가관리는 일본의 그것과는 사뭇 차이가 있었다. 우선 성립 시기에서 일본은 1939년에 제1차 전력국가관리가 성립하고 1941년에 이를 강화한 제2차 전력국가관리로 이행했지만, 한국에서는 1943년에서야 조선전업이 설립되어 전력국가관리가 시행되기에 이르렀다. 여기에는 1930년대 전력통제정책의 전개 결과 강고해진 관료-자본 유착관계를 바탕으로 총독부 관료들이 전력국가관리를 한동안 거부했던 배경이 있었다. 이처럼 한국의 전력국가관리가 늦게 성립된 까닭에 일본의 제1차 국가관리를 건너뛰고 제2차 국가관리로 곧바로 이행했지만, 전력국가관리의 구체적인 내용과 성격에서는 크게 달랐다. 일본에서는 발송전통합회사인 일본발송전이 국영인 데 반해 조선전업은 사실상 닛치츠가 주도하는 민영회사였으며, 일본에서는 전력산업의 감독기구인 전기청이 조직되었지만 한국에서는 그에 상응하는 전기국이 업계의 반대 때문에 설치되지 않았던 것이다.

1945

Ⅲ

1945~1961년
전력산업의
위기와 극복

1. 해방 직후 전력산업의 위기

미군정기 전력난과 5·14단전

1945년 8월 15일 우리 민족은 일제로부터 해방을 맞이하였지만, 통일된 자주독립국가 건설이라는 시대적 사명을 완수하지 못했다. 미국군과 소련군이 38선을 경계로 남한과 북한에 각각 주둔하면서 군정이 시작되었고, 이를 계기로 민족 내부에서 신국가 건설의 방향을 둘러싼 갈등과 이념 대립이 심화되어 갔기 때문이다. 그리고 그러한 갈등과 대립은 끝내 해소되지 못한 채 분단으로 귀결되고 말았다. 이런 시대적 배경 아래 일제하에 왜곡되어 있던 경제구조는 분단체제의 형성과정에 따라 그 모순이 발현되고 있었는데, 미군정기 남한의 전력산업은 그러한 모순이 가장 잘 드러나는 예였다.[1]

일제강점기 한반도의 전력산업은 주요 수력발전소 대부분이 북한에 편재해 있는 기형적인 구조였기 때문에 해방 직후 남한의 전력산업은

〈표 III-1〉 해방 당시 남북한 발전설비 및 발전실적

구분	발전소명	종별	발전설비				발전실적		
			시설용량(kVA)	최대출력(kW)	비율(%)	수화력 비율(%)	평균전력(kW)	비율(%)	수화력 비율(%)
38°북	수풍	수력	600,000	540,000	(31.3)		412,662	(41.9)	
	장진강	수력	371,444	334,300	(19.4)		196,458	(19.9)	
	부전강	수력	223,000	200,700	(11.7)		80,466	(8.2)	
	허천강	수력	394,000	354,600	(20.6)	(100.0)	217,682	(22.1)	(100.0)
	화천	수력	60,000	54,000	(3.1)		17,102	(1.7)	
	부령	수력	35,800	28,640	(1.7)		9,137	(0.9)	
	금강산	수력	12,970	11,673	(0.7)		8,775	(0.9)	
	소계		1,697,214	1,523,913	(88.5)		942,282	(95.7)	
38°남	청평	수력	44,000	39,562	(2.3)		18,793	(1.9)	
	섬진강	수력	16,000	14,500	(0.8)	(31.3)	3,945	(0.4)	(59.2)
	운암	수력	6,400	5,120	(0.3)		1,603	(0.2)	
	보성강	수력	3,900	3,100	(0.2)		836	(0.1)	
	영월	화력	125,000	100,000	(5.8)		17,343	(1.8)	
	당인리	화력	28,125	22,500	(1.3)	(68.7)			(40.8)
	부산	화력	17,500	14,000	(0.8)				
	소계		240,925	198,782	(11.5)		42,520	(4.3)	
합계			1,938,139	1,722,695	(100.0)		984,802	(100.0)	

자료: 大澤흃, 《朝鮮電業株式會社十年史》, 朝鮮電業株式會社, 1955, 56~59쪽.
비고: 발전실적은 1944년 4월부터 1945년 3월까지 1년간 통계임.

크게 위축될 수밖에 없었다. 해방 당시 남북한의 발전능력을 비교해 보면, 북한은 152만3,913kW(88.5%)였지만 남한은 19만8,782kW(11.5%)에 불과했다. 게다가 남한의 전력시설은 대부분 화력발전소인 데다가 수력에 비해 효율이 크게 떨어져 예비용으로 전환되어 있었기 때문에 북한과 남한의 발전실적은 95.7% 대 4.3%로 그 격차가 더욱 크게 벌어졌다.

앞에서 살펴보았듯이 해방 이전에 한반도 전역에 걸쳐 전력네트워크가 구축된 것은 5년을 채 넘지 못했지만, 이 기간 남쪽에서는 북쪽의 수력전기에 대한 의존도가 급속도로 높아져 가고 있었다. 예비발전소로 전환된 당인리와 부산 화력발전소는 아예 가동 중단상태에 들어간 지 오래였고, 화력발전소로서는 유일하게 가동되던 영월화력조차 1943년 청평수력의 등장 이후 발전실적이 크게 줄어들며 남한의 핵심 기저발전소로서의 지위를 상실하였다(〈그림 III-1〉).

게다가 남한에 위치한 수력발전소들도 북한의 수력발전소들에 비해 경제성과 효율성이 크게 떨어졌다. 일단 남한 수력발전소들이 이용하는 저수지는 규모가 작아서 수량이 부족하였다. 더구나 청평발전소를 제외하고는 본래 관개를 목적으로 축조된 저수지를 이용하고 있었기 때문에 저수지의 물은 관개용에 우선 사용해야 했다. 예를 들어 섬진강(칠보)과 운암수력은 만경평야에 관개하기 위해서 축조한 동진수리조합의 저수지를 이용한 발전소였기 때문에 관개가 우선이고 발전은 부수적인 임무였다. 농업용 관개용수 확보를 위해 농사철에는 발전량이 떨어질 수밖에 없었다. 보성강발전소도 농업용수 확보가 우선인 것은 마찬가지였다. 또한 한반도의 지리와 기후 특성에 따라 여름철에 대부

분의 강우가 집중되기 때문에 겨울철 갈수기에는 수량 부족으로 발전
량이 현저히 떨어지거나 운전을 정지할 수밖에 없었다. 이와 같이 남한
의 전력산업은 기본적으로 자급자족이 불가능한 상태이면서 동절기에
구조적으로 더욱 취약한 조건에 놓여 있었다.

남한의 전력소비가 북한의 풍부하고 저렴한 수력전기에 대한 의존도
를 높여감에 따라 애초부터 부족했던 남한 전체의 전기 생산량은 그나
마도 점차 줄어들어 갔다(〈그림 III-1〉). 특히 동절기에 이르면 북한 수
전에 대한 의존율이 80%를 넘을 때도 있었다.[2] 이와 같은 북한 의존적
인 남한의 전력구조는 북한의 발전소 사정이나 향후 정세 변화에 따라

〈그림 III-1〉 1941~1947년 남한의 주요 발전소 평균 발전실적

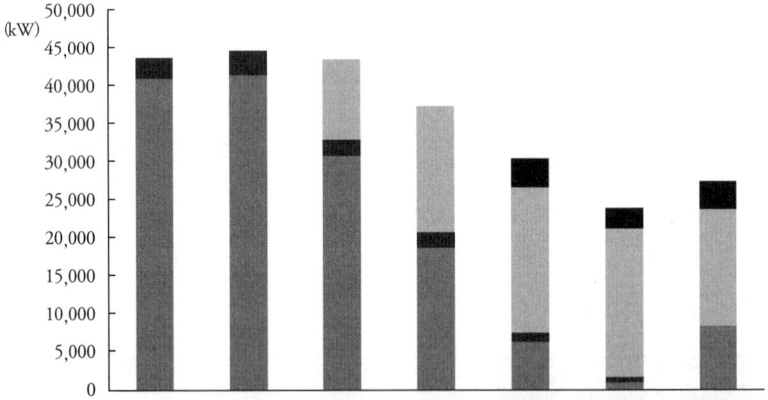

	1941	1942	1943	1944	1945	1946	1947
섬진강					900	2,700	3,700
청평			10,500	16,500	19,000	19,400	15,300
운암	2,700	3,200	2,200	2,000	1,300	800	
영월	40,800	41,200	30,600	18,600	6,200	900	8,300

자료: 陳懿鍾, 〈南韓의 電力問題〉, 《商工經濟》 1-1, 1949.4, 11~12쪽.

전력위기가 일어날 가능성을 안고 있었다. 이 때문에 남한은 이를 극복하고 전력자급체제를 구축해야 할 과제를 일찍부터 갖고 있었다.[3]

결국 이러한 취약한 구조 때문에 해방되고 얼마 지나지 않아서부터 남한의 전력위기는 시작되었다. '제1차 위기'는 1946년 말부터 1947년 초에 걸쳐 진행되었다. 당시 북한은 장진강발전소-평양 간 송전선 고장과 발전소 수리를 이유로 들어 남한으로 내려보내는 전기량을 제한하였는데, 이 때문에 남한 각지에서 정전이 빈번하게 일어났던 것이다.[4] 남한에서는 혹시 모를 북한의 송전 중단에 대한 불안감이 팽배해지고 있었다. 군정청 상무부 전기과장이 북한으로부터 송전이 중단되면 남한은 암흑화될 것이라고 공개적인 우려를 표명했던 것은 이 때문이었다.[5] 대책이 필요한 시점이었다. 대책은 크게 세 가지 방향에서 마련되었다.

우선 미군정은 북한으로부터의 수전량을 보다 안정적으로 확보하기 위하여 남북전력협정 체결에 나섰다.[6] 그간 소군정의 전력요금 지불 요구에 대한 소극적인 자세를 전환해 적극적으로 협상에 임해 1947년 6월 17일 남북전력협정을 체결하기에 이른다.[7] 이 협정에 따르면 남측은 1945년 8월 16일부터 1947년 5월 31일 사이에 공급된 전력에 대한 요금 1,633만4,735원을 협정일로부터 6개월 이내에 북측에 현물로 지급하고 1947년 6월 1일 이후의 전기요금은 매월 단위로 청산하기로 했다. 일단 최고 8만kW까지 전기를 공급하되 향후 10만kW까지 늘리기로 약정했다. 1948년 5월 31일까지는 위와 같은 조건 아래 전기를 공급하되 양측이 이의가 없을 경우에는 1개월 단위로 자동연장하기로 합의했다. 둘째, 미군정은 전력수요를 억제하기 위해 각종 절전캠페인을

〈그림 III-2〉 1945~1948년 월별 발전소별 발전량 추이

자료: 《商工槪況》, 大韓民國商工部, 1957.

벌이는 한편, 경찰력을 동원해 전기를 남용하거나 도전하는 행위를 강력하게 처벌하는 일에도 힘을 기울였다.[8] 셋째, 남한 내 발전력을 증대시키기 위해 섬진강수력발전소에 발전기를 증설하고, 발전력이 현저히 떨어진 영월화력발전소를 복구하는 데에 주력하기로 방침을 정했다.[9] 특히 전북 정읍군 칠보면에 위치하여 칠보발전소라고도 불리던 섬진강발전소는 임실군에 있는 동진수리조합 저수지의 물을 역류시켜 6.2km에 달하는 터널을 통해 정읍 쪽에 위치한 발전소로 낙하시켜 발전하는 유역변경식 발전소였다.[10] 1만6천kW 발전기 1대를 설치한 다음 일제 말에 댐의 증축과 발전기 추가 설치를 위한 공사를 시작했다가 전쟁으로 인해 공사를 중지한 상태에 있었다. 또한 영월화력은 설비 노후와 채탄량 부족으로 발전력이 크게 떨어져 있는 상황이었다. 요컨대, 미군정은 기존 발전소의 증설이나 복구를 통해 긴급하게 발전량을 늘리려는 생각을 갖고 있었다. 그러나 이때는 아직 확실한 대책을 마련하지 못한 상태에서 북쪽으로부터의 송전이 정상화되면서 문제가 일시 해소되기에 이르렀다.[11]

그러나 전력협정 체결 이후에도 전력을 둘러싼 남북 간의 긴장관계는 회복되지 못하고 오히려 악화되었다. 전기요금의 지불방법과 지불액수를 둘러싸고 양측이 대립을 지속해 남측이 북측에 지불한 대금은 총 전력요금의 35%를 넘기지 못하고 있는 실정이었다.[12] 결국 미군정이 전력생산 확보를 위한 별다른 대책을 마련하지 못한 채 1947년 말이 되면서 전력위기는 재현되었다. '제2차 위기'였다. 1947년 11월 18일 오전 북측에서 갑작스럽게 2시간이 넘도록 송전을 중지하여 큰 혼란이 일었고, 그 이후에도 발전소 사고를 이유로 들며 당분간 종전 송전량의 절반만 공급할 수 있다고 통보하였다.[13] 갑작스러운 북측의 제한 송전으로 인하여 남측에서는 전력난이 심각해졌다. 특히 영등포공업지대와 인천공업지대에서 받은 타격이 커서 일부 공장은 생산량의 60~80%가 감소했다고 보고할 정도였다.[14] 각급 생산공장들은 갑작스러운 가동 중단으로 인하여 막대한 손해를 입었고, 장기적인 조업단축과 생산부진은 불가피했다.[15]

이를 타개할 응급조치가 긴요했다. 군정청에서는 민정장관, 상무부장, 조선전업 사장 등이 전력대책위원회를 개최하여 대책을 논의하였고,[16] 결국 민정장관의 명의로 행정명령을 발동해 전력소비규칙 1호와 2호를 실시했다.[17] 우선 정해진 가정용 전등을 제외한 전열기구, 전기제품 등의 사용을 중단시키고 공장에서도 작업용 이외에 난방용 전열기 사용을 금지했다. 공장들의 조업시간도 주간과 야간으로 나누어 전기수요를 분산시켰다.

그러나 이 정도로는 충분치 않았다. 보다 강력한 통제조치가 필요했다. 이를 위해 입법의원 김도연, 상공회의소 전항섭을 비롯해 관민에서 뽑은 7명의 전문가로 이루어진 비상시전력위원회를 설치해 전력의 생산, 분배, 사용과 관련된 광범위한 권한을 부여했다.[18] 이 위원회는 전력 필수 사용처에 대한 우선순위를 결정하고 이를 변경하는 권한을 확보하였고, 비상시에는 이 위원회에서 결정하는 사항이 모든 법령에 우선할 정도로 절대적인 권한을 행사할 수 있었다. 이 위원회의 결정에 따라 전기에 대한 강력한 소비제한조치를 비롯한 각종 대책들이 마련되었다.[19] 위원회는 서울시를 비롯해 지역별로 관민합동의 전력대책협의회를 설치하여 절전운동을 추진하기도 하고,[20] 전기수요 억제를 위해 전력사용량 초과행위에 대해 강력히 경고하는 한편 전등촉수를 제한하는 조치를 취하기도 하였다.[21] 심지어 가정의 초과전력 사용을 단속하기 위해 지정된 퓨즈를 밀봉한 뒤 파열 여부를 조사하기도 했다.[22]

그러나 소비제한조치만으로는 문제를 해결할 수 없었다. 궁극적으로 발전력이 확보되지 않으면 위기를 타개하기 어려웠다. 우선 군정청에서는 영월을 비롯해 당인리·부산 화력발전소의 조기복구에 집중하기로 했다.[23] 그 결과 1947년 12월부터 장기간 운전이 중단되어 있던 부산화력과 운전과 중지를 반복하던 당인리화력을 재가동할 수 있었고, 1948년 2월에는 고장이 난 당인리발전소 1호기를 해체하여 수리하는데에도 성공하였다.[24] 그러나 부산이나 당인리 화력은 국내에서 생산되지 않는 유연탄을 원료로 하고 있기 때문에 발전량을 늘리는 데에 한계가 있었다. 이 때문에 군정청에서는 응급대책으로 미국에서 발전선을 도입해 운영하기로 했다. 1948년 3월에 2만kW 자코나Jacona호가 도착해 부산에서 발전을 개시하였고, 1948년 5월에는 6,900kW 엘렉트라 Electra호가 인천에서 발전을 개시하기에 이르렀다.[25]

그러나 군정청의 발전력 증가책은 여러 가지 면에서 한계가 분명했다. 당인리와 부산 발전소는 비싼 유연탄을 수입해야 했고, 시설이 노후한 탓에 고장이 끊이지 않았다. 미국에서 도입한 발전선은 값비싼 중유를 사용하기 때문에 발전비가 과도하였다. 영월화력은 원료인 국내산 무연탄 채굴실적이 저조하기 때문에 발전력을 크게 늘리기가 힘들었다. 청평수력은 지리적 위치로 인해 상류(38선 이북)에 있는 화천수력(북한 관할)의 인위적인 수량조절에 의한 영향을 피할 수 없었다. 섬진강·운암·보성강 발전소는 전술하였듯이 저수지 물을 농업용수로 우선 사용해야 했기 때문에 발전량을 임의로 늘리기 어려웠다. 요컨대, 새로운 발전소를 건설하지 않고서는 남한의 전력 부족문제는 근원적으로 해결할 수 없는 상태였다. 그러나 이를 해결할 시간이 충분하지 않았다.

한편, 남북문제 해결을 위한 미소공동위원회가 결렬됨에 따라 남북관계는 한층 경색되었고, 남한에서 단독정부 구성을 위한 5·10총선거가 실시되면서 양측의 긴장은 극에 달했다. 이런 상황 아래에서 북한은 1948년 5월 14일 정오 전력대금 미지불을 이유로 들어 일방적으로 송전을 중단했다.[26] 이른바 '5·14단전'의 시작이었다. 사실 미군정도 '제2차 전력위기' 이후 정세 변화에 따른 단전의 가능성을 느끼고 이에 대비하고 있었다. 앞서 언급한 화력발전소의 긴급복구나 미국으로부터의 발전선 도입은 혹시 모를 북한의 단전에 대비하는 조치였다.[27] 그러나 이러한 대책만으로는 5·14단전이 지닌 파괴력을 극복하기에는 충분치 않았다.

만반의 준비를 갖추었으니 큰 지장이 없을 것이라는 당국의 설명과 달리 단전이 미치는 영향은 크고 깊었다. 단전 이후 발전 가능한 수력과 화력 발전소를 총동원하였지만 전력 부족은 피할 수 없었다. 부족한 전기 때문에 공장 휴업이 속출했고 수돗물 공급에도 지장을 초래했다. 구역을 나누어 전기를 돌아가며 공급하는 윤번제 배전까지 실시해야 했다. 공장지대로 유명한 삼척의 공장들이 휴업에 들어가고, 인천공업지대는 전면 마비될 정도였다.[28] 대전지역 공장들의 조업률도 20% 안팎으로 급감했다.[29] 서울지역 주요 공장들의 생산량은 평균 4분의 1 수준까지 감축되었다는 보고가 있을 정도였다.[30] 공장 휴업으로 인해 각 지역에서 실업자가 속출했으며,[31] 통신, 수도, 교통, 치안 등에 대한 우선배전제 때문에 한때 민간 배전은 아예 불가능한 상태에 빠지기도 했다.[32]

미군정은 문제 해결을 위해 하지 중장의 명의로 소군정에 대해서 계속 송전을 요청하는 서한을 발송했지만,[33] 소군정은 북조선인민위원회와 교섭하라며 책임을 미루었고, 미군정은 북조선인민위원회의 존재를 인정하지 않았기 때문에 소련군이 아닌 북조선인민위원회와는 교섭할 수 없다는 입장을 견지했다.[34] 문제는 해결될 수 없었다.

군정청은 비상시전력위원회의 결정에 의거해 가정용 전등에 대해서 30W 이하의 전구 사용만을 허용하고 등수도 1세대 3등 이내로 제한하는 매우 강력한 소비제한조치를 단행하였다.[35] 그러나 이런 수요억제책만으로는 전력난을 해소하기 어려웠다. 사실상 근원적인 타개책은 기존 발전소의 복구와 새로운 전원개발밖에는 없었다. 이를 위해 군정청은 먼저 전력행정기구의 개편작업에 착수했다. 당시는 전력산업에 대한 국영화가 세계적인 추세이기도 했고, 대다수 전기기술자들과 전문가들은 일제 말 전력국가관리체제를 경험하며 그 효율성에 대해 학습한 상태였다. 해방 이후 전력계에서 발송배전의 통합과 국영, 전력행정기구의 강화 등에 대해 폭넓은 공감대를 형성하고 있었던 것은 이 때문이었던 것 같다.[36]

이러한 배경하에 미군정은 1948년 6월 1일 자로 상무부를 상공부로 개편하고 산하에 전기국을 신설하였다.[37] 기존 전기과를 전기국으로 확대개편하는 조치였다. 전기국 아래에는 전력과, 감리과, 전기시험소 등을 두었으며 전력통계의 조사 정리를 위해 새로이 통계계를 설치하기도 했다. 한편, 군정청에서는 영월화력발전소와 영월광업소에 대해 보조금을 지급해 복구를 서둘렀고,[38] 그 연장선상에서 1948년 7월 28일에는 군정장관대리 헬믹Charles G. Helmick 소장의 명령으로 영월발전소와 영월광업소를 상공부 직할관리로 전환하는 조치를 단행했다.[39] 이에 따라 군정청에서는 영월발전소 기사장에 손계철, 영월탄광 기사장에 김기덕을 임명해 발전소 복구작업을 직접 지휘했다. 민간회사가 소유한 발전소를 정부직할로 전환한 일은 매우 파격적인 조치였다. 사실상 전력 국영화를 염두에 둔 정책이었다고 해도 과언이 아니었다.

전력자급체제 구축을 위한 전력개발계획

1948년 8월 15일 대한민국정부의 공식 출범에 따라 분단체제는 더욱 고착화되어 갔다. 단독정부 수립 이후 전력계에서는 대체로 분단을 기정사실로 받아들이면서 전력자급체제의 구축에 힘을 기울였다.[40] 당시 상공부 장관 임영신은 전력문제 해결책에 대해서 북한에게 기대하지 않는다는 입장을 피력하기도 했다.[41]

상공부에서는 우선 한때 남한의 핵심기저발전소로 기능했던 영월화력의 복구에 매진했다.[42] 그러나 수리과정은 간단치 않았다. 수리 중에 발전소 내의 7,000kW 보조발전기가 폭발하는 사고가 일어나기도 했고,[43] 발전시설의 수리가 어느 정도 진척된 뒤에도 영월탄광의 채광실적이 개선되지 않아 기대한 만큼 발전량을 늘리지 못하는 한계에 봉착하기도 했다.[44] 이 때문에 영월탄광 인근에 있는 함백탄광 개발을 추진하기도 하였다. 일각에서는 영월발전소의 발전기 일부를 해체하여 삼

척탄전으로 이설하는 방안까지 고려할 정도였다.[45]

이와 함께 정부는 한미 간 협정을 맺어 짧은 시간 안에 설치가 가능한 디젤발전기 도입을 추진했다. 전력난 타개를 위한 긴급방책으로 100만달러를 투입해 1천kW 디젤발전기 5대를 전남 목포(금화동 13번지)에 설치하기로 했다.[46] 그 결과 1949년 6월에 목포중유발전소의 준공식을 거행하기에 이르렀다.[47]

그러나 이 정도 전력증가책만으로는 부족한 전력생산을 모두 메울수는 없었다. 정부에서는 장기간에 걸쳐 새로운 전원을 대거 개발하여 대응하고자 하는 계획을 마련하였다.[48] 향후 5년에 걸쳐 전국 각지에 새로운 화력, 수력발전소를 건설하려는 전력개발계획안이었다.

우선 화력발전소로는 영월화력의 완전 복구에 따라 최대 발전력 10만kW를 확보하고, 6만kW의 삼척화력을 추가로 설치하는 한편 화순(2만kW)과 문경(1만kW)에도 화력발전소를 신설하기로 했다. 수력발전소로는 그간 공사가 중단되었던 섬진강수력의 증설공사를 재개함과 동시에 4만8,200kW의 충주수력을 비롯해 금강(4만720kW)과 임계(6만600kW)에 수력발전소를 신설하기로 했다. 기존 화력발전소인 영월의 복구를 제외하고 신설 발전소들만 비교해 볼 때 화력보다는 수력발전소 개발에 방점이 찍혀 있는 계획이었다.

그러나 남한정부가 만든 전력개발계획은 이대로 진행될 수 없었다. 사실 새로운 발전소의 건설에는 거액이 소요되기 때문에 미국의 지원과 협조 없이 남한정부의 독자적인 힘만으로는 불가능한 사안이었다. 그런데 미국은 장기간의 공사에 고액의 비용이 들어가는 수력발전소의 건설보다는 비교적 짧은 기간에 건설비용이 적게 소요되는 화력발전소를 선호했다. 게다가 장거리 송전과정에서의 전력 손실을 고려해 대규모 전력소비지 인근에 화력발전소를 설치해야 한다고 주장했다. 그러나 남한정부는 빈약한 석탄 수송능력을 감안해 탄광이 위치한 삼척에 화력발전소를 설치하는 편이 낫다고 주장하였고, 건설비는 고액이지만 운영비가 저렴한 수력발전소 건설을 강력하게 희망했다. 결국 양측은 견해 차이를 절충하여 화력발전소 가운데에서 6만kW의 삼척발전소를 1만5천kW로 축소하는 대신 서울 인근에 3만kW 발전소를 별도로 설치하기로 합의했고,[49] 수력발전소 가운데에서 충주수력을 우선 개발하기

〈표 III-2〉 남한정부의 전력개발계획(1949)

구분		발전소명	〈계획〉		〈예상〉	
			최대발전력 (kW)	상시발전력 (kW)	최대발전력 (kW)	상시발전력 (kW)
신설 / 복구	화력	영월*	100,000	60,000	100,000	60,000
		삼척	60,000	40,000	45,000 (삼척+서울)	30,000
		화순	20,000	15,000		
		문경	10,000	7,000		
		소계	190,000	122,000		
	수력	섬진강*	13,800	7,300	13,800	7,300
		충주	48,200	14,900	48,200	14,900
		금강	40,720	29,080		
		임계	60,600	30,550		
		소계	163,320	81,830		
		합계	353,320	204,030	207,000	112,200
기존시설					125,520	70,800
총계					332,520	183,000

자료: 商工部電氣局 編, 〈南韓電力開發計劃〉, 《施政月報》 7, 1949.11, 191~197쪽.
비고: 영월발전소는 기존 발전력을 포함한 수치이고, 섬진강은 향후 증가발전력만을 표시함.

로 결정했다. 이에 따라 애초 남한정부가 마련한 35만여kW(최대 발전력 기준)의 전력개발계획은 21만여kW계획으로 축소되어 추진될 예정이었 다. 당시 전력개발계획안을 일반에 공표할 때 〈계획〉과 〈예상〉으로 구 분한 것은 이러한 사정 때문으로 보인다(〈표 III-2〉). 이 계획은 남한정 부가 수립한 최초의 종합적인 전력개발계획이었다는 점에서 중요한 의 의를 갖는다.[50]

이와 함께 전력기구의 국영화 논의도 진척되었다. 미군정기와 마찬 가지로 정부 수립 이후에도 대부분의 전력계 인사들은 발송배전회사의 통합과 국유·국영을 강력하게 주장하면서 전기사업의 일원적 운영을 위한 전기행정기구 설치 필요성에 대해 폭넓은 공감대를 이루고 있었 다.[51] 여론도 국영에 매우 우호적이었다. 심지어는 훗날 전기사업의 민 영화를 강력하게 주장한 동아일보조차 이 당시에는 사설을 통해 공개 적으로 국영을 지지할 정도였다.[52]

시대적 상황도 전기사업의 국영에 매우 유리한 분위기를 조성하고 있었다. 제헌헌법이 제정될 때 남한사회의 경제체제를 자유경제체제로 전제하면서도 중간파의 요구를 수용하여 계획경제적인 요소들이 상당 부분 가미되어 있었던 것이다.[53] 예를 들어 헌법의 경제조항에는 중요 산업의 국영과 노동자의 이익균점권 등이 명문화되어 있는 상태였고, 정부 조직을 만들 때에는 예산과 경제기획을 담당할 부서로 기획처를 별도로 설치하였다.[54] 특히 중요산업의 국영화 원칙은 헌법상의 상징적 인 조항에 그친 것이 아니라 실제로 특별법 제정으로 연결되어 대한조 선공사, 대한해운공사, 대한석탄공사 등과 같은 국영기업들이 속속 만 들어지는 계기가 되었다.[55] 따라서 전기사업도 이와 같은 국영기업으로 재탄생될 가능성이 높아졌다.

　이런 분위기 아래 정부 수립 이후 전기사업 국영을 위한 예비적 조치들이 단계적으로 진행되었다. 우선 민간회사 소유인 당인리와 부산 발전소의 발전력 제고를 위하여 정부에서 감리관을 파견하기로 결정한 조치가 있었다.[56] 그리고 상공부에서 발송전사업 국영안을 작성하는 가운데 전기국 산하에 합리적 배전을 위한 국립급전지령소 설치를 검토하기에 이르렀다.[57] 전기국 산하의 국립급전지령소를 통해 장차 국영화될 전기회사들과 발전소들을 통제하려던 생각이었다.

　이러한 조치의 연장선상에서 정부는 1949년 6월 1일 자로 '발송전 일원화'를 전격 단행했다. 남한 내 중요 발전소들을 모두 조선전업에 이전하기로 결정한 것이다.[58] 이로써 상공부 관할의 영월, 경성전기의 당인리, 남선전기의 부산 등의 화력발전소들과 농림부 관할의 보성강 수력발전소, 그리고 발전선 자코나호와 엘렉트라호가 조선전업에 이관되었다. 남한의 중요 발송전 시설들이 모두 조선전업에 집중됨에 따라 이제 조선전업을 국영기업으로 개편하는 일만 남은 셈이었다. 발송전 일원화 조치는 전기사업 국영을 달성하기 위해 거쳐야 할 관문이었다.

　이를 계기로 상공부에서는 보다 구체적인 국영안을 작성하기 시작했다. 우선 전기국을 전기청으로 확대개편하고 발송전회사인 조선전업을 전기청에 편입시키는 방안을 추진하였다.[59] 이와 함께 법률에 의해 배전회사를 국가관리하는 방안을 검토하기도 하였다. 발송전 일원화로부터 한 단계 진전된 전기국영체제의 수립을 지향하고 있었다.[60]

　그러나 이러한 정책은 의도한 대로 진행되지 못하였다. 전력계와 정부 내에 국영론이 대세였다고는 하지만 민영론에 동조하는 세력도 만만치 않았기 때문이다. 예를 들어 조선전업 부사장 김은석은 전기사업의 국영은 시기상조라며 공개적으로 민영을 주장하였다.[61] 초대 상공부 장관 임영신(1948.8.15~1949.6.6)도 전기사업 국영을 묻는 기자의 질문에 연구는 하겠지만 새삼스럽게 국영의 필요성을 느끼지는 못한다고 대답할 정도로 국영에 소극적이었다.[62] 그 뒤를 이은 윤보선(1949.6.6~ 1950.5.9)도 마찬가지로 소극적인 태도를 취하였고, 상공부 차관 한통숙(1949.9.15~1950.5.22)은 평상시에 자유경제원칙과 방임주의를 강조하던 전형적인 자유경제주의자였다.[63] 주무부서 장·차관들의 소극적인 태도로 인해 국영은 쉽사리 진척되지 못했다.

이 때문에 상공부를 제치고 오히려 기획처(처장 김훈)에서 전기사업 국영안을 작성해 강력하게 추진하고 있었다.[64] 그 내용은 전기행정을 담당하는 전기처를 별도로 설치하고 산하에 1실 4국을 두어 전기사업을 일괄 운영하는 방안이었다. 조선전업, 남선전기, 경성전기, 서선전기 등에 속한 사업체들을 전부 국영으로 흡수하고 한국인 보유 주식을 정부에서 평가매입하는 조치까지 계획하고 있었다. 이 경우 전기사업은 전기처를 중심으로 하여 일종의 정부기업으로 운영되는 셈이다. 기존의 전기청 설치와 발송전회사의 국영보다도 훨씬 강력한 국영화 방안이었다.

한때 이 계획을 추진하던 기획처장 김훈이 주무부서인 상공부 장관(1950.5.9~1952.3.27)으로 자리를 옮기고 국영안 초안을 작성한 경제계획관 이종일이 전기국장(1950.5.31~1951.1.22)으로 전임하면서 기획처의 전기사업 국영안은 더욱 탄력을 받을 것으로 예상되었다.[65] 그러나 이때 추진하던 전기사업 국영안은 한국전쟁이 발발하면서 더 이상 진척되지 못하고 추진력을 크게 상실한 것으로 보인다.

한국전쟁으로 인한 전력시설의 파괴

상공부에서 추진하던 전력개발계획은 미국과의 협의를 거치면서 차근차근 실행에 옮겨지고 있었다.[66] 그 가운데 삼척과 서울 인근에 설치하기로 한 화력발전소와 섬진강수력의 증설이 일차적인 추진사업으로 선택되었다. 주한경제협조처ECA에서는 1만5천kW 삼척화력발전소 건설비 300만달러 중에서 150만달러를 지원하기로 하고, 서울 인근에 건설할 3만kW 화력발전소 건설비도 600만달러 가운데에서 300만달러를 지원하기로 결정하였다. 한미 간에 합의를 거쳐 서울 인근에 설치하기로 한 화력발전소의 위치는 덕소로 최종 결정되었으며,[67] 삼척과 덕소의 두 화력발전소는 1950년 7월에 착공하여 다음해 6월에 완성될 예정이었다. 이를 위해 미국인 기술자가 내한하여 예비기초조사를 진행하기도 했다.[68] 한편, 섬진강수력 증설에 대해서도 ECA가 비용의 일부인 180만4천달러를 지원하기로 하여 댐공사가 일부 진척되었지만, ECA에서 공사방법 문제와 감독 소홀 등을 이유로 들어 공사를 일시 중단시켰다.[69] 이외에도 ECA 전력조사단 일행이 남한 각지의 수력발전과 조력발전 예상지점들을 직접 조사하기도 했다. 그러나 야심차게 추진되던 전력개발계획은 한국전쟁이 발발되면서 전면 중단되고 말았다.

새로운 전원개발을 막 추진하려던 차에 전쟁이 발발하였기 때문에 전력사정은 개선되기는커녕 최악의 상황으로 치닫고 있었다.[70] 한국전쟁 초기 남한에 불리했던 전황으로 인해 부산, 대구, 마산을 비롯한 일부 지역을 제외하고 전력시설에 대한 전면적인 피해를 면할 수 없었다.[71] 특히나 발전소는 중요 산업시설로 인식되어 일차적인 공격목표가

되었다. 인천에 정박 중이던 발전선 엘렉트라호는 미처 대피할 수 없어서 자폭을 선택했고, 전력난 해소를 위해 긴급하게 만들었던 목포중유발전소는 폭격으로 인해 전소되고 말았다. 부산화력발전소와 부산에 정박 중이던 자코나호 이외에 모든 수력과 화력 발전소들이 크고 작은 피해를 입어 대부분의 발전소들이 정상적인 발전을 할 수 없는 상태에 빠지기도 했다(〈표 III-3〉). 조선전업이 관할하던 송전시설의 20%, 변전설비의 70%가 피해를 입었고, 경성전기와 남선전기의 피해도 상당했다. 남한 전체의 전력시설 총피해액이 약 2,846억원에 달할 것으로 추산될 정도였다.

게다가 전쟁 직전에 발생한 자코나호의 고장과 장기간 수리까지 겹치면서[72] 전쟁 발발 직후에 전력사정은 최악의 상황을 맞고 있었다. 특히 1950년 8, 9월이 되면 전쟁 발발 이전에 비해 발전량이 5분의 1에도 못 미치는 수준까지 급전직하했다(〈그림 III-3〉). 미증유의 전력기근

〈표 III-3〉 한국전쟁기 발전시설의 피해 정도와 응급복구 상황

종별	발전소명	최대발전력 (kW)	피해율(%)	복구일자	평균발전력 (kW)
수력	청평	39,000	50	1951.12.18	15,000
	섬진강	27,700	40	1951. 1. 6	8,000
	운암	5,120	80	1951. 6.20	2,000
	보성강	3,100	20	1950.12.12	2,000
화력	영월	100,000	40	1951. 5.11	8,000
	당인리	22,500	20	1951. 8. 3	7,000
	목포	6,000	95		
발전선	Electra	6,900	자폭		

자료: 〈6.25同亂以後의 南韓의 電力事情〉, 《殖銀調査月報》 6-1(24), 1951.12, 251~264쪽.

〈그림 III–3〉 1948~1953년 월별 발전소별 발전량 추이

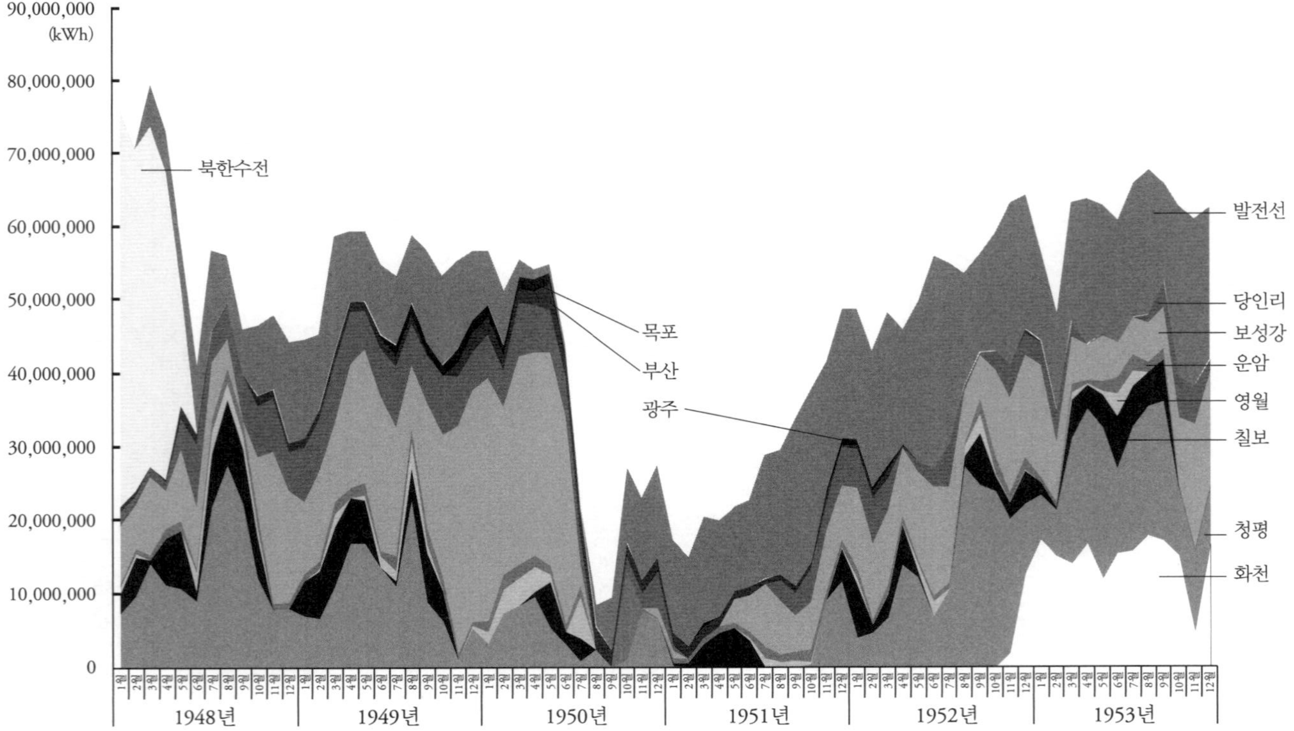

발전선

당인리
보성강
운암
영월
칠복

청평
화천

북한수전

목포
부산
광주

90,000,000
(kWh)

80,000,000

70,000,000

60,000,000

50,000,000

40,000,000

30,000,000

20,000,000

10,000,000

0

1948년   1949년   1950년   1951년   1952년   1953년

자료: 《商工槪況》, 大韓民國商工部, 1957.

상태에 빠져 있었다. 그러나 전쟁 수행 중이었기 때문에 군사작전을 위한 전력수요는 날로 증가하고 있었고, 생존을 위해 필요한 최소한의 생활전기도 확보해야 했다. 미국은 급한 대로 발전선을 대거 도입해 문제를 해결하려고 했다. 이렇게 해서 기존의 자코나(1948.3~1955.8)와 엘렉트라(1948.5~1950.6 자폭) 이외에 미국에서 마쉬Marsh(1950.11~1951.2), 와이즈멘Wisemen(1950.12~1951.8), 포스Forse(1951.1~8), 화이트호스Whitehorse(1951.2~9) 등의 소규모 발전선들이 긴급 투입되었고, 곧이어 임피던스Impedance(1951.6~1955.9)와 세레낙Serenac(1951.12~1953.2)이 한국으로 들어옴에 따라 소규모 발전선들은 철수하기에 이르렀다(〈그림 III-4〉). 이 가운데 2만kW 자코나와 3만kW 임피던스는 휴전 후에도 한국에 머물며 1955년 중반까지 남한의 전력난 완화에 큰 도움을 주었다.

1951년에 들어 전황이 안정되면서 남한정부는 본격적으로 전력시설 복구에 나섰다.[73] 섬진강을 비롯해 운암, 보성강과 같은 소규모 수력발전소들이 복구되는 한편, 1951년 5월에는 영월발전소의 복구와 재가동이 시작되었고,[74] 그해 7월에는 당인리발전소의 시운전에 성공했다.[75] 부평·대전·서울 변전소도 복구되었고, 남북송전선과 함께 청평-부평, 그리고 청평-화천을 연결하는 한강송전선, 부평변전소와 서울변전소를 연결하는 연락송전선, 대전-대구송전선 등 주요 송전선도 복구되기에 이르렀다. 1951년 중반을 지나며 일부 발전소들이 임시복구되고 미국에서 들여온 발전선들이 대거 가동되면서 발전량은 급속히 늘어 갔지만, 아직 전쟁 이전에 비하면 절반 수준에도 미치지 못했다.

사실상 남한의 기저발전소로 기능하던 청평수력이 복구되지 않고서는 완전한 회복을 바라기 어려웠다. 그런데 당초 38선 이북에 소재하여

〈그림 III-4〉 1948~1955년 미국 도입 발전선의 발전량 추이

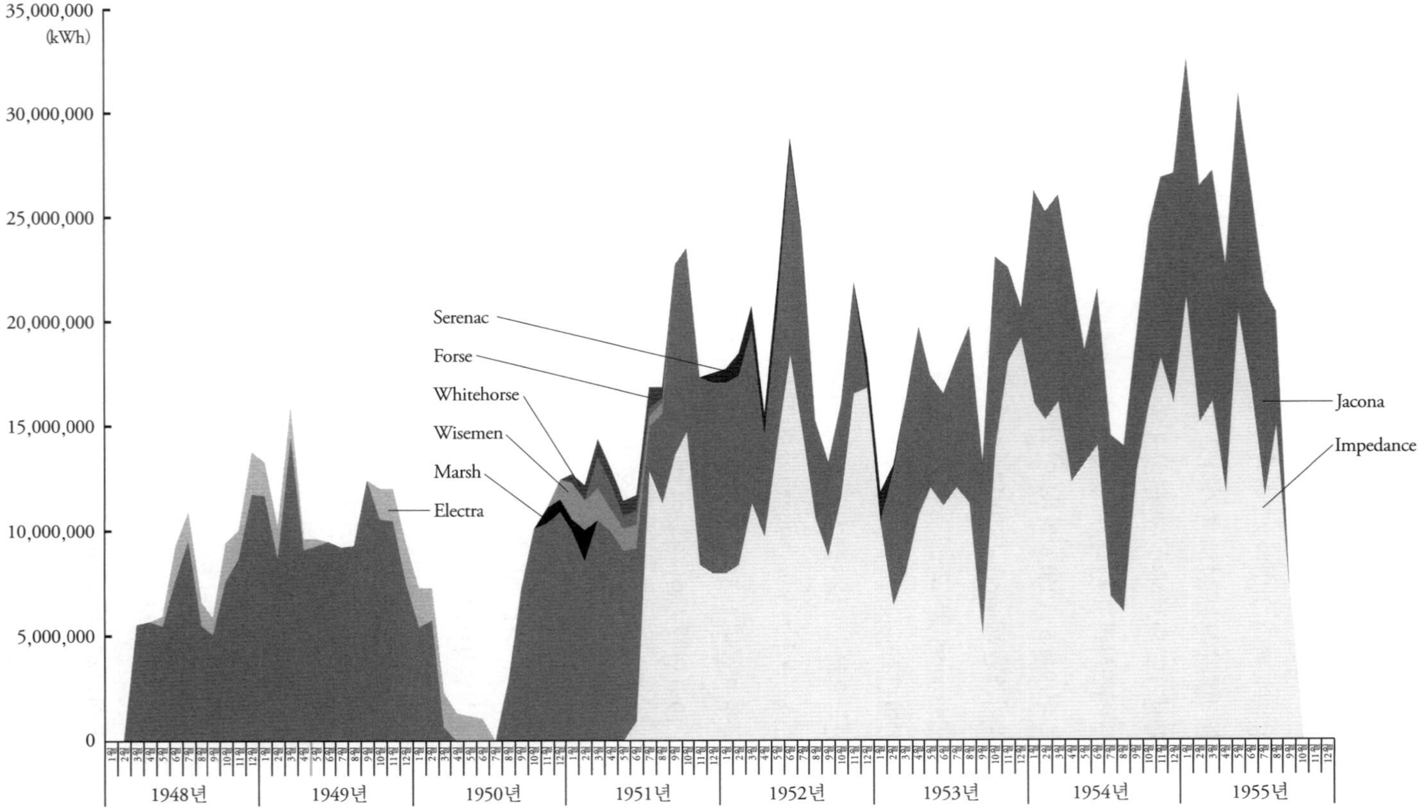

자료: 《商工槪況》, 大韓民國商工部, 1957.

북한 관할이던 화천발전소를 남한에서 확보하게 됨에 따라 청평은 화천과 함께 큰 기대를 모으게 되었다. 화천은 청평에 비해 발전능력이 월등하였을 뿐만 아니라 상류에 위치한 화천에서 발전에 사용한 물을 하류에 위치한 청평에서 다시 발전에 이용하고 있었기 때문에 양 발전소는 긴밀한 관계에 있었다. 이 때문에 청평은 화천의 '제2발전소'라고 불릴 정도였다.[76] 전쟁 이전에 북한은 화천수력의 방수량을 인위적으로 조절해 청평수력의 정상 가동을 방해하곤 했는데[77] 이제 남한에서 화천과 청평을 모두 관할하기 때문에 이러한 불확실성을 해소할 수 있었다. 전쟁 중 남한정부가 엄청난 희생을 치르면서까지 화천발전소의 확보에 사활을 걸었던 데에는 이러한 배경이 있었다.

한편, 1939년에 공사를 시작해 1943년에 완공된 청평발전소는 2만1천kW 발전기 2대를 설치해 운영하고 있었는데, 38선 이남에서는 가장 큰 수력발전소였다.[78] 화천발전소는 1940년에 공사를 시작해 1944년까지 2만7천kW 발전기 1호기와 2호기를 설치해 운전을 개시하였는데, 3호기 조립공사 진행 중에 해방을 맞아 공사가 중단된 상태였다.[79] 따라서 애초 예정하던 대로 1~3호기를 완공하고 4호기를 추가 설치하면 합계 10만8천kW라는 남한에서 가장 큰 규모의 발전력을 구비한 발전소가 될 것으로 기대를 모았다. 모든 공사가 완료될 경우 두 발전소의 최대 발전력을 합하면 15만kW에 달한다. 전력 부족을 일거에 해결할 만한 발전력이었다.

당시 조선전업 사장 이희준이 당장의 전력난 극복을 위해서는 청평과 화천의 두 발전소의 복구가 시급하다며 공개적으로 큰 기대를 표명한 것은 이 때문이었다.[80] 상공부에서도 상공백서를 통해 두 발전소의 복구를 우선적으로 추진할 뜻을 분명히 밝히고 있었다.[81] 한미 간에 전력시설의 피해복구방안을 논의하던 한미전력회담에서도 화천발전소가 남한 전력사정의 해결책이 되리라는 인식 아래 향후 조속히 복구하기로 합의했다.[82]

이런 기대 속에서 조선전업에서는 청평과 화천발전소의 복구에 온 힘을 기울였다. 전시하 자재난 속에서 화천발전소 시설을 일부 해체하여 청평발전소 복구에 사용하는 긴급방책을 사용하기도 했다. 그 결과 비교적 짧은 기간인 3개월만에 청평발전소 2호기(2만kW) 복구공사를 마치고 1951년 10월 28일 시운전에도 성공하였다.[83] 곧바로 청평수력 1호기(2만kW) 복구작업도 시작하여 1952년 5월 24일에 이를 마무리하고 시송전식을 거행하였다.[84] 그러나 발전소 복구 이후에도 한발로 인해 저수지 수량이 부족해 정상적인 발전량 확보가 어려웠다. 이에 화천댐에 모인 물을 청평발전소에서 이용하기 위하여 화천부터 청평까지 수로를 연결하는 인수공사를 실시하였다.[85] 이런 노력에 따라 청평 1, 2호기가 모두 정상 가동되는 1952년 하반기에 이르러서야 발전량은 전쟁 이전 수준으로 겨우 회복될 수 있었다(〈그림 III-3〉).[86] 한편, 청평수력의 복구공사와 함께 화천수력의 복구작업도 시작되었다. 약 4개월에 걸쳐 25억여원을 투입하여 복구에 매진한 결과 화천 1호발전기, 수차, 부대시설, 송전선 등을 복구하여 1952년 11월 25일 준공식을 거행하고 발전을 개시하기에 이르렀다.[87]

그러나 청평수력의 1, 2호기, 그리고 화천수력 1호기의 복구가 완료된 이후에도 전력난이 완전히 해소되지는 않았다. 발전선 자코나호의 장기간 수리, 그리고 임피던스호의 펌프 고장에 따른 발전력 저하가 겹치면서 1953년 초에 심각한 전력 부족현상을 겪었던 것이다(〈그림 III-3〉).[88] 아직까지 전력수급의 불안정과 미국 의존문제를 해결하지는 못한 상태였다.[89]

이에 따라 새로운 발전소의 개발 필요성이 제기되었다.[90] 이승만 대통령으로부터 화천수력 2, 3호기 복구와 자력에 의한 항구적인 전원개

〈표 III-4〉 한국전쟁기 연차별 전력시설 복구계획(1952)

구분			연차별 계획			추가 발전력 (kW)
			제1차년도	제2차년도	제3차년도	
발전소 (수력)	복구	화천	18,000kW	36,000	54,000	54,000
	복구	청평	21,000kW	25,000		25,000
	증설	섬진강			13,000	13,000
	복구	보성강	2,500kW			2,500
	신설	충주			28,000	28,000
	신설	여주			28,000	28,000
	신설	금강			33,000	33,000
	신설	소계곡	1,400kW			1,400
발전소 (화력)	복구	영월	28,000kW			28,000
	복구	당인리	15,000kW			15,000
	복구	부산		4,000		4,000
	신설	서울			24,000	24,000
	신설	삼척			12,000	12,000
발전력 합계						267,900
송전선	154kV		20km	168		
	66kV		17,885km	164.03	120,484	
	22kV		209,955km	271	210,258	
	전화선		376,005km	230	258,504	
변전소	154kV		5개소	1		
	66kV		17개소	14	15	
	22kV		33개소	27	34	
배전선	33kV		2,263km	2,270	1,590	
	미터기/기타		22,000개	32,000	163,083	
총공사비			22,159,205달러	14,627,088	311,048,403	

자료: 〈電力〉, 《殖銀調查月報》 7-5(29), 1952.11, 78~85쪽.

발 착수를 촉구하는 유시가 내린 것은 이 때문이었다.[91] 그런데 남한정부에서는 이미 전쟁 피해를 입은 전력시설의 복구를 위해 3차년에 걸친 복구계획을 작성하고 있었다. 이 계획에 의하면 기존 수력발전소인 화천, 청평, 보성강의 복구뿐만 아니라 섬진강발전소의 증설, 그리고 충주, 여주, 금강 수력발전소의 신설에 소계곡발전소까지 추진할 예정이었다. 그리고 화력발전소로는 기존 영월, 당인리, 부산의 복구와 함께 1949년 전력개발계획에 의해 추진되다가 전쟁 발발로 중단되었던 서울과 삼척 화력이 포함되어 있었다. 3차년의 계획이 모두 완수되면 새로이 26만7,900kW의 발전력을 추가로 확보할 수 있었다. 단순히 기존 시설의 복구가 아니라 새로운 전원개발까지 대거 들어 있는 야심찬 내용이었다.[92]

그러나 이렇게 과도한 계획은 애초에 남한정부 자력으로 달성할 수 없었다. 미국의 지원과 협조가 긴요했지만, 미국은 이 계획에 그다지 큰 관심을 두지 않았다. 당시 미국은 청평과 화천발전소의 복구만으로도 부족한 전력을 충분히 생산할 수 있다고 판단했던 것 같다. 거액이 들어가는 신설 수력발전소들은 물론이고 기존에 한미 간에 합의했던 삼척이나 서울 화력발전소에 대해서도 관심을 갖지 않았던 것이다.

이에 남한정부는 소계곡발전소에 관심을 집중하였다. 대규모 수력발전소는 장기간 건설에 막대한 비용이 소요되기 때문에 당시 남한의 열악한 재정형편을 감안하면 자력으로 추진하기 어려웠다. 그러나 규모가 작은 소계곡발전소는 단시일 내에 국내 자금과 기술만으로도 충분히 건설할 수 있다고 판단하였다.[93] 이를 위해 전국적으로 후보지점을 조사한 결과를 바탕으로 보성, 청양, 괴산 등 3개 지점을 선택하였다.

그러나 청양은 국회 심의과정에서 지역민들의 반발을 고려해 사업이 보류되었고, 보성과 괴산은 예산이 편성되었지만 추진과정에서 화천발전소 복구비용 부족으로 인해 보성 관련 예산이 화천수력에 전용됨에 따라 최종적으로는 괴산만 추진하기로 방침이 변경되었다. 괴산발전소는 충북 괴산 칠성면에 있는 남한강 지류 달천에 댐을 막아 발전하는 방식을 취하였는데, 최대 발전력 1,600kW, 평균 발전력 1천kW를 목표로 하고 있었다.[94] 공사기간은 16개월로 짧고, 1kW당 공사비는 446만여원으로 저렴할 것으로 예상되었다.

한편, 전술하였듯이 한때 전기처 설치와 발송배전 국영으로까지 전개되었던 전기사업 국영화 논의는 한국전쟁 발발로 인해 일시 중단되었다. 그러나 중요산업의 국영원칙이 헌법에 명문화되어 있었기 때문에 이 문제는 상황 변화에 따라 언제든지 재연될 가능성이 농후하였다.

사실 조선전업을 비롯한 전기회사들은 해방 이후 일본인 보유 주식이 남한정부에 귀속되어 있었으므로 소유권은 남한정부에 있었다.[95] 이를 바탕으로 정부에서 임원에 대한 임명권을 장악하고 주무부서에서는 업무상 강력한 감독권을 행사하고 있었기 때문에 이미 사실상의 국영기업으로 간주되어 있었다고 해도 과언이 아니었다.[96] 다만 법적, 제도적으로 국영기업의 문제가 일단락되지 않았을 뿐이었다. 이는 다른 귀속기업들의 경우도 마찬가지였다.

이 때문에 남한정부는 1951년 5월 29일 자로 국무회의 의결을 거쳐 한국은행, 조선방직을 비롯한 41개 업체를 국영기업체로 지정하는 국무원고시 제13호를 발령했다.[97] 이에 따라 조선전업, 경성전기, 남선전기 등도 국영기업체로 지정되기에 이른다. 그동안 전기사업의 국영문제를 둘러싸고 여러 논란이 있었지만, 이로써 일단 전기회사들이 국영기업으로서 갖추어야 할 최소한의 법적, 제도적 장치는 마련된 셈이었다.

그리고 전기회사의 국영기업 지정을 전후하여 일각에서는 전기청을 설치하고 전기회사들을 통합하여 공사형태로 개편하는 방안이 다시 모색되었던 것으로 보인다. 민의원 상공위원회에 전기사업 국영에 관한 법안이 상정되어 심의되고 있었다.[98] 그러나 업계와 정부 내에서는 국영에 반대하고 민영을 주장하는 세력이 한층 강고해지고 있었다. 조선전업 사장 이홍직은 발배전회사의 통합에 대해서 시기상조라면서 공개적으로 부정적인 입장을 피력하였고,[99] 상공부 장관 이교선은 오히려 국영기업체를 민영으로 전환해야 한다고 주장하고 있었다.[100] 일부 언론에서도 국영에 부정적인 입장을 피력했다. 동아일보는 종전의 국영화 찬성 입장에서 선회하여 이때부터는 국영기업의 낭비, 비능률, 경영난 등을 비판하며 민영론을 강력하게 주장하기 시작했다.[101]

한동안 잠잠하던 전기회사 통합문제는 민영화론자이던 이교선 장관이 물러나고 족청 출신 이재형(1952.11.6~1953.10.7)이 상공부 장관에 취임하면서 다시 불붙기 시작했다.[102] 이재형은 당시 "민족지상, 국가지상"을 강하게 부르짖던 족청 일반의 이념 아래[103] 경제문제 해결을 위한 국가권력의 시장개입을 중시하고 있었기 때문에 적극적인 전원개발과 전력공급을 위해서는 적자와 경영난에 빠져 있는 발송배전 회사들을 통합하여 일원적으로 운영하는 편이 효율적이라고 판단했다. 국영론이 다시 등장하게 된 배경이었다. 다만 법적으로는 전기회사들이 이미 국영기업으로 지정되어 있었기 때문에 이때의 국영론은 '국영강화론'으로 엄밀하게 구분해 부르는 편이 옳을 것이다.

이재형은 우선 전기3사 통합에 대한 방침에 관해 국무회의의 의결을 이끌어 내고 이를 바탕으로 민관합동의 조사위원회를 구성하여 구체적인 법안 작성에 착수하였다.[104] 이에 따르면 새로이 탄생될 '대한전력공사(가칭)'는 전력개발과 발송배전을 경영하는 전력국책기업으로 규정되었다. 이 때문에 이 기업의 명칭을 일반에서는 사용하지 못하도록 하였다. 자본금은 전액 정부에서 출자하되 신규로 자본금을 불입하지 않고 기존 자산을 현물출자하는 방식을 채택했다. 경영을 책임질 총재와 부총재는 상공부 장관의 제청을 거쳐 대통령이 임명하도록 했다. 경영에서 손실을 보았을 때는 국고에서 지원해 주도록 하고, 등록세, 법인세, 소득세, 영업세 등 각종 세금을 면제해 주기로 하는 대신 회계감사기관인 심계원에서 연 1회 이상 이 기업을 감사하도록 했다. 이 법안대로라면 대한전력공사는 매우 강력한 형태의 국영기업으로 탄생될 예정이었다(〈표 III-5〉).

통합에 관한 기본윤곽이 마련되자 구체적인 통합방법과 절차를 준비하기 위하여 조사위원회를 해산하고 전기사업체통합위원회를 구성하였고,[105] 통합실무를 맡기기 위하여 전기회사들로 구성된 전기사업체통합위원회 사무국을 발족시켰다.[106] 그리고 대한전력공사의 기구, 직제, 인원 등을 논의하기 시작했다. 전기3사의 통합과 대한전력공사의 설립에 대한 실현 가능성이 그 어느 때보다 고조되어 있는 상태였다.

그러나 전기회사 통합과 국영 강화를 반대하는 세력들도 한층 집요해지기 시작했다. 우선 조선전업에 흡수통합될 것을 걱정하는 배전회사들은 강력하게 반발하기 시작했다.[107] 일방적인 통합은 도리어 전기사업 발전을 저해할 것이라며 발전회사인 조선전업은 국영을 강화하여 전력개발을 촉진하되 배전회사인 경성전기와 남선전기는 오히려 민영화를 촉진해야 한다고 주장했다. 부대사업인 운수사업이나 가스사업을 해결하지 않은 채 전력관리령에 의거해 전기사업을 통합하는 방법에 대해서도 반대의사를 분명히 했다.

특히 동아일보는 민영화를 주장하는 배전회사들의 강력한 우군이었다. 동아일보는 사설과 논설, 전문가 칼럼 등을 통해 국영 강화 반대여론을 조성하는 데에 온 힘을 다했다.[108] 국영기업에 대한 관료적 경영의 병폐, 비효율, 낭비 등을 지적하며 전기회사의 국영 강화는 "교각살우의 폐단"이 될 것이라고 강력히 비판했다. 국영론은 민간의 창의를 무

〈표 III-5〉 1953년에 추진된 대한전력공사법안의 주요 내용

구분	주요 내용
목적	·전력국책을 수행하기 위한 전력개발, 발송배전사업, 이에 필요한 부대사업 ·대한전력공사 명칭은 일반에서 사용 금지
자본금	·이체된 고정재산 및 부대설비 중 정부가 지정하는 고정재산 또는 전기시설 및 부속설비 건축 변경은 국고부담으로 정부 직영 또는 공사 위임으로 대행, 관리 운영은 공사가 부담 ·자본은 전액 정부에서 출자. 단, 조선전업, 경전, 남전에 속하는 재산과 국유송전 전기시설로써 충당
역원	·총재 1명, 부총재 2명은 상공부 장관 제청으로 국무회의의 의결을 거쳐 대통령이 임명 ·감사 2명은 상공부 장관이 임명 ·이사 약간명은 상공부 장관 승인 하에 총재가 임명 ·총재와 부총재의 임기는 4년, 이사는 3년, 감사는 2년
회계	·1년 이상의 상환기채 시에는 장관의 제청으로 국무회의의 의결을 거쳐 대통령이 인가 ·이익금이 있을 때는 그의 백분의 7은 결손보충적립금으로, 백분의 40은 전기시설적립금으로 적립, 잔여액은 국고에 납부 ·운영결손 시에는 전기 적립금으로 보충하고, 부족 시에는 국고에서 보충 ·등록세, 법인세, 소득세 및 영업세는 면제 ·심계원은 연1회 이상 심계 결과를 대통령에 보고

자료:《朝鮮日報》1953.7.15; 夫斗鉉,〈電氣事業體統合後의 展望〉,《電力》2, 1953.11, 30~33쪽.

시하고 국가 간섭을 빙자할 뿐이라고 냉소하였다. 대규모의 전력 손실이 발생하는 원인을 전기회사가 국영기업인 탓으로 돌리고, 민영으로 전환하면 오히려 이러한 비효율이 없어져 전기회사의 재무구조가 적자에서 흑자로 바뀔 것이라고 주장했다. 전기회사들을 통째로 매각하기 어려우면 기술적, 지역별로 세분하여 불하하는 방법을 고려하라고 주문하였다. 제헌헌법 경제조항에 근거한 중요기업체의 국영론에 대해 "얼치기 사회주의"라거나 "전체주의를 전제한 국가자본주의"일 뿐이라는 다소 원색적인 비판까지 제기할 정도였다.[109]

이는 당시 조선일보가 사설에서 발송배전 일원화를 통해 전력수급의 원활을 기할 수 있고 국가적 계획하에 자금을 분배하여 비용을 절감할 수 있다는 점을 들어 전기회사 통합에 대해 "일대 영단"이라고 크게 환영한 사실과 대비된다.[110]

이와 같이 통합을 둘러싸고 찬반론이 격화되어 가면서 통합작업은 교착상태에 빠졌고, 결국 1953년 말 정부 내 족청계 축출에 따라 이재형 장관이 물러나면서 동력을 상실하고 말았다. 새로이 상공부 장관에 취임한 안동혁은 취임 일성으로 전기회사 통합보다는 전원개발이 시급한 문제라며 통합작업의 중단을 강력하게 시사하였던 것이다.[111]

이렇게 보면 해방 이후부터 한국전쟁기까지 전기회사의 통합과 국영을 둘러싸고 여러 차례 정책 추진이 있었지만 결국 큰 진전이 없이 현상유지 상태에 그치고 있었다. 당시 한 논객이 이 시기의 상공정책을 가리켜 일종의 국가자본주의노선과 자유주의노선이 서로 충돌하는 가운데 상공 당국이 양측의 조절에 실패하며 무위무능만을 노출했다고 비판했는데, 바로 이러한 양상의 일면을 예리하게 지적한 것이었다.[112]

2. 1950년대 전원개발의 추진과 업계 동향

장기전원개발계획의 수립과 변천

전술하였듯이 상공부 장관이 이재형에서 안동혁(1953.10.7~1954.6.30)으로 교체됨에 따라 전력이슈는 전기회사의 통합으로부터 전원개발계획의 수립으로 전환되었다. 안동혁은 취임 이후 전원개발의 중요성을 각별히 강조하는 한편,[113] 국무회의의 의결을 거쳐 본인을 위원장으로 하고 관계 부처 고위관료들과 전기회사 대표, 민간인 전문가들로 이루어진 관민합동의 전원개발위원회를 조직하기에 이르렀다.[114] 그리고 전원개발계획을 심도 있게 다루기 위해 5명의 전문위원으로 구성된 전문위원회와 함께 화력과 수력 분과회를 별도로 조직하였다.

위원회에서는 상공부에서 작성한 전원개발계획 초안을 놓고 검토하기 시작했고, 수력과 화력 전문분과위원회에서는 세부적인 방안을 논의하였다.[115] 위원회에서는 한때 남한강과 북한강 중에서 어느 곳을 중

점적으로 개발할 것이냐, 그리고 금강, 섬진강, 남강을 함께 개발할 것
이냐 순차적으로 개발할 것이냐를 두고 논란을 벌였고, 화력발전소 건
설후보지로 목포, 삼척, 부산 등지를 놓고 타당성을 검토하기도 했
다.[116] 그 결과 화력으로는 부산에 2만kW, 삼척에 3만kW 발전소를 건
설하기로 하고, 수력으로는 남한강지구인 여주, 충주, 단양, 영월을 신
규 개발하는 한편 화천 제3호기와 섬진강 제2호기를 증설하기로 결정
했다.[117]

　그러나 이 계획은 출발부터 순조롭지 않았다. 사실 거액의 비용이 들

〈표 III-6〉 1953년 전원개발위원회의 구성

구분	직위	명단
위원회	위원장	안동혁(상공부 장관)
	위원	윤인상(상공부 차관), 정재설(농림부 차관), 이종림(교통부 차관), 한희석(내무부 차관), 김현철(기획처 차장), 황병규(민의원 의원), 이홍직(조선전업 사장), 이중재(경성전기 사장), 박만서(남선전기 사장), 양재의(조선전업 이사), 윤일중(조선전업 고문), 이희준(조선전업 고문), 최경렬(조선전업 상담역), 이종일(서울공대 교수)
	간사	김영년(상공부 전기국장), 진의종(상공부 광무국장), 이채호(공업연구소장), 신항성(상공부 전정과장), 최인성(상공부 건설과장), 최창근(상공부 기재과장), 한인선(내무부 건설국장), 배철세(농림부 농지관리국장), 이병언(기획처 경제계획국장), 진병호(교통부 육운국장), 장하정(기획처 물동국장), 서재식(기획처 예산국장), 김진국(조선전업 이사)
	서기	이영구(상공부 사무관), 유해경(상공부 기좌), 이택훈(상공부 기좌)
전문위원회	전문위원	최경렬, 윤일중, 이희준, 이종일, 양재의
화력분과회	위원	양재의, 남상린, 교통부 운수국장, 기획처 예산국장, 경제계획국장, 상공부 광무국장, 전기국장, 기재과장, 중앙공업연구소장
수력분과회	위원	윤일중, 남상린, 김진국, 농림부 농지관리국장, 기획처 물동국장, 경제계획국장, 예산국장, 상공부 전기국장, 건설과장, 전정과장, 기재과장, 중앙공업연구소장

자료: 《朝鮮日報》 1953.11.16; 《京鄕新聞》 1953.11.16.

어가는 대규모 발전소 건설은 당시 우리나라의 재정형편으로는 감당하기 어려운 일이었다. 미국의 도움이 절실한 사안이었다. 한미 간에 경제 현안을 조율하는 합동경제위원회에서는 미국 경제조정관 타일러 우드Clinton Tyler Wood와 백두진 국무총리를 비롯해 안동혁 상공부 장관, 원용석 기획처장, 김영년 상공부 전기국장 등이 참여하는 한미전원개발회담을 열어 이 문제를 토의했고, 이후에도 다양한 경로를 통해 논의를 진행했다.[118] 그런데 당시 미국은 장기간 건설에 거액의 비용이 들어가는 수력발전소 건설보다는 비교적 짧은 기간에 저렴하게 건설할 수 있는 화력발전소를 선호했고, 발전소 건설에 미국기업이 참여할 수 있는지 여부에도 큰 관심을 표명하고 있었다.[119]

그 결과 전원개발계획은 미국의 요구를 반영하여 대폭 수정되었다. 기존의 부산과 삼척에 합계 5만kW 발전소를 건설하려던 계획은 그 2배인 10만kW 화력발전소 건설로 바꾸어 향후 미국의 원조를 바탕으로 적극 추진하기로 결정되었다.[120] 반면, 남한정부가 강력히 희망했던 신규 수력발전소 건설은 계획상에는 남아 있었지만 미국의 관심이 크지 않았기 때문에 실제로 추진되기는 어려웠다. 사실상 수력 중심의 전원개발계획이 화력 중심의 계획으로 완전히 뒤바뀐 셈이었다.

이후 10만kW 화력발전소 건설후보지를 두고 한미 간에 논의를 거듭한 결과 FOA원조를 토대로 마산(5만kW), 삼척(2만5천kW), 당인리(2만5천kW)의 3개 지점에 건설하기로 결정되었다.[121] 이어서 1954년 5월 27일 상공부는 퍼시픽 벡텔회사Pacific Bechtel Co.와 3개 화력발전소 건설 청부공사를 계약하기에 이르렀다.[122] 운영주체에 대해서는 당초 미국 측에서는 한미 간 자본으로 구성된 민간기업체에 맡길 것을 주장하였

〈표 III-7〉 전원개발3개년계획(1953) 연도별 평균발전

종별	발전소명	설비용량	당초계획 평균발전	수정계획(연도별 평균발전)				
				1954년	1955년	1956년	1957년	비고
수력	화천	81,000	38,627	21,600	21,600 (10,800)	32,400	33,503	3호기 1955년 발전개시
	청평	39,600	17,355	14,300	14,300	14,300	15,317	
	섬진강	27,700	18,425	4,650	7,650	7,650 (7,650)	15,412	2호기 1956년 발전개시
	보성강	3,120	1,250	1,200	1,200	1,200	1,000	
	괴산	2,180	1,138		(880)	880	916	1955년 발전개시
	소계	153,600	76,795	44,750	56,350 (11,600)	64,080 (7,650)	* 67,148	
수력 (신설)	영월	40,000	31,131				(28,175)	1957년 예정
	단양	60,000	49,692				(47,682)	1957년 예정
	충주	56,000	51,005				(50,300)	1957년 예정
	여주	56,000	48,984				(46,995)	1957년 예정
	소계	212,000	180,812				(173,152)	
화력	영월	100,000	64,700	20,000	20,000 (20,000)	40,000	22,700	1955년 증설
	당인리	22,500		8,000	9,000	9,000	7,000	1957년1월 발전개시
		(25,000)					(20,000)	
	마산	(50,000)					(40,000)	1957년1월 발전개시
	삼척	(25,000)					(20,000)	1957년1월 발전개시
	소계	222,500	64,700	28,000	49,000	49,000	109,700 (80,000)	
발전선	임피던스	30,000		20,000	20,000	20,000	운휴	1957년 운휴
	자코나	20,000		10,000	10,000	10,000	운휴	1957년 운휴
	소계	50,000		30,000	30,000	30,000		
합계		637,135		102,750	135,350 (31,600)	143,080 (7,650)	350,000 (253,152)	
공급전력			322,107	92,475	121,815	*128,800	320,000	송전손실 약 10%감안
수요전력				151,352	201,161	205,490	320,000	
과부족				△62,877	△79,346	△76,690	-	

자료: 朴旭圭, 〈電力施策의 回顧와 電源開發의 問題點〉, 《産業銀行月報》 10, 1955.11, 14쪽; 〈電源開發計劃의 槪要〉, 《電力》 3, 1954.9, 156~157쪽.

비고: ( )안은 신규 개발계획 발전력을 의미함. *는 합계가 맞지 않으나 그냥 두었음.

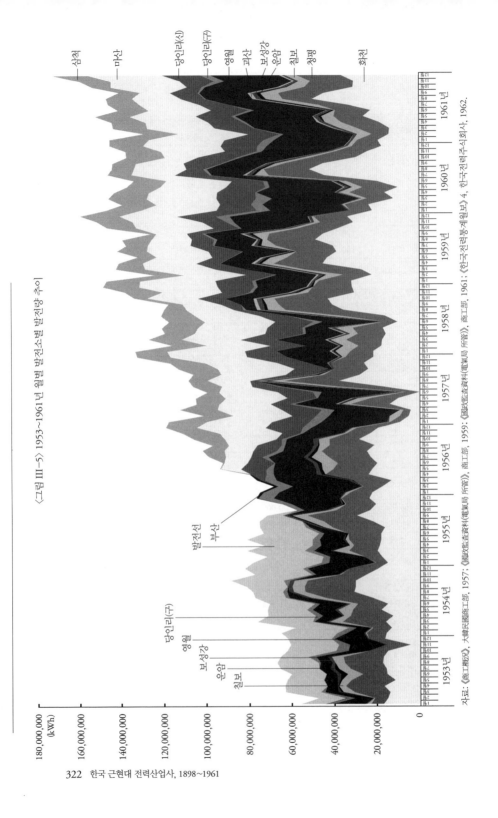

〈그림 III-5〉 1953~1961년 월별 발전소별 발전량 추이

180,000,000 (kWh)
160,000,000
140,000,000
120,000,000
100,000,000
80,000,000
60,000,000
40,000,000
20,000,000
0

삼척
마산
당인리(신)
당인리(구)
영월
괴산
보성강
운암
칠보
청평
화천

발전선
부산

당인리(구)
영월
보성강
운암
칠보

1953년 1954년 1955년 1956년 1957년 1958년 1959년 1960년 1961년

자료: 《商工槪況》, 大韓民國商工部, 1957; 《國文監査資料(電氣局 所管)》, 商工部, 1959; 《國文監査資料(電氣局 所管)》, 商工部, 1961; 《한국전력통계(월보)》 4, 한국전력주식회사, 1962.

지만, 결국 한국 측의 의견을 받아들여 조선전업에 맡기기로 하였다.[123] 연료는 국내산 무연탄과 중유를 혼합해 사용하기로 했고, 공사비는 외화 3천만달러와 환화 7억2천만환이 투입되어 30개월 이내에 건설될 예정이었다. 미국에서 내한한 기술자 100명이 3개조로 나뉘어 발전소 건설후보지에 파견되었고,[124] 1954년 9월 당인리에 이어서[125] 1955년 2월에 마산,[126] 같은 해 5월에 삼척발전소[127]에서 기공식이 열리며 공사가 시작되었다.

한편, 앞에서 살펴보았듯이 조선전업은 한국전쟁 중에 전력난을 해소하기 위해 화천 1호기의 복구를 조기에 마치고 나서 곧이어 화천 2호기 복구작업에도 착수했다. 1953년 5월부터 이듬해 7월까지 1년 2개월에 걸친 수리작업을 완료하여 7월 22일에 발전을 개시하고 10월 9일 준공식까지 성대히 거행하였다.[128] 이제 화천수력은 1호기와 2호기를 합하면 최대 5만4천kW의 발전력을 확보함으로써 단숨에 남한지역에서 최대 발전력을 자랑하는 수력발전소로 발돋움하였다.[129] 화천발전소 복구를 이렇게 긴급하게 진행했던 데에는 화천수력이 발전을 개시하게 되면 고가의 운전비용이 소요되던 임피던스호와 자코나호의 발전을 중지할 수 있다는 경제적인 이유도 자리하고 있었다.[130]

10만kW 화력발전소 건설이 진행되는 가운데 화천 1, 2호기 복구공사가 모두 끝나자 전력 부족이 해결되리라는 기대가 가득했다. 그러나 화천발전소 복구 이후 전력난은 일시적으로 해소되는 듯했지만(〈그림 III-5〉), 전력수급 불안정 문제를 완전히 해소하지는 못하였다. 기존 발전설비의 대부분이 내용연수가 이미 지났을 정도로 노후화되었기 때문이다.[131] 해방 전에는 예비설비 정도로만 이용되어 문제가 없었는데,

5·14단전 이후 부득이하게 완전가동하였기 때문에 거의 모든 설비들이 크고 작은 고장을 안고 있었다. 이 때문에 최대 출력을 낼 수 없는 상태였다. 게다가 전쟁 동안에 긴급하게 복구된 청평이나 화천 수력은 심각한 자재난 속에서 수리작업을 서둘렀기 때문에 제기기의 규격이 완전히 정비되지 못한 상태였다.

이 때문에 당초 크게 기대를 모았던 화천수력의 발전량이 기대한 만큼 높은 수준에 도달하지는 못했으며, 그간 무리하게 운영해 왔던 각급 발전소들에서도 문제가 나타나기 시작했다. 수력발전소들은 저수량의 다과에 예민하게 영향을 받았고 화력발전소들은 설비 노후로 인해 고장이 빈번하게 발생하였다. 전체 발전량 중에서 발전선이 차지하는 비중이 여전히 줄지 않았던 것은 이 때문이었다.

만약 발전선이나 일부 발전소들에 문제가 생겨 한꺼번에 가동이 중단될 경우에는 전력난이 재발할 수 있었다. 실제로 1955년 동절기를 맞아 전력사정은 갑작스럽게 악화되었다. 우선 휴전 이후에도 한국에 머물면서 전력난 해소에 큰 도움을 주고 있던 발전선 2만kW 자코나호와 3만kW 임피던스호가 계약 만료에 따라 철수해야 하는 예정일이 다가오고 있었다.[132] 남한정부는 미국측에 자코나호의 체류 연장을 요청했지만[133] 결국 1955년 9월 1일 자코나호가 한국을 떠나게 되었고, 임피던스호는 같은 해 9월 16일 갑작스러운 고장으로 인해 수리차 일본으로 건너갔다가[134] 수개월에 걸친 장기간 수리가 불가피하다는 진단을 받아 끝내 한국으로 돌아오지 못했다.[135] 게다가 비슷한 시기에 화천-청평 간 송전선이 절단되는 사고가 일어나고 화천 1호기(2만7천kW)가 주변압기의 고장으로 인해 발전 중지상태에 빠져 버렸다.[136] 이로써 한꺼번에 최고 7만7천kW 발전력이 상실되면서 남한의 전력사정은 "치명적 타격"을 피할 수 없었다.[137]

각급 공장들이 전력난으로 휴업에 들어갔으며, 특히 대전지역에서는 대부분의 공장들이 가동을 멈추기에 이르렀다.[138] 한때 상공부에서는 전국을 둘로 나누어 공급하는 격일제 송전까지 고려하였고,[139] 언론에서 단전 이후 전력사정이 최악이라는 말이 나올 정도였다.[140]

이에 정부에서는 상공부 내에 전력긴급대책본부를 설치하고, 상공부 차관을 위원장으로 하고 상공부 전기국장, 내무부 치안국장, 국방부 관리국장, 헌병사령부 제3부장, 법무부 검찰국장, 법원행정처 총무국장, 서울시경찰국장, 국회상공분과 전문위원, 전기3사 임원 등을 위원으로 하는 전력비상대책위원회를 조직하여 대책 마련에 나섰다.[141] 우선 설비 노후화와 연료 부족으로 발전력이 저하된 화력발전소들의 설비를 긴급보수하고 연료를 확보해 발전력을 높이고자 했다.[142] 평균 발전력이 1만8천kW까지 떨어져 있던 영월화력에는 설비 보수자금과 석탄 구입자금을 지원해 일단 발전력을 3만3천kW까지 올리고 추후에 5만kW까지 높이기로 했으며,[143] 5천kW에 불과한 당인리는 노후한 시설 보수자금을 지원해 1만kW까지 올리기로 했다. 설비 노후화로 발전 불능상태에 빠져 1953년 2월 이후 장기간 휴전하고 있던 부산발전소는 긴급자금을 투입해 발전기 2대를 분해해 1대로 만들어 최소 2천kW라도 확보하려는 계획까지 세웠다.[144] 공사 중인 10만kW 화력발전소의 준공일도 최대한 앞당기기로 했다. 그러나 발전력을 높이는 데는 시간이 소요되기 때문에 1956년 초까지는 전력난을 피할 수 없다고 보았다.[145]

이에 부족한 전기를 합리적으로 배분하기 위해 전력배전계획실시요강, 전력사용합리화요강 등을 작성하여 전기수요를 통제하기 시작했다. 그리고 군·경·관과 배전회사 합동으로 전기단속반을 구성하여 지침을 어기는 수요가를 단속하여 전기를 끊고 치안재판에 회부하는 조치를 취하였다.[146] 가정용 전등에 대해서는 4지역 3부 송전제를 도입해 하루 평균 약 5시간 반 정도씩만 공급하기로 했다.[147] 이러한 일련의 대책 마련은 미군정기에 전력위기가 발생했을 때 비상시전력위원회가 조직되어 강력한 소비제한을 비롯한 여러 가지 대응책을 사용하던 일을 연상케 한다.

그러나 전력난을 해결하는 길은 근본적으로 발전력을 늘리는 방법밖에 없었다. 한국정부는 미국과 긴밀한 논의를 거쳐 10만kW 화력발전소를 조기에 가동할 수 있도록 최선을 다했다. 그 결과 당인리는 1956년 1월 15일 공사를 마치고 3월 15일 시운전에 성공하였고, 마산은 1956년 3월 27일 준공하고 4월 15일 시운전에 들어갔으며, 삼척은 마지막으로 5월 12일에 공사를 끝내고 5월 25일에 시운전에 돌입하기에 이르렀다. 당초 외화 3천만달러, 환화 7억2천만환을 투입하고 공사기간은 30개월로 예정되어 있었는데, 네 차례 추가 계약을 통해 3,296만 2,500달러, 13억1천만환을 투입하여 공사기간 단축을 독려한 결과 24개월만에 실질적인 건설공사를 완료할 수 있었던 것이다.[148]

10만kW 화력발전소 가동을 계기로 발전량이 크게 늘어나면서 전력난은 해소되었다(〈그림 III-5〉). 그간 전력 부족문제를 해결하기 위해 설치한 전력비상대책위원회는 해산되었고,[149] 1956년 4월 28일에는 철야송전제를 실시하여 전력제한을 전면 해제하기에 이르렀다.[150] 그 뒤에도 1년이 넘도록 퍼시픽 벡텔회사에서 직접 화력발전소를 운영하며 한국인 기술인력들을 훈련시켰고, 1957년 9월 25일에서야 정식으로 조선전업에 이 발전소들을 인계하기에 이르렀다.[151]

전력공급은 이전에 비해 상대적으로 안정화되었지만, 전력수요는 계속해서 늘어나고 있었기 때문에 새로운 발전소를 추가로 건설할 필요성이 제기되고 있었다. 남한정부는 일찍부터 관심을 가지고 있던 수력

〈표 III-8〉 전원개발5개년계획 개요(1955.4)

종별	공사별	발전소명	설비용량		평균발전력	
			1954년	1959년	1954년	1959년
수력	기존 및 증설	화천	54,000	81,000	38,000	48,600
	기존	청평	39,600	39,600	71,000	23,800
	기존 및 증설	칠보	13,850	27,700	6,750	16,600
	기존	운암	2,560	2,560		1,500
	기존	보성강	3,120	3,120	1,250	1,900
	신설(공사 중)	괴산		2,180		1,300
	신설	충주		74,200		44,600
	신설	여주		52,800		31,700
	신설	단양		60,000		36,000
	신설	영월		40,000		24,000
	소계		113,130	383,160	63,000	230,000
화력	기존	부산	14,000	14,000		
	기존	영월	100,000	100,000	13,250	30,000
	기존 및 신설	당인리	22,500	47,500	4,500	30,000
	신설	마산		50,000		30,000
	신설	삼척		25,000		20,000
	소계		136,500	236,500	17,750	120,000
발전선	(이한)	Impedence	30,000		14,250	
	(이한)	Jacona	20,000		8,500	
	소계		50,000		22,750	
총발전력합계			299,630	619,660	103,500	350,000
공급가능전력					93,150	315,000
수요전력					120,000	315,000
과부족전력					△26,850	0

자료: 〈電源開發5個年計劃의 槪要〉,《電力》4, 1955.12, 64~84쪽;
　　李鴻植, 〈韓國電源開發의 展望〉,《復興月報》1-2, 1956.7, 20~30쪽.

발전소 건설에 초점을 맞추어 장기전원개발계획을 다시 작성하기 시작했다. 1955년 4월에 충주, 여주, 단양, 영월 등 남한강을 집중 개발하는 전원개발5개년계획을 수립하였고(〈표 III-8〉), 1955년 12월에는 수력발전소 개발을 5개년계획에서 4개년계획으로 변경하여 조속히 건설할 의지를 더욱 확고히 하였다(〈표 III-9〉).[152] 그러나 10만kW 화력발전소 건설 이후 원조를 통한 수력발전소 추가 건설에 대한 미국의 관심은 크게 식어 있었다. 애초부터 미국은 대도시 인근의 화력발전소 건설에만 관심을 기울였고, 많은 비용과 오랜 건설기간이 소요되는 수력발전소 건설에는 부정적인 태도를 견지하고 있었기 때문이다. 남한정부의 수력발전소 건설계획은 미국의 태도 변화 없이는 제대로 추진되기가 어려웠다.

그러나 당시 전력정책을 수립하는 당국자나 전력계에서는 여전히 운영비가 적게 들어가는 수력발전이 화력발전에 비해 경제적 우위에 있

〈표 III-9〉 수력전원개발4개년계획(1955.12)

발전지점	설비용량	평균출력	예산액		공사기간	
			달러화	환화(백만환)	기존	변경
충주	74,200	44,600	25,000	12,000	1956~58(3개년)	1955~57년
여주	52,800	31,700	19,500	9,800	1956~58(3개년)	1955~57년
단양	60,000	36,000	20,500	9,338	1957~59(3개년)	1956~59년
영월	40,000	24,000	18,100	5,633	1957~59(3개년)	1956~59년
칠보제2호기증설	13,850	8,300	14,500	329		1957~59년
합계	240,850	144,600	95,600	37,101		

자료: 〈電源開發5個年計劃의 槪要〉, 《電力》 4, 1955.12, 64~84쪽;
　　　〈電源開發4個年計劃의 策定〉, 《經濟다이제스트》 51, 韓國産業銀行調査部, 1956.2.16, 5쪽.

다고 생각하여 수력 중심의 전원개발계획을 고집하고 있었다.[153] 오히려 10만kW 화력발전소 건설로 전력위기를 넘긴 지금이 장기간이 소요되는 수력발전소 건설을 시작할 좋은 기회라고 여겼다. 당시 상공부 장관 김일환이 전원개발계획의 방향은 가능한 한 경제적인 수력발전에 중점을 두겠다고 공언한 것은 이러한 인식을 반영한 것이었다.[154]

1957년 4월에 발표한 전원개발5개년계획은 기존의 충주, 여주, 단양, 영월 수력발전소의 남한강 중심개발계획에다가 새로이 북한강지역의 의암수력까지 집어넣어 만들었다.[155] 1957년부터 1961년까지 5곳의 새로운 수력발전소와 섬진강발전소 증설을 통해 최대 발전능력 62만 9,360kW, 평균 발전능력 35만kW를 확보하겠다는 내용이었다. 그리고 해외자본 유치를 위해 한글과 영어로 된 책자까지 만들어 대대적으로 배포했다.[156] 그러나 냉정히 보면 북한강지역 의암 한 곳을 추가했을 뿐 기존 계획의 재탕이나 다름없었다.[157] 미국 원조 당국을 설득하기는 어려웠다.

역시나 미국측 반응은 냉담했다. 당시 미국 경제조정관 원William E. Warne은 강우가 여름에 집중되는 한국의 현실을 고려할 때 화력이 수력보다 비싸다는 원칙은 없다며 화력발전소에 대한 선호를 밝히기도 했고,[158] "한국공업의 신속한 발전은 기존 발전시설에 달려 있다"며 새로운 발전소 건설보다는 기존 발전소의 효율적 이용에 전력정책의 중점을 두어야 한다는 취지로 발언하기도 했다.[159]

한편, 1957년에 들어서 예전부터 공사를 해오던 발전소들이 완공되면서 발전력 확보에서 일부 성과를 거두기도 했다.[160] 우선 1952년에 착수했던 소계곡발전소 괴산수력이 우여곡절 끝에 1957년 3월 11일

시운전에 성공하고 4월 28일 준공식을 거행하기에 이르렀던 것이다.[161] 전술하였듯이 괴산수력은 짧은 공사기간과 적은 비용으로 건설 가능하다는 이점을 내세워 미국의 지원 없이 남한정부가 독자적으로 추진해 온 사업이었다. 그러나 실제 공사과정에서는 자금난으로 일정이 차일피일 미뤄지면서 공사비가 크게 늘어나 버렸다. 공사기간은 원래 16개

〈표 III-10〉 전원개발5개년계획(1957.4)

구분	발전소명	설비용량	최대출력	평균출력	예산액		공사기간
					외화(천불)	환화(천환)	
수력(기존)	화천	90,000	81,000	36,400			
	청평	44,000	39,600	23,800			
	섬진강*	32,000	27,700	16,000			
	(2호기 증설)		(13,850)	(8,300)	14,500	329,600	1957-1958
	운암	3,200	2,560	1,500			
	보성강	3,900	3,120	1,900			
	괴산	3,250	2,180	1,300			
수력(신규)	충주	82,000	74,200	44,600	25,000	12,000,000	1957-1959
	여주	58,000	52,800	31,700	16,500	9,800,000	1959-1960
	단양	66,000	60,000	36,000	20,500	9,338,000	1959-1961
	영월	44,000	40,000	24,000	16,100	5,663,000	1959-1961
	의암	26,000	23,700	10,900	3,300	3,664,000	1957-1958
소계		452,350	406,860	228,100			
화력(기존)	영월	125,000	100,000	30,200			
	당인리(1)	28,125	22,500	8,000			
	당인리(2)	32,000	25,000	21,000			
	마산	64,000	50,000	41,700			
	삼척	32,000	25,000	21,000			
소계		291,125	22,500	121,900			
합계		743,475	629,360	350,000			

자료:《電源開發計劃要覽》, 朝鮮電業株式會社, 1957, 15~16쪽.

월에서 51개월로 늘어났고, 7,138만3천환이었던 최초 공사비는 5차례나 예산이 변경되면서 최종적으로 1억5,310만6천환이나 소요되었다.[162] 당초 계획의 21.5배에 달했다. 여기에는 중도에 댐 높이를 20미터에서 25미터로 변경하고 발전기의 설비용량을 1,600kW에서 2,200kW으로 늘렸던 데에도 원인이 있었던 것 같다. 이렇게 되면서 일반적으로 수십, 수백kW에 불과한 다른 소계곡발전소와 달리 괴산수력은 기존 보성강수력과 비슷한 규모를 갖게 되었다. 이름만 소계곡발전소이지 사실상 소규모 수력발전소나 다름없었던 것이다. 단기간 저비용 공사로 가능한 소계곡발전소이기 때문에 국내재정과 국내기술만으로 건설할 수 있다던 당초의 취지는 크게 퇴색해 있었다.[163] 오히려 낮은 발전력에 비해서 턱없이 많은 비용이 들어가 무능력, 비효율의 상징으로 비판받기도 했다.[164]

한편, 미국의 FOA원조를 얻어 실시한 화천수력 3호기 증설공사도 1957년에 들어서 완공을 보았다. 앞서 언급하였듯이 화천 1, 2호기 복구는 한국전쟁기에 실시된 응급공사인 탓에 공사가 제대로 이루어지지 못했다. 이 때문에 크고 작은 고장이 빈번했는데 3호기 증설공사를 하면서 1, 2호기의 보수와 함께 댐, 수문, 송전선, 발전소 건물까지 발전소 전반을 수리할 예정이었다.[165] 이를 위하여 1955년 7월 9일 후버댐 건설로 유명한 미국 굴지의 모리슨-크누센 회사Morrison Knudsen Corporation와 계약을 체결해 공사를 시작했다.[166] 외화 897만9,600달러와 환화 21억5,800만환이라는 막대한 금액이 투입되어 28개월 만인 1957년 11월에 준공을 보게 된 것이다.[167] 3호 발전기는 준공 이후 1, 2호기와 함께 교대로 운전하며 효율을 높였지만, 발전기 대수에 비례하여 발전량이 큰 폭으로 증가하지는 않았다. 특히 갈수기에는 저수지 수량이 부족하기 때문에 발전소 전체의 발전량이 줄어드는 일도 피할 수 없었다(〈그림 III-5〉).

괴산과 화천의 사례에서 보듯이 수력발전소가 갖고 있는 한계는 분명했다. 건설기간이 오래 소요되었고 많은 비용이 들어갔으며, 갈수기 때에는 저수량 부족으로 발전력이 급격히 떨어졌다. 반면 새로이 건설한 10만kW 화력발전소는 상당히 효율적으로 운영되며 전체 발전량에서 차지하는 비중이 점차 커지고 있었다(〈그림 III-5〉). 특히 조선전업 임직원들은 신규 화력발전소의 관할이 조선전업으로 이전된 일을 계기로 미국에서 연수를 받거나 발전소를 직접 운전하면서 미국식 화력발전소 운영시스템의 편리성과 효율성을 절감하게 된다.[168] 신규 화력발전소의 발전량이 늘어감에 따라 화력발전소가 수력발전소보다 효율적이라는 인식도 커져 갔다.[169] 조선전업 사장 이홍직이 수력개발 우선의 통념을 수정하고 화력발전을 추진하자고 강조한 것이 그 예였다.[170] 당시 전기국장 김송환도 이런 의견에 적극 지지를 보내고 있었다. 전기국의 한 관료는 1kW당 건설단가가 화력발전소에 비해 3배 이상인 수력자원은 개발할 가치가 없으므로 이 기준을 적용할 때 남한에 수력자원은 희소하다면서 건설기간이 짧고 상대적으로 건설자금 조달이 용이한 화력발전소를 우선 건설해야 한다고 역설하기도 했다.[171]

한편, 남한정부의 수력 중심 전원개발계획에 대해 미국측의 냉담한 반응이 지속되면서 10만kW 화력발전소 건설 이후 화천 3호기 증설을 제외하고는 이렇다 할 대규모 전원개발에는 큰 진척이 없었다. 전력수요는 매년 증가하고 있었지만 공급은 제한되어 있었기 때문에 이대로 시간이 흐르면 수급격차는 불가피하였다.[172] 전원개발계획의 대폭적인 수정이 요청되고 있었다.

상공부에서는 우선 전원개발계획을 기존 5개년에서 10개년으로 연장하고, 수력 중심 계획으로부터 새로이 수력과 화력 병진을 기본방침으로 하는 계획으로 전환하였다.[173] 1959년을 시년始年으로 하는 10개년 전원개발계획이 수립되어 1968년도 총수요전력을 71만5천kW로 예상하고 발전소 총시설용량 93만1,510kW, 상시첨두 75만kW로 설정하여 연차별 전원개발계획을 만들었다. 상시첨두를 기준으로 수력은 16만kW, 화력과 원자력은 29만kW이었고, 실제로 그 이후 중점을 두어 추진한 발전소는 충주수력과 호남화력, 영남화력이었다. 이렇게 볼 때 사실상 수력 중심에서 화력 중심으로 선회하였다고 해도 과언이 아니었다.

그러나 이 전원개발계획은 첫 중점사업인 충주수력, 호남화력, 영남화력부터 순조롭게 진행되지 못했다.[174] 충주수력은 애초 시설용량이 9만6,700kW로 계획되어 있었으나 나중에 15만kW로 확대되었고, 공사자금은 개발차관기금DLF으로부터 빌리기로 했다.[175] 일단 설계비조로 150만달러를 위한 협정을 체결했지만 1959년 말까지도 차관 도입이 이루어지지 않았다. 호남지역에 건설하기로 한 3만kW 화력발전소는 목포, 군산, 여수 등지를 후보대상지로 놓고 고민하다가 한미 간 논의 끝에 군산으로 최종 합의하기에 이르렀다.[176] ICA자금 820만5천달러와 대충환화 9억환으로 건설하기로 하여 번스 앤드 로 회사Burns and Roe Inc.에 공사를 맡기기로 했지만 역시 착공이 지연되고 있었다. 영남지역에 건설하기로 한 6만kW 화력발전소는 당초 ICA원조자금에 의존할 계획이었으나 정확한 지점을 선정하지 못한 채 시간이 흘러가고 있었다.

전기3사의 경영난과 전력산업 구조개편 논의

전술하였듯이 1953년에 전력산업의 국영강화론이 크게 확산되고 전기3

〈표 III-11〉 전원개발10개년계획(1958)

종별		발전소	시설용량	상시첨두	공사기간 (예정)	공사 개월	건설 소요자금	
							달러화(천)	한화(백만)
신설	수력	충주수력	96,700	60,000	59.7~63.1 63.7	48	25,000	12,000
		신규수력	100,000	50,000	59.7~63.7	48	36,600	25,500
		신규수력	80,000	50,000	62.7~66.1 66.7	48	33,170	20,100
		소계	276,700	160,000			94,770	57,600
	화력	서남화력(1) (군산)	30,000	30,000	59.1~61.7	30	8,100	900
		신규화력 (영남)	60,000	60,000	59.7~61.12	30	16,200	1,800
		서남화력(2)	30,000	30,000	60.7~63.1	30	8,100	900
		신규화력	120,000	120,000	61.7~64.7	36	32,400	3,600
		소계	240,000	240,000			64,800	7,200
	원자력		50,000	50,000	65.7~68.1	42	75,000	5,000
합계			566,700	450,000			234,570	69,800
총수력(기존수력포함)			419,010	240,000				
총화력(기존화력포함)			512,500	510,000				
총계			931,510	750,000				

자료: 〈93萬kW目標 電源開發長期計劃 樹立〉, 《産業銀行月報》 40, 1958.10/11, 74~77쪽;
태완선, 〈한국전력경제의 전망(3)〉, 《전력》 14, 1959.7, 28~28쪽.

사를 통합하여 대한전력공사로 개편하는 문제가 큰 이슈가 된 적이 있었지만, 찬반 대립이 치열해진 가운데 주무장관의 교체와 함께 동력을 상실해 좌초된 적이 있었다. 그런데 그 이후에는 오히려 국영기업의 민영화를 주장하는 세력이 커지면서 분위기가 완전히 뒤바뀌기 시작했다.

당시는 한국전쟁 휴전 이후 남한과 북한의 대결구도와 체제경쟁이 더욱 뜨거워지고 남한사회 전반에 반공이데올로기가 널리 확산되던 시점이었다. 사회주의경제체제에 대한 자본주의경제체제의 우월성이 한층 강조되었고, 미국측에서도 남한정부에 자유경제체제의 확립과 국영기업의 민영화를 강력하게 권고하며 압력을 가하고 있었다.

이런 분위기 아래 제헌헌법의 국영 관련 경제조항들이 1954년 11월 헌법개정을 맞아 대거 삭제되거나 변경되기에 이르렀다.[177] 우선 제헌헌법 제87조 "중요한 운수, 통신, 금융, 보험, 전기, 수리, 수도, 가스 및 공공성을 가진 기업은 국영 또는 공영으로 한다"는 조항이 삭제되고, 제헌헌법 제88조 "국방상 또는 국민생활상 긴절한 필요에 의하여 사영기업을 국유 또는 공유로 이전하거나 또는 그 경영을 통제 관리함은 법률의 정하는 바에 의하여 행한다"는 구절은 "국방상 또는 국민생활상 긴절한 필요로 인하여 법률로써 특히 규정한 경우를 제외하고는 사영기업을 국유 또는 공유로 이전하거나 그 경영을 통제 또는 관리할 수 없다"라는 정반대 의미를 가진 조항으로 대체되었다. 국영강화론의 근간이었던 기간산업의 국영조항은 삭제되고 원칙적으로 민간기업의 국유화나 공영화를 금지하는 내용이 명기되었던 것이다. 자유경제체제 강화에 맞추어 기업 경영의 중점이 국유·국영에서 사유·사영으로 전환됨을 의미하였다.[178]

헌법개정을 전후하여 국영기업에 대한 민영화의 바람이 거세게 불기 시작했다. 우선 정부에서는 1954년 4월 17일 국무회의의 의결을 거쳐 국영 및 정부관리기업체에 대한 지정을 해제하여 귀속기업으로 환원하는 조치를 취했다.[179] 이에 따라 조선전업, 경성전기, 남선전기 등도 국영기업체 지정에서 해제되었다. 이는 대상 기업들을 언제든지 민영화할 수 있도록 사전준비조치를 취한 것이었다. 실제로 이날 국무회의에서는 한국은행, 산업은행, 조폐공사를 제외한 전 국영기업체를 조속히 민간에 불하하기로 결의하였다.

이에 따라 상공부 장관 강성태(1954.7.5~1955.9.19)는 주요 상공시책으로 정부관리기업체의 민영화를 강력히 추진할 것임을 표명하고 있었고,[180] 조선전업 사장 이홍직을 비롯해 경성전기, 남선전기 임원진 모두 국영기업체의 민영화에 대해 전폭적인 찬성 의향을 밝히고 있었다.[181] 이제 전기사업은 국영 강화가 아니라 민영화로 대세가 바뀌어 가는 형국이었다. 이런 분위기 변화를 반영하여 상공부에서는 "완전한 민영"을 전제로 하는 새로운 전기사업법 초안을 준비하기도 했다.[182] 동아일보에서는 사설을 통해 배전회사는 물론이고 조선전업까지 민영화하라고 요구할 정도였다.[183]

그러나 전기사업 국영 강화 주장도 여전하였다. 언론 일각에서는 중요산업의 국영론을 강조하며 국영기업의 민영화에 부정적인 견해를 표명하기도 하였고,[184] 전기사업과 같이 공공성이 큰 기업은 민영화가 아니라 공영화를 해야 한다고 주장하기도 했다.[185] 심지어는 상공부 내에서조차 전기사업에 대해서 민영화보다는 철저한 국유화가 유리하며 전기3사 통합을 주장하는 견해가 버젓이 제기될 정도였다.[186] 헌법개정과 더불어 당장에 전기사업 민영화가 달성될 정도로 여건이 성숙되어 있지는 않았던 것이다.

그런데 한국전쟁 이후 전기회사들은 모두 극심한 재정난과 적자에 시달리고 있었다.[187] 전기3사 모두 1957년 6월까지는 거의 대부분의 기

〈표 III-12〉 전기3사의 당기순손익 추이(1953~1961)

기간	1953.4.1~1953.9.30	1953.10.1~1954.3.31	1954.4.1~1954.12.31	1955.1.1~1955.6.30
조선전업	5,343,290.49	(40,646,077.99)	(22,077,858.42)	(163,308,926.84)
경성전기	(7,230,423.19)	(9,152,402.08)	(62,957,994.88)	(11,512,030.86)
남선전기	(15,917,593.37)	6,604,297.62	(73,029,544.83)	4,454,812.64
합계	(17,804,726.07)	(43,194,182.45)	(158,065,398.13)	(170,366,145.06)
기간	1955.7.1~1955.12.31	1956.1.1~1956.6.30	1956.7.1~1956.12.31	1957.1.1~1957.6.30
조선전업	(732,788,000.44)	(1,289,083,030.69)	(2,113,640,784.80)	(328,261,565.78)
경성전기	(18,039,628.61)	(79,145,707.09)	(156,363,335.15)	(13,216,080.97)
남선전기	(26,211,784.91)	(133,205,934.23)	(92,177,091.70)	(87,120,236.46)
합계	(777,039,413.96)	(1,501,434,672.01)	(2,362,181,211.65)	(428,597,883.21)
기간	1957.7.1~1957.12.31	1958.1.1~1958.6.30	1958.7.1~1958.12.31	1959.1.1~1959.6.30
조선전업	385,700,482.82	(135,456,102.66)	153,426,559.33	196,524,746.05
경성전기	22,989,727.44	96,929,040.43	198,815,514.03	129,281,397.95
남선전기	51,840,964.72	54,157,000.04	60,884,851.58	10,267,460.55
합계	460,531,174.98	15,629,937.81	413,126,924.94	336,073,604.55
기간	1959.7.1~1959.12.31	1960.1.1~1960.6.30	1960.7.1~1960.12.31	1961.1.1~1961.6.30
조선전업	84,084,098.00	(409,421,130.65)	(968,103,514.22)	(415,267,914.59)
경성전기	77,211,611.80	209,946,391.48	91,927,778.74	117,116,384.20
남선전기	(349,379,100.03)	21,748,442.63	(786,920,055.97)	(1,467,839,002.54)
합계	(188,083,390.23)	(177,726,296.54)	(1,663,095,791.45)	(1,765,990,532.93)

자료: 《商工槪況》, 大韓民國商工部, 1957; 《國政監査資料(電氣局 所管)》, 商工部, 1959;
　　《國政監査資料(電氣局 所管)》, 商工部, 1961; 《한국전력통계월보》 창간호, 한국전력주식회사, 1961.
비고: ( )안은 당기순손실을 의미함.

간 동안 적자에 허덕이고 있었고, 1957년 7월부터 흑자로 반전되기는 했지만 1960년을 전후하여 조선전업과 남선전기는 다시 적자로 반전되었다. 1953년 4월부터 1961년 6월까지 조선전업은 총 58억여환, 남선전기는 총 28억여환의 적자가 누적되었고, 경성전기만 겨우 6억여환의 흑자를 기록했다.

그렇다면 이렇게 대규모 적자가 발생한 이유는 무엇일까. 우선 전력난으로 인해 각급 발전소들을 무리하게 가동한 사실을 지적할 수 있겠다. 특히 갈수기나 전력난 해소가 시급할 때는 예비용으로 전환된 노후 화력발전소들까지도 최대한 가동하지 않을 수 없었으며, 유연탄이나 중유와 같이 상대적으로 비싼 원료도 경제성을 고려하지 않고 일단 사용하기 바빴다. 시설의 유지나 합리적인 운영은 뒷전으로 밀려났다. 이른바 "출혈 발전"을 감수할 수밖에 없었던 것이다.[188] 게다가 노후 발전소들은 효율이 좋지 않아 연료를 많이 소비하고 잦은 수리가 필요했기 때문에 연료비와 수선비가 지속적으로 상승하였다.[189]

두 번째 요인으로는 각종 미수금을 지적할 수 있겠다. 그중에서도 UN군의 전력사용요금 미수금이 가장 큰 비중을 차지했다.[190] 한국전쟁기에 UN군은 발전선을 운용하거나 유연탄을 공급해 주어 전기회사들의 전력 생산에 큰 도움을 준 것은 사실이지만, 필요한 전력을 한국의 배전회사로부터 꾸준히 공급받고 있었고, 특히 전후에는 배전회사들로부터 공급받는 전기량이 늘어나고 있는 추세였다. 그러나 UN군은 사용한 전기요금을 지급하지 않아 재정난에 시달리던 전기회사로서는 이를 경영상의 중대 문제로 인식하기 시작했다. 배전회사들이 UN군측에 전기요금 청산을 요구하면 UN군은 발전선을 비롯해 전기 생산에

도움을 준 사실을 거론하며 요금지불을 미루거나 회피하였고, 양측의 갈등이 심각해지면서 한때 경성전기에서 미군에 대해 송전을 중단하는 조치를 취한 적도 있었다. 결국 양측은 1957년 7월 3일 신규 공급계약을 체결하여 7월 1일 이후로 공급하는 전기는 계량기에 의해 계산하여 요금을 부과하기로 합의하였고, 그 이전까지의 밀린 대금은 1958년 12월 18일 한미 간 별도 협정을 체결하여 청산하였다. 경전과 남전은 발전선 전력 대금과 UN군으로부터 받은 유연탄 대금을 면제받는 대신 UN군으로부터 그간 밀린 전력요금 가운데 일부를 지급받게 되었다. 이때 청산된 요금은 경전 12억7천여만환, 남전 6억2천여만환에 달했다. 한편 UN군 이외에도 각종 미수금이 많이 남아 있었는데, 특히 각급 관청의 미수금이 큰 비중을 점했다. 1958년 12월 31일 현재 경성전기는 서울시청 관계 전력료 미수금만 11억4천여만환, 남선전기는 관청 관계 전력료 미수금이 3억9천여만환에 달했다.[191]

그런데 전기회사의 경영난이 가중되었던 가장 큰 이유는 비탄력적인 요금결정구조에서 비롯된 요금인상 억제 때문이었다. 일제강점기부터 전기요금은 인가제로 운영되어 왔는데, 1951년 9월 24일 자로 시행된 재정법(제3조, 제81조)에 의해 종래의 인가제를 넘어서 국회 동의까지 필요하게 되었다.[192] 당시 국회는 재정법 논의과정에서 지나친 공공요금 인상을 막기 위한 수단으로 이 조항을 삽입하기로 했지만, 이후 급격한 인플레이션 속에서 전기요금 인상을 지나치게 억제함으로써 전기회사의 경영난을 유발하는 요인으로 작용하게 되었다. 실제로 정부에서 전기요금 인상이 필요하다고 판단해 인상안을 국회에 제출하면, 유권자들의 표를 의식한 국회의원들은 정치적인 이해관계 때문에 인상안을 거부하는 경우가 많았다. 일례로 해방 이후 1951년 재정법이 제정되기 전까지 6년간 전기요금은 9차례나 개정되었지만, 재정법 제정 이후 1960년까지 9년간 전기요금은 불과 3차례 개정에 그쳤다. 따라서 한 번 개정될 때마다 큰 폭의 인상이 불가피해져 소비자들의 불만과 여론의 비판을 피할 수 없게 되었다. 1957년 요금인상 이후 전기3사의 적자가 흑자로 반전된 사실도 이 시기 전기회사의 경영적자가 대부분 요금인상 억제로 인해 발생하였음을 보여 준다. 당시 전기회사측에서 국회가 지나치게 공익성만을 의식해 원가도 안 되는 저렴한 전기요금을 강요함으로써 전기요금의 수익자 부담원칙을 훼손하고 전기회사의 적자를 유발했다는 지적은 이런 점에서 일면 타당한 측면이 있었다.

한편, 전기회사의 적자 누적은 필연적으로 재무구조를 취약하게 만들었다.[193] 전기3사 모두 해방 이후 단 한 번도 증자가 이루어지지 않아 주로 차입금으로 필요자금을 조달하고 있었다. 이 때문에 1957년 말 현재 3사의 자기자본비율은 0.1%에도 미치지 못할 정도로 극단적으로 왜곡되었고, 장단기차입금은 큰 폭으로 늘어나 부채비율은 치솟았다. 1961년 6월 말 현재 3사의 장단기차입금을 모두 합하면 298억여환에 달할 정도였다.[194] 주로 외자에 의존하는 시설투자비를 제외하고 운영비 대부분을 한국산업은행으로부터 조달하지 않으면 안 되었기 때문에 경영에 대한 정부의 간섭은 피할 수 없었다.

게다가 전기3사는 '공동운명체'라고 불릴 정도로 서로 경영이 연결되어 있었다. 배전회사들이 경영악화에 따라 전력 대금을 발전회사인 조선전업에 지불하지 않아 조선전업의 경영을 악화시켰고, 이로 인해 조선전업은 대한석탄공사에 대해 석탄 구입 대금을 제때 지불하지 못했다. 주요 국영기업체들이 동시에 경영악화를 겪는 이유였다. 게다가 지역별로 경영환경이 상이함에도 전기요금은 전국이 동일하게 책정되어 있었다. 인구밀집지역을 상대로 영업을 하는 경성전기와 면적이 넓고 인구가 희소한 남선전기에 동일한 요금을 적용토록 하면 당연히 경성전기가 유리하기 때문에 남선전기의 불만이 컸다.

또한 전기3사는 시설투자비가 모자라 제때 설비보수를 진행하지 못하는 경우가 허다했고, 일선 기술자들 사이에서는 언제 사고가 터져도 이상하지 않은 상태라는 고백이 절로 나왔다.[195] 실제로 수색변전소가 폭발하는 대형사고가 터진 적도 있었다.[196] 게다가 전기3사는 자산재평

〈표 III-13〉 1945~1960년 전기요금의 변천

연월	종량전등		소동력			대동력		
	가격(A) (환/1kWh)	인상지수 (1945.1=100)	가격(B) (환/1kWh)	비율(%) (B/A)	인상지수 (1945.1=100)	가격(C) (환/1kWh)	비율(%) (C/A)	인상지수 (1945.1=100)
1945. 1	0.00140	100.0	0.00030	21.4	100.0	0.00026	18.6	100.0
1946. 1	0.00350	250.0	0.00075	21.4	250.0	0.00065	18.6	250.0
1946. 3	0.00840	600.0	0.00180	21.4	600.0	0.00160	19.0	615.4
1947. 4	0.01540	1,100.0	0.00330	21.4	1,100.0	0.00286	18.6	1,100.0
1948. 1	0.08540	6,100.0	0.01830	21.4	6,100.0	0.01590	18.6	6,115.4
1949. 6	0.12900	9,214.3	0.07800	60.5	26,000.0	0.07200	55.8	27,692.3
1950. 1	0.25800	18,428.6	0.15600	60.5	52,000.0	0.14400	55.8	55,384.6
1950. 4	0.51600	36,857.1	0.31200	60.5	104,000.0	0.28800	55.8	110,769.2
1950.12	1.50000	107,142.9	0.90000	60.0	300,000.0	0.90000	60.0	346,153.8
1951. 7	5.00000	357,142.9	2.30000	46.0	766,666.7	2.30000	46.0	884,615.4
1953.12	10.00000	714,285.7	4.40000	44.0	1,466,666.7	3.50000	35.0	1,346,153.8
1955. 1	23.00000	1,642,857.1	10.00000	43.5	3,333,333.3	8.00000	34.8	3,076,923.1
1957. 1	38.00000	2,714,285.7	16.50000	43.4	5,500,000.0	16.50000	43.4	6,346,153.8

자료: 리홍직, 《전력연감》, 조선전업주식회사, 1959, 97쪽.

가법이 도입되기 전까지는 감가상각도 제대로 고려하지 못했다.[197] 이 때문에 당시 회계전문가들은 전기3사의 실제 적자규모는 회계상에 드러난 수치보다 훨씬 더 클 것이라고 추산하기도 했다.

정부도 전기3사의 경영난을 좌시할 수만은 없었다. 일단 영업과 관련한 세금을 감면해 주었고, 시설투자에 필요한 자금에 대해서는 사채 발행을 허용해 주기도 했다. 경영적자를 만회시키기 위해서 산업은행을 통한 융자를 적극 알선해 주기도 했다. 그러나 장단기차입금의 증가는 거액의 금리 부담을 초래해 다시 경영난을 가중하는 요인이 되기도 했다. 이에 정부에서는 전기3사의 차입금에 대해서 금리를 낮추는 조치를 취했으나 특혜시비를 불러 일으켰다. 민간기업은 금융기관으로부터 소액의 대출을 받기도 어려운 상황에서 거액의 대출을 저리로 융자해 가는 국영기업이 곱게 보일 리 없었던 것이다.[198] 이런 이유 때문에 전기3사를 비롯한 국영기업들에 대해서 민영화라는 요구가 일어나고, 적자를 줄일 수 있도록 경영을 합리화하라는 목소리가 커져 갔다.[199]

한편, 자유경제체제의 강화와 국영기업 민영화의 바람을 타고 실제로 몇몇 국영기업이 매각되는가 하면 은행귀속주불하요강이 작성되어 은행주들이 민간에 대거 불하되기도 했다.[200] 이러한 경제 전반의 변화 속에서 전기회사들에 대한 민영화 요구는 더욱 거세지고 있었다.[201]

주무부서인 상공부에서는 한때 경성전기와 남선전기의 매각을 결정하고 매각원칙을 작성하여 재무부에 정식 제의하기로 했으나 한동안 별다른 진전이 없었는데,[202] 1957년에 들어서 대한석탄공사 산하의 탄광들을 분리하여 불하하기로 방침을 결정하면서 전기회사들도 배전회사들뿐만 아니라 조선전업까지 모두 매각하기로 방침을 세웠다.[203] 그러나 전기사업은 워낙 덩치가 커서 민간에서 이를 인수할 적임자를 찾기가 어려웠고, 이미 거액의 적자를 안고 있어서 이를 희망하는 기업가도 많지 않았다.[204] 민영화에 대한 상공부의 의지도 확고하지 않았다.

민영화를 향한 실질적이고 구체적인 움직임으로 연결되지 않자 상공부를 제치고 재무부에서 매각작업을 주도하기 시작하였다. 재무부에서는 발전 및 배전회사 귀속주처리사무협의회(이하 협의회)를 구성하여 전기회사에 대한 자산평가에 들어갔다.[205] 협의회의 위원은 재무부 관재국장을 비롯하여 상공부 전기국장, 교통부 육운국장, 법제실 제2국장, 국회 재경위 1명, 국회 상공위 1명, 조선전업·경성전기·남선전기 사장 및 동사 한국인 주주 1명씩으로 구성하였고, 협의회는 향후 귀속주 불하에 관하여 재무부 장관의 자문에 응하기로 했다.[206]

이에 따라 발전 및 배전회사의 귀속주불하요강이 만들어졌다. 배전회사의 귀속주를 먼저 처분한 후에 조선전업의 귀속주를 처분하기로 하고, 배전구역이 넓은 남선전기는 중부, 호남, 영남의 3지역으로 나누어 매각하기로 하였다. 조선전업은 전국적으로 공모하되 공모응매를 얻지 못한 잔여주는 시중은행 및 주요 기업체에 인수시키기로 했으며, 남선전기와 경성전기의 운수사업과 배전사업은 분리하여 운수부문을 먼저 공매하기로 결정했다.[207]

민영화에 대한 구체적인 방법이 결정되었지만, 부처 간 입장은 엇갈리기 시작했다. 당시 재무부는 전기회사 불하대금으로 적자재정을 보전한다는 생각을 가지고 전기회사 민영화를 강력하게 추진하였으나 상공부는 불하 이후의 사태를 전망하고 전력산업 운영의 합리적인 기초를 세우기 전까지는 경솔하게 매각해선 안 된다는 신중론을 견지하고 있었다.[208] 부서 간 의견조율이 필요했다.

재무부는 한발 물러서 발전회사인 조선전업의 불하는 현재의 경제여건에서 시기상조라고 보아 배전회사만 불하하기로 방침을 수정하고, 배전회사에 대해서도 재산의 일부를 매각하는 방법을 취하여 운수부문만이라도 먼저 불하하도록 하자는 합의를 이끌어 냈다.[209] 그러나 상공부는 여전히 소극적인 태도를 버리지 않았다. 이에 재무부는 상공부와 경성전기에 통첩을 보내 경성전기의 운수사업체를 불하하도록 재차 압박을 가하였다.[210]

상공부도 재무부의 압력을 마냥 외면할 수만은 없었다. 상공부에서 기간산업체의 운영을 합리화해 민영화를 추진한다는 명분 아래 기간산업운영대책위원회(이하 위원회)를 조직한 것은 이 때문이었다.[211] 상공·재무·부흥부 장관과 산은총재를 위원으로 위촉하고, 상공·재무·부흥부 차관 및 산은 부총재, 그리고 기간산업체 3명, 학계 1명, 기술자 1명을 보좌위원에 임명하였다.[212] 이 위원회에서는 기간산업 경영에 대한 주요 사항을 논의하여 결정하였는데, 이에 따라 대한석탄공사와 조선전업만 국영으로 하고 나머지 기간산업체는 조속히 불하하기로 방침이 정해졌다.[213] 그러나 민영화 방침만 정해졌지 실제로 민영화를 위한 구체적인 방안은 마련되지 않았다. 상공부가 기간산업운영대책위원회를 내세워 민영화를 의도적으로 지연시키고 있었던 셈이다.[214]

사실상 민영화가 교착상태에 빠져 진전이 없자 미국까지 직접 개입했다. 경제조정관실OEC 경제부조정관 월마Stellar C. Wollmar가 중요 기간산업체의 처분방안을 작성하여 정부에 공식 건의하기에 이르렀던 것이다.[215] 정부직할기간산업체관리공사(이하 KOHO)를 설립해 대한석탄공사, 조선전업, 경성전기, 남선전기를 비롯한 10대 중요 산업체를 관리 경영토록 하고 한미 전문가의 협조를 얻어 자산재평가 및 합리적인 민영화 방안을 모색하자는 내용이었다. 당시 한미 간 역학관계를 고려할 때 사실상 경제조정관실이 주도하여 민영화를 조속히 실현하겠다는 의미였다. 민영화를 강력하게 주장하고 있던 동아일보는 즉각 이를 반기며 적극적인 찬성의 뜻을 표명하였다.[216]

그러나 기간산업의 급속한 민영화에 거부감을 가지고 있었던 상공부는 이 제안을 받아들일 수 없었다. 상공부 장관에 갓 취임한 구용서 (1958.8.27.~1960.4.8.)는 월마의 KOHO 설립안에 대해 이미 기간산업 운영대책위원회를 설치해 운영하고 있기 때문에 개인적으로는 별도로 KOHO를 설치할 필요성을 느끼지 않는다며 부정적인 의사를 내비치기도 했다.[217] 상공부는 계속되는 압력 속에서도 꿋꿋하게 버티다가 기간산업운영대책위원회를 통해 전기3사 운영합리화대책을 성안해 명분을 쌓아 갔고,[218] 뒤늦게 KOHO안에 대한 공식적인 반대의견을 모아 미국측에 전달하여 이 문제를 매듭지었다.[219]

그러나 민영화의 거센 바람 속에서도 국영강화론을 주장하는 세력도 여전하여 민의원 상공위원회에서는 '대한전력공사법안'이 상정되어 논의를 진행하고 있었다.[220] 1953년에 제기되었다가 좌절된 적이 있었던 전기3사를 통합하여 대한전력공사로 개편하려 했던 방안과 비슷한 내용이었다. 조선전업, 경성전기, 남선전기 세 전기회사에서 각기 맡고 있는 발송배전 업무를 대한전력공사로 일원화하여 보다 합리적이고 능률적인 운영을 하자는 발상이었다.

그런데 법안의 세부내용을 기존의 법안(1953)과 비교해 살펴보면, 이

전에 비해 상공부의 영향력을 더욱 확대하는 안이었다. 우선 경영진으로는 기존에 대통령이 임명하도록 되어 있던 총재, 부총재를 상공부 장관이 임명하는 사장, 부사장으로 바꾸었고, 총재에 주어졌던 이사 임명권은 상공부 장관에게 부여되었다. 그뿐만 아니라 상공부 장관은 이 회사의 주요 업무 전반에 걸쳐 감독권과 명령권을 확보하게 되고, 회사 역원들이 이를 어겼을 때 제재를 가할 수 있는 다양한 벌칙도 명문화되었다. 자본금 전액을 정부가 출자하는 공사형태에다가 상공부가 엄밀한 감독권과 처벌권을 확보하게 되어 국영의지가 더욱 강화된 법안이었다. 이 때문에 이 법안은 민영화가 강력히 고창되고 있는 때에 대세를 역행하는 방안으로 평가받았고, 민영화의 거센 바람 속에서 현상유지를 목표로 하고 있던 상공부도 난색을 표하지 않을 수 없었다.

이는 민영화나 대한전력공사 설립에 대해 적극적이지 않던 상공부가 일제강점기에 만들어진 조선전기사업령에 의해 규정되어 오던 낡은 법적 환경을 개선한다는 명분 아래 전기사업법 제정을 적극 추진했던 데에서도 잘 드러난다.[221] 이 법안에 의하면 그간 국회에서 승인을 받던 전기요금을 주무부장관의 인가제로 바꾸고, 자문기관으로서 전력위원회를 설치하기로 했다. 전력의 수급조정에 대한 주무부장관의 처분권을 규정하는 한편 이로 인해 발생하는 손해는 국가에서 보상하기로 하고, 전기회사에 대한 국고보조금 교부에 대한 법적 근거도 명문화하려 했다. 현 상태를 유지하면서 전기요금 인가제와 국고보조를 통해 전기회사 경영난을 해결하려는 데 목적이 있었던 것이다. 이 법안은 1년여 논의를 거친 뒤 국무회의를 통과해 국회에 정식 제출되기에 이른다.[222] 그러나 통과되지는 않았다.[223]

<표 III-14> 대한전력공사법안(1956)의 주요 내용

구분	내용
목적	·전력자원의 합리적 개발과 수급의 원활 및 가격의 조정에 관한 국책에 따라 전력개발, 송전 및 배전사업과 그 부대사업 ·일반에서는 대한전력공사와 유사한 명칭 사용 금지
자본금	·조선전업, 경성전기 및 남선전기가 대한전력공사로 통합될 때의 합계자산상당액으로 하고 정부가 전액 출자
역원	·역원은 사장 1명(임기 4년), 부사장 1명(임기 4년), 이사 약간명(임기 3년), 감사(임기 2년) 1명으로 구성 ·국무회의의 의결을 얻어 주무부장관이 임명
회계	·사업연도는 정부회계연도와 동일 ·매사업연도의 예산을 작성하여 사업계획·자금계획 기타 예산에 참고될 사항을 주무장관에 보고하여 국무회의의 의결을 얻어야 함. ·국회가 대한전력공사의 예산심의권을 보유 ·이익금의 백분지10은 장래 사업결손 보충, 백분지40은 장래 전기설비에 관한 기금에 충당하고 잔여이익금은 국고에 납입 ·손실은 전항 비축금 및 설비기금으로 보전하고 부족할 때에는 정부가 보전함. ·등록세, 법인세, 소득세 및 영업세 면제 ·회계에 관한 일체의 기록을 심계원에서 조사 가능
감독	·주무부장관의 전반적인 감독권 보유 ·주무부장관은 국무회의의 의결을 얻어 전기에 관한 시설과 변경 및 전력가격과 공급조건을 지정, 공공의 복리에 필요한 경우 감독상 필요한 명령 ·전력가격은 국회의 의결을 얻어 당해년도의 세입예산으로 책정된 전력가격을 초과치 못함. ·주무부장관의 인가 필요(사업의 건설, 취득, 폐지, 휴지, 양도, 임대 및 처분, 발전 및 배전계획, 전력가격 및 공급조건 등)
벌칙	·역원에 대한 벌금 부과(인가, 명령, 보고, 전력 가격 및 공급조건 위반 등) ·결산 및 회계검사 때 허위문서 작성 및 기피의 경우 징역 혹은 벌금 부과
부칙	·대통령령이 정하는 바에 의하여 주주총회의 결의로서 전기3사를 해산하고 대한전력공사에 통합 ·대한전력공사는 통합회사에 속하는 일체의 권리의무를 계승

자료: 〈發配電會社를 一元化〉,《電力》6, 1956.12, 186~187쪽;
　　　太完善, 〈電氣事業體統合問題에 寄함─大韓電力公社法案을 보고〉,《電力》6, 1956.12, 9~15쪽.

3. 전기3사의 통합과 한국전력(주)의 창립

수급격차 해소를 위한 긴급전원개발의 추진

장기전원개발계획에 상정된 발전소 건설은 차일피일 미뤄지고 있었지만, 전력수요는 나날이 증가하고 있었다. 1959년에는 연초부터 동절기에 닥치면 수급격차로 인한 전력위기가 심각해질 것이라는 우려가 나오기 시작했다.[224] 향후 2년간 전력수요 증가추세를 발전력 개발이 뒤따라가지 못해 한국전쟁 이후 가장 심각한 전력난이 발생할 것이라는 예측이었다. 그러나 예상과 달리 전력위기는 더 빨리 다가왔다. 하절기에 최악의 가뭄을 겪으며 섬진강·보성강·괴산 수력발전소가 운전을 정지했고, 화천 3호기와 당인리(구) 화력발전소가 고장이 나 발전을 중지했던 것이다.[225] 동절기에는 전기사정이 더욱 악화될 것으로 예상되어 한때 상공부에서 전기3사 대표와 연석회의를 개최하여 윤번제 배전을 고려할 정도였다.[226]

1960년을 맞이하면서 수급격차는 더욱 확대되어 전력 부족이 격심해질 것으로 예상되었다. 발전소 건설이 지연됨에 따라 1964년까지는 수급불균형을 피할 수 없기 때문에 전원개발정책의 근본적인 수정까지 포함하여 대책이 절실히 요청된다는 지적이 이어졌다.[227] 전술하였듯이 1959년 이후 정부는 충주수력, 호남화력(군산), 영남화력(부산) 건설에 필요한 원조와 차관 도입을 위해 노력을 집중하였지만,[228] 어느 하나 성과를 거두지 못하고 발전소 건설이 지연되면서 전력위기를 초래하게 된 것이다.

이런 배경 아래에서 이승만정권은 1960년 1월 국내보유달러를 투입해 부산 감천에 10만kW 화력발전소를 건설하는 방안을 제기하였다.[229] 기존 계획으로는 수급불균형에 의한 전력위기를 피할 수 없기 때문에 더 이상 발전소 건설을 위한 원조나 차관을 기다리고 있을 수만은 없다는 판단 아래 내린 단안이었다.[230] 새로운 화력발전소에는 외화 2천만 달러와 환화 24억여환이 투입되고, 약 20개월의 건설기간이 소요될 예정이었다. 이에 따라 전원개발10개년계획도 수정하여 완료기간을 2년 앞당겨 완수하기로 했다. 당시의 열악한 재정형편과 외환보유고 상태를 고려할 때 이와 같은 거액의 외환을 투입하기로 결단을 내린 것은 그만큼 다급해진 상황을 반영한다. 마침내 화력발전소 건설에 대해 대통령의 내락이 떨어지자 그해 4월 19일에는 부산 감천에 5만kW짜리 발전기 2대를 설치한 화력발전소를 건설하라는 지시가 공식적으로 조선전업에 내려졌다.[231] 이에 조선전업에서는 건설청부업자를 선정하기 위해 국제입찰에 부치기로 하였다.

그러나 정작 발전소 건설을 위한 국제입찰을 개시하지도 못한 상황에서 정국은 크게 요동치기 시작했다. 주지하듯 3·15부정선거를 계기로 학생과 시민들의 민주주의를 향한 열망이 분출하며 4·19혁명으로 이어져 결국 이승만 대통령이 하야하고 과도정부가 수립되기에 이르렀던 것이다.[232] 이제 발전소 건설임무는 과도정부에 넘겨졌다. 과도정부는 일단 이승만정권의 전원개발정책을 계승하면서도 정책의 효율을 높이고 단기간에 전력 부족을 만회할 수 있는 응급대책을 추가하기로 했다.[233]

이에 따라 부산 감천에 건설하기로 한 화력발전소는 국제입찰기한을 1개월 연장하여 일본기업에게도 입찰을 허용하기로 방침을 변경하였다.[234] 최대한 건설비용을 절감하기 위한 방안이었다. 그 결과 6개사가 응찰하였고, 이 가운데 최저가격인 1,699만달러로 응찰한 일본의 히타치日立와 그보다 조금 비싼 1,800만달러로 응찰하였지만 준공기간이 3개월이나 빠르고 발전단가가 가장 저렴한 제너럴 일렉트릭General Electric사 가운데 한 곳을 선정하기로 했다.[235] 그러나 그 후 다시 이견이 생겨 기존 히타치와 제너럴 일렉트릭사 이외에 서독 지멘스Siemens사(1,673만달러)와 미국 웨스팅하우스Westinghouse사(2,370여만달러)를 추가하여 재심사에 들어갔고,[236] 최종적으로 제너럴 일렉트릭사를 낙찰자로 선정하였다.[237] 다만 정식계약은 새 정부에서 체결하는 것으로 정했다.

그러나 10만kW 화력발전소 건설에는 2년이라는 장기간이 소요되기 때문에 당장의 전력난을 해소할 대책으로는 미흡하였다. 이미 벌어진 수급격차를 조기에 만회하기는 어려웠다. 과도정부에서는 단기응급대책을 병행해야 한다고 판단해 가스터빈발전기(2만kW)와 발전선(3만kW) 도입을 추진하기 시작했다.

사실 가스터빈발전기는 이승만정권 말기에도 잠시 도입을 검토한 적이 있었지만[238] 구체적인 방안으로 진척되지 못했는데, 과도정부에 들어서 국무회의를 열어 이를 도입하기로 최종 의결하였고 내각수반이 200만달러를 투입해 2만kW 용량의 발전기를 구입하는 방안을 결재하기에 이르렀다.[239] 발전기 설치후보지로 목포와 광주를 고려하다가 최종적으로 광주 근방 송정리를 선택하였고, 국제입찰공고를 내 7월 말에 마감한 뒤 건설업자를 선정하여 9월에는 착공하기로 결정하였다.[240] 한편, 발전선 도입도 함께 추진하였다.[241] 전술하였듯이 남한에서는 이미 1948년부터 1955년까지 발전선을 운용한 경험이 있었기 때문에 낯선 일은 아니었다. 여러 방면으로 수소문을 하여 미국 뉴햄프셔 퍼블릭 서비스사Public Service Co.로부터 3만kW급 발전선 레지스탄스Resistance호를 구입하기로 결정했다. 구입비 350만달러와 보수 및 도입비 75만달러를 합친 총액 425만달러의 예산이 소요될 예정이었다. 가스터빈발전소나 발전선은 원조나 차관에 의존하지 않고 모두 정부보유달러를 투입하여 최대한 빠른 시일 안에 도입하기로 정했다.

이렇게 새로운 발전소 건설방안이 대거 추진되면서 기존의 장기전원개발계획은 수정이 불가피해졌다. 이에 따라 계획이 수정되어 수력으로는 충주, 단양, 영월 세 곳을 개발하여 29만9천kW를 확보하고, 화력으로는 기존의 계획에 발전선, 가스터빈, 부산화력 등을 추가하여 37만kW를 확보하기로 되었다. 대신 실행 가능성이 떨어지는 원자력은 삭제되었다. 이로써 원자력을 제외한 수력과 화력의 비중은 49 대 43에서 45 대 55로 역전되었다. 그리고 외환 조달방법에서도 원조와 차관에만 의존하던 데에서 탈피해 정부보유달러의 비중을 31%까지 확대할

종별	기존		신규			합계	
	시설용량	상시 첨두출력	발전소명	시설용량	상시 첨두출력	시설용량	상시 첨두출력
수력	143,000	116,000	충주수력	150,000	90,000	442,000	312,000
			단양수력	86,000	56,000		
			영월수력	60,000	50,000		
			소계	299,000	196,000		
화력	223,000	162,000	발전함	30,000	30,000	593,000	532,000
			가스터빈	20,000	20,000		
			부산화력	100,000	100,000		
			삼척화력 제2호기	30,000	30,000		
			군산화력	30,000	30,000		
			신규화력	60,000	60,000		
			신규화력	100,000	100,000		
			소계	370,000	370,000		
합계	366,000	278,000		669,000	566,000	1,035,000	844,000

자료: 李良淳, 《韓國의 電力開發計劃》, 서울대석사학위논문, 1961, 125쪽.

구분	종별 발전능력			달러화(천불)				환화 (백만환)
	수력	화력	원자력	ICA	DLF	은행불	합계	
변경 전 (비중)	276,700 (48.8%)	240,000 (42.5%)	50,000 (8.7%)	139,800 (62.4%)	84,400 (37.6%)	– –	224,200 (100.0%)	52,686
변경 후 (비중)	299,000 (44.7%)	370,000 (55.3%)	– –	15,599 (15.7%)	52,882 (53.4%)	30,624 (30.9%)	199,105 (100.0%)	28,927

자료: 〈電氣事業의 當面課題와 問題點〉, 《産業銀行月報》 61, 1960.9, 1~52쪽.

계획이었다. 자력에 의한 전원개발이 시작되려던 참이었다.

예상한 대로 1960년에도 전력위기는 피하지 못했다. 하절기부터 한발로 인해 화천과 청평발전소의 수력발전이 급감하기 시작해 평균 출력이 17만여kW까지 떨어졌기 때문에 수요억제를 위해 전력의 공급순위와 사용금지 범위를 지정해야만 했다.[242] 급기야 화천과 섬진강은 한발로 인해 일시 발전 중지상태에 들어가고 삼척은 사용하는 탄질이 좋지 못한 관계로 고장을 일으키기도 했다.[243] 이 때문에 가정등의 주간 송전을 중지하고 야간에는 윤번제 배전을 실시해야만 했다. 일반 동력 공급시간도 8시간에서 6시간으로 줄여야 했다. 이렇게 되자 언론에서는 한목소리로 전력난 해결을 위해 항구적인 대책을 마련할 것을 강력히 촉구하고 나섰다.[244]

제2공화국은 이와 같이 전력난이 악화된 상태에서 등장하였다. 내각책임제 개헌과 7·29총선을 거치며 집권에 성공한 장면정권은 경제제일주의를 기치로 내걸고 경제문제의 조속한 해결을 약속하였다.[245] 따라서 전력난을 극복하기 위한 전원개발은 중요한 경제이슈로 부상하고 있었다. 과도정부가 수정한 전원개발계획은 다시 한번 수정될 운명을 맞았다. 그러나 장면정권의 전원개발은 처음부터 치밀한 조사와 연구에 기초한 확고한 플랜을 가지고 진행되지 못하고 사안에 따라 즉흥적인 결정이 이뤄지며 적지 않은 시행착오를 야기하였다.[246]

사실 과도정부에서는 조기에 전력난을 해결하기 위해 정부보유달러를 대거 투입하는 발전선(3만kW), 광주가스터빈발전소(2만kW), 감천화력발전소(10만kW)를 중심으로 전원개발을 추진하고 있었다. 그러나 장면정권은 집권 직후 발전선과 가스터빈발전소 사업이 고비용, 저효율이라는 판단 아래 재검토에 들어갔다.[247] 일각에서는 비싼 중유를 사용하기 때문에 발전원가가 높은 발전선이나 능률이 좋지 못한 가스터빈발전기를 구입하는 일은 우선 급하니까 산에 불을 놓아 화전을 일구는 것이나 다를 바 없다고 혹평할 정도였다.[248] 그러나 장면정권도 전력난해소가 시급하다고 여겼기 때문에 이 계획들을 단박에 백지화할 수는 없었다. 열악한 외환보유고를 감안해 정부보유달러를 DLF차관으로 대체하는 방법을 고려해 보았지만 역시 여의치 않았다. 결국 애초 방침대로 다시 추진하기로 하였다.[249] 그러나 그 이후에도 방침은 수시로 바뀌었다. 광주가스터빈발전소와 감천화력발전소 건설계획에 대해서 계획 자체와 입지조건 등을 재검토하기로 하는 등 오락가락했다.[250] 조기에 전력난을 해결해 주길 바라고 있던 시민들은 갈팡질팡하는 정책을 보며 정권의 해결의지나 진정성에 의구심을 품게 되었다.[251]

그러나 정책 혼선은 이 정도로 그치지 않았다. 광주에 건설할 가스터빈발전소는 발전기의 종류를 둘러싸고 매우 심각한 갈등을 빚었다. 공사기간이 짧고 가격이 저렴한 것으로 알려진 스트레이트 방식과 가격은 비싸지만 효율이 좋은 프리피스톤 방식을 두고 정부 내에서 갈등을 벌였던 것이다. 상공부는 프리피스톤 방식을 밀고 조선전업과 재무부, 부흥부는 스트레이트 방식을 후원하고 있다고 알려졌다.[252] 한때는 스트레이트 방식이 우위에 있다고 전해졌지만, 다시 프리피스톤 방식이 선정될 것이라는 소문이 돌 정도로 엎치락뒤치락하였다. 이 때문에 세간에서는 커미션으로 인해 갈등을 벌이는 것 아니냐는 의혹까지 제기되었다.[253] 이러한 갈등 때문에 사업 착수가 계속 지연되다가 결국 1961년 1월 각의에서 사업 중지를 선언하기에 이르렀다.[254]

장면정권은 이를 대체할 방안을 모색했다. 디젤발전기를 정부보유달러로 도입하는 방안이 추진되었다.[255] 1,250kW용량의 발전기 15대(최초는 20대)를 설치하여 총 발전력 1만8,750kW를 확보하기로 했고, 국제입찰에 부친 결과 270만달러를 써 낸 미국 화이트모터스사가 건설업자로 선정되었다.[256] 1961년 말에는 도입될 예정이었다.

　발전선 구입도 순조롭지 않았다. 전술하였듯이 우여곡절 끝에 도입하기로 방침이 정해지긴 했지만, 자금 마련이 어렵다는 이유로 차일피일 미뤄져 애초 1960년 11월 도입 예정이던 계획이 1961년 4월로 변경되었다.[257] 그러나 그마저도 다시 미뤄져 1961년 3월에서야 정식으로 구입계약을 체결하기에 이르렀고, 수리를 마치고 예인되어 부산에 도착한 것은 한참 뒤인 1961년 12월 10일이었다.[258] 긴급대책이라는 말이 무색해져 있었다. 사실 이때 구입한 발전선 레지스탄스호는 제2차 세계대전 당시에 건조되어 잔존수명이 10년에 불과할 정도로 노후한 선박이었다. 구입 및 보수에 필요한 자금을 빼더라도 고액의 발전비용이 추가로 들어가기 때문에 긴급한 사정이 아니라면 굳이 구매할 필요가 없었다. 이렇게 도입이 늦어질 바에야 애초 다른 대책에 자금을 투입하는 편이 옳았다.

　부산 감천화력발전소를 두고서는 난맥상이 극에 달했다. 전술하였듯이 감천화력발전소의 건설공사는 이미 과도정부에서 제너럴 일렉트릭사를 낙찰자로 선정하였지만, 장면정권은 집권 이후 과도정부의 낙찰자 선정을 백지로 돌리고 "염가 양질"의 기준에 의한 재심사 방침을 천명하고 입지조건까지 재검토하겠다고 언명하였다.[259] 그러나 상공부와 조선전업 연석회의를 거쳐 결국 다시 제너럴 일렉트릭사로 내정하고,

그해 11월 각의에서 이를 정식 승인하였다.[260] 그러나 그 뒤에도 계약 조건을 놓고 제너럴 일렉트릭사와 줄다리기 협상을 하면서 정식계약 체결이 늦어지고 있었다. 상공부에서는 건설비 지불 보증문제를 두고 제너럴 일렉트릭사와의 사이에 이견이 생기자 재입찰을 붙이겠다고 위협하기도 하고 웨스팅하우스사로 건설사 변경을 고려하고 있다는 소문을 퍼뜨리기도 했다.[261]

한편, 감천화력발전소 입찰과정에서 탈락한 지멘스사는 이번엔 조선전업이 아니라 대한석탄공사를 통해서 삼척의 탄전지대에 10만kW 화력발전소를 건설하는 방안을 역제안해 왔다.[262] 이에 정부에서는 이 계획을 긍정적으로 검토하기 시작했다. 협의과정에서 건설후보지가 삼척에서 영월로 바뀌어 함백탄을 이용하기로 하고 30개월 동안에 외화 1,435만달러(상환이자 포함), 환화 22억여환을 투입해 발전소를 건설하기로 결정하였다. 이 계획은 저렴한 건설비와 단시일 내 가동, 저질탄인 함백탄 이용 등을 장점으로 내세우며 1961년 1월 각의에서 정식으로 통과되었다.[263] 건설비는 대한석탄공사가 10개년 연부상환하기로 했지만, 정부에서 최초 3년간 370만달러를 정부보유달러로 지불해 주기로 했으며, 소요 환화는 전액 산업부흥국채로 충당하기로 했다.

또한, 지멘스와 함께 감천화력발전소 입찰에서 떨어진 웨스팅하우스사도 화신산업을 통해서 26만4천kW 화력발전소를 삼척에 건설하는 방안을 제안해 왔다.[264] 6만6천kW 발전기 4대를 설치하는 엄청난 규모의 계획이었다. 공사비는 외화 6,102만달러와 환화 56억환이 소요될 것으로 예상되었으며, DLF차관으로 공사비가 조달될 수 있도록 웨스팅하우스사에서 적극 돕기로 약속하였다. 이 제안도 역시 1960년 12월

각의에서 통과되었다.[265]

가뜩이나 열악한 재정형편으로 기존 계획들도 제대로 추진하지 못하고 있는 형편에서 수십 만kW에 달하는 새로운 화력발전소 건설계획이 대거 추가된 것이다. 사실 전원개발계획은 장기적인 전력수요 상정 위에 종합적인 산업개발계획과의 연관을 세심하게 고려하여 수립해야 하며 일단 계획이 세워진 뒤에는 과감한 실천이 뒤따라야 한다.[266] 이런 점에서 볼 때 이렇게 즉흥적으로 제기되어 통과된 발전소 건설안들은 근시안적인 계획이라는 비판을 면하기 어려웠다. 당시 재정형편으로 보아 실제로 이를 감당할 능력과 의지가 있는지도 의심스러웠다.[267] 이 때문에 세간에서는 정치권과 이를 중개하는 업체들 사이에 돈문제가 얽혀 있는 것은 아닌가 하는 의혹의 눈초리를 보내고 있었다.[268]

어쨌든 신규 발전소 계획들이 대거 등장하면서 기존의 장기전원개발계획은 큰 폭의 수정을 피할 수 없었다. 새로운 장기전원개발계획에 의하면, 신규 발전소 총규모는 과도정부의 66만9천kW에서 105만4천kW로 1.5배나 증가했다. 전체 규모는 크게 늘어났지만 한정된 재원과 관심이 특정 사업에 집중되지 못한 채 여러 사업들에 분산되어 있는 상태였다. 재원 마련이 어려워 상대적으로 소액인 발전선조차도 제때 도입하지 못하는 처지에서 이와 같은 방대한 규모의 발전소 건설계획의 실행 가능성은 매우 의심스러웠다.[269]

그럼에도 불구하고 당시 장면정권에서는 위의 장기전원개발계획 수립에 근거해 조만간 전력문제가 해결될 것이라며 강한 자신감을 내비쳤다. 주무장관인 주요한이 향후 화력과 수력을 합쳐 100만kW를 확보할 수 있다며 공언하기도 하였고,[270] 재무부 장관 김영선은 향후 3년 이

내에 최저 80만kW 최고 100만kW 확보가 가능하다고 호언하기도 했다.[271] 그러나 언론에서는 별다른 가시적인 성과도 없이 우후죽순 발표되는 발전소 건설안에 오히려 불안감을 토로하였다.[272] 전력업계 일선에서는 당시의 전기사정을 가리켜 일반 가정은 매일 촛불을 켜야 하고 대부분의 생산공장이 조업을 중단할 수밖에 없는 "막다른 골목의 일보직전"이라거나 잦은 정전으로 인한 "비통한 현실"을 솔직히 고백하며 조속한 해결책이 필요하다고 지적하고 있었는데,[273] 위와 같은 지나친 낙관론에 기초한 졸속 대책으로는 향후 조속한 해결이 쉽지 않을 전망이었다.

전기3사 통합정책의 난항

앞장에서 살펴보았듯이 1950년대 후반 전기회사들을 향해 민영화의 바람이 거세게 불어 닥쳤지만 가시적인 성과를 얻지 못한 채 오히려 일각에서는 전기3사를 통합하여 대한전력공사를 창설하려는 시도가 제기되기도 했다. 민영화론과 국영강화론이 강하게 대립하면서 큰 변화 없이 현상유지가 계속되는 형국이었다.

그러나 전원개발계획이 제대로 추진되지 못하고 전기회사들의 경영이 지속적으로 악화되자 전기회사를 향한 경영합리화나 전력산업 구조개편 요구는 한층 거세지고 있었다.[274] 특히 미국은 전기회사의 경영난이 비탄력적인 전기요금제도나 비효율적인 경영에서 비롯되었다고 보고, 전기요금 결정체계를 바꾸고 전기회사들을 통합하여 경영의 효율화를 기하지 않으면 원조나 차관을 제공하기 어렵다며 남한정부에 압박을 가하고 있었다.

당시 미국은 원조의 계획, 조정, 배분의 권한을 쥔 경제조정관실 OEC(1959년 USOM으로 변경)과 한미 간에 원조정책의 조율을 위해 설치한 합동경제위원회를 통해서 남한정부의 경제정책 결정에 구조적, 지속적으로 개입하고 있었다.[275] 그런데 초대 경제조정관 타일러 우드 Clinton Tyler Wood(1953.8~1956.5)는 전기회사를 비롯한 국영기업에 대

〈표 III-17〉 장면정권의 장기전원개발계획(1961)

구분	종별	발전소명	시설용량	비고
긴급대책	화력	발전선	30,000	1961.4 예정
		기타 응급조치	20,000	1961.10 예정
		소계	50,000	
장기개발계획	화력	부산화력	100,000	1962.6, 1962.12 완성예정
		삼척 제2호기	30,000	1963.6 완성예정
		영월발전소 증설	30,000	1962.12 완성예정
		군산화력	30,000	1962.12 완성예정
		서독식 화력발전소(영월)	100,000	1963년 완성예정
		미국식 화력발전소(삼척)	264,000	1963, 1964년 완성예정
		소계	554,000	
	수력	충주수력	150,000	1964년 완성예정
		단양수력	80,000	1964년 이후 완성예정
		영월수력	60,000	1964년 이후 완성예정
		인천조력*	60,000	1964년 이후 완성예정
		낙동강,금강,섬진강 등	100,000	
		소계	450,000	
총계			1,054,000	

자료: 李熙晙(전 조선전업 사장), 〈電源開發의 試案〉,《思想界》9-7, 1961.7, 106~117쪽.
비고: *는 원문에 인천수력이라고 되어 있으나 오자라고 생각되어 임의로 수정함.

해 부정적인 견해를 공공연히 언급하고 있었다. 국영기업의 적자가 인플레이션을 부추기고, 미국 원조가 유발할 경제적 업적을 잠식하고 있다는 비판이었다.[276] 더 이상 적자를 용인하지 말고 관영요금과 수수료를 인상할 것을 권고하였다. 경제조정관실의 수장인 경제조정관은 '현지원조사령관'이라 불릴 정도로 막강한 권한을 행사[277]하였기 때문에 그의 발언은 국영기업의 경영합리화를 주장하는 사람들에게는 좋은 근거로 활용되었다.

한편, 경제조정관실의 전력책임자였던 덴트Paul A. Dent는 기회 있을 때마다 전력운영의 자립체제를 위해서는 전력산업의 효율을 높이고 공정한 요금체계를 갖추어야 한다고 강조해 오고 있었다.[278] 전기3사를 통합하고 전력요금 결정구조를 탄력적으로 바꾸며 불필요한 인원을 정리하는 등의 경영개선책을 마련하라고 권고하였다. 또한 기존 발전소부터 효율적으로 이용하고 나서 새로운 발전소를 건설하라고 충고하였다. 전기회사의 수익이 어느 정도 보장되지 않으면 원조든 차관이든 줄 수 없다는 입장이었다. 당시 미국의 대외원조정책은 국제수지적자의 누적으로 인해 무상원조의 삭감과 차관 제공으로 전환되어 가고 '바이 아메리칸Buy American' 정책이 크게 강조되고 있었다.[279] 낭비를 막기 위해 사업성이 있는지를 면밀히 검토한 뒤에 차관을 제공하고 미국기업이 건설사업과 구매에 참여할 수 있도록 원조대상국에 요구하고 있었던 것이다.

전력난에 빠져 있던 남한정부로서는 미국으로부터 차관을 얻어 하루빨리 전원개발에 나서야 할 입장이었기 때문에 미국의 요구를 외면할 수 없었다.[280] 한동안 교착상태에 빠져 있던 전기3사 통합문제가 다시 전면에 등장하게 된 배경이었다. 그러나 당시의 전기3사 통합은 기존에 전기3사를 통합하여 대한전력공사로 개편하려는 시도와는 그 성격이 달랐다. 사실 3사를 통합한 후에 기업의 형태를 어떻게 설정하느냐에 따라 정책의 성격이 적지 않게 달라지기 때문에 이 시기의 전기3사 통합정책을 단순히 '국영 강화'로 단정해선 안 되며 이를 면밀히 살펴보아야 한다.

이런 배경 아래 1960년 1월 29일 국무회의에서는 국영기업체 운영문제를 검토하는 가운데 전기3사를 통합하기로 의견을 모았다.[281] 이에 따라 상공부에서 구체적인 방안을 모색하여 (1) 조선전업이 배전회사를 흡수 합병하는 방안, (2) 전기3사를 해산하고 인수체를 신규 설립하는 방안, (3) 전기3사의 재산을 정부가 사들인 뒤 신규 설립 회사가 이를 인수하는 방안 등을 고려하기 시작했다. 그러나 위 세 가지 방안 모두 새로이 통합된 회사를 상법에 의해 조직된 법인으로 상정하고 있었다.[282] 아직 통합 후의 기업형태를 분명히 정한 것은 아니지만 적어도 대한전력공사와 같이 특별법에 의한 특수국영기업으로 구상된 것은 아니었다. 이 때문에 그동안 국영 강화에 강력히 반대하고 민영화를 주장하던 동아일보도 이 당시의 3사 통합방안에는 오히려 찬성을 표하였다.[283]

그러나 당시 전기3사 통합 시도는 결실을 맺지 못했다. 통합을 위한 구체적인 방안을 미처 마련하기도 전에 정국이 크게 요동치기 시작했기 때문이다. 주지하듯 4·19혁명을 계기로 이승만 대통령이 하야하고 과도정부가 수립되기에 이르렀던 것이다. 전기3사 통합문제는 이제 과도정부에 맡겨지게 되었다.

과도정부에서 전기3사 통합문제를 주도한 인물은 상공부 차관을 맡은 나익진이었다.[284] 그는 혼란기에 처해 있을 때 오히려 통합대상회사들의 반발을 최소화할 수 있다는 판단 아래 조속히 전기3사 통합문제를 처리하고자 했다. 1960년 7월 20일 국무회의에서 전기3사 통합을 재차 의결하고 이를 바탕으로 재무, 부흥, 상공부 차관과 조선전업 사장으로 3사통합추진위원회를 구성하는 한편 상공부 전기국장과 조선전업·경성전기·남선전기 임원들로 실무자회의를 조직하여 세부절차를 마련하기 시작했다.[285] 합병계약서와 재산목록 작성을 비롯하여 합병 반대 주주와 채권자에 대한 처리 등 세세한 합병절차를 논의하였던 것이다.

당시 국무회의에서 논의한 통합방안은 모두 5가지였는데(〈표 III-18〉), 이 통합안은 사실상 통합된 기업의 가능한 형태들을 망라하고 있어서 이 시기 전기3사 통합문제를 이해하는 데 큰 도움을 준다. 먼저 1안은 특별법을 제정하여 정부가 전액 출자하는 공사형태의 기업을 설립하는 방안이다. 1953년과 1956년에 제기되었던 대한전력공사 설립안은 크게 보아 여기에 속한다. 2안은 3사를 합병하여 단일 회사를 신설하는 방안인데 귀속주는 정부출자로 전환되고 민간주주의 주식은 신회사의 주식으로 전환된다. 이 경우 일종의 관민합동의 주식회사가 탄생하게 된다. 3안은 2안과 거의 동일한데 다만 귀속주를 정부출자로 전환하지 않고 그대로 두는 방안이다. 4안과 5안은 모두 특별법을 제정하지 않고 상법에 의해 합병하는 방법이다. 다만 4안은 새로운 회사를 설립하여 3사를 통합하고, 5안은 3사 중 한 회사가 나머지 두 회사를 흡수합병하는 방식에서 차이가 있을 뿐이다. 그런데 과도정부에서는 이 가운데 5안을 선택했다. 새로운 법안을 제정하지 않고도 기존 전력

<표 III-18> 과도정부의 전기3사 통합방안

구분	특별법 제정에 의한 합병		
	1안(공사 설립)	2안(정부투자회사)	3안(귀속기업체로서 존속)
개요	·대한전력공사(가칭)법을 제정하여 3사를 합병 ·3사 민간주를 정부에서 매상하여 전액 정부투자로 함.	·현행 조선전업설립법과 같은 특별법을 제정하여 3사 합병 후 단일회사를 신설 ·귀속주만을 국유화하여 일부 국가투자기업체로서 운영	·특별법에 3사의 합병과 단일 회사 설립을 규정 ·귀속주는 종전과 같이 보유
방법	·3사를 청산하여 민간주를 자산액에 의하여 평가하고 이를 국고에서 지불 ·3사의 해산결의를 전제 ·공사법의 성격은 현재 국내에 있는 여타 공사의 성격과 동일	·3사가 먼저 신설회사에 합병한다는 결의 ·3사 민간주주에 대한 신주 할당 방법은 1) 자산액에 의하여 각사 주식을 평가 2) 각사 주식액면으로 평가 ·귀속주도 동일한 방법으로 평가하여 국유화 조치하고 이를 정부투자로 함.	·특별법의 합병규정에 의하여 3사가 모두 합병결의 ·원편의 1), 2) 방법에 의하여 구주를 평가하여 신주 배분 ·귀속주는 국유화하지 않고 계속 귀속주로 보유 ·신설회사는 귀속재산처리법을 적용

구분	상법에 의한 일반합병	
	4안(신설 합병)	5안(흡수 합병)
개요	·특별법을 제정하지 않고 상법에 의한 일반 합병 ·새로운 회사를 설립하여 3사를 통합	·3사 중 1개사를 존속 ·존속회사가 나머지 2사를 흡수합병 1) 상법에 의한 흡수합병 2) 전력관리령에 의한 조선전업에의 합병 명령
방법	·3사가 합병계약서를 작성하여 주주총회의 승인 ·설립위원이 신회사 설립에 필요한 절차 이행 ·회사 창립총회를 열어 새로운 회사로 출발 ·구3사 주식에 대한 신주 할당은 합병계약서에 명시 ·구주의 평가와 귀속주 처리는 위와 동일	·조선전업을 존속시켜 양 배전회사를 흡수 ·3사가 합병계약서를 작성하여 주주총회의 승인 ·존속회사는 증자 조치 ·전력관리령 제7조에 의하여 정부가 양 배전회사에 대하여 전업회사에 합병 또는 사업 전부 양도를 명령

자료: 《조선전업주식회사·경성전기주식회사 및 남선전기주식회사 합병의 건》, 상공부 장관, 1960.7.14(국가기록원 BA0084249).

관리령에 의거하여 정부의 명령만으로 가장 신속하게 통합이 가능한 방안이라고 판단한 때문이다.

그러나 예상과 달리 통합 대상인 배전회사들이 적극적인 반대운동에 나섰고,[286] 전기3사를 조속히 통합하여 국영으로 개편한 다음 전원개발에 총매진해야 한다는 국영강화론 주장도 여전했다.[287] 과도정부에서 이러한 중대한 문제를 결정해서는 안 된다는 여론도 일어나 애초 계획한 대로 빠른 시간 내에 이 문제를 매듭지을 수는 없었다.[288] 전기3사 통합문제는 결국 다음 정권으로 이양되기에 이른다.

주지하듯 4·19혁명 이후 시민들의 내각책임제로의 권력구조 개편 요구에 따라 개헌이 단행되고 새로운 국회를 구성하기 위한 7·29총선이 실시된다. 그 결과 민주당은 의석의 3분의 2 이상을 차지하는 압승을 거두지만, 총선 이후 신파와 구파로 나뉘어 치열한 집권경쟁을 거친 뒤에 결국 신파 중심의 장면정권이 수립되기에 이르렀다. 당시 장면정권은 경제문제의 조속한 해결을 강조하는 '경제제일주의'를 기치로 내걸고 있었는데, 경제정책은 재무부 장관 김영선과 상공부 장관 주요한, 그리고 부흥부 정무차관(1961년 1월 장관에 임명) 태완선 등이 주도하고 있었다.[289]

그런데 장면정권은 출범 이후 관치경제의 청산과 자유경제체제의 확립을 강조하기 시작했다. 이승만정권의 폐해가 관권지배경제구조에서 비롯되었다고 보아 자유경제원칙을 견지하여 경제를 운용해야 한다고 주장했던 것이다. 이에 따라 국영기업의 민영화를 주요 정책의 하나로 내세웠다. 특히 주요한은 야당시절에 충주수력발전소 건설을 위한 차관을 도입하려면 조선전업의 민영화 조건을 먼저 보증해야 한다고 주장했을 정도로 국영기업의 민영화를 강력하게 부르짖던 인물이었다.[290] 김영선도 마찬가지였다. 그는 일찍부터 진정한 '자유경제'를 이룩하려면 비효율적인 국영기업을 빠른 시일 안에 민영화하고 왜곡된 가격기구를 하루속히 정상화해야 한다고 강조해 왔던 자유경제주의자였다.[291]

그런데 당시 전기3사 통합문제는 주무부서인 상공부를 제치고 부흥부 태완선이 주도하고 있었다.[292] 태완선은 장면정권의 '제2인자'로 불리던 김영선과 일찍이 원내자유당 시절부터 고락을 같이한 사이였다. 신구파 집권경쟁이 벌어졌을 때는 일시 중도파에 속했지만 결국 장면 지지로 돌아서며 총리 인준에 결정적인 공로를 세우기도 했다. 게다가 태완선은 조선전업에 근무한 인연이 있었고, 이 문제에 대해서 오랫동안 식견을 쌓아 온 자타가 공인하는 전문가였다. 태완선이 전기3사통합위원회의 위원장을 맡아 이 문제를 주도적으로 처리하게 된 배경은 이러하였다.[293] 그리고 이로 인해 장면정권에서 추진한 전기3사 통합정책에는 평소 태완선이 주장하던 전력산업 구조개편에 대한 지론이 깊게 투영되어 있었다.

태완선이 보기에 전력정책의 관건은 제한된 재원과 자재를 가지고 어떻게 하면 저렴한 양질의 전기를 확보하여 송배전 합리화를 달성할 수 있느냐에 달려 있었다.[294] 이를 위해서는 우선 적자에 허덕이는 전기3사를 통합할 필요가 있다고 보았다.[295] 통합하면 운영비를 절감하고 분립 운영할 때의 애로사항을 해소할 수 있기 때문에 효율적이라고 판단했다. 그러나 단순히 3사를 통합하여 새로운 법인을 만들어 국영으로 경영한다고 해서 비효율이 해소되는 것은 아니라고 강조했다. 경영자가 창의적으로, 자유의사로 그리고 자기책임 아래 운영할 수 있도록

체제를 만들어 준 다음 국영을 해야 한다고 역설했다. 이 때문에 그는 1956년에 제기된 대한전력공사에 대해서는 구태의연하고 책임한계가 불분명하며 민간의 자율성과 창의성을 박탈하는 방안이라며 반대를 분명히 했다.[296] 또한 그는 전기3사를 통합하여 만든 국영기업 이외에 새로운 민영회사가 전기사업에 진입하는 데에도 반대하지 않았다.[297] 오히려 민간의 창의적인 경영능력을 활용할 수 있다고 보았기 때문이다. 그가 한 좌담회에서 국영은 비효율적이며 민영에 대해서 근본적으로 반대하지 않는다고 말했던 것도 같은 맥락이었다.[298] 이렇게 볼 때 그는 엄밀한 의미에서 국영론자라기보다는 민영론자에 가까웠다.

한편, 그는 과거 전기3사가 적자에 시달리게 된 원인을 살펴본 결과 전기3사의 중역진과 관리책임자가 모두 정부에 의해 임명되고 예산도 당국의 승인을 받아야 했기 때문에 생산성의 향상이나 효율화의 측면에서 문제가 생겼다고 주장했다.[299] 중역진들이 효율적인 경영보다도 정치적인 관계에 더 큰 관심을 두었다는 것이다. 그러나 그는 운영면의 비효율만 지적하면서 무조건 민영화하면 해결된다고 주장하는 논리에 대해서는 반대를 분명히 했다. 하지만 책임한계를 명확히 하지 않고 흐리멍덩하게 운영하는 현행 방식에 대해서도 반대했다. 전기3사를 통합하여 국영기업으로 경영하되 정부의 불필요한 간섭을 배제함으로써 되도록 효율적·창의적으로 경영할 수 있도록 장치를 마련해야 한다고 역설했다.[300] 이를 위해 그는 통합 이후 경영진의 지위를 보장하고 충분한 보수를 주어 자율적이고 창의적인 경영능력이 발휘될 수 있도록 하는 한편 성과에 대해서 명확하게 책임지게 하는 방안을 고안해야 한다고 강조했다. 그리고 한 사람에 의해 좌우되는 의사결정 방식보다는 전문가들로 구성된 위원회에 의해서 의사결정이 이루어져야 한다고 주장했다. 일종의 집단지도체제를 구상했던 것이다.

태완선의 구상대로 경제장차관회의에서는 일단 전기3사를 통합하기로 하고 통합회사는 당분간 국영으로 하되 추후에 민영화를 추진하기로 합의하기에 이른다.[301] 얼핏 보면 전기3사를 통합하여 국영기업으로 운영하는 일은 자유경제체제의 강화를 표방하는 장면정권의 경제이념과 배치되어 보인다. 그러나 자세히 들여다보면 그렇지 않다. 적자가 누적된 전기회사들에 대해서 민간에서 인수할 적임자를 당장 찾기 어려운 현실을 감안할 때 일단 이를 통합하여 경영의 효율을 기하는 일은 필요하다고 생각되었다. 이렇게 통합한 기업은 당분간 국영으로 경영하지만 어쨌든 종국에는 민영화하기로 했고, 전기회사 통합과는 별개로 새로운 민간회사들이 전력산업에 진입하는 통로를 열어줌으로써 민영화의 기반을 조성하기로 한 것이다.[302] 따라서 전기3사 통합은 자유경제를 표방하는 장면정권과 배치되지 않으며 오히려 부합하는 방안이었다. 자유경제원칙에 의거한 경제운용을 주장해 오던 김영선이나 강력한 민영화론자로서 주무장관이던 주요한이 태완선이 구상하는 전기3사 통합방안에 쉽게 동의한 것은 바로 이 때문이었다.[303]

이에 따라 상공부에서는 민간자본의 전력산업 진입을 위한 민간전기사업허가요강을 만들어 공급전력 1천kW 이상, 동일 행정구역 내 1개 업체만 허가, 현행 요금체계 적용, 현행 전기3사로부터 수전하는 송배전사업 불허가 등의 구체적인 방침을 천명하기도 했다.[304] 앞에서 살펴보았듯이 장면정권기에 들어서 조선전업 이외에 대한석탄공사나 화신산업과 같은 민간회사가 외국의 자본과 기술을 도입하여 화력발전소를 건설하려고 신청했을 때 이를 허가했던 일도 결국 이러한 방침과 깊은 관련이 있었던 셈이다.

민간기업의 발전사업 진입이 허용됨에 따라 사실상 국영화의 한 축이던 발송전 일원화 원칙은 붕괴되었다. 당시 일부 산업자본가측과 동아일보는 민간기업도 전기사업을 할 수 있도록 허용하라거나 기존 발전시설은 통합회사에 맡기되 신규 발전시설은 새로운 민영회사에 맡길 것을 줄곧 요구해 왔는데[305] 이제 그러한 요구가 관철되었음을 의미한다. 당시 실업계에서 이 조치를 가리켜 민간자본의 전원개발에 "문호를 개방하는 영단"이라며 크게 환영한 것은 이 때문이었다.[306]

요컨대, 장면정권은 전기3사를 한 기업으로 통합해 경영의 효율성을 높이는 한편 민간 발전회사를 다수 허가할 계획이었다. 사실상 전력산업의 국영기업과 민영기업의 공존, 경쟁체제를 구상한 것이다. 이렇게 보면 장면정권에서 추진한 전기3사 통합방안은 그간 치열하게 대립했던 국영강화론과 민영론을 합작 절충하여 만들어지고 있었던 셈이다. 기존에 전기3사를 통합해 대한전력공사를 창립하려 했던 방안과는 그 성격을 완전히 달리하고 있었다.

어쨌든 장면정권은 전기3사 통합 운영방침을 국무회의에서 최종 의결하는 한편,[307] 전기회사들의 적자를 해소하기 위해 전기요금을 대폭 인상하는 방안도 함께 추진하기로 결정했다.[308] 발전소 건설을 위한 DLF차관을 도입하기 위해서 그간 미국이 지속적으로 요구하던 사항을 모두 받아들이기로 한 것이다. 다만 전기3사 통합방안이나 전기요금 인상안은 모두 국회의 동의가 필요한 사안이었다. 이제 무대는 국회로 넘어가게 되었다.

한국전력(주)의 창립

전기3사를 통합하기 위한 구체적인 절차는 착착 진행되어 갔다.[309] 우선 통합을 위한 법안 작성과 자산 재평가 등을 위해 전력사업체통합위원회를 구성하고 산하에 특별법제정소위원회, 3사자산재평가소위원회를 조직하였다.[310] 전술하였듯이 위원장은 태완선이 맡았고, 위원은 경제부처 차관, 민의원과 참의원의 해당 분과위원장, 전기3사 사장 및 주주대표 등으로 구성되었다.

위원회에서는 전기3사를 통합하여 한국전력주식회사(가칭)를 만들기로 하고 이를 위해 한국전력주식회사법 초안을 작성하여 검토하였다. 그 결과 1961년 2월 8일에 국무회의에서 이 법안이 통과되기에 이른다. 이 법안에는 앞에서 살펴본 태완선이 평소 주장하던 바가 고스란히 반영되어 있었다.

법안의 내용을 상세히 검토해 보면, 우선 기존의 전기3사를 통합하여 새로운 통합법인으로서 한국전력주식회사를 설립하기로 하되 귀속주를 정부투자로 전환하여 정부가 과반의 주식을 소유토록 하였다. 〈표 III-18〉의 2안인 관민합동의 주식회사에 해당된다. 정부가 민간주를 사들여 100% 소유권을 장악하는 대신에 관민합동의 주식회사를 조직해 일단 국영으로 경영하다가 기회가 조성되면 정부 보유 주식을 민간에 매각하여 자연스레 민영화할 수 있도록 한 것이다.

회사의 최고의사결정기구로는 3인의 위원으로 구성된 운영위원회를 두었으며, 위원은 특정 정당에 소속되지 않도록 해 정치적 외압에 휘둘리지 않도록 했다.[311] 위원은 주주총회에서 임명하며 그중 1인을 대표

위원으로 임명하도록 했고, 위원의 임기를 6년으로 정하여 장기간 재
직하면서 정치적 변화에 휘둘리지 않고 경영의 안정성을 확보할 수 있
도록 하였다. 초임 위원 3인은 특별히 임기를 2년, 4년, 6년으로 각기
다르게 설정하여 경영진이 동시에 교체되지 않도록 배려했다. 역시 경
영의 안정성 때문이었다. 당시 기업 경영에서 흔치 않던 3인위원회 형
태의 집단지도체제는 앞에서 살펴보았듯이 태완선이 일찍부터 주장하
던 '전문가들로 이루어진 위원회'에 의한 경영방식이 반영된 것이다.[312]
한편, 상임감사(임기 3년)는 1인만을 두었다.

상시 업무를 집행할 총국장을 비롯한 일반 직원에 대한 인사권은 운
영위원회에게 주어졌다. 다만 예산 및 결산은 상공부 장관에 보고하고
주주총회의 승인을 받도록 했으며, 상공부 장관의 명령에 따라 손실이
발생할 경우에는 국고에서 보상하도록 했다. 이 회사의 경영을 지원할
각종 방안도 강구하였다. 민간주에 대해서는 우선배당을 실시하고 정
부주에 대한 배당은 전액 시설투자를 위해 적립하도록 했다. 경영과 관

〈표 III-19〉 전기3사 통합 관련 위원회 구성(1961)

구분		위원
전력사업체 통합위원회	위원장	태완선(부흥부 정무차관)
	위원	상공부, 재무부, 부흥부, 농림부 사무차관, 국무원사무처 차장(법제담 당), 민의원 상공분과위원장, 참의원 산업분과위원장, 산은총재, 석공 총재, 조선전업, 경성전기, 남선전기 사장 및 민간주주대표
특별법제정소위원회		상공부 사무차관, 부흥부 조정국 제4과장, 상공부 직원(1명), 국무원사 무처 차장(법제 담당)
3사자산재평가소위원회		산업은행 총재, 상공부 사무차관, 조선전업, 경성전기, 남선전기 사장

자료: 《朝鮮日報》 1960.12.6; 《電力事業體統合委員會規程》.

련된 각종 세금은 감면 혹은 면제해 주고, 전원개발에 대해서는 국고에서 보조금을 지급하며, 불입자본금의 2배 이내에서 상공부 장관의 인가를 받아 정부가 상환을 보증하는 사채를 발행할 수 있도록 했다. 전기요금 및 공급조건은 별도로 구성되는 공공요금심의회에서 결정하도록 해 기존과 같이 국회의 승인을 받지 않고도 변경할 수 있도록 했다. 일단 국영기업으로 만들되 가급적 최대한 정부의 경영간섭을 배제하고 자율적으로 경영할 수 있는 토대를 구축하려 했던 것이다.

1961년 2월 8일에는 한국전력주식회사법안이 국무회의에서 의결되고, 민주당 중앙정책위원회에서도 무수정 채택되기에 이르렀다.[313] 이제 국회 통과만을 앞두고 있었다.

이와 함께 전기요금 인상안도 마련되었다.[314] 하지만 여기에는 상당한 진통이 뒤따랐다. 미국측은 원래 85% 인상을 주장하였는데, 장면정권은 지나친 인상이 여론의 반발을 초래할 것을 우려해 49.9% 인상안으로 조정하였다. 그럼에도 불구하고 민주당 내에서는 환율인상과 물가상승에 따른 민심의 동요를 걱정해 당분간 인상을 보류해야 한다는 의견이 많아 통과하기 쉽지 않았다. 그러나 전기요금을 인상하지 않으면 충주수력 건설을 위한 DLF차관을 받을 수 없다는 설득이 주효해 결국 2월 말에는 국회에 회부되기에 이르렀다. 이와 함께 전기요금의 국회 승인권을 폐지하기 위해 재정법도 개정하기로 했다.

그러나 국회에서의 통과를 장담하기는 쉽지 않았다. 우선 법안의 국회 부의를 계기로 배전회사의 노조, 민간주주, 경영진을 중심으로 한 통합반대운동이 점점 세력을 확장해 가고 있었기 때문이다. 배전회사 노조는 〈전기3사 통합에 대한 호소문〉을 관계 당국과 국회의원들에게 보내

〈표 III-20〉 한국전력주식회사법안의 비교

구분	장면정권의 한국전력주식회사법안	5·16군사정권의 한국전력주식회사법
목적 / 재산평가	·전업3사의 합병을 통해 단일회사를 설립하여 전원개발의 촉진과 전기사업의 합리적 운영, 적정한 전기요금체제의 확립 ·전업3사의 권리 및 의무 포괄승계 ·전업3사의 재산은 1월 1일 현재 국무원령으로 정하는 기준과 방법에 의하여 재평가	·전업3사의 합병을 통해 단일회사를 설립하여 전원개발의 촉진과 전기사업의 합리적 운영 ·전업3사의 권리 및 의무 포괄승계 ·한국전력주식회사에 승계될 재산은 1960년 12월 31일 현재의 장부가액으로 평가, 1961년 6월 30일 현재 한국전력주식회사의 재산은 합병 후 2년 내에 각령이 정하는 바에 의하여 재평가
주식	·상공부 장관이 정하는 기한 내에 합병에 관한 모든 절차를 완료하며 절차가 합의되지 않을 때는 정부가 제정하며 국무원령 외의 시설은 상법을 적용 ·주식은 무기명식 ·전업3사의 귀속주식은 정부투자로 변화 ·민간주에는 이익을 배당하고 정부주에 대한 이익배당금은 전액 시설특자를 위해서 적립 ·정부 소유 주식의 주주권은 상공부 장관이 행사	·본법에 특별히 규정한 경우 이외에는 상법의 규정을 적용. 단 합병에 관해서는 필요에 따라 상법의 규정을 적용하지 아니할 수 있음. ·주식은 기명식 ·전업3사의 귀속주식은 정부투자로 변화 ·귀속주식의 정부투자에 관하여는 귀속재산처리법에 정하는 바에 이하여 귀속주식의 평가액으로 국무를 취득하여야 함.
임원	·3인으로 구성된 상설운영위원회 설치 ·위원은 주주총회에서 선임, 그중 1인을 대표위원으로 지명, 임기는 6년 ·위원은 정당에 소속되어서는 안 되며 위원회는 업무의 기본방침 수립과 집행을 지휘감독 ·상임감사 1인은 주주총회에서 선임하고 임기는 3년 ·임원의 해임은 상공부 장관의 해임 통고나 주주총회서 주식 3분의 2 이상의 불신임결의로서 결정 ·위원과 감사는 타직업에 종사할 수 없으며 공직 취임도 상공부 정관의 승인이 필요 ·운영위원회에서 충주장을 임명하며 상무를 집행, 충주장 이외의 직원의 임명 또는 위원회가 정하며 정치적 영향을 받지 않음.	·사장 1인과 부사장 1인을 포함한 10인 이내의 취체역 ·취체역은 주주총회에서 선임 ·사장 및 부사장은 취체역 중에서 내각수반이 임명한다. ·사장은 한국전력주식회사를 대표하고 부사장은 사장을 보좌하며 사장 유고 시에는 이를 대리 ·취체역의 임기는 3년 ·감사역은 2인을 두고 그중 1인을 상임으로 함. ·감사역은 주주총회에서 선임하고 임기는 2년 ·대한민국 국민이 아닌 자, 정당에 소속된 자 및 과거 2년간 정당에 소속된 사실이 있는 자는 임원이 될 수 없음.

회계	·사업계획서, 수지예산서, 결산서는 상공부 장관에게 보고 후 주주총회의 승인 ·이익금은 이월손실금 보전, 준비적립금, 민간주주에의 배당, 시설투자를 위한 적립, 임원상여금, 이월이익금 등에 충당 ·상공부 장관의 승인을 얻어 불입자본금의 2배 내에서 사채 발행 가능, 정부가 상환보증	·예산서, 결산서는 상공부 장관에게 보고 후 주주총회의 승인 ·이익금은 이월손실금의 보전, 준비적립금, 주주에 대한 배당, 시설투자를 위한 적립, 임원상여금, 이월이익금 등에 충당 ·상공부 장관의 승인을 얻어 불입자본금의 5배 내에서 사채 발행 가능, 정부가 상환보증
감독	·전기요금 및 공급조건은 공공요금심의회에서 결정 ·상공부 장관의 명령으로 발생하는 손실은 국고에서 보상, 전원개발에 대해서는 국고에서 보조 ·상공부 장관은 필요할 때 한국전력의 업무, 회계, 시설에 대해 감사 ·업무에서 생기는 소득에 대한 법인세, 교육세, 영업세 감면 ·물품세 및 관세의 면제	·상공부 장관의 명령으로 인하여 발생한 한국전력주식회사의 손실은 국고에서 이를 보상 ·상공부 장관은 전원개발 및 송전, 변전, 배전설비를 위하여 필요하다고 인정될 때에는 정부보증으로 한 차입금으로써 충당 ·상공부 장관은 필요할 때 한국전력의 업무, 회계, 시설에 대해 감사 ·업무에서 생기는 소득에 대한 법인세, 교육세, 영업세 감면
설립위원	조선전업관리령은 폐지 ·설립위원은 각사에서 3인씩을 임명, 1인은 인민권다수 주식소유자, 1인은 최고에 채권자 ·설립위원은 합병계약서 및 정관 작성, 창립총회 개최	조선전업관리령은 폐지 ·상공부 장관은 합병절차와 한국전력주식회사 설립에 관한 사항을 처리하기 위해 필요한 설립위원을 임명 ·설립위원은 합병계약서 및 정관 작성, 창립총회 개최 ·정관의 작성과 변경되는 상공부 장관의 인가
기타	·전업3사의 종업원은 설립일 현재 계속 고용으로 근무 ·초임 운영위원회의 임기는 1인은 2년, 1인은 4년, 1인은 6년으로 함.	·전업3사의 종업원은 설립일 현재 계속 고용으로 근무

자료: 《韓國電力株式會社法(案)》, 1961.2(국가기록원 BA0084258); 《韓國電力株式會社法(案)》, 《산은경제다이제스트》148, 한국산업은행조사부, 1961.4.1, 27~30쪽; 《韓國電力株式會社法》, 《官報》 제2890호, 1961.6.23; 《韓國電力株式會社法》, 《산은경제다이제스트》152, 한국산업은행조사부, 1961.7.20.

통합 반대의사를 분명히 전달하고 부득이 통합이 강행될 경우에는 노조원의 권익을 보호해 줄 것을 호소하는 권익옹호투쟁에 나섰다.[315] 당시 이들은 퇴직금 일시지불, 종업원의 대우 보장, 감원 금지, 종업원에 대한 공로주 분배, 운수사업 미분리, 새로운 단체협약 체결 시까지 현행 단체협약 존속 등의 조건을 주장하고 있었다. 노조는 주장을 관철하기 위해 통합반대 벽보, 현수막은 물론이고 집단시위에 나서기도 했다.

배전회사의 민간주주들은 통합반대위원회를 결성하여 조직적으로 반대논리를 개발해 유포했다.[316] 이들은 한국전력 설립은 민주당정권이 내세운 자유경제원칙에 부합하지 않기 때문에 애초 주장한 대로 전기회사를 민영화할 것을 강력히 요구하였다. 구체적으로는 조선전업의 발전소들을 배전회사에 넘긴 다음 발송배전을 단일화한 기업을 다시 5개 지역별로 나누어 민영화하라고 주장하였다. 그리고 향후 진행할 신규 전원개발은 전원개발공사를 별도로 창설해 맡기면 된다는 논리를 폈다. 이들은 이러한 주장을 각종 팸플릿으로 제작해 배포하고 일간지에 통합 반대이유를 상세히 설명하는 광고를 게재하기도 했다.[317] 특히 이를 통해 한국전력의 집단지도체제 구상이 기업능률을 둔화하고 파벌을 조장하며 지휘감독권의 분열을 초래하는 암적 요소가 될 것이라고 맹렬히 공격했다.

배전회사 경영진의 반대운동도 거셌다. 특히 장면 총리의 측근으로 알려져 있던 경성전기 사장 유동진이 가장 선봉에 서서 반대운동을 주도하였고 남선전기 사장 조희순도 적극 호응하고 있었다.[318] 배전회사의 경영진, 노조, 민간주주들은 거의 한목소리로 지역별로 발배전을 나누어 민영화할 것과 신규 전원개발은 별도로 전원개발공사를 창립하여 대응할 것을 주장하고, 한국전력은 창립 이후 집단지도체제에 의한 파벌 조장, 통합 후 재정문제, 인사문제 발생 등이 우려된다는 논리로 무장하여 반대운동을 전개해 나가고 있었다.

장면정권은 이러한 반대운동을 마냥 좌시할 수는 없었다. 우선 상공부 장관 주요한은 경전과 남전의 사장을 불러 반대운동 중지를 종용하며 불응 시에는 인사조치도 불사하겠다고 강력히 경고하였다.[319] 또한 일간지에 전기3사 통합의 당위성을 홍보하는 광고를 싣는 한편, 전기국 관료와 조선전업 임원진들이 나서서 통합의 이점을 설명하는 기고문을 대대적으로 게재하기 시작했다.[320] 이들은 전기3사 통합의 이점으로 경영의 효율화를 달성하여 인건비와 일반관리비의 절약, 자금회전의 원활, 합리적인 요금체계 책정, 신속한 전력의 수급조절이 가능해지며 흩어진 시설과 기술을 집중적으로 이용할 수 있게 된다고 주장했다. 그리고 공동운명체인 전기3사 간의 미수금을 청산하여 재정순환을 개선하고 발송배전 일원화로 인해 발전회사는 손해를 보고 배전회사는 이익을 보는 모순된 구조를 개혁할 수 있다고 강조했다.

이에 따라 여론은 대체로 3사통합을 인정하는 방향으로 모아지고 있었다. 경향신문은 대국적 관점에서 보면 향후 비약적인 발전의 기반이 될 전기3사 통합은 반드시 달성해야 할 사업이라며 적극적인 찬성의사를 밝혔다.[321] 동아일보는 신규 발전소 건설을 민간에 맡기는 조건을 달았지만 역시 전기3사 통합을 찬성하는 입장이었다.[322] 다만 조선일보는 노동자의 대량해고를 우려하여 통합을 서두르지 말고 신중히 추진하라는 다소 유보적인 견해를 표명했다.[323]

정권 차원에서 전기3사 통합을 강력하게 추진하고 찬성여론을 조성하고 있었지만, 당시 정치지형은 법안 통과에 결코 유리한 환경이 아니었다. 총선 이후 국무총리 자리를 두고 집권경쟁을 펼친 신파와 구파는 장면정권이 수립된 뒤에도 끊임없이 갈등을 벌이고 있었다. 심지어 구파는 같은 민주당 소속이면서도 '구파동지회'라는 이름으로 별도의 교섭단체를 꾸렸으며, 1960년 11월에는 교섭단체의 명칭을 아예 '신민당'이라고 바꾸며 분당을 예고했다. 그리고 내각에 파견된 장관들을 철수한 뒤에 1961년 2월 20일 정식으로 신민당을 창당하기에 이른다.[324] 이제 민주당정권은 신민당을 중심으로 한 강력한 야당을 상대로 정국을 운영해야 하는 불안한 위치에 놓이게 되었다. 그리고 이처럼 강력한 야당이 배전회사의 경영진, 주주, 노조가 연대하여 형성한 반대운동세력과 손을 잡게 될 경우 전기3사 통합을 위한 법안 통과는 쉽지 않을 전망이었다.

1961년 3월 18일 민의원 상공위원회에서는 한국전력주식회사법안과 전기요금 인상안에 대해 논의를 시작했다.[325] 상공위는 상공부 장관 주요한과 차관 박상운, 그리고 전기사업체통합위원장을 맡고 있던 부흥부 장관 태완선 등을 불러 법안의 취지를 들었고, 배전회사 노조와 민간주주를 불러 통합반대의 이유를 청취하기도 했다. 회의 초반에는 발전소 건설에 필요한 차관 도입을 위해서는 3사통합이 긴요하다는 견해에 어느 정도 긍정적인 분위기가 조성되었지만, 시간이 흐를수록 법안을 둘러싼 찬반 갈등이 첨예해졌다. 그러던 와중에 맥카나기Walter P. McConaughy 주한미국대사가 3사통합을 촉구했다는 발언이 전해지며 이를 빌미로 엄청난 정쟁으로 비화하게 된다.

당시 일간지에 맥카나기 대사가 한미고위경제회담에서 충주수력 건설 차관 도입을 위해서는 늦어도 4월 말까지 전기3사의 통합과 전기요금 인상을 단행해야 한다고 요청한 사실이 보도되었다.[326] 보도 이후 야당에서는 해당 발언이 "내정간섭"이라며 거세게 항의하기에 이르렀고, 그 발언은 경고가 아니라 조언일 뿐이었다는 태완선의 해명은 도리어 야당의 공세를 자극하는 결과를 낳았다.[327] 여야 간 갈등은 심각한 감정 싸움으로 비화해 상공위 회의석상에서 태완선과 신민당 의원 김천수 사이에 난투극이 벌어지기도 했다. 전기3사 통합문제가 신파와 구파 (신민당) 간의 정쟁과 맞물리면서 예기치 못한 방향으로 흘러가 버린 것이다. 한때 야당 의원들의 퇴장과 민주당 의원들의 투표 강행으로 이어지기도 했지만, 결국 여야 간 합의를 거쳐 전기3사 통합법안의 심의는 당분간 보류하기로 하고 전기요금 인상안만을 통과시키기에 이른다.[328]

한바탕 소동 이후 전열은 다시 정비되었다. 상공부에서는 전기3사통합대책위원회를 구성하여 이 문제를 다시 추진하기로 했으며,[329] 장면 총리는 1961년 5월 4일 제3차 개각을 통해 태완선을 상공부 장관에 임명해 이 문제를 마무리하려고 했다.[330] 이는 정권 차원에서 전기3사 통합과 한국전력 설립에 대한 의지를 확고히 표명한 것이나 다름없었다. 기대한 대로 태완선은 상공부 장관 취임 일성부터 전기3사 통합에 대한 결의를 다지고 있었지만,[331] 전기3사 통합은 이미 정치문제로 변질되어 있었기 때문에 여야 간 갈등 속에서 순탄치 않을 전망이었다.[332]

그러나 곧이어 발생한 5·16군사정변으로 인해 전기3사 통합문제는 새로운 전기를 맞았다. 정변으로 권력을 장악한 군사정권은 당면한 민심 수습과 정변의 정당성 확보를 위해 입법, 사법, 행정 3권을 장악한 국가재건최고회의를 조직하여 경제사회 전반에 걸친 개혁조치를 강력하게 추진하기 시작했다.[333] 특히 이들은 경제문제 해결을 제1순위 사업으로 설정하였다. 자유경제체제에 강력한 계획성을 가미한 국가기본 경제정책을 발표하여 경제적 후진성 극복과 국민경제의 균형적 발전을 목표로 설정하고 극심한 전력난을 해소하기 위해 실천력 있는 전원개발계획을 마련할 것을 천명하였다.[334]

한편, 군사정권에서는 경제문제 해결의지를 《혁명정부경제청서》에 담아 공표하였는데, 이 《경제청서》에서는 구 정권의 부패와 무능 때문에 국민경제가 파산상태라고 진단하고 시급히 해결해야 할 경제문제로 전력난을 거론했다.[335] 구 정권에서 이권투쟁에만 급급한 나머지 발전시설 확충을 제때 이루지 못해 전력난이 일어났다고 비판하고 3사를 통합하여 인사를 쇄신하고 효율화를 추구하여 전원개발에 적극 나설 것을 공언하였다.

이에 따라 군사정권의 핵심멤버인 상공부 장관 정래혁이 전력사업체 통합위원회 위원장에 임명되어 장면정권에서 일시 중단되었던 전기3사 통합을 다시 추진하기로 하였고,[336] 각의에서도 전기3사 통합을 정식으로 의결하며 힘을 실어 주었다.[337] 군사정권에서는 전기3사 통합작업을 신속하게 마무리짓기로 하였는데, 정래혁은 불과 한 달도 채 남지 않은 7월 1일을 목표로 전기3사 통합을 추진하겠다고 밝힐 정도였다.[338]

우선 군사정권에서는 전기3사의 사장을 현역 군인으로 전격 교체하기에 이른다. 이에 따라 조선전업 사장에는 황인성(육군대령), 남선전기 사장에는 김덕준(육군준장), 경성전기 사장에는 조인복(해병대령)이 임명되었다.[339] 6월 8일에는 상공부 장관명령에 의거하여 상공부 사무차관 박충훈을 위원장으로 하고 조선전업 사장, 경성전기 사장, 남선전기 사장, 상공부 전기국장을 위원으로 하는 전업3사통합설립준비위원회가 구성되었고,[340] 위원회 산하에 총무반, 직제반, 법제반, 계리반을 설치하여 통합실무를 처리하도록 하였다. 위원회에서는 거의 매일 회의를 거듭하며 한국전력주식회사법안을 만들었고, 6월 23일에는 국가재건최고회의에서 이 법안을 심의하여 통과시켰으며, 다음날 곧바로 3사 사장과 9사단장 박영준 준장이 설립위원에 임명되어 3사합병계약을 체결하였다.[341] 그리고 각사별로 임시주주총회를 열어 합병을 승인하였고, 6월 28일에는 경성전기 회의실에서 한국전력 창립주주총회를 개최하여 사장에 박영준, 부사장에 정낙은을 선출하였다.[342]

〈표 III-21〉 한국전력 설립 관련 위원회 및 초대 임원진

구분		명단/업무
전업3사 통합설립 준비위원회	위원장	박충훈(상공부 사무차관)
	위원	황인성(조선전업 사장), 조인복(경성전기 사장), 김덕준(남선전기 사장), 전효섭(상공부 전기국장)
	총무반	기획, 연락, 보고 업무
	직제반	직제, 기구, 정원 업무
	법제반	법안 등 제안이유서, 시행령안, 정관, 기록사무 업무
	계리반	경비절감, 재산평가, 합병계약서 업무
한국전력 설립위원		박영준(위원장), 김덕준, 조인복, 황인성
한국전력 초대 임원	사장	박영준
	부사장	정낙은
	전무	조인복, 김덕준*(7.4 예편), 황인성*(7.22 원대복귀)
	상무	박용철(기획처장), 김종민(관리처장), 김종관(총무부장), 박대진(경리부장), 이봉희(업무부장), 김선집(전기부장), 김두현(건설부장)
	감사역	이민구, 윤수현

자료:《東亞日報》1961.7.2.;《社報》창간 제1호, 韓國電力株式會社, 1961.8.1;
〈現重役陣의 片貌〉,《韓國電力》창간호, 1961.7, 27~30쪽.

그 결과 당초 목표한 대로 7월 1일에 한국전력주식회사가 정식으로 발족하기에 이르렀다.[343] 통합설립준비위원회를 구성하였을 때부터 계산하면 불과 한 달도 안 되는 시간 안에 모든 통합절차를 완료한 것이다.[344] 실로 전광석화와 같은 일이었다. 창립 초기 한국전력 임원진에는 사장 박영준과 부사장 정낙은 이외에 기존 3사 사장인 조인복, 김덕준, 황인성이 전무에 임명되었고, 전기회사 및 민간전문가 출신들이 발탁되어 상무진에 포진되었다. 그러나 얼마 지나지 않아 현역 군인신분이던 김덕준과 황인성은 예편 혹은 원대복귀를 선택한 것으로 보인다.[345]

한편, 7월 18일에는 한국전력 본사 강당에서 윤보선 대통령을 비롯해 송요찬, 정래혁, 유원식 등 정부측 관계자와 버거Samuel D. Berger 주한미국대사, 모이어Raymond T. Moyer 유솜USOM 처장 등이 참석한 가운데 창립식을 거행하기에 이르렀다.[346] 이날 국가재건최고회의 의장 박정희는 유원식이 대독한 치사에서 3사통합과 한국전력 창립으로 획기적인 산업쇄신과 장기전원개발계획 실시를 위한 기반을 마련하게 되었다고 자평하였고, 버거 대사는 "만시지탄"의 감이 있지만 뒤늦게라도 신속하게 개혁을 단행한 군사정권의 결단을 칭송하고 향후 구악이 일소되는 대로 전력개발의 확장을 위한 실질적인 새로운 원조를 고려하겠다고 언명했다.

전기3사 통합이 이렇게 신속하게 이뤄진 것은 일차적으로 군사정권의 강력한 의지가 작용한 때문이지만, 장면정권에서 작성한 한국전력주식회사법안을 거의 그대로 계승하여 새로운 법안 작성에 걸리는 시간을 최대한 줄일 수 있었기 때문이기도 했다. 군사정권에서는 당초 장면정권에서 작성한 법안 중에서 논란이 되었던 집단지도체제에 관한 부분을 비롯해 일부 조항만을 수정해 새로운 법안을 만들었다(〈표 III-20〉). 이에 따라 기존의 3인 운영위원회체제는 사장 1인, 부사장 1인을 포함한 취체역 10인 이내로 변경되었고, 사장과 부사장의 임명권은 내각수반에게 주어졌다. 다만 취체역과 감사역은 주주총회에서 선임하도록 했다. 감사는 기존 1인에서 2인(1인은 상임)으로 늘어났다. 기존 법안에는 현재 정당 소속인은 취체역에 임명되지 못하도록 규정되었는데, 새로운 법안에서는 여기에 과거 2년간 정당 소속과 외국인도 금지하는 조항으로 강화되었다. 통합을 서두르기 위해서 통합기준이 될 자산평가는 1960년 12월 31일 현재 장부가액을 기준으로 하고 합병 후 2년 이내에 재평가하기로 했다. 통합회사에 대한 지원책을 확대해 사채 발행한도를 불입자본금 2배에서 5배로 확대하였고, 전원개발 및 송전·변전·배전 설비를 위해 필요할 때는 정부 보증으로 융자할 수 있는 조항을 명문화했다. 한편, 장면정권에서는 한국전력주식회사법안에 전기요금 및 공급조건은 공공요금심의회에서 결정하기로 하는 조항이 삽입되어 있었는데(제30조), 군사정권에서는 이를 삭제하고 대신 전기사업법과 예산회계법을 제정하여 공공요금심사위원회를 조직한 뒤 여기서 심사를 거쳐 각의에서 의결하기로 정했다(예산회계법 제3조, 전기사업법 제19조).[347]

그러나 군사정권이 시간 단축을 위해서만 장면정권의 한국전력주식회사법안을 그대로 계승한 것은 아니었다. 사실상 두 정권이 지향하는 전력산업구조가 크게 다르지 않았기 때문이기도 했다. 앞에서 보았듯이 장면정권은 기존 전기3사를 통합하여 국영기업으로 경영하되 다수의 민간 전기회사들의 진입을 허용해 국영과 민영 기업의 공존, 경쟁체제를 구상하고 있었는데, 군사정권도 이러한 방향에서 정책을 추진하고 있었다. 일례로 군사정권에서는 1961년 말에 양양군 속초읍에 2,600kW용량의 수력발전소를 건설하려 했던 동해전기를 비롯해 울릉도에 1,500kW 수력발전소를 건설하려던 한국전업공사와 연천군에 1,100kW 규모의 수력발전소를 건설하려 한 대한전원개발 등 5곳의 민간 전기회사에 인가를 내주고 있었다.[348]

이런 점에서 볼 때 군사정권은 집권 이후 장면정권을 무계획적 자유경제체제라고 비판하고 자신들은 강력한 계획성을 가미한 자유경제체제라며 차별성을 부각하려고 애썼지만,[349] 전력정책에 한정해서 볼 때 두 정권이 추구한 정책의 성격은 크게 다르지 않았다. 다만 정책의 결단과 실행력 측면에서 차이를 보이고 있었을 뿐이다.[350] 요컨대, 남한의 전력산업은 당분간 제2공화국에서 구상한 국영과 민영 기업의 공존, 경쟁체제라는 큰 틀 속에서 발달경로를 모색해 나가게 되었다.[351]

결론

우리나라의 전력산업은 1898년에 설립된 한성전기회사로부터 시작된다. 한성전기는 대한제국이 전력산업을 개발하기 위해 황실의 단독출자를 바탕으로 친미개화파 관료가 중심이 되어 미국의 자본과 기술을 도입해 설립한 기업이었다. 따라서 이 회사는 한국 근현대 전력산업사 연구의 출발점일 뿐만 아니라 대한제국의 근대산업진흥정책을 상징하는 '대표기업'이라고 해도 과언이 아니다.

당시는 세계적으로 전등공급이 확대되고 전기철도(전차)가 도시교통수단으로서 자리를 잡아 가던 시기였다. 일찍부터 전력산업에 깊은 관심을 가지고 있던 광무황제는 전기회사를 세워 전등을 민간에 확대공급하고 전차를 도입하고자 했다. 특히 명성황후가 묻힌 홍릉을 '반일의식'을 고양하는 정치적 상징물로 만들기 위해서 많은 사람들을 홍릉까지 편리하게 나를 수 있는 교통수단으로서 전차에 주목했다. 광무황제의 지시를 받은 친미개화파 이채연은 미국공사 알렌을 통해 콜브란을 소개받아 한미 간 합자를 통해 전기회사를 설립하는 방안을 마련했다. 그러나 아관파천 이후 한반도에서 러시아 세력이 강고했기 때문에 한 미합자 전기회사 소식이 알려지면 러시아의 방해를 받을 우려가 있었 다. 이 때문에 이채연은 광무황제의 출자와 콜브란의 참여 사실을 숨기 고, 민간인 김두승과 이근배를 내세워 한성전기회사 설립을 청원했다.

한성전기 설립 이후 사장에 임명된 이채연은 발전소 건설과 전차선 로 부설공사를 위한 계약을 콜브란측과 체결했다. 표면적으로 콜브란 측은 공사를 수주 받은 청부업자에 지나지 않았다. 그러나 한성전기는 별도로 운영계약을 체결해 콜브란측에게 경영권을 위임하였고, 저당권 설정계약을 체결해 저당권자인 콜브란측에 회사가 소유한 모든 재산과 특허권 등을 신탁했다. 재정 부족으로 인해 애초 공사비의 상당부분을 콜브란측으로부터 빌렸기 때문이다. 특히 저당권설정계약에 의하면 기 한 내에 채무를 갚지 못할 경우 저당권자가 저당목적물을 임의로 처분 할 수 있도록 했다. 일종의 '유저당계약'이었다. 결국 콜브란측은 운영 계약과 저당권설정계약에 근거하여 한성전기회사에 대한 경영권과 사 실상의 소유권을 장악하였다. 이렇게 보면 한성전기는 명목상으로는 한국인 민간회사였지만, 실질적으로 황실이 단독출자한 황실기업이었 으며, 그 성격은 황실과 콜브란측의 파트너십에 가까웠다.

한편, 청일전쟁 이후에 일본은 한반도에서 강고한 세력을 차지하고 있었지만, 아관파천을 계기로 러시아 세력이 약진하면서 러일 양국은 일시적인 세력 균형상태를 이루고 있었다. 광무황제는 여기에 미국을 비롯해 영국, 프랑스, 독일 등을 끌어들여 보다 안정적인 긴장, 견제 구 도를 만들고자 하였다. 광무황제는 콜브란측을 통해 미국과의 우호관계를 구축하기 위해 상당히 공을 들였던 것으로 보인다. 개인적으로 모두 107만여엔이라는 거액을 콜브란측에 신탁한 것을 비롯해 콜브란측에 각종 이권을 부여하였다. 한강 연안에서 송도(개성)까지를 연결하는 송도철도, 경기도 금곡의 새로운 홍릉까지 부설한 황실도로, 청량리부터 덕소까지 전기철도 연장(이른바 '덕소 연장선'), 350만엔 규모의 수돗물 공급사업, 가칭 대한은행의 설립과 백동화 주조를 위한 백동지금 공급 등이 그 대표적인 예이다.

그러나 상기 사업들은 순조롭게 진척되지 못했다. 당시 전환국관리를 비롯해 내장원경과 탁지부대신(서리) 등을 맡고 있던 이용익 때문이었다. 이용익은 친미개화파가 광무황제를 감언이설로 속여 한성전기를 설립하고 이 회사를 통해 미국인들에게 각종 이권을 넘겨주며 자신들의 정치·경제적 세력을 강화하고 있다고 여겼다. 이용익은 다각적인 방법으로 콜브란측의 경영 확대를 저지하는 한편, 궁극적으로 한성전기의 경영권을 되찾아 자신의 통제 아래에 두려는 생각을 가지고 대응하였다. 이 때문에 콜브란측의 경영 확대 기도는 거의 모두 좌절되고 말았다. 그런데 친미개화파와 이용익의 갈등은 단순한 권력다툼에서 비롯된 것이 아니었다. 양측의 근대화노선이 근본적으로 달랐기 때문이다. 개화파는 입헌군주제를 이상으로 여기며 민간자본을 활용한 회사 설립, 산업발전에 중점을 두되 민간자본만으로 한계가 있을 경우에는 해외자본의 직접투자를 유치해 이를 타개하고자 했지만, 이용익은 절대군주제를 근대화의 방안으로 생각하여 황실 산하 궁내부 주도로 각종 근대산업육성정책을 추진하고 자신이 직접 관련 기구를 통제 관리하고자 했던 것이다.

이용익의 반대로 인해 각종 사업의 추진이 어려워지자 콜브란측은 채무상환 만기일(1902.8.15)을 맞아 그간의 채무가 모두 150만여엔에 달한다며 속히 이를 상환해 주지 않으면 저당한 한성전기의 자산을 유저당처분하겠다고 압박하기 시작했다. 대한제국은 채무액 산정이 터무니없다며 정확한 채무액의 확정을 위해 장부조사부터 먼저 하자고 맞서 한미 양국 간에 큰 분쟁이 일어났다. 한성전기의 채무분규가 중대한 외교문제로 비화하자 일본은 이를 대한제국의 전력산업을 장악할 좋은 기회라고 여겨 적극 개입하고 나섰다. 우선 일본인 민간기업을 내세워 한성전기의 자산 인수를 시도했으나 여의치 않자, 대한제국정부에 차관을 제공해 콜브란측에 대한 채무를 청산하도록 돕고 이를 빌미로 일본인 기술자를 고용토록 해 경영권을 간접 장악하는 방법을 추진했다. 그러나 일본의 속셈을 간파하고 한성전기의 자력 인수를 희망한 이용익 때문에 한미 간 협상은 결렬되고 채무분규는 장기화하고 말았다.

이용익은 콜브란측에 부정적인 여론을 이용해 전차승차거부운동을 벌이는 한편 황궁 내 자체 전등공급설비를 설치해 한성전기의 경영에 압박을 가했다. 전차에 소년이 치여 숨지는 사고를 계기로 대규모 군중시위가 발생하고 한성전기의 직원들이 서북철도국 고위관리를 폭행하는 사건이 일어나는 등 양측의 갈등은 극단으로 치닫고 있었다.

격렬하게 대립하던 양측은 1903년 말 러일전쟁이 임박하는 등 국제정세가 급변하자 급거 화해무드로 전환하였다. 당시 대한제국은 전시 국외중립선언을 준비하고 있었기 때문에 미국의 지지와 협력이 절실히 필요했다. 광무황제는 일단 화해의 의미로 콜브란측이 희망하던 수도설비계약을 유리한 조건으로 체결해 주었다. 그리고 1904년 2월 러일전쟁이 발발하자 한성전기 채무분규 해결을 서둘렀다. 콜브란측 요구에 따라 현금 75만엔을 주어 채무분규를 해결하기로 하고 한성전기를 한미합자의 미국법인 한미전기회사로 개편하는 데에 동의했다. 한미전기가 설립되면 한성전기의 모든 자산을 이 회사에 인계하고 한미전기의 경영권은 콜브란측이 갖기로 했다. 그간의 갈등을 사과하는 의미로 광산개발권까지 추가로 주었다.

그 결과 1904년 7월 18일 미국 코네티컷주 세이브룩시에 자본금 100만달러(일화 200만엔)의 한미전기회사가 설립되기에 이르렀다. 콜브란측은 합법적으로 한성전기의 경영권과 소유권을 장악할 토대를 구축하였고, 광무황제는 한미전기의 주식 절반을 인수하여 대주주로서 회사 경영에 관여할 수 있는 장치를 마련했을 뿐이다. 대한제국이 이처럼 한성전기의 자산을 완전히 인수하지 않고 한미합자 형태의 회사로 개편한 배경에는 향후 일본의 외압이 더욱 거세질 것에 대비해서 미국의 대한제국에 대한 정치·경제적 관심을 지속시키기 위한 의도가 자리하고 있었다. 따라서 한성전기의 한미전기로 개편은 '사실상의 한미합자회사'에서 '명실상부한 한미합자회사'로의 전환일 뿐이므로 기존 연구에서 '한미전기로의 개편=대한제국의 전력산업 경영권 상실'을 지나치게 강조한 대목은 재고될 필요가 있다고 생각한다.

한편, 일본은 러일전쟁 발발을 계기로 한반도에 군사점령을 단행하고 한일의정서, 제1차 한일협약 등의 체결을 강요해 본격적인 내정간섭을 시작했다. 대한제국의 근대산업육성기구를 철저히 분쇄하고 '시정개선'이라는 명목 아래 자국의 이익에 부합하도록 한국을 식민지경제구조로 개편하는 작업에 착수했다. 이 과정에서 일본은 근대상공업

발전의 주요 기반인 전력산업을 장악해야겠다는 의지를 굳게 다지고 있었다.

사실 일본은 한성전기 설립 이래 이를 장악하기 위해서 호시탐탐 기회를 엿보고 있었기 때문에 한성전기를 한미전기로 개편하는 계약이 체결된 사실을 뒤늦게 파악하고 한때 계약의 무효화까지 고려하기도 했다. 그러나 대한제국의 주권탈취와 식민지화라는 궁극적인 목적을 위해서는 미국과의 우호관계 유지가 필요했기 때문에 이러한 강압적인 방법은 사용하기 어려웠다. 일단 한미전기의 경영활동에 압박을 가하기 시작했다. 애초 계약에 따라 황궁 내의 전등은 콜브란측에서 다시 수전受電하기로 했지만 대한제국정부에 압력을 가해 이를 막았고, 창덕궁의 전등시설도 한미전기에서 수전하지 않고 직접 설치해 사용했다. 콜브란측의 경영을 위협할 만한 일본인 회사의 설립도 추진했다. 콜브란측의 수도사업을 방해하기 위해 임시수도설비공사를 추진했으며 콜브란측이 획득한 광산개발권도 무효로 하려고 기도했다. 여기에는 러일전쟁 발발 이후 예상과 달리 전황이 조기에 일본의 승리로 기울어지자 미국이 일본을 견제하기 시작하고 일본인 이민문제 등을 둘러싸고 미일관계가 악화된 사정도 일정하게 작용을 했다.

그러나 1907년 말 신사협정 체결에 따라 이민문제가 해결되고 미일관계가 개선되면서 일본은 유화적인 태도로 전환하였다. 지나친 반미감정을 선동하는 신문을 단속하기도 하고, 그간 부인해 왔던 콜브란측의 갑산광산 개발권을 인정해 주기에 이르렀다. 그리고 이를 발판으로 한미전기의 경영권 장악을 위한 공작을 본격적으로 전개했다. 우선 당시 일본 정관계 실력자들과 긴밀한 커넥션을 유지하고 있었던 시부사와 에이이치, 오오쿠라 키하치로와 같은 일본인 정상, 재벌들을 동원해 일한와사라는 이름의 가스회사를 설립토록 했다. 이 회사에서 열용熱用이나 등화용燈火用으로 가스를 공급해 한미전기의 경영에 압박을 가하고 궁극적으로 한미전기를 매수하겠다는 전략이었다. 이 전략은 성공을 거두어 일한와사는 설립 직후 콜브란측과 협상에 착수해 120만엔에 한미전기의 특허, 권리, 재산을 인수하고 별도로 50만엔의 사채를 계승하기로 하는 매수계약을 체결하기에 이르렀다. 결국 1909년 8월 한미전기는 일한와사에 인계되었다. 이로써 대한제국의 전력산업 경영권은 일본인의 손에 넘어가고 말았다.

일제강점기에 들어서 각 지역에서 전기회사 설립이 속속 진행되면서 1930년대 초에는 한반도 전역에 무려 63개의 전기회사가 영업할 정도로 전력산업은 양적으로 성장하였다. 그러나 대부분의 전기회사들이 도시 인근에 소규모 화력발전소를 설치하고 여기서 생산된 전기를 도시의 가정용 전등과 공장용 동력 수요에 공급하는 데에 목적을 두고 있었다. 따라서 회사 규모는 작고 발송배전을 겸하는 경우가 대부분이었다. 여기에는 당시 총독부가 견지하고 있던 '1지역 1사업' 주의에 입각한 지역독점 보장정책도 한몫을 한 것 같다.

당시는 화력전기에 비해 수력전기의 경제성이 뛰어나다고 인식되고 있었다. 그런데 1910년대 초에 한국에서 실시한 제1회 발전수력조사의 결과는 매우 참담했다. 한반도의 하천은 낙차가 작고 수량이 풍부하지 않아서 전반적으로 수력발전에 적합하지 않은 것으로 조사되었던 것이다. 그러나 '유역변경식' 수력발전의 도입과 성공은 한반도에서 수력발전이 절망적이라는 기존의 인식을 바꾸는 중요한 계기가 되었다. 금강산전기철도가 1920년대 초 북한강 상류에 유역변경식 수력발전소를 세우고 167km에 걸친 66kV급 고압송전선을 부설해 경성까지의 송전에 성공했던 것이다. 당시 한국에서는 유례가 없던 최초의 '장거리 송전'이었다.

이와 함께 1922년부터 1929년까지 제2회 발전수력조사가 실시되어 전국 150개소 발전지점에서 최대 이론발전력 294만kW의 수력전기를 생산할 수 있다는 사실을 밝혀 냈다. 기존의 수로식이 아니라 금강산전기철도와 같은 유역변경식을 채택할 경우 막대한 전기를 획득할 수 있었던 것이다. 이와 같은 상황 변화에 따라 새로운 전원개발을 촉진하기 위해서는 일본자본을 대거 유치해야 하고, 나아가 이를 지원하고 적절히 규제하기 위한 법안인 '조선전기사업령'을 제정해야 하며, 발전·송전·배전의 역할을 구분하고 공급구역의 중복문제를 해결해 줄 '전력통제정책'을 조속히 수립해야 한다는 인식이 확산되었다.

이에 따라 전기사업법규조사위원회와 조선전기사업조사회가 조직되어 관련 법규와 정책을 심의하기 시작하였다. 1932년에는 조선전기사업령이 제정되었고, 이와 함께 발전 및 송전망 계획이 작성되어 1940년까지 수력발전소 25개소 70만5,794kW와 화력발전소 14개소 13만1,100kW를 개발하기로 하고 한반도 전역에 154kV급 고압송전선 1,396km와 66kV급 고압송전선 1,802km를 부설하기로 결정하였다. 이제 대규모 수력발전소가 건설되고 여기서 생산된 전기는 한반도 전역을 연결하는 고압송전선을 통해 주요 소비지로 보내지도록 계획되었다. 수력발전소 준공과 함께 일부 화력발전소를 예비용으로 돌리고 경제성이 떨어지는 소규모 화력발전소는 아예 폐지하기로 정했다. 또한 그간 국영으로 할 것이냐 혹은 민영으로 할 것이냐를 두고서 논란이 일었던 전력기업의 경영형태도 확정지었다. 송전간선만을 국영으로 하고 나머지 송전(송전지선)과 발전, 배전은 민영에 맡기는 원칙을 채택하되 전력계통으로 보아 발송배전을 일체로 경영하는 것이 적당하다고 판단되면 이를 민영에 맡길 수 있도록 하는 방침이 채택되었다. 각 지역에 산재한 배전회사들은 모두 5개 구역으로 나뉘어 통합될 예정이었다.

전력통제정책이 수립되면서 한국의 전력산업구조는 큰 변화를 맞았다. 그러나 정책의 전개과정이 애초 계획대로 진행된 것은 아니었다. 실제로는 전력통제정책 수립단계에서 확정된 발전 및 송전망 계획과 큰 차이가 있었다. 당초 북쪽의 장진강수력과 남쪽의 강릉수력을 핵심 수력발전소로 삼아 한반도 전역을 고압송전선으로 연결하려던 계획은 남쪽의 강릉수력 개발이 무산됨에 따라 조선전력이 건설 경영하는 영월화력발전소로 대체되었다. 이에 따라 영월에서 생산되는 화력전기의 경제성이 북쪽의 수력전기에 비해 뒤떨어지기 때문에 남북을 송전선으로 연결하면 조선전력의 경영상태가 악화될 것을 우려하여 경성–충주–단양을 연결하는 고압송전선을 의도적으로 건설하지 않았다. 이로써 '북=수력, 남=화력'의 분리된 두 계통의 전력네트워크가 구축되었다.

게다가 '송전간선의 국영' 원칙도 지켜지지 않았다. 정책 수립과정을 면밀히 살펴볼 때 송전간선 국영원칙은 국영론자의 불만을 잠재우기 위한 임시방편으로 삽입되었을 뿐 총독부는 실제로 이를 추진할 의지가 전혀 없었다. 총독부는 정책 수립 직후 재정난을 이유로 들어 공개적으로 송전간선 국영원칙을 철회하였고, 북선지역에서는 장진강수전에 고압송전선 부설을 맡기는 한편 남선지역에서는 조선전력에 고압송전선 부설을 맡겼다. 이로써 발전회사가 송전선의 건설과 운영까지 책임지게 되었다. 다만 장진강수력발전소로부터 평양과 경성을 연결하는 고압송전선 건설은 조선송전이라는 회사를 별도로 조직케 하여 여기에 맡겼다. 조선송전의 설립과 경영에 발전회사와 배전회사를 동시에 참여시켜 이들의 상호 견제하에 회사 경영을 공익에 부합하도록 유도하겠다는 구상이었다. 그러나 이 회사 역시 닛치츠 중심의 민간회사였기 때문에 '송전간선 국영'과는 거리가 멀었다. 이런 점에서 볼 때 기존에 전력통제정책을 다룬 연구에서 송전간선의 국영원칙과 한반도 전체의 전력네트워크 구축을 지나치게 부각한 사실은 재고되어야 할 것이다.

한편, 전력통제정책의 실행과정에서 한반도 전역의 배전회사들을 5개 구역으로 나누어 통합하려던 계획도 4개 구역으로 변경되었다. 이에 따라 서선지역에서는 서선합동전기, 남선지역에서는 남선합동전기가 새로운 통합배전회사로서 등장하였고, 북선지역에서는 북선합동전기와 함남합동전기가 생겼다가 최종적으로 북선합동전기가 함남합동전기를 합병함으로써 통합을 완료하였다. 그리고 중선中鮮지역에서는 기존의 경성전기가 통합배전회사의 역할을 맡았다. 그러나 배전회사의 통합은 각 지역 전기회사들의 이해관계가 엇갈리고 심지어 사활이 걸린 민감한 문제였기 때문에 통합을 완료하기까지는 상당한 진통과 시간을 필요로 하였다.

전력산업은 일제 말에 이르러 전력국가관리체제의 수립에 따라 다시 한번 큰 변화를 맞고 있었다. 그런데 당시 한국의 전력산업은 전력통제정책의 실시과정에서 비롯된 몇 가지 문제를 안고 있었다.

우선 배전회사들은 부단히 통합되고 있었지만, 대형 수력발전소와 대형 화력발전소 건설, 그리고 장거리 송전을 맡게 된 발송전 회사들은 오히려 새로이 조직되어 그 수가 늘어나고 있었다. 당시 주요한 발송전 회사들만을 거론해도 조선수력전기(구 장진강수력전기), 조선송전, 조선전력, 부령수력전기, 조선압록강수력전기, 강계수력전기, 한강수력전기, 남선수력전기, 북선수력전기 등이 있었다. 그리고 이때 개발된 대규모 수력발전소의 대부분은 장진강, 허천강, 압록강 등 북한지역에 편재해 있었다. 그런데 일제 말이 되면서 '남=화력, 북=수력'으로 분리된 두 계통의 전력네트워크로 인하여 상대적으로 비싼 화력전기를 사용하는 남쪽 산업자본가들의 불만이 점차 높아지고 남과 북의 전력 불균형 문제도 심각해졌다. 이에 총독부에서는 1941년 11월 부평과 대전을 연결하는 '남북연락송전간선'을 임시개통하고 1943년 10월에 이를 154kV급으로 승압함으로써 비로소 한반도 전역을 하나로 연결하는 전력네트워크를 구축하기에 이르렀다.

한편, 일본에서는 군부와 혁신관료 사이에서 '전력국영론'이 제기되어 1939년 전기청과 일본발송전주식회사로 대표되는 '제1차 전력국가관리'가 시작되었고, '전력기근'을 계기로 1941년 일본발송전의 강화와 배전회사 강제통합 등을 골자로 한 '제2차 전력국가관리'로 확대되었다. 이와 함께 일본정부는 엔블록 전체를 대상으로 하는 전력국가관리 실시, 즉 '일원적 통제'를 조선총독부에 강요하기 시작하였다. 총독부 관료들은 한동안 조선의 특수성을 무시한 '일원적 통제'에 대해 부정적인 인식을 공유하면서 전력국가관리 도입을 회피하기도 했다. 그러나 전쟁의 양상이 확대되고 일본의 전력국가관리 요구가 더욱 거세지면서 이를 받아들일 수밖에 없었다. 결국 1942년 10월에 관민합동의 조선임시전력조사회가 개최되어 구체적인 방안을 모색한 끝에 전력국가관리안요강이 채택되었고, 그해 12월 각의에서 정식으로 조선전력국가관리실시요강이 통과되기에 이른다. 이에 따라 기존 전기회사의 합병과 사업 양수, 설비의 현물출자 등에 의해 발송전을 담당할 특수회사를 설립하기로 결정하였다.

1943년 3월에는 전력관리령이 발포되어 전력국가관리의 범위와 방법, 그리고 발송전 특수회사로서 기능할 조선전업주식회사의 설립과 경영에 관한 중요사항들이 확정되었다. 조선전업설립위원회와 조선전력평가심사위원회가 조직되어 구체적인 통합방안을 논의하기 시작하였고, 1943년 7월에는 드디어 조선수력전기, 조선송전, 부령수전 3개사를 합병하고 총독부 소유의 남북연락송전간선을 현물출자해 조선전업을 설립하기에 이르렀다. 나머지 발송전 회사들은 조선전업에 흡수합병을 시키거나 자산을 양도하도록 조치해 통합작업을 마무리지었다. 이렇게 해서 거대 발송전 특수회사인 조선전업이 탄생되었다. 그러나 총독부는 국책회사 설립을 통해 전력국가관리의 틀을 받아들이면서도 조선전업의 소유와 경영을 사실상 닛치츠에게 위탁하였고, 전력업계의 반발을 무마하기 위해서 통합대상회사의 자산 과대평가를 묵인해주고 있었다. 결국 조선전업으로 대표되는 일제 말 전력국가관리체제는 일본정부–총독부 관료–전력업계의 이해관계 조정에 따라 일본에 비해 상당히 뒤늦게 형성되고 그 내용도 일본과는 다소 이질적인 형태를 취하고 있었다.

해방 직후 남한은 심각한 전력위기에 봉착했다. 일제강점기에 건설된 주요 수력발전소들 대부분이 북한에 편재해 있는 기형적인 구조였기 때문이다. 발전설비의 88.5%가 북한에 있었고, 남한은 11.5%를 차지하는 데에 불과했다. 게다가 한반도 전역을 연결하는 전력네트워크가 구축되어 운영되고 있었기 때문에 일제 말기에 남한에서는 북한의 저렴하고 풍부한 수력전기에 대한 의존도가 급속도로 높아져 있었다. 남한의 전력시설은 대개 화력발전인 데다가 수력에 비해 효율성이 떨어져 예비용으로 전환되어 갔다. 그 때문에 발전설비 능력을 넘어서 실제 발전량은 96%가 북한에서 생산되고 남한은 4%에 불과할 정도로 격차가 커졌다. 남한은 전력자급체제를 시급히 구축해야 할 과제를 안고 있었다.

그러나 미군정기에 남북관계가 점점 악화되면서 북한으로부터의 송전량이 제한되기 시작하였고, 남한사회는 혹시 모를 송전 중단에 대한 위기의식이 점점 커져 갔다. 마침내 1948년 5월 14일에 우려했던 단전 사태가 일어나고 말았다. 당시 남한경제가 받은 충격은 엄청났다. 전력은 모든 산업에 동력을 공급하는 기초산업이기 때문에 전력 부족이 생산부문에 끼치는 피해는 막대하였다. 또한 전기는 이미 도시민의 생활필수품으로 자리잡고 있었기 때문에 전등도 제대로 켜지 못할 정도의 심각한 전력난은 많은 불편을 야기하였다. 게다가 뒤이은 한국전쟁으로 인해 남한의 전력시설은 부산, 대구 등 일부를 제외하고는 전면적인 파괴를 피할 수 없었다. 1950년 8, 9월에는 발전량이 전쟁 발발 이전에 비해 5분의 1 수준까지 떨어질 정도로 참담한 상태였다. 1960년대까지 남한이 장기간의 전력난에 시달린 것은 바로 5·14단전과 한국전쟁으로 인한 피해가 근본 원인이라고 해도 과언이 아니다.

남한정부는 한국전쟁 발발 이전부터 전력자급체제 구축을 위한 전력개발계획을 수립하고 미국과의 협의를 거쳐 이를 추진하려고 시도하였지만, 전쟁으로 인해 미처 성과를 내기도 전에 전면 중단되고 말았다. 일단 전쟁으로 파괴된 전력시설을 복구하는 일이 시급했다. 전쟁 도중에 긴급복구에 나서 일부 성과를 거두기도 했다. 특히 청평수력 1, 2호기와 3·8선 이북에 소재하였다가 전쟁 중에 수복된 화천수력 1호기를 복구하는 데에 성공하여 1953년경에는 전쟁 이전의 발전량 수준을 회복하기에 이른다.

전쟁이 멈춘 뒤 남한정부는 전원개발위원회를 구성해 본격적인 전원개발계획 마련에 나섰다. 전문가들의 논의를 거쳐 남한강 수계를 집중개발하는 전원개발3개년계획이 수립되었지만 이 계획은 그대로 진행되지 못했다. 미국은 남한의 전력사정이 시급하기 때문에 건설에 오랜 기간이 걸리는 수력발전소보다는 건설기간이 짧은 화력발전소가 효율적이라고 보았다. 결국 전원개발계획은 미국과의 협의를 거쳐 수력 중심에서 화력 중심으로 내용이 크게 수정되었다. 그리고 미국의 원조를 기반으로 당인리, 마산, 삼척 세 곳에 모두 합쳐 10만kW의 발전능력을 갖춘 화력발전소들이 건설되기에 이르렀다.

화력발전소의 준공과 함께 전력난은 일시 해소되었으나 계속 늘어나는 전력수요 때문에 새로운 발전소를 추가로 건설할 필요성이 제기되고 있었다. 남한정부는 1955년 4월에 수력발전소 건설에 중점을 둔 전원개발5개년계획을 수립하였고, 1955년 12월에는 이를 다시 4개년계획으로 변경하여 조속히 건설할 의지를 밝혔으며, 1957년 4월에는 기존 계획에 새로운 수력발전소 건설을 일부 추가해 최대 발전능력 62만여kW를 확보하려는 5개년계획을 제시했다. 그러나 10만kW 화력발전소 건설 이후 미국의 관심은 신규 수력발전소 건설에서 크게 멀어져 있었다. 당시 남한의 재정형편으로는 미국의 지원 없이 남한정부가 독자적으로 이 계획을 모두 달성하기는 어려웠다. 결국 거창한 계획과는 달리 소규모 수력발전소인 괴산수력을 자력 건설하고 전쟁으로 수복한 화천수력 2호기와 3호기를 복구하는 정도의 성과를 거두는 데에 그쳤다.

한편, 전력산업의 구조개편에 대한 논의도 꾸준히 진행되고 있었다. 해방 직후 남한에는 발송전을 맡은 조선전업, 그리고 배전을 맡은 경성전기와 남선전기의 세 전기회사가 존재하고 있었다. 이 회사들은 원래 일본인 소유의 민간회사였지만, 해방 이후 일본인 소유 주식이 남한정부에 귀속되었기 때문에 실질적으로는 국영기업으로 변모해 있었다. 그렇지만 이들의 경영을 규제할 확실한 법적 근거가 마련되어 운영되는 것은 아니었다. 이를 시급히 해결할 필요가 있었다. 따라서 해방 이후부터 전기사업을 규제할 법안을 제정하여 감독기관을 정비하고 전기 3사를 한 곳으로 통합하여 국영으로 경영해야 한다는 주장이 제기되었다. 1953년에 추진된 대한전력공사 설립안이 대표적인 예였다. 그러나 전기사업의 국영을 반대하고 오히려 민영화를 촉구하는 의견도 만만치 않았다. 1954년에 헌법개정과 함께 중요 기간산업의 국영원칙이 삭제된 일을 계기로 오히려 민영화론이 대세가 되었다. 1957년에는 재무부 산하에 발전 및 배전회사 귀속주처리사무협의회가 구성되어 조선전업과 경성전기, 남선전기의 귀속주를 불하하는 민영화방안이 수립되기도 했다. 그러나 당시 전기회사들이 거액의 적자를 안고 있었고 워낙 규모가 커서 민간에서 이를 인수할 적임자를 찾기는 쉽지 않았다. 이 때문에 민영화안은 성공하지 못했다.

한편, 신규 발전소 건설에서 큰 성과를 보이지 못함에 따라 1959년부터 전력 수급격차에 의한 전력난이 크게 우려되기 시작했다. 이에 남한정부는 원조나 차관에 의존하지 않고 정부보유달러를 투입해 자력으로 10만kW 화력발전소를 건설하려는 계획을 세우기 시작했다. 그러나 4·19혁명으로 인해 이승만정권이 막을 내리고 과도정부에 이어 제2공화국 장면정권이 등장할 때까지 정치적 격변 속에서 전원개발계획은 거듭 수정만 될 뿐 이렇다 할 성과를 거두지 못했다. 발전선이나 가스터빈발전기, 디젤발전기 도입에 이르기까지 다양한 긴급대책들이 마련되기도 했지만 역시 가시적인 성과를 거두지 못한 채 혼란만 지속되고 있었다.

전력산업 구조개편 문제도 이승만정권 말기부터 과도정부를 거치며 미국의 강력한 요구에 따라 전기3사 통합을 추진하기 시작하였지만, 역시 정치적 혼란 때문에 별다른 성과를 거두지 못하였다. 그런데 제2공화국 장면정권에 들어서 전기3사통합위원회가 조직되면서 큰 진전을 이루었다. 전기3사를 통합하여 한국전력주식회사를 설립하기로 방침이 정해지고 위원회에서는 이를 위한 법안을 작성하여 국회에 상정하기에 이른다. 그러나 국회에서의 논의과정은 순탄하지 않았다. 배전회사의 민간주주, 노조, 경영진이 연대하여 강력한 반대운동을 전개하고 야당이 여기에 가담함으로써 전기3사 통합문제가 심각한 정쟁으로 비화해 버린 것이다. 결국 국회에서 여야 간 난투극까지 벌어지면서 법안 심의는 당분간 보류상태에 놓이게 된다. 그러나 장면정권의 전기3사 통합에 대한 의지는 확고하였다. 전기3사 통합을 주도한 태완선을 주무장관인 상공부 장관에 임명하여 이 문제를 조속히 매듭 짓겠다는 의지를 천명하였던 것이다. 그러나 곧이어 5·16군사정변이 일어남에 따라 더 이상의 시간이 주어지지 않았다.

군사정변 발발에 따라 전기3사 통합문제는 새로운 전기를 맞이하였다. 군사정권은 입법, 사법, 행정 3권을 장악한 국가재건최고회의를 조직하고 사회 전반에 걸친 개혁조치를 단행하였는데, 전력산업에 대해서도 큰 관심을 가졌다. 전력난 해소를 위해 시급히 전원개발에 착수하기로 방침을 세우고 장면정권에서 시도하였던 전기3사 통합을 강력하게 추진하기 시작하였다. 군사정권의 핵심멤버인 정래혁 상공부 장관이 전력사업체통합위원회 위원장에 임명되어 이 일을 주도하였고, 각의에서 전기3사의 통합을 의결하기에 이르렀다. 이와 함께 군부에서 전기3사의 사장을 파견해 경영권을 장악하였고, 1961년 6월 23일에는 장면정권에서 작성했던 법안을 일부 수정한 한국전력주식회사법안을 의결, 공포하기에 이르렀다. 이 법안에 의거해 7월 1일에는 애초 계획한 대로 한국전력주식회사를 설립하는 데에 성공한다. 십수년에 걸쳐 지지부진하던 전기3사 통합문제를 군사정권이 들어서 불과 한 달여 만에 전광석화처럼 해치웠던 것이다.

군사정권은 장면정권의 한국전력주식회사법안을 거의 바꾸지 않고 그대로 계승하여 단시간 안에 이 문제를 마무리할 수 있었다. 그러나 법안을 거의 그대로 계승한 것은 단순히 시간 단축을 위해서만은 아니었다. 사실상 두 정권이 지향하는 전력산업구조가 크게 다르지 않았기 때문이기도 했다. 장면정권은 기존 전기3사를 통합하여 국영기업으로 경영하되 다수의 민간 전기회사들의 진입을 허용해 국영과 민영 기업의 공존, 경쟁체제를 구상하고 있었는데, 군사정권도 이러한 방향에서 정책을 추진하고 있었다. 소규모 발전소를 건설하려는 민간회사들을 대거 인가해 주기도 하고, 1960년대 후반에 미국 석유회사들과 연계된 민간기업 동해전력(울산), 호남화력(여수), 경인에너지(인천) 등에 대규모 화력발전소 건설허가를 내준 것이 그 예였다.

이런 면에서 볼 때 군사정권은 집권 이후 장면정권을 무계획적 자유경제체제라고 비판하고 자신들은 강력한 계획성을 가미한 자유경제체제라며 차별성을 부각하려고 애썼지만, 전력정책에 한정해서 볼 때 두 정권이 추구한 정책의 성격은 크게 다르지 않았다. 요컨대, 남한의 전력산업은 당분간 제2공화국에서 구상한 국영과 민영 기업의 공존, 경쟁체제라는 큰 틀 속에서 발달경로를 모색해 나가게 되었다. 다만 장면정권의 전기3사 통합방안은 그간 치열하게 대립해 온 국영강화론과 민영론이 합작 절충한 형태를 띠고 있었기 때문에 궁극적인 정책의 전개방향은 국영이나 민영 양쪽 모두에게 가능성이 열려 있었다. 실제로 그후 한국의 전력산업은 시대상황, 정치환경, 경제적 요구 등에 따라 민영과 국영 사이에서 끊임없이 변모를 거듭해 왔다. 정부에서는 경영상태가 좋지 않은 민간 대형발전소를 한국전력에 강제인수시키는가 하면 1970년대 중반 이후에는 전력산업의 국영 강화를 위해 한국전력주식회사의 민간소유주를 지속적으로 매입하여 1982년 1월 한국전력주식회사를 정부 전액 출자에 의한 특별법인 형태의 한국전력공사로 개편하기도 하였다. 그러나 1989년에는 국민주 방식에 의한 기업공개를 단행하여 공사라는 명칭만 남겨둔 채 다시 주식회사체제로 변경하기에 이르렀고, 2000년대에 들어서는 오히려 전력산업 민영화의 당위성을 강조하면서 한국전력공사의 발전부문을 자회사 형태로 분할하고 민간 발전소를 대거 허용하는 정책을 단행하였다. 그러나 민영화에 따른 부작용을 우려한 여론이 확대됨에 따라 당초 함께 추진했던 발전 자회사의 민영화나 배전부문의 지역별 분할정책은 중단하기에 이른다. 이렇게 보면 1970년대 이후 민영과 국영 강화 사이에서 이리저리 방향을 바꿔가며 변화를 모색해 왔던 일은 1961년에 전기3사를 통합하여 한국전력을 창설하면서 민영과 국영의 공존체제를 지향할 때부터 그러한 가능성을 배태하고 있었다고 봐도 지나친 말은 아니다.

참고문헌

【신문】

《독립신문》(1896~1899)《時事叢報》《皇城新聞》《帝國新聞》《漢城新報》《大韓每日申報》
《萬歲報》《東亞日報》《朝鮮日報》《每日申報》《每日新報》《中外日報》《朝鮮商工新聞》
《京城日報》《工業新聞》《釜山日報》《京鄉新聞》《民主衆報》《大邱時報》《民衆日報》
《自由新聞》《독립신문》(1946~1948)《獨立新報》《平和日報》《婦人新報》《大韓日報》
《國際新聞》《民主日報》《水産經濟新聞》《現代日報》《國際新聞》《朝鮮中央日報》
《釜山新聞》《聯合新聞》《商工日報》《自由民報》《每日經濟新聞》《馬山日報》

【잡지】

The Railway Age, Collier's Weekly, Cassier's Magazine, The Korea Mission Field
《通商彙纂》《韓國駐箚隊司令部旬報》《韓國駐箚隊司令部臨時報》
《京電彙報》《京電》《朝鮮電氣協會會報》《朝鮮電氣雜誌》《電氣之友》
《朝鮮》《朝鮮彙報》《朝鮮總督府官報》《朝鮮經濟雜誌》《經濟月報》
《朝鮮及滿洲》《朝鮮公論》《朝鮮鐵道協會會報》《朝鮮遞信協會雜誌》《朝鮮遞信》
《朝鮮土木會報》《朝鮮實業》《彗星》
《電業社報 鐵塔》《電力》《韓國電力》《社報》《한국전력통계월보》《電氣工學》

《現代科學》《새한민보》《法政》《法律과經濟》《地方行政》《大韓土木學會誌》
《新天地》《새벽》《製紙》《石炭》《企業經營》《비지네스》《에코노미스트》
《商工經濟》《週刊經濟》《産業經濟》《國會報》《施政月報》《復興月報》《遞信文化》
《殖銀調査月報》《産業銀行月報》《經濟다이제스트》《산은경제다이제스트》
《韓國銀行調査月報》《金融》《財政》《自由春秋》《官報》《思想界》《勞動》

【대한제국기 전력산업 자료】

〈約証書〉(한국학중앙연구원 소장 S05-06-0712)

〈瓦斯營業ニ關スル命令書〉(규장각 소장 奎21006)

〈漢城電氣會社〉(국사편찬위원회 소장 GF1167)

Allen Letter Book, No.6(미국 New York Public Library 소장)

Despatches from United States Ministers to Korea(국회도서관 소장 MF005997~MF006018)

Horace Allen Papers(국회도서관 소장 MF005988~MF005996)

Willam Franklin Sands Papers(Philadelphia Archdiocesan Historical Research Center 소장)

Western Quarter of Seoul, 1901

RG84 Records of Foreign Service Posts(미국 국립문서보관소 소장)

國會圖書館 立法調査局, 《舊韓末條約彙纂(中)》, 國會圖書館 立法調査局, 1965

金容九 編, 《韓日外交未刊極秘史料叢書14》, 亞細亞文化社, 1995

金源模 完譯, 《알렌의 日記》, 檀國大學校出版部, 1991

김종헌 외, 《러시아문서 번역집Ⅰ》, 선인, 2008

리하르트 분쉬(김종대 역), 《고종의 독일인 의사 분쉬》, 학고재, 1999

버튼 홈즈/이진석 역, 《1901년 서울을 걷다》, 푸른길, 2012

서울特別市史編纂委員會 편, 《漢城府來去文(下)》, 서울특별시, 1997

에밀 부르다레, 《대한제국 최후의 숨결》, 글항아리, 2009

長風山人, 《近代朝鮮の橫顏》, 朝鮮硏究會, 1936

천주교 명동교회 編, 《뮈텔주교일기Ⅱ》, 한국교회사연구소, 1993

香月源太郎, 《韓國案內》, 靑木嵩山堂, 1902

《京城府史 第2卷》, 京城府, 1936

《高宗實錄》

《舊韓國外交文書 第13卷, 美案3》, 高麗大學校出版部, 1967

《宮內府案2》, 서울대학교奎章閣, 1992

《大韓天一銀行公牒存案解說》, 한국상업은행행우회, 1960

《龍山區誌》, 서울特別市 龍山區, 2001

《日本外交文書》, 日本國際聯合協會, 1956

《주한미국공사관·영사관기록14》, 한림대학교출판부, 2001

《奏本3》, 서울大學校 奎章閣, 1995

《駐韓日本公使館記錄25》, 國史編纂委員會, 1998

《統監府文書》, 國史編纂委員會, 2000

《韓國京城全圖》, 京釜鐵道株式會社, 1903

《韓國電氣主要文獻集》, 韓國電力公社, 1990

《韓國貨幣整理報告書》, 第一銀行, 1909

《韓美電氣會社年終書》(전기박물관 소장)

《漢城に於ける米國の電氣權益と帝國の態度(一)》(學習院大學 東洋文化研究所 所藏文書)

《漢城に於ける米國の電氣權益と帝國の態度(三)》(學習院大學 東洋文化研究所 所藏文書)

【일제강점기 전력산업 자료】

〈第86回 帝國議會說明資料〉, 《日帝下 戰時體制期 政策史料叢書 第23卷》, 한국학술정보
　　(주), 2001

鎌田澤一郎, 《朝鮮は起ち上ろ》, 千倉書房, 1933

三浦悅郎, 《生氣躍動する産業朝鮮》, 日本評論社, 1934

釋尾春芿, 《朝鮮之研究》, 朝鮮及滿洲社, 1930

柳川勉, 《新興朝鮮の論策》, 內外事情社, 1930

阿部薰,《記者の觀た朝鮮》, 民衆時論社, 1929

條木敬雄,《躍進途上にある朝鮮電氣事業の槪觀》, 朝鮮電氣協會, 1937

朝鮮電氣事業史編輯委員會 編,《朝鮮電氣事業史》, 中央日韓協會, 1981

佐脇精,《今昔三十年座談會速記錄》, 京城電氣株式會社, 1939

坂上滿壽雄,《朝鮮電氣事業令條文要旨》, 연도미상

《公文類聚 第66編》

《金剛山電氣鐵道株式會社二十年史》, 金剛山電氣鐵道株式會社, 1939

《大同亞國土計劃を語る》, 日刊工業新聞社, 1942

《發電計劃及送電網計劃說明書》, 朝鮮總督府遞信局, 1931.10

《發電計劃及送電網計劃參考案》, 朝鮮總督府遞信局, 1930.10

《發電計劃及送電網計劃》, 朝鮮總督府遞信局, 1932.3

《發電計劃及送電網計劃書》, 朝鮮總督府遞信局, 1932.3

《發電事業及送電事業ノ企業形態》

《發電所竝送電系統圖》, 1936

《發電所竝送電系統圖》, 1945

《發電水力調查書》, 朝鮮總督府遞信局, 1918

《配付書類》, 朝鮮電氣事業調查會

《澁澤榮一傳記資料 第16卷》, 同刊行會, 1957

《小磯統理の展望 第3輯》, 京城日報社, 1944

《有賀さんの事蹟と思い出》, 同編纂會, 1955

《電氣事業槪況》, 朝鮮總督府, 1942.10

《電力政策基本計劃調書 第1·2輯》, 朝鮮總督府, 1930.3

《電力政策基本計劃調書 第3輯》, 朝鮮總督府, 1930.10

《電力政策基本計劃調書 第4輯》, 朝鮮總督府鐵道局, 1931.12

《朝鮮の國土開發事業》, 友邦協會, 1967

《朝鮮ノ石炭及發電水力》, 朝鮮銀行調查局, 1918

《朝鮮の電氣事業を語る》, 朝鮮電氣協會, 1937

《朝鮮産業の決戰再編成》, 東洋經濟新報社, 1943

《朝鮮水力調査書(總論)》, 朝鮮總督府遞信局, 1930

《朝鮮臨時電力調査會總會議事錄》, 朝鮮總督府殖産局, 1943

《朝鮮電氣事業關係重要文獻集成 第一卷》, 友邦協會, 1958

《朝鮮電氣事業發達史 其ノ二》, 朝鮮電氣協會, 1936(?)

《朝鮮電氣事業要覽》, 朝鮮電氣協會, 각년도판

《電力國家統制ニ關スル諸要綱》, 朝鮮總督府遞信局(民族問題研究所 編, 《日帝下 戰時體制期
　　政策史料叢書 第82卷》, 한국학술정보(주), 2001에 수록)

《朝鮮の電氣事業》, 朝鮮總督府遞信局電氣課, 1938.8(民族問題研究所 編, 《日帝下 戰時體制
　　期 政策史料叢書 第82卷》, 한국학술정보(주), 2001에 수록)

《朝鮮電氣統制ニ關スル意見書》, 遞信局電氣課, 1939.9(民族問題研究所 編, 《日帝下 戰時體
　　制期 政策史料叢書 第82卷》, 한국학술정보(주), 2001에 수록)

《朝鮮電力管理令及附屬法規》, 朝鮮總督府, 1943

《朝鮮電力統合關係綴》

《朝鮮統治新論》, 民衆時論社, 1931

《平壤電氣府營誌》, 平壤府, 1927

【해방 이후 전력산업 자료】

李相浩 편, 《産業綜覽》, 韓國銀行調査部, 1954

리홍직, 《괴산수력발전소건설공사지》, 조선전업주식회사, 1958

리홍직, 《전력연감》, 조선전업주식회사, 1958

리홍직, 《전력연감》, 조선전업주식회사, 1959

오선환, 《自立과 人間心性》, 敎學圖書株式會社, 1962

《經濟政策의 構想》, 韓國産業銀行調査部, 1956

《國家再建最高會議常任委員會會議錄》

《國政監査資料(電氣局 所管)》, 商工部, 1959

《國政監査資料(電氣局 所管)》, 商工部, 1961

《商工槪況》, 大韓民國商工部, 1957

《商工部主要施策》, 商工部, 1959(국가기록원 BA0085186)

《商工部主要施策》, 商工部, 1960(국가기록원 BA0084232)

《商工施政槪況》, 商工部, 1956

《商工行政年報》, 軍政廳商務部, 1946

《商工行政年報》, 南朝鮮過渡政府商工部, 1947

《시정업적보고서》, 상공부, 1957

《시정업적보고서》, 상공부, 1958

《電氣事業法案》(제2대국회 제안, 1951.1.17.)

《電氣事業法(案)》(제3대국회 정부제출법안, 1957.12.4)

《전기사업법(안)》, 내각사무처장, 1961.10(국가기록원 BA0084282)

《電力年鑑》, 韓國電力株式會社, 1962

《電力事業體統合委員會規程》

《電力에 關한 調査》, 韓國銀行調査部, 1953

《電力統計年報》, 朝鮮電業株式會社, 1955

《電力統計年報 제2회》, 朝鮮電業株式會社, 1956

《電力事業便覽》 창간호, 朝鮮電業株式會社, 1957

《電力事業便覽》 제2호, 朝鮮電業株式會社, 1958

《電力統計月報》 1~3호, 朝鮮電業株式會社, 1957

《韓國電力統計月報》 4~23호, 朝鮮電業株式會社, 1957~1960

《한국전력통계월보》 1~4호, 한국전력주식회사, 1961~1962

《電源開發計劃書》, 商工部, 1953(국가기록원 BA0084195)

《電源開發計劃要覽》, 朝鮮電業株式會社, 1957

《政府業績과 當面施策》, 발행처미상, 1961.4

《조선전업주식회사·경성전기주식회사 및 남선전기주식회사 합병의 건》, 상공부 장관,
    1960.7.14.(국가기록원 BA0084249)

《韓國産業經濟十年史(1945-1955)》, 韓國産業銀行調査部, 1955

《韓國의 産業》, 韓國産業銀行, 1958

《韓國電力株式會社法(案)》, 1961.2(국가기록원 BA0084258)

《韓國電力合倂契約書決定(案)》, 1961(국가기록원 DA0416929)

《革命政府經濟靑書》, 大韓民國政府, 1961.7

《電業三社統合反對建議文》; 《三社統合에 對한 是非》; 《國營体電源開發公社의 創設을
  提議한다》; 《電氣三社統合에 對한 利點과 短點》; 《電氣三社統合은 利益보다 損害가
  많다》(이상 한국전력 전기박물관 소장)

RG554 AG 314.7 Korean Electric Power Negotiations 1946~49, Folder 1 of 2

RG554 AG 314.7 Korean Electric Power Negotiations 1946~49, Folder 2 of 2

RG469 Office of Engineering Electric Power Project Files, 1949~63

RG319 Records of the Economics Devision Relating to Korea

RG84 Records of the Foreign Service Posts of the Department of State, 1788~1964

【회사사, 영업보고서】

善積三郎, 《京城電氣二十年沿革史》, 京城電氣株式會社, 1929

有本隆一, 《東京瓦斯五十年史》, 東京瓦斯株式會社, 1935

李宗勳, 《살아있는 전력사 I》, 한국전력공사, 1998

《日韓瓦斯(電氣)株式會社 營業報告書》

倉地哲, 《朝鮮瓦斯電氣株式會社發達史》, 朝鮮瓦斯電氣株式會社, 1938

太完善, 《朝鮮電業株式會社十年史》, 朝鮮電業株式會社, 1955

《第一銀行史 上卷》, 第一銀行八十年史編纂室, 1957

《京城電氣株式會社五十五年沿革史》, 京城電氣株式會社, 1953

《京城電氣株式會社六十年沿革史》, 京城電氣株式會社, 1958

《金剛山電氣鐵道株式會社二十年史》, 金剛山電氣鐵道株式會社, 1939

《朝鮮銀行會社組合要錄》, 東洋經濟新報社, 각년도판

《韓國電氣百年史 上》, 韓國電力公社, 1989

《韓國電力十年史 裏面史》, 韓國電力株式會社, 1971

《南鮮電氣株式會社現況》, 南鮮電氣株式會社, 1958

【자서전, 전기, 회고록, 인명록】

William F. Sands, *Undiplomatic Memories, Whittlesey House,* New York: McGraw-Hill Book
　　Co. Inc., 1930(샌즈/신복룡 역주, 《조선비망록》, 집문당, 1999)

〈竹內綱自敍傳〉, 《明治文化全集 第二十二卷》, 日本評論社, 1929

阿部薰, 《岡本桂次郎傳》, 岡本桂次郎傳記委員會, 1941

《今井田淸德》, 今井田淸德傳記編纂會, 1943

武者鍊三, 《栢陰餘滴》, 1959

《朝鮮人事興信錄》, 朝鮮新聞社, 1935

김일환, 《김일환 회고록》, 홍성사, 2014

金炯旭·朴思越, 《金炯旭회고록 제1부》, 아침, 1985

羅翼鎭, 《어머님을 그리면서》, 高麗書籍株式會社, 1978

박영준, 《한강물 다시 흐르고》, 2005

朴忠薰, 《貳堂回顧錄》, 博英社, 1988

신기조, 《전력 외길 57년》, 사가판, 2005

유원식, 《유원식 5·16비록 혁명은 어디로 갔나》, 인물연구소, 1987

이석제, 《각하, 우리 혁명합시다》, 서적포, 1995

李英石, 《野党30年》, 도서출판人間, 1981

정낙은, 《정낙은 회고록》, 책미래, 2017

정래혁, 《격변의 생애를 돌아보며》, 한국산업개발연구원, 2001

黃寅性, 《나의 짧은 韓國紀行》, 황씨중앙종친회, 2002

《財界回顧7》, 한국일보社出版局, 1981

西村虎太郎, 《賀田金三郎翁小傳》, 芳誼會, 1923

阿部薰, 《朝鮮人物選集》, 民衆時論出版部, 1934

阿部薰, 《岡本桂次郎傳》, 岡本桂次郎傳記委員會, 1941

久保田豊,《財閥回顧錄 6》, 大韓書籍公社, 1983

嶋元勸,《朝鮮財界の人々》, 京城日報社, 1941

安龍植 編,《朝鮮總督府下 日本人官僚 研究 Ⅲ》, 延世大學校 社會科學研究所, 2003

永塚利一,《久保田豊》, 電氣情報社, 1966

《靑淵回顧錄 下》, 同刊行會, 1927

《朝鮮半島電氣事業の思い出》, 景福電友會, 1983

【단행본】

姜台星,《擔保物權法》, 慶北大學校出版部, 1995

郭潤直,《物權法》, 博英社, 2002

국방부 군사편찬연구소,《러일전쟁과 한반도》, 국방부 군사편찬연구소, 2004

權泰檍,《韓國近代綿業史研究》, 一潮閣, 1989

그렉 브라진스키/나종남 역,《대한민국 만들기, 1945~1987》, 책과함께, 2011

金源模,《韓美修交史》, 철학과현실사, 1999

기미야 다다시,《박정희 정부의 선택》, 후마니타스, 2008

김보현,《박정희정권기 경제개발》, 갈무리, 2006

김영수,《미젤의 시기: 을미사변과 아관파천》, 景仁文化社, 2012

김영수,《고종과 아관파천: 이희, 러시아공사관에서 375일》, 역사공간, 2020

金容燮,《증보판 韓國近現代農業史研究》, 지식산업사, 2000

김이순,《대한제국 황제릉》, 소와당, 2010

김인호,《식민지 조선경제의 종말》, 신서원, 2000

김인호,《太平洋戰爭期 朝鮮工業研究》, 新書苑, 1998

김현숙,《근대 한국의 서양인 고문관들》, 한국연구원, 2008

나가타 아키후미/이남규 역,《미국, 한국을 버리다》, 기파랑, 2007

羅愛子,《韓國近代海運業史研究》, 國學資料院, 1998

로스뚜노프 외 전사연구소편,《러일전쟁사》, 건국대학교출판부, 2004

말로제모프(석화정 역), 《러시아의 동아시아정책》, 지식산업사, 2002

박태균, 《원형과 변용—한국 경제개발계획의 기원》, 서울대학교출판부, 2007

방기중, 《한국근현대사상사연구》, 역사비평사, 1992

배석만, 《한국 조선산업사: 일제시기편》, 선인, 2014

森山茂德, 《近代日韓關係史硏究》, 玄音社, 1994

서영희, 《대한제국정치사연구》, 서울대학교출판부, 2003

서영희, 《일제침략과 대한제국의 종말—러일전쟁에서 한일병합까지》, 역사비평사, 2012

孫禎睦, 《韓國開港期都市社會經濟史硏究》, 一志社, 1982

愼鏞廈, 《獨立協會硏究》, 一潮閣, 1976

오미일, 《근대 한국의 자본가들》, 푸른역사, 2014

오미일, 《한국 근대 자본가 연구》, 한울아카데미, 2002

우강양기탁선생전집편찬위원회 편, 《雩崗梁起鐸全集 제3권》, 동방미디어, 2002

尹炳奭, 《李相卨傳》, 一潮閣, 1984

尹錫範·洪性讚·禹大亨·金東昱, 《韓國近代金融史硏究》, 世經社, 1996

李基東, 《悲劇의 軍人들》, 一潮閣, 1982

李培鎔, 《韓國近代鑛業侵奪史硏究》, 一潮閣, 1989

이승렬, 《제국과 상인》, 역사비평사, 2007

이완범, 《박정희와 한강의 기적》, 선인, 2006

이용원, 《제2공화국과 장면》, 범우사, 1999

이현진, 《미국의 대한경제원조정책 1948~1960》, 혜안, 2009

이형, 《장면 정권과 민주당 – 제2공화국의 재평가》, 삼일서적, 2005

전우용, 《한국회사의 탄생》, 서울대학교출판문화원, 2011

정재정, 《일제침략과 한국철도(1892~1945)》, 서울대학교출판부, 1999

鄭晋錫, 《大韓每日申報와 裵說》, 나남, 1987

제인 브록스/박지훈 역, 《인간이 만든 빛의 세계사》, 을유문화사, 2013

조재곤, 《고종과 대한제국: 황제 중심의 근대 국가체계 형성》, 역사공간, 2020

趙恒來, 《日帝經濟侵略과 國債報償運動》, 아세아문화사, 1994

주익종, 《대군의 척후》, 푸른역사, 2008

최문형, 《국제관계로 본 러일전쟁과 일본의 한국병합》, 지식산업사, 2004

최문형, 《러시아의 남하와 일본의 한국 침략》, 지식산업사, 2007

韓哲昊, 《親美開化派研究》, 國學資料院, 1998

해링튼, 《開化期의 韓美關係》, 一潮閣, 1974

현광호, 《대한제국과 러시아 그리고 일본》, 선인, 2007

玄光浩, 《大韓帝國의 對外政策》, 신서원, 2002

洪性讚, 《韓國近代農村社會의 變動과 地主層》, 지식산업사, 1992

《高宗황제의 주권수호 외교》, 서울大學校 韓國敎育史庫, 1994

姜在彦 編, 《朝鮮における日窒コンツェルン》, 不二出版, 1985

堀和生, 《朝鮮工業化의 史的分析》, 有斐閣, 1995(주익종 역, 《한국 근대의 공업화》, 전통과현
　　대, 2003)

橘川武郎, 《日本電力業發展のダイナミズム》, 名古屋大學出版會, 2004

大島淸·加藤俊彦·大內力, 《明治初期의 企業家》, 東京大學出版會, 1976

李光宰, 《韓國電力業의 起源》, つげ書房新社, 2013

林采成, 《戰時經濟と鐵道運營》, 東京大學出版會, 2005

梅本哲世, 《戰前日本資本主義と電力》, 八朔社, 2000

武田晴人, 《財閥의 時代》, 新曜社, 1995

小林英夫 編, 《植民地への企業進出》, 柏書房, 1994

小林英夫·李光宰, 《朝鮮·韓國工業化と電力事業》, つげ書房新社, 2011

小林正彬, 《政商의 誕生》, 東洋經濟新報社, 1987

小竹卽一, 《電力百年史》, 政經社, 1980

電氣事業講座編輯委員會 編纂, 《電氣事業發達史》, 電力新報社, 1996

中瀨哲史, 《日本電氣事業經營史》, 日本經濟評論社, 2005

樋口弘, 《日本財閥論》上·下, 味燈書屋, 1940

Carter J. Eckert, *Offspring of Empire: The Kochang Kims and the Colonial Origins of Korean*
　　Capitalism, 1876-1945, Seattle: Univ. of Washington Press, 1991(주익종 역, 《제국의 후

예》, 푸른역사, 2008)

Charles Bazerman, *The Languages of Edison's Light*, Cambridge, London: The MIT Press, 2002

Charles W. Cheape, *Moving the Masses: Urban Public Transit in New York, Boston, and Philadelphia, 1880~1912*, Cambridge and London: Harvard University Press, 1980

Dean Alexander Arnold, *American Economic Enterprises in Korea, 1895~1939*, University of Chicago, 1954(Reprinted by Arno Press Inc., 1976)

Fred Harvey Harrington, *God Mammon and the Japanese: Dr. Horace N. Allen and Korean-American Relations, 1884~1905*, Madison, Wis.: University of Wisconsin Press, 1944(李光麟 역, 《開化期의 韓美關係》, 一潮閣, 1974)

Jill Jones, *Empire of Light: Edison, Tesla, Westinghouse, and the Race to Electrify the World*, New York: Random House, 2003(이충환 역, 《빛의 제국》, (주)양문, 2006)

John Anderson Miller, *Fares, Please! A Popular History of Trolleys, Horsecars, Streetcars, Buses, Elevateds, and Subways*, New York: Dover Publications, Inc., 1960

Michael White, *Acid Tongues and Tranquil Dreamers: Tales of Bitter Rivalry that Fueled the Advancement of Science and Technology*, New York: William Morrow, 2001(이상원 옮김, 《천재과학자들의 경쟁과 성패 1》, 사이언스북스, 2003)

Thomas P. Hughes, *Networks of Power: Electrification in Western Society, 1880~1930*, Baltimore: Johns Hopkins University Press, 1983(市場泰男 譯, 《電力の歷史》, 平凡社, 1996)

Wolfgang Schivelbusch, *Disenchanted Night: The Industrialization of Light in the Nineteenth Century*, Berkeley and Los Angeles, California: University of California Press, 1995

【연구논문】

姜昌錫, 〈舊韓末 中立化論에 대한 研究〉, 《釜山史學》 33, 1997

高成鳳, 〈植民地期朝鮮の市內電車〉, 《鐵道史學》 14, 1998

권오수, 〈제2차 경제개발5개년계획 시기(1967~71) 전력산업과 미국 석유회사〉, 《동국사학》 65, 2018

權泰檍, 〈1904~1910년 일본의 한국 침략 구상과 '시정개선'〉, 《韓國史論》 31, 1994

권태억, 〈통감부 설치기 일본의 조선 근대화론〉, 《國史館論叢》 53, 1994

권혁은, 〈1950년대 은행 귀속주 불하의 배경과 귀결〉, 《역사와현실》 98, 2015

金景林, 〈1930년대 植民地 朝鮮의 電氣事業〉, 《史學研究》 42, 한국사학회, 1990

金景林, 〈日帝下 朝鮮鐵道 12年計劃線에 관한 研究〉, 《經濟史學》 12, 1988

金光宇, 〈大韓帝國時代의 都市計劃-漢城府 都市改造事業-〉, 《鄕土서울》 50, 1991

金基奭, 〈광무제의 주권수호외교, 1905~1907〉, 《일본의 대한제국 강점》, 까치, 1995

金明洙, 〈朝鮮總督府의 金融統制政策과 그 制度的 基礎의 形成〉, 《東方學志》 131, 2005

金元洙, 〈露日戰爭의 原因에 대한 再檢討〉, 한양대 박사학위논문, 1997

金銀姬, 〈舊韓末 中立化問題에 관한 韓美關係 研究〉, 이화여대 석사학위논문, 1983

金仁鎬, 〈太平洋戰爭期(1940~1945) 日帝의 조선 공업통제와 생산력 확충〉, 《韓國史研究》 90, 1995

金載昊, 〈물장수와 서울의 水道-'측정'문제와 제도변화〉, 《經濟史學》 23, 1997

金濟正, 〈1930년대 초반 京城지역 전기사업 府營化 운동〉, 《韓國史論》 43, 2000

김경림, 〈1920년대 電氣事業 府營化運動-평양전기 府營化를 중심으로〉, 《白山學報》 46, 1996

김경림, 〈식민지 조선 전기사업의 발흥〉, 《梨大史苑》 30, 이대사학회, 1997

김경림, 〈식민지시기 독점적 전기사업체제의 형성〉, 《梨大史苑》 32, 1999

김경림, 〈식민지시기 조선의 독점적 전기 수급구조와 공업구조의 기형화〉, 《梨花史學研究》 28, 2001

김경림, 〈일제말 전시하 조선의 전력통제정책〉, 《國史館論叢》 66, 1996

김기석, 〈1905년 이후 광무제의 외교 투쟁〉, 《한국병합의 불법성 연구》, 서울대학교출판부, 2003

김기승, 〈민주당 정권의 경제정책과 장면〉, 《한국사학보》 7, 1999

김두얼, 〈한국의 산업화와 근대 경제 성장의 기원, 1953~1965〉, 《한국경제사의 재해석》, 해남, 2017

김명수, 〈대한제국기 시부사와澁澤榮一의 대한 인식과 일제강점기 계승자들〉, 《경제사학》 43-2, 2019

김민철, 〈전시체제하(1937~1945) 식민지 행정기구의 변화〉, 《韓國史學報》 14, 2003

김보영, 〈8.15직후 남북한간의 전력교역〉, 《경제사학》 20, 1996

金甫瑛, 《解放後 南北漢交易에 관한 硏究》, 고려대 박사학위논문, 1995

김승, 〈1920년대 부산의 電氣府營운동과 그 의미〉, 《지역과 역사》 32, 2013

김연희, 〈大韓帝國期의 전기사업-1897~1905년을 중심으로〉, 《한국과학사학회지》 19-2, 1997

김연희, 〈대한제국의 전기사업〉, 《근현대 한국사회의 과학》, 창작과비평사, 1998

김연희, 〈대한제국기의 전차 사업〉, 《서울의 전차》, 서울역사박물관 전시과, 2019

金榮益, 《韓國電力事業運營에 對한 考察-特히 電氣三社統合과 關聯하여》, 서울대 석사학위논문, 1961

金希硏, 〈대한제국기 한성수도부설권 문제〉, 《한국근현대사연구》 88, 2019

羅愛子, 〈李容翊의 貨幣改革論과 日本第一銀行券〉, 《韓國史硏究》 45, 1984

남문현, 〈에디슨의 기업가 정신과 기술혁신〉, 《미국사연구》 7, 1998

노상호, 〈1940~50년대 '전시체제'와 국영전력사업체의 등장〉, 《한국문화연구》 33, 2017

魯仁華, 〈大韓帝國時期의 漢城電氣會社에 關한 硏究〉, 《梨大史苑》 17, 1980

레미지, 〈1950년대 미국의 대한경제원조에 대한 연구-한미 합동경제위원회 회의록을 중심으로〉, 서울대 석사학위논문, 2016

류승주, 〈1946~1948년 남북한 전력수급교섭〉, 《역사와 현실》 40, 2001

李良淳, 《韓國의 電力開發計劃》, 서울대석사학위논문, 1961

李炯植, 〈조선의 전기왕 오구라 다케노스케小倉武之助와 조선사회〉, 《東洋史學硏究》 145, 2018

朴基炷, 〈1930年代 朝鮮産金政策에 關한 硏究〉, 《經濟史學》 12, 1988

박종효, 〈1904년 러일전쟁 서막 연 제물포해전〉, 《新東亞》 533, 2004

박진희, 〈민주당정권의 '경제제일주의'와 경제개발5개년계획〉, 《국사관논총》 84, 1999

박찬승, 〈러일전쟁 이후 서울의 일본인 거류지 확장 과정〉, 《지방사와 지방문화》 5-2,

2002

朴賢, 〈1920년대 후반 金融制度準備調查委員會의 설립과 활동〉, 《東方學志》 136, 2006

朴賢, 〈조선총독부의 金 生産力擴充計劃 수립과 전개〉, 《한국근현대사연구》 59, 2011

朴賢, 〈중일전쟁기 조선총독부의 금집중 정책〉, 《한국근현대사연구》 55, 2010

朴熙琥, 《舊韓末 韓半島中立化論 研究》, 동국대 박사학위논문, 1997

방기중, 〈1930년대 조선 농공병진정책과 경제통제〉, 《일제 파시즘 지배정책과 민중생
    활》, 혜안, 2004

방기중, 〈1940년 전후 조선총독부의 "신체제" 인식과 병참기지강화정책–총독부 경제
    지배시스템의 특질과 관련하여〉, 《東方學志》 138, 2007

방기중, 〈조선 지식인의 경제통제론과 '신체제' 인식〉, 《일제하 지식인의 파시즘체제 인
    식과 대응》, 혜안, 2005

배석만, 〈일제강점기 공업사연구의 쟁점과 과제〉, 《역사와 세계》 48, 2015

裵城浚, 〈일제말기 통제경제법과 기업통제〉, 《韓國文化》 27, 2001

裵城浚, 〈전시체제기(1937~45) 纖維工業의 통제와 工業組合〉, 《韓國民族運動史研究》,
    于松趙東杰先生停年紀念論叢刊行委員會, 1997

배성준, 〈조선공업화에서 식민지공업으로–식민지시기 공업 연구의 흐름과 과제〉, 《역
    사연구》 35, 2018

변종화, 〈1883年의 韓國使節團의 보스튼 訪問과 韓美 科學技術 交流의 發端〉, 《한국과
    학사학회지》 4–1, 1982

서영희, 〈일본의 한국 보호국화와 통감부의 통치권 수립과정〉, 《韓國文化》 18, 1996

小林英夫, 〈總力戰體制와 植民地〉, 《日帝末期 파시즘과 韓國社會》, 청아출판사, 1988

孫禎淑, 《韓國 近代 駐韓 美國公使 研究(1883-1905)》, 이화여대 박사학위논문, 2004

辛尙勳, 〈解放後 電力業의 資本形成 및 技術蓄積 過程에 대한 研究〉, 고려대 석사학위
    논문, 1993

辛承權, 〈露日戰爭前後의 러시아와 韓國(1898~1905)〉, 《韓露關係100年史》, 韓國史研究
    協議會, 1984

신용옥, 〈대한민국 제헌헌법 경제조항 상의 國·公有化 실황〉, 《史林》 30, 2008

신용옥, 〈대한민국 제헌헌법상 경제질서의 사회국가적 성격 검토〉, 《사림》 47, 2014

신용옥, 〈제헌헌법 및 2차 개정 헌법의 경제질서에 대한 인식과 그 지향〉, 《사학연구》 89, 2008

辛容玉, 《大韓民國 憲法上 經濟秩序의 基源과 展開(1945~54年)》, 고려대 박사학위논문, 2006

安裕林, 〈1930年代 總督 宇垣一成의 植民政策〉, 《梨大史苑》 27, 1994

양지혜, 《일제하 일본질소비료(주)의 흥남 건설과 지역사회》, 한양대 박사학위논문, 2020

오선실, 〈1910~30년대 조선총독부의 전력정책과 식민지 기술관료들의 조선개발 인식〉, 《인문과학연구논총》 41-1, 2020

오선실, 〈1920~30년대 식민지 조선의 전력시스템 전환-기업용 대형 수력발전소의 등장과 전력망 체계의 구축〉, 《한국과학사학회지》 30-1, 2008

오선실, 〈압록강에 등장한 동양 최대의 발전소, 수풍댐과 동아시아 기술체계의 형성〉, 《인문사회과학연구》 21-1, 2020

오선실, 《한국 현대 전력체계의 형성과 확산, 1945~1980》, 서울대 박사학위논문, 2017

吳世昌, 〈活貧黨考-1900~1904年〉, 《史學硏究》 21, 1969

吳鎭錫, 〈1898~1904년 漢城電氣會社의 설립과 경영〉, 《東方學志》 139, 2007

吳鎭錫, 〈1904~1909년 일본의 전력산업 침탈과 장악과정〉, 《한국근현대사연구》 44, 2008

吳鎭錫, 〈1904~1909년 韓美電氣會社의 설립과 경영〉, 《史學硏究》 88, 2007

吳鎭錫, 〈1910~1920년대 전력산업정책과 전력업계의 동향〉, 《한국근현대사연구》 63, 2012

吳鎭錫, 〈1910~20년대 京城電氣(株)의 設立과 經營變動〉, 《東方學志》 121, 2003

吳鎭錫, 〈1920~1930년대 초 전력통제정책의 수립과정〉, 《사학연구》 108, 2012

吳鎭錫, 〈1930년대 京城電氣의 사업부문별 경영분석을 통해 본 대중교통기구로서의 위상〉, 《大東文化硏究》 60, 2007

吳鎭錫, 〈1930년대 초 전력산업 公營化運動과 京城電氣〉, 《史學硏究》 94, 2009

오진석, 〈1955~1960년 김영선의 정치활동과 경제정책 실행방안 구상〉, 《민족문화연구》 83, 2019

吳鎭錫, 〈光武改革期 近代産業育成政策의 내용과 성격〉, 《歷史學報》 193, 2007

오진석, 〈회사의 등장과 발전〉, 《서울2천년사 22: 근대 서울의 경제와 개시》, 서울특별
시 시사편찬위원회, 2014

오진석, 〈시장과 백화점〉, 《서울2천년사 28: 일제강점기 서울의 경제와 산업》, 서울역사
편찬원, 2015

吳鎭錫, 〈일제말 電力國家管理體制의 수립〉, 《한국경제학보》 18-1, 2011

吳鎭錫, 〈일제하 朴興植의 기업가활동과 경영이념〉, 《東方學志》 118, 2002

오진석, 〈일제하 백화점업계의 동향과 관계인들의 생활양식〉, 《일제의 식민지배와 일상
생활》, 혜안, 2004

오진석, 〈제2공화국의 '현실화' 경제정책 추진과 비판론의 형성〉, 《韓國史研究》 185,
2019

吳鎭錫, 《한국근대 電力産業의 발전과 京城電氣(株)》, 연세대 박사학위논문, 2006

柳在坤, 〈日帝統監 伊藤博文의 對韓侵略政策〉, 《淸溪史學》 10, 1993

李民植, 〈금산 이하영 연구(1858~1929)〉, 《백산학보》 50, 1998

이민식, 〈석거 이채연(1861~1900)〉, 《근대한미관계사》, 백산자료원, 2000

李玟源, 《俄館播遷 前後의 韓露關係 1895~1898》, 한국정신문화연구원 박사학위논문,
1994

李培鎔, 〈澁澤榮一과 對韓經濟侵略〉, 《國史館論叢》 6, 1989

이상철, 〈1950년대의 산업정책과 경제발전〉, 문정인·김세중 편, 《1950년대 한국사의
재조명》, 선인, 2004

이승렬, 〈1930년대 전반기 일본군부의 대륙침략관과 '조선공업화' 정책〉, 《國史館論叢》
67, 1996

이영록, 〈제헌헌법상 경제조항의 이념과 그 역사적 기능〉, 《憲法學研究》 19-2, 2013

李泰鎭, 〈1896~1904년 서울 도시개조사업의 주체와 지향성〉, 《한국사론》 37, 1997

이현진, 〈1950년대 미국의 對韓援助구상과 경제조정관실〉, 《韓國思想史學》 26, 2006

李炯眞, 〈日帝 강점기 米豆·證券市場정책과 '朝鮮取引所'〉, 1992, 연세대 석사학위논문

이혜영, 《제1공화국기 자유당과 '이승만 이후' 정치 구상》, 이화여대 박사학위논문,
2015

임송자, 〈1950년대 중·후반기~1960년대 전반기, 역대정부의 전력대책과 전원개발정책〉,《사림》56, 2016

장경호, 〈고종대 한성판윤 이채연의 정치성향과 활동〉,《鄕土서울》85, 2013

張基鉉, 〈植民地期 電力産業과 工業化의 展開〉, 성균관대 석사학위논문, 1997

장시원, 〈식민지기 商工業史 연구의 성과와 과제〉,《논문집》27, 한국방송통신대학교, 1999

전광석, 〈건국헌법의 사회경제질서구상〉,《제헌과 건국》, 나남, 2010

全遇容, 〈대한제국기~일제초기 서울 공간의 변화와 권력의 지향〉,《典農史論》5, 1999

전우용, 〈대한제국기~일제초기 宣惠廳 倉內場의 형성과 전개–서울 남대문 시장의 성립 경위〉,《서울학연구》12, 1999

全旌海, 〈大韓帝國 초기 韓露銀行에 관한 연구〉, 건국대 석사학위논문, 1991

全旌海,《大韓帝國의 산업화 시책 연구》, 건국대 박사학위논문, 2003

정대훈, 〈1950년대 말~1960년대 초 전력 3사의 통합 논의〉,《역사와 현실》105, 2017

정안기, 〈1930년대 電力國策, 〈朝鮮送電(주)〉의 연구〉,《東方學志》166, 2014

정안기, 〈1930년대 조선형 특수회사, 〈조선압록강수력발전(주)〉의 연구〉,《중앙사론》47, 2018

정안기, 〈1930년대 조선형 특수회사, 〈朝鮮電力(주)〉의 연구〉,《東方學志》170, 2015

정예지, 〈조선총독부의 전력통제와 일본질소비료회사의 전력사업〉, 연세대 석사학위논문, 2016

鄭在貞, 〈植民地期의 小運送業과 日帝의 統制政策〉,《歷史敎育》48, 1990

鄭眞阿, 〈6·25전쟁 후 이승만 정권의 경제재건론〉,《한국근현대사연구》42, 2007

정진아, 〈장면정권의 경제정책 구상과 경제개발5개년계획〉,《韓國史硏究》176, 2017

정진아, 〈전후 이승만정권의 기간산업 육성론〉,《역사문제연구》22, 2009

정진아,《제1공화국기(1948~1960) 이승만정권의 경제정책론 연구: 국가 주도의 산업화 정책과 경제개발계획을 중심으로》, 연세대 박사학위논문, 2007

조광 외,《장면총리와 제2공화국》, 경인문화사, 2003

조재곤, 〈대한제국의 식산흥업정책과 상공업기구〉,《한국학논총》34, 2010

車映勳, 〈國家再建最高會議의 組織과 活動(1961.5~1963.12)〉, 경북대 석사학위논문,

2005

崔惠圭, 〈露日開戰을 둘러싼 니꼴라이2세의 東아시아政策〉, 한양대 석사학위논문,
　　1992

최상오, 〈이승만 정부의 경제정책과 공업화 전략〉, 《경제사학》 35, 2003

崔正洙, 《T.루즈벨트의 '世界政策'》, 한양대 박사학위논문, 2000

한봉석, 〈1950년대 말 개발차관기금의 성격연구〉, 《역사연구》 36, 2019

한봉석, 〈1950년대 미국 대한 기술원조의 역사적 한 맥락−제2대 경제조정관 윌리엄 원
　　William E. Warne의 활동을 중심으로〉, 《한국인물사연구》 23, 2015

한봉석, 《1950년대 미국의 대한 기술원조 연구》, 성균관대 박사학위논문, 2017

韓哲昊, 〈대한제국 초기 한성부 도시개조사업과 그 의의−'친미' 개화파의 치도사업을
　　중심으로〉, 《鄕土서울》 59, 1999

韓哲昊, 〈주일 한국공사 李夏榮의 任免 배경 및 경위(1896~1900)〉, 《경주사학》 22, 2003

홍석률, 〈4월혁명과 이승만 정권의 붕괴 과정〉, 《역사문화연구》 36, 2010

홍성찬, 〈서울 상인과 한국 부르주아지의 기원−김씨가의 사례를 중심으로〉, 《한국경제
　　학보》 21−2, 2014

홍준화, 〈대한제국기 일본차관 교섭과 그 성격(1898~1904)〉, 《한국사학보》 38, 2010

홍준화, 〈大韓帝國期 借款교섭 失敗의 원인분석−韓美借款교섭을 중심으로〉, 《韓國史學
　　報》 13, 2002

홍준화, 〈雲南·大韓신디케이트차관과 열강의 개입(1901~1902)〉, 《한국사학보》 28, 2007

홍준화, 《대한제국기 조선의 차관교섭과 국제관계》, 고려대 박사학위논문, 2006

황승흠, 〈제헌헌법 '제6장 경제' 편의 형성과정과 그것의 의미〉, 《법사학연구》 30, 2004

島田昌和, 〈産業の創出者·出資者經營者〉, 《企業家の群像と時代の息吹》, 有斐閣, 1998

島田昌和, 〈澁澤榮一の企業者活動と關係會社〉, 《革新の經營史》, 有斐閣, 1995

島田昌和, 〈澁澤榮一の明治20年代株式保有動向にみる企業者活動〉, 《經營論集》 4−1,
　　文京女子大學, 1994

島田昌和, 〈澁澤榮一の明治30年代株式·資金の移動にみる企業者活動〉, 《經營論集》
　　5−1, 文京女子大學, 1995

島田昌和, 〈第一(國立)銀行の朝鮮進出と澁澤榮一〉, 《經營論集》9-1, 文京女子大學, 1999

松崎裕子, 〈日露戰爭前後の韓國における米國經濟權益−甲山鑛山特許問題を中心に〉, 《史學雜誌》112-10, 2003

李淳衡, 〈植民地工業化論と宇垣一成總督の政策〉, 《宇垣一成とその時代》, 早稻田大學現代政治經濟研究所, 1999

村上勝彦, 〈植民地〉, 《日本産業革命の研究 上卷》, 東京大學出版會, 1975

村上勝彦, 〈第一銀行朝鮮支店と植民地金融〉, 《土地制度史學》61, 1973

波形昭一, 《日本植民地金融政策史の研究》, 早稻田大學出版部, 1985

河合和男, 〈第二次水力調査と朝鮮總督府官僚の水力認識〉, 《日本の朝鮮·臺灣支配と植民地官僚》, 思文閣出版, 2009

広瀬貞三, 〈植民地期朝鮮における漢江水電の華川·清平ダム建設〉, 《福岡大学研究部論集A》14-2, 2015

Oh Jinseok, "Changes in the Business Environment under the Wartime Control Economy and the Response of the Gyeongseong(Keijō) Electric Co.", *The Review of Korean Studies*, Vol.14 No.4, 2011

주석

서론

[1] 金容燮, 《증보판 韓國近現代農業史硏究》, 지식산업사, 2000; 洪性讚, 《韓國近代農村 社會의 變動과 地主層》, 지식산업사, 1992; 방기중, 《한국근현대사상사연구》, 역사 비평사, 1992.

[2] 본서에서 다루는 시기의 근대산업에 관한 연구사는 吳鎭錫, 〈光武改革期 近代産業育 成政策의 내용과 성격〉, 《歷史學報》 193, 2007; 조재곤, 〈대한제국의 식산흥업정책 과 상공업기구〉, 《한국학논총》 34, 2010; 조재곤, 《고종과 대한제국: 황제 중심의 근 대 국가체계 형성》, 역사공간, 2020; 堀和生, 《朝鮮工業化の史的分析》, 有斐閣, 1995(주익종 역, 《한국 근대의 공업화》, 전통과현대, 2003); 장시원, 〈식민지기 商工業史 연구의 성과와 과제〉, 《논문집》 27, 한국방송통신대학교, 1999; 배석만, 〈일제강점 기 공업사연구의 쟁점과 과제〉, 《역사와 세계》 48, 2015; 배성준, 〈조선공업화에서 식민지공업으로—식민지시기 공업 연구의 흐름과 과제〉, 《역사연구》 35, 2018; 최상 오, 〈이승만 정부의 경제정책과 공업화 전략〉, 《경제사학》 35, 2003; 이상철, 〈1950 년대의 산업정책과 경제발전〉, 문정인·김세중 편, 《1950년대 한국사의 재조명》, 선 인, 2004; 정진아, 《제1공화국기(1948~1960) 이승만정권의 경제정책론 연구: 국가 주 도의 산업화정책과 경제개발계획을 중심으로〉, 연세대 박사학위논문, 2007; 박태 균, 《원형과 변용—한국 경제개발계획의 기원》, 서울대학교출판부, 2007; 김두얼,

〈한국의 산업화와 근대 경제 성장의 기원, 1953~1965〉, 《한국경제사의 재해석》, 해남, 2017 참조.

3 權泰檍, 《韓國近代綿業史硏究》, 一潮閣, 1989; 李培鎔, 《韓國近代鑛業侵奪史硏究》, 一潮閣, 1989; 羅愛子, 《韓國近代海運業史硏究》, 國學資料院, 1998; 정재정, 《일제 침략과 한국철도(1892~1945)》, 서울대학교출판부, 1999; 林采成, 《戰時經濟と鐵道運營》, 東京大學出版會, 2005; 배석만, 《한국 조선산업사: 일제시기편》, 선인, 2014.

4 小林英夫 編, 《植民地への企業進出》, 栢書房, 1994; 전우용, 《한국회사의 탄생》, 서울대학교출판문화원, 2011; 오진석, 〈회사의 등장과 발전〉, 《서울2천년사 22: 근대 서울의 경제와 개시》, 서울특별시 시사편찬위원회, 2014; 오미일, 《한국 근대 자본가 연구》, 한울아카데미, 2002; 오미일, 《근대 한국의 자본가들》, 푸른역사, 2014; Carter J. Eckert, *Offspring of Empire: The Kochang Kims and the Colonial Origins of Korean Capitalism,* 1876~1945, Seattle: Univ. of Washington Press, 1991(주익종 역, 《제국의 후예》, 푸른역사, 2008); 주익종, 《대군의 척후》, 푸른역사, 2008; 이승렬, 《제국과 상인》, 역사비평사, 2007; 홍성찬, 〈서울 상인과 한국 부르주아지의 기원-김씨가의 사례를 중심으로〉, 《한국경제학보》 21-2, 2014; 吳鎭錫, 〈일제하 朴興植의 기업가활동과 경영이념〉, 《東方學志》 118, 2002.

5 魯仁華, 〈大韓帝國時期의 漢城電氣會社에 關한 硏究〉, 《梨大史苑》 17, 1980; 김연희, 〈大韓帝國期의 전기사업-1897~1905년을 중심으로〉, 《한국과학사학회지》 19-2, 1997; 김연희, 〈대한제국의 전기사업〉, 《근현대 한국사회의 과학》, 창작과비평사, 1998; 김연희, 〈대한제국기의 전차 사업〉, 《서울의 전차》, 서울역사박물관 전시과, 2019, 190~197쪽; 《韓國電氣百年史 上》, 韓國電力公社, 1989.

6 김연희, 앞의 글, 1997.

7 吳鎭錫, 〈1898~1904년 漢城電氣會社의 설립과 경영〉, 《東方學志》 139, 2007; 吳鎭錫, 〈1904~1909년 韓美電氣會社의 설립과 경영〉, 《史學硏究》 88, 2007; 吳鎭錫, 〈1904~1909년 일본의 전력산업 침탈과 장악과정〉, 《한국근현대사연구》 44, 2008.

8 대한제국기 정치세력의 동향과 대외관계에 대한 최근 연구는 韓哲昊, 《親美開化派硏究》, 國學資料院, 1998; 서영희, 《대한제국정치사연구》, 서울대학교출판부, 2003; 김영수, 《미쩰의 시기: 을미사변과 아관파천》, 景仁文化社, 2012; 최문형, 《국제관계

로 본 러일전쟁과 일본의 한국병합》, 지식산업사, 2004; 최문형, 《러시아의 남하와
일본의 한국 침략》, 지식산업사, 2007; 金元洙, 《露日戰爭의 原因에 대한 再檢討》,
한양대 박사학위논문, 1997; 玄光浩, 《大韓帝國의 對外政策》, 신서원, 2002; 현광호,
《대한제국과 러시아 그리고 일본》, 선인, 2007; 김영수, 《고종과 아관파천: 이희, 러
시아공사관에서 375일》, 역사공간, 2020 등 참조.

[9] 吳鎭錫, 〈光武改革期 近代産業育成政策의 내용과 성격〉, 《歷史學報》 193, 2007 참조.

[10] 吳鎭錫, 〈1910~20년대 京城電氣(株)의 設立과 經營變動〉, 《東方學志》 121, 2003; 吳
鎭錫, 〈1930년대 京城電氣의 사업부문별 경영분석을 통해 본 대중교통기구로서의
위상〉, 《大東文化研究》 60, 2007; 吳鎭錫, 〈1930년대 초 전력산업 公營化運動과 京
城電氣〉, 《사학연구》 94, 2009; Oh Jinseok, "Changes in the Business Environment
under the Wartime Control Economy and the Response of the Gyeongseong(Keijō)
Electric Co.", *The Review of Korean Studies*, Vol.14 No.4, 2011.

[11] 姜在彦 編, 《朝鮮における日窒コンツェルン》, 不二出版, 1985; 정예지, 〈조선총독부
의 전력통제와 일본질소비료회사의 전력사업〉, 연세대 석사학위논문, 2016; 양지
혜, 《일제하 일본질소비료(주)의 흥남 건설과 지역사회》, 한양대 박사학위논문,
2020; 정안기, 〈1930년대 電力國策, 〈朝鮮送電(주)〉의 연구〉, 《東方學志》 166, 2014;
정안기, 〈1930년대 조선형 특수회사, 〈朝鮮電力(주)〉의 연구〉, 《東方學志》 170,
2015; 정안기, 〈1930년대 조선형 특수회사, 〈조선압록강수력발전(주)〉의 연구〉, 《중
앙사론》 47, 2018; 오선실, 〈압록강에 등장한 동양 최대의 발전소, 수풍댐과 동아시
아 기술체계의 형성〉, 《인문사회과학연구》 21-1, 2020; 李炳植, 〈조선의 전기왕 오
구라 다케노스케(小倉武之助)와 조선사회〉, 《東洋史學研究》 145, 2018; 林采成, 〈金剛
山電鉄における電力・鉄道兼業体制の成立とその経営成果〉, 《東京経大学会誌.経済
学》 297, 2018; 広瀬貞三, 〈植民地期朝鮮における漢江水電の華川・清平ダム建設〉,
《福岡大学研究部論集A》 14-2, 2015.

[12] 堀和生, 〈植民地朝鮮の電力業と統制政策-1930年以後を中心に-〉, 《日本史研究》
265, 1984(堀和生, 《朝鮮工業化の史的分析》, 有斐閣, 1995에 재수록); 金景林, 〈1930년대
植民地 朝鮮의 電氣事業〉, 《史學研究》 42, 한국사학회, 1990; 김경림, 〈식민지 조선
전기사업의 발흥〉, 《梨大史苑》 30, 이대사학회, 1997; 김경림, 〈식민지시기 독점적

전기사업체제의 형성〉, 《梨大史苑》 32, 1999; 김경림, 〈식민지시기 조선의 독점적
전기 수급구조와 공업구조의 기형화〉, 《梨花史學研究》 28, 2001; 張基鉉, 〈植民地期
電力産業과 工業化의 展開〉, 성균관대 석사학위논문, 1997; 오선실, 〈1920~30년대
식민지 조선의 전력시스템 전환─기업용 대형 수력발전소의 등장과 전력망 체계의
구축〉, 《한국과학사학회지》 30-1, 2008; 朝鮮電氣事業史編輯委員會 編, 《朝鮮電氣
事業史》, 中央日韓協會, 1981.

[13] Thomas P. Hughes, *Networks of Power: Electrification in Western Society, 1880-1930*,
Baltimore: Johns Hopkins University Press, 1983(市場泰男 譯, 《電力의 歷史》, 平凡社,
1996, 제1장).

[14] 吳鎭錫, 〈1910~1920년대 전력산업정책과 전력업계의 동향〉, 《한국근현대사연구》
63, 2012.

[15] 吳鎭錫, 〈1920~1930년대 초 전력통제정책의 수립과정〉, 《사학연구》 108, 2012.

[16] 堀和生, 앞의 글; 김경림, 〈일제말 전시하 조선의 전력통제정책〉, 《國史館論叢》 66,
1996; 吳鎭錫, 〈일제말 電力國家管理體制의 수립〉, 《한국경제학보》 18-1, 2011.

[17] 《京城電氣株式會社五十五年沿革史》, 京城電氣株式會社, 1953; 《京城電氣株式會社六
十年沿革史》, 京城電氣株式會社, 1958; 《南鮮電氣株式會社現況》, 南鮮電氣株式會
社, 1958; 太完善, 《朝鮮電業株式會社十年史》, 朝鮮電業株式會社, 1955; 《韓國電氣
百年史 上》, 韓國電力公社, 1989, 제3편; 李宗勳, 《살아있는 전력사 I》, 한국전력공
사, 1998.

[18] 辛尙勳, 〈解放後 電力業의 資本形成 및 技術蓄積 過程에 대한 研究〉, 고려대 석사학
위논문, 1993; 金甫瑛, 《解放後 南北漢交易에 관한 研究》, 고려대 박사학위논문,
1995; 김보영, 〈8.15직후 남북한간의 전력교역〉, 《경제사학》 20, 1996; 류승주,
〈1946~1948년 남북한 전력수급교섭〉, 《역사와 현실》 40, 2001.

[19] 임송자, 〈1950년대 중·후반기~1960년대 전반기, 역대정부의 전력대책과 전원개발
정책〉, 《사림》 56, 2016; 정대훈, 〈1950년대 말~1960년대 초 전력 3사의 통합 논
의〉, 《역사와 현실》 105, 2017; 노상호, 〈1940~50년대 '전시체제'와 국영전력사업
체의 등장〉, 《한국문화연구》 33, 2017; 오선실, 《한국 현대 전력체계의 형성과 확산,
1945~1980》, 서울대 박사학위논문, 2017.

[20] 小林英夫·李光宰, 《朝鮮·韓國工業化と電力事業》, つげ書房新社, 2011; 李光宰, 《韓國電力業の起源》, つげ書房新社, 2013; 오선실, 앞의 논문, 2017.

I. 대한제국기 전력산업의 형성

[1] Thomas P. Hughes, *Networks of Power: Electrification in Western Society,* 1880~1930, Baltimore: Johns Hopkins University Press, 1983(市場泰男 譯, 《電力の歷史》, 平凡社, 1996, 제2장); Jill Jones, Empire of Light: Edison, Tesla, Westinghouse, and the Race to Electrify the World, New York: Random House, 2003(이충환 역, 《빛의 제국》, (주)양문, 2006); 제인 브룩스/박지훈 역, 《인간이 만든 빛의 세계사》, 을유문화사, 2013; Charles Bazerman, *The Languages of Edison's Light,* Cambridge, London: The MIT Press, 2002; Michael White, *Acid Tongues and Tranquil Dreamers: Tales of Bitter Rivalry that Fueled the Advancement of Science and Technology,* New York: William Morrow, 2001(이상원 옮김, 《천재과학자들의 경쟁과 성패1》, 사이언스북스, 2003); Wolfgang Schivelbusch, *Disenchanted Night: The Industrialization of Light in the Nineteenth Century,* Berkeley and Los Angeles, California: University of California Press, 1995; 남문현, 〈에디슨의 기업가 정신과 기술혁신〉, 《미국사연구》 7, 1998.

[2] 村尾一靜, 〈電氣鐵道の起りと其の發達〉, 《朝鮮公論》 2-8, 1914.8, 86~89쪽; John Anderson Miller, *Fares, Please! A Popular History of Trolleys, Horsecars, Streetcars, Buses, Elevateds, and Subways,* New York: Dover Publications, Inc., 1960; Charles W. Cheape, *Moving the Masses: Urban Public Transit in New York, Boston, and Philadelphia, 1880-1912,* Cambridge and London: Harvard University Press, 1980.

[3] 주미대한제국공사를 지낸 박정양은 당시 일부러 이 지역을 방문해 전기철도 운행을 직접 목도하고 관련 사실을 기록에 남겨 두었다. 박정양·한철호 역, 《미행일기》, 푸른역사, 2015, 152쪽, 〈1888년 9월 14일 자 일기〉.

[4] 변종화, 〈1883年의 韓國使節團의 보스튼 訪問과 韓美 科學技術 交流의 發端〉, 《한국과학사학회지》 4-1, 1982; 金源模, 《韓美修交史》, 철학과현실사, 1999, 제1장.

5 해링튼, 《開化期의 韓美關係》, 一潮閣, 1974, 158쪽; 이민식, 〈석거 이채연(1861~ 1900)〉, 《근대한미관계사》, 백산자료원, 2000, 400쪽.

6 전기, 전차 도입과 관련해서는 孫禎睦, 《韓國開港期都市社會經濟史硏究》, 一志社, 1982, 5장; 高成鳳, 〈植民地期朝鮮の市內電車〉, 《鐵道史學》14, 1998 참조.

7 해링튼, 앞의 책, 198쪽.

8 이채연에 대해서는 장경호, 〈고종대 한성판윤 이채연의 정치성향과 활동〉, 《鄕土서 울》85, 2013; 이민식, 앞의 글; 韓哲昊, 《親美開化派硏究》, 國學資料院, 1998 참조.

9 이채연이 설립과 경영에 관계한 회사는 大朝鮮苧麻製絲會社, 馬車會社, 大朝鮮銀行, 大韓運輸會社 등이다.

10 Dean Alexander Arnold, *American Economic Enterprises in Korea, 1895~1939,* University of Chicago, 1954(Reprinted by Arno Press Inc., 1976); 해링튼, 앞의 책.

11 〈漢城電氣會社〉(국사편찬위원회 소장 GF1167). 이하 '국편'으로 약칭함. 이 문서에는 작 성자와 작성일이 명기되어 있지 않다. 그러나 1897년 말 알렌이 콜브란에게 보낸 편 지(Allen to Collbran, 1897.12.13, Allen Letter Book, No.6, p.323)에서 제안한 사업내용과 유사한 것으로 보아 그 때쯤 작성된 것이 아닐까 한다. 이 문서는 현재 국편에 유리 필름으로 소장되어 있는데, 광무황제가 수장한 문서들과 함께 소장되어 있는 것으 로 보아 이채연이 광무황제에게 회사 설립과 관련해 보고한 문서라고 생각된다.

12 京仁鐵道美國會社는 당시 경인철도의 도급공사를 맡고 있었던 콜브란을 가리키는 것으로 보인다.

13 말로제모프(석화정 역), 《러시아의 동아시아정책》, 지식산업사, 2002, 159~164쪽; 全 旌海, 〈大韓帝國 초기 韓露銀行에 관한 연구〉, 건국대 석사학위논문, 1991; 辛承權, 〈露日戰爭前後의 러시아와 韓國(1898~1905)〉, 《韓露關係100年史》, 韓國史硏究協議 會, 1984; 李玟源, 《俄館播遷 前後의 韓露關係 1895~1898》, 한국정신문화연구원 박 사학위논문, 1994. 이 팽창정책은 1898년 4월 로젠-니시 협정 때까지 유지되었다.

14 Allen to Collbran, 1897.12.13, Allen Letter Book, No.6, p.323; Allen to Collbran, 1897.12.15, Allen Letter Book, No.6, p.325,

15 이에 관해 알렌은 "문서에는 농상공부의 관인이 날인되어야 하기 때문에 원본에는 미국인이 언급되어서는 안 된다. 그렇지 않으면 대신이 위험을 감지해 러시아인들

에게 보고할 수 있기 때문"이라고 설명했다. ibid.

[16] 그동안 이근배와 김두승은 한성전기의 설립청원인이라는 점 때문에 광무황제의 측근으로 단순 분류되어 왔다. 그러나 張浩鎭에 의하면 大韓天一銀行 설립 시(1899)에 광무황제는 측근인 李鍾建을 불러 김두승이 신임할 수 있는 인물인지 하문하였다고 하는데, 그보다 전인 한성전기 설립시(1898.1)에 광무황제가 김두승을 신임해 발기인으로 내세웠다고 보기는 힘들다. 張浩鎭, 《南渠自述》《大韓天一銀行公牒存案解說》, 한국상업은행행우회, 1960, 4~5쪽에서 재인용). 한편, 이근배도 1904년에 내장원경을 맡았다는 점 때문에 광무황제의 측근으로 분류되었지만, 1885년에 機器局委員을 지냈고 갑오정권하에서 工曹參議, 戶曹參議, 度支衙門參議 등을 역임했으며 한성전기 설립시에는 개화파 관료들과 더불어 민간회사 설립에 적극 나서고 있었다. 그는 대상인 이덕유의 아들이었으며 친미개화파 이완용의 추천으로 천주교에 입문하기도 했다. 이들은 이채연이 참여한 大朝鮮苧麻製絲會社, 馬車會社, 大朝鮮銀行의 설립과 경영에도 관여했다. 1898년 당시에는 광무황제의 측근이라기보다 이채연 계열로 분류되어야 할 인물들이다.

[17] 愼鏞廈, 《獨立協會研究》, 一潮閣, 1976, 150~158쪽; 吳世昌, 〈活貧黨考-1900~1904年〉, 《史學研究》 21, 1969.

[18] 〈漢城電氣會社 設立請願書〉(미국 국립문서보관소 소장). 영문은 《韓國電氣主要文獻集》, 韓國電力公社, 1990, 137~138쪽 참조. 이하 《文獻集》으로 약기함.

[19] 《독립신문》 1898.2.26.

[20] 《문헌집》, 138~140쪽; Allen to Assistant Secretary of State, "Proposed electric trolley street railway in Seoul", 1898.2.15, Despatch No.5 Consular; Allen to the Secretary of State, "Proposed electric trolley street railway in Seoul", 1898.2.15, Despatch No.73, Diplomatic. 상기 외교문서는 Despatches from United States Ministers to Korea에 수록(국회도서관 소장 MF005997~MF006018). 이하 동일하므로 생략함.

[21] 〈漢城電氣鐵道會社ノ近況〉(1900.2.20), 金容九 編, 《韓日外交未刊極秘史料叢書14》, 亞細亞文化社, 1995, 320~328쪽. 이하 《叢書》로 약기함.

[22] 《총서16》, 378~381쪽. 《문헌집》 177~178쪽과 《朝鮮電氣事業關係重要文獻集成 第一卷》, 友邦協會, 1958, 68~70쪽에는 계약자가 한성판윤 李學均으로 기재되어 있으

나 이는 이채연의 잘못이다. 당시 한성판윤은 이채연이었다.

23 Collbran to Allen(1900.8.20.), RG84, 84.3 Records of Consular Posts, Korea, Entry 816, Box6, Miscellaneous Papers, Consular Court Records(국편 소장), p.9.

24 《帝國新聞》 1898.9.14, 9.15; 《독립신문》 1898.9.16.

25 H. Collbran, "An Electric Railway in Corea", *The Railway Age*, vol.26, July 22, 1898, pp.514~515. 당초 개통식은 5월 1일로 예정되었으나 갑작스런 기계고장 때문에 우여곡절 끝에 4일로 연기되었다. 천주교 명동교회 編, 《뮈텔주교일기 II》, 한국교회사연구소, 1993, 1899년 5월 1일(이하 《뮈텔》로 약기함); 《독립신문》 1899.5.2, 5.4, 5.5; 《皇城新聞》 1899.5.4., 5.5; 《帝國新聞》 1899.4.29, 5.1, 5.5; 《時事叢報》 1899.5.1, 5.3, 5.5 참조.

26 개통식 사진은 *Colliers Weekly*, Vol. XXIII No. 15, July 15 1899, pp.12~13; 《朝鮮日報》 2004.5.19 참조.

27 《時事叢報》 1899.5.21, 8.11.

28 《皇城新聞》 1899.11.3, 11.16, 12.21, 12.22.

29 《皇城新聞》 1900.7.10.

30 《문헌집》, 209~212쪽.

31 《문헌집》, 155~158쪽.

32 보스트위크는 1870년 미국 디트로이트에서 태어나 초등학교를 졸업한 뒤 샌프란시스코로 이주해 보이즈 고등학교에서 토목공학을 공부했다. 1897년 한국으로 건너와 당시 경인철도 부설사업의 청부공사를 맡고 있던 콜브란 밑에서 일하였는데, 1899년경 콜브란과 정식으로 동업자관계를 맺고 콜브란-보스트위크 회사를 설립하였다.

33 〈漢城電氣鐵道會社ノ近況〉(1900.2.20), 《총서14》, 320~328쪽.

34 "한성전기는 사실상 황제 자신"이라는 알렌의 지적 참고. Allen to the Secretary of State, "Water-works and the French Loan", 1901.6.6, Despatch No.358 Diplomatic.

35 애초 운산금광 개발권은 모스가 취득하였는데 헌트에게 3만달러에 양도되었다. 이에 1899년 3월 광무황제는 운산금광합동을 개정해 특허기한을 연장해 주는 동시에 자신이 소유한 朝鮮礦務社의 주식 500주를 20만엔에 헌트에게 인도하였고, 헌트는 자본금 500만불의 東洋礦業開發株式會社Oriental Consolidated Mining Company를

새로이 창립하여 개발에 착수하는 대신 소출의 유무에 관계없이 광무황제에게 매년 2만5천엔을 상납하기로 약정했다. 〈認證書〉(국편 GF1176).

36 《문헌집》, 242~243쪽.

37 郭潤直, 《物權法》, 博英社, 2002, 462~466쪽; 姜台星, 《擔保物權法》, 慶北大學校出版部, 1995, 232~240쪽.

38 Allen to the Secretary of State, "The Seoul Electric Rail Road", 1900.4.14, Despatch No. 241 Diplomatic.

39 吳鎭錫, 〈光武改革期 近代産業育成政策의 내용과 성격〉, 《歷史學報》 193, 2007.

40 실제로 청량리선은 일반인들의 관심을 어릉참배로 모으는 효과가 있었다. 長風山人, 《近代朝鮮の橫顔》, 朝鮮硏究會, 1936, 332~335쪽.

41 Allen to the Secretary of State, "Proposed electric trolley street railway in Seoul", 1898.2.15, Despatch No.73, Diplomatic.

42 《皇城新聞》 1899.10.9.; 《독립신문》 1899.10.17, 10.20, 11.1.

43 《奏本3》, 서울大學校 奎章閣, 1995, 537~540쪽(이하 《奏本》으로 약칭함); 〈奏百七十二〉 (1899.9.9), 《各部請議書存案12》; 《內部來文10》, 〈通牒 第五百九號〉(1899.5.26), 〈照會 第十號〉(1899.6.5); 〈照會1-2〉, 〈照會 第 號〉(1899.5.31); 《起案2》, 〈照覆 第十九號〉 (1899.5.31), 〈照覆 第二十一號〉(1899.6.9); 《起案4》, 〈訓令 第 警務廳 二十七號 漢城府 二十八號〉(1899.5.31); 《高宗實錄》 高宗36年10月6日.

44 한성부 도시개조사업은 金光宇, 〈大韓帝國時代의 都市計劃-漢城府 都市改造事業-〉, 《鄕土서울》 50, 1991; 李泰鎭, 〈1896~1904년 서울 도시개조사업의 주체와 지향성〉, 《한국사론》 37, 1997; 全遇容, 〈대한제국기~일제초기 서울 공간의 변화와 권력의 지향〉, 《典農史論》 5, 1999; 韓哲昊, 〈대한제국 초기 한성부 도시개조사업과 그 의의-'친미' 개화파의 치도사업을 중심으로〉, 《鄕土서울》 59, 1999 참조.

45 Western Quarter of Seoul, 1901; 《韓國京城全圖》, 京釜鐵道株式會社, 1903.

46 전우용, 〈대한제국기~일제초기 宣惠廳 倉內場의 형성과 전개-서울 남대문 시장의 성립 경위〉, 《서울학연구》 12, 1999; 오진석, 〈시장과 백화점〉, 《서울2천년사 28: 일제강점기 서울의 경제와 산업》, 서울역사편찬원, 2015.

47 개항 이후 용산의 변모 양상은 박찬승, 〈러일전쟁 이후 서울의 일본인 거류지 확장

과정〉,《지방사와 지방문화》5-2, 2002;《龍山區誌》, 서울特別市 龍山區, 2001 참조.

48 《京城府史 第2卷》, 京城府, 1936, 683쪽

49 〈漢城電氣鐵道會社ノ近況〉(1900.2.20),《총서14》, 320~328쪽;《문헌집》, 177~178쪽.

50 당시 용산의 모습은 에밀 부르다레,《대한제국 최후의 숨결》, 글항아리, 2009, 252~254쪽 참조.

51 《문헌집》, 155~158쪽.

52 《문헌집》, 244~245쪽.

53 《문헌집》, 158~159쪽.

54 Bostwick to Ye Cha Yun, 1900.2.18,《주한미국공사관·영사관기록14》, 한림대학교출판부, 2001, 128~129쪽(이하《미국공사관》으로 약기함).

55 Bostwick to Ye Cha Yun, 1900.3.6,《미국공사관14》, 130쪽.

56 Allen to Hill, "American Firm Collbran & Bostwick, Successful Enterprise.", No. 56 Consular, March 15, 1900. 일본공사관의 정보에 의하면 황실은 官蔘 판매액으로 대금을 충당했다고 한다. 〈漢城電氣鐵道會社ニ關スル後聞〉(1900.5.8),《총서14》, 336~339쪽.

57 《문헌집》, 213~215쪽.

58 이채연은 당시 생사의 갈림길에 놓여 있었기 때문에 이 계약을 체결할 수 없었다. 그는 다음날 사망하였다. 광무황제는 이채연을 대신해 계약을 체결할 인물로 이윤용을 선택했다. 이윤용은 이완용의 서형으로 친미파의 일원이었으며 각종 기업의 설립과 경영에 적극적으로 참여한 대표적인 '관료기업가'의 한 사람이었다. 광무황제는 이 점을 고려한 것으로 보인다. 그러나 이윤용은 이 계약만 체결하고 한성전기의 경영에는 계속 관여하지 않았던 것으로 보인다. 이윤용 본인의 말에 의하면 1900년 8월 15일에 한성전기 사장에 임명되었지만, 1901년 4월 16일 부친상을 당해 사임하였다고 한다.《帝國新聞》1903.5.19. 그 뒤로 사장은 줄곧 공석이었고, 후임이 임명된 것 같지는 않다.

59 여기에는 전쟁이나 정치적 격변이 일어나면 모든 책임을 면제받는다는 조항이 삽입되었다.《문헌집》159~160쪽.

60 《문헌집》, 245~248쪽.

⁶¹ 〈漢城電氣鐵道二關スル續報〉(1900.3.16), 《총서14》, 329~330쪽.

⁶² 《주본3》, 554~555쪽; 《各部請議書存案12》, 〈奏百七十八〉(1899.9.6); "Copy of Agreement Between Seoul Electric Co. and Collbran and Bostwick Respecting Song Do Railway", 《총서15》, 151~161쪽; 《문헌집》, 218~220쪽; 《皇城新聞》 1899.9.7.

⁶³ 《皇城新聞》 1900.3.19.

⁶⁴ 김이순, 《대한제국 황제릉》, 소와당, 2010, 69~94쪽 참조.

⁶⁵ 《高宗實錄》 高宗37年6月21日, 6月22日, 6月24日, 7月16日, 8月 24日, 9月1日, 9月3日, 9月21日, 9月26日, 10月18日, 10月28日, 10月31日, 11月2日, 12月19日.

⁶⁶ 《문헌집》, 222~224쪽.

⁶⁷ 《문헌집》, 220~222쪽. 이에 따라 전기철도가 부설되는 도로는 폭 50피트(약 15.2m), 그렇지 않은 도로는 폭 40피트(약 12.2m)로 건설하기로 했다. 《문헌집》, 224~225쪽. 예비계약은 콜브란측의 요청에 의한 것이었다. Bostwick to Ye Cha Yun, 1900.4.27, 《미국공사관13》, 580~581쪽.

⁶⁸ 《皇城新聞》 1901.1.30. 한성전기는 농산물 판매 후 귀가하는 승객에게는 차비를 받지 않을 방침까지 세웠다.

⁶⁹ 金希硏, 〈대한제국기 한성수도부설권 문제〉, 《한국근현대사연구》 88, 2019.

⁷⁰ Enclosure No.10-A, 1898.12.26, in Allen to the Secretary of State, "Claim of Collbran & Bostwick on Korean Government", 1902.8.29, Despatch No.500 Diplomatic.

⁷¹ Enclosure No.10-B, 1900.7.14, in ibid.

⁷² Enclosure No.14, in ibid.

⁷³ Allen to the Secretary of State, "Japanese Interference with American interests in Korea", 1900.9.25, Despatch No.282 Diplomatic.

⁷⁴ Enclosure No.11-A, 1900.12.17, in Allen to the Secretary of State, "Claim of Collbran & Bostwick on Korean Government", 1902.8.29, Despatch No.500 Diplomatic.

⁷⁵ Enclosure No.11-B, 1901.5.20, in ibid.

⁷⁶ Collbran to Hagiwara, 1902.6.11, 《駐韓日本公使館記錄25》, 國史編纂委員會, 1998, 213쪽; 《漢城に於ける米國の電氣權益と帝國の態度(一)》(學習院大學 東洋文化硏究所 所藏文書), 44쪽.

77 〈京城電氣會社財産取調件〉(1902.12.6),《총서15》, 65~75쪽;《일본공사관25》, 272~ 275쪽.

78 1901년 4월 1일 대한제국은 콜브란측으로부터 五國公使派遣經費로 5만8천원을 빌 렸다가 1904년 9월에 이자 8,390.982원을 합해 모두 갚았다.《奏本7》, 297~299쪽.

79 《皇城新聞》 1900.4.12, 5.19;《백년사》, 122~123쪽.

80 《皇城新聞》 1899.8.9;《時事叢報》 1899.8.11.

81 《皇城新聞》 1901.5.17.

82 《皇城新聞》 1902.11.15.

83 《皇城新聞》 1900.4.11.

84 1901년 6월 17일에는 경운궁에 전등 6등을 점등하였다.《皇城新聞》 1901.6.18.

85 R.A.McLellan, "Electric Light and Power in Korea", Cassier's Magazine, 1902.9(《문헌집》, 229~232쪽);《皇城新聞》 1901.5.17.

86 《皇城新聞》 1901.8.16, 8.19;《뮈텔Ⅲ》, 1901년 8월 17일자.

87 《皇城新聞》 1901.10.4.

88 《뮈텔Ⅲ》, 1902년 1월 2일자;《백년사》, 120~122쪽.

89 《皇城新聞》 1902.1.7;《뮈텔Ⅲ》, 1902년 1월 6일자.

90 이 때문에 건물 안에는 금고가 설치되었다. 콜브란측은 아예 건물 이름을 대한제국 은행빌딩The Imperial Dai Han Bank Building이라고 부를 정도였다.《駐韓日本公使 館記錄25》, 國史編纂委員會, 1998, 264쪽(이하《일본공사관》으로 약기함).

91 Enclosure Application and Answer(1900.3.4), in Collbran to Allen, 1902.12.31,《미국공 사관16》, 3쪽;《皇城新聞》 1900.3.21.

92 Allen to the Secretary of State, "Existing political, commercial and industrial condition of Korea.", 1901.2.25, Despatch No.316 Diplomatic.

93 Allen to the Secretary of State, "The Political Situation", 1899.11.18, Despatch No.214 Diplomatic.

94 샌즈에 대해서는 김현숙,《근대 한국의 서양인 고문관들》, 한국연구원, 2008 참조.

95 〈漢城電氣鐵道ニ關スル續報〉(1900.4.4),《총서14》, 331~335쪽. 한성전기와 콜브란측 이 작성한 계약서에는 주로 이채연, 이윤용이 서명하고, 민상호, 현상건, 샌즈 등이

증인으로 참여하였다. Collbran to Allen, 1900.10.25, 《미국공사관14》, 122~124쪽. 특히 이채연, 민상호, 강석호 등은 알렌과 빈번하게 편지를 교환했다. 한성전기가 발전소를 건설한 부지는 원래 민영환 소유지였으며, 민영환은 전등 개설예식에서 점등을 맡기도 했다.

[96] Sands to the Secretary of State, "Reporting certain troubles in connection with the new electric railway in Seoul", 1899.6.5, Despatch No.197 Diplomatic; *Collier's Weekly*, Vol. XXIII No. 15, July 15 1899, p.16; *Collier's Weekly*, Vol. XXIII No. 16, July 22 1899, p.15; 《司法稟報(乙)18》, 〈報告書 第八十一號〉(1899.6.28), 〈質稟書 第九十三號〉(1899.7.13.); 《皇城新聞》 1899.5.27; 《독립신문》 1899.5.27.; 《帝國新聞》 1899.5.30; 《時事叢報》 1899.5.27, 6.4, 6.10; 《高宗實錄》 高宗36년5月27日, 5月30日; 《뮈텔 II》, 1899년 5월 26일 자.

[97] Collbran to Sands, 1899.6.20, 《미국공사관13》, 185쪽; J. H. Morris, "Early Experience with the Seoul Street Railway", *The Korea Mission Field*, Vol. XXXVL No. 2, Feb. 2 1940, pp.26~27. 《백년사》, 110쪽에는 회고록에 근거해 미국인 운전수 10명과 기관사 2명을 데려왔다고 기록하고 있지만, 이는 잘못이다.

[98] 《皇城新聞》 1899.5.29, 6.3, 6.24, 8.9; 《독립신문》 1899.8.11.

[99] 〈漢城電氣鐵道會社ノ近況〉(1900.2.20), 《총서14》, 320~328쪽; Allen to the Secretary of State, "The Seoul Electric Rail Road", 1900.4.14, Despatch No.241 Diplomatic; Allen to the Secretary of State, "The Seoul Electric Railway", 1900.4.18, Despatch No.242 Diplomatic; 《문헌집》, 182~201쪽; 《農商工部來去文8》, 〈照會 第三十三號〉(1899.8.23), 〈照覆 第三十號〉(1899.9.9), 〈照覆 第三十四號〉(1899.9.16); 《皇城新聞》 1899.8.25., 1900.4.14; 《帝國新聞》 1900.4.14.

[100] Ye Kai Field to Bostwick, 《미국공사관13》, 561~563쪽.

[101] Enclosure No.1, Allen to Hayashi, 1900.4.9, in Allen to the Secretary of State, "The Seoul Electric Rail Road", 1900.4.14, Despatch No.241 Diplomatic; Enclosure No.2, Collbran & Bostwick to Allen, 1900.4.9, in ibid.; Enclosure No.1, Hayashi to Allen, 1900.4.14, in Allen to the Secretary of State, "The Seoul Electric Railway", 1900.4.18, Despatch No.242 Diplomatic.

[102] Allen to the Secretary of State, "The Political Situation", 1899.11.18, Despatch No.214 Diplomatic.

[103] Allen to the Secretary of State, "Attitude of the Japanese to the Seoul Electric Street railway", 1900.9.5, Despatch No.277 Diplomatic.

[104] Enclosure No.1, Allen to Hayashi, 1900.9.3, in ibid.; Enclosure No.2, Hayashi to Allen, 1900.9.4, in ibid.

[105] 《문헌집》 224~225쪽.

[106] Allen to the Secretary of State, "Brown Incident. French Loan, and American Interests", 1901.4.29, Despatch No.339 Diplomatic.

[107] Allen to the Secretary of State, "Japanese Interference with American interests in Korea", 1900.9.25, Despatch No.282 Diplomatic.

[108] 대한제국기 정치세력의 동향은 韓哲昊, 《親美開化派研究》, 國學資料院, 1998; 서영희, 《대한제국정치사연구》, 서울대학교출판부, 2003; 김영수, 《미쩰의 시기: 을미사변과 아관파천》, 景仁文化社, 2012 참조.

[109] 長風山人, 《近代朝鮮の横顔》, 朝鮮研究會, 1936, 347쪽.

[110] 〈報告書 第六十五號〉(1899.8.2), 《司法稟報》; 《皇城新聞》 1899.8.2; 《독립신문》 1899.8.2. 이기홍은 笞一百 懲役三年에 처해졌으나 보석으로 풀려났다.

[111] Allen to the Secretary of State, "Relations of Japan to Korea", 1900.8.23, Despatch No.272 Diplomatic; Collbran to Allen, 1901.6.19, 《미국공사관18》, 283~285쪽.

[112] Allen to Pierce(Third Assistant Secretary of State), 1902.2.13. 알렌은 '이용익 독살설' 정보를 마치 광무황제에게서 들은 것처럼 말하고 있지만, 이채연 사망 직후 알렌이 광무황제를 독대한 자리에서 광무황제는 오히려 일본인에 의한 암살 의혹을 제기하고 있었다. Allen to the Secretary of State, "Account of a Private Interview with the Emperor", 1900.8.31, Despatch No.275 Diplomatic. 따라서 위 편지를 근거로 섣불리 이용익의 이채연 암살을 단정지어서는 곤란하다고 생각된다. 이채연의 임종을 지켜 본 샌즈는 이채연이 독살된 것으로 판단했지만, 이채연이 끝까지 범인을 발설하지는 않았다고 한다. William F. Sands, *Undiplomatic Memories, Whittlesey House,* New York: McGraw-Hill Book Co. Inc., 1930, pp.126~127(샌즈/신복룡 역주, 《조선비망록》,

집문당, 1999, 134~135쪽). 알렌은 한성전기 종로사옥의 화재도 이용익의 소행으로 의심하고 있었다.

113 《日本外交文書33》, 日本國際聯合協會, 1956, 178쪽, 〈147 韓國政府ノ京義鐵道自力經營計劃并二韓國領事ノ京元鐵道(敷設權)要求二關シ具申ノ件〉(1900.11.6).

114 광무황제는 잦은 지불약속 번복을 이용익이 돈을 주지 않는 탓으로 돌리곤 했다. 광무황제가 핑계를 댄 것이라고 생각되지만, 그만큼 이용익의 재정상 권한이 막중했음을 보여 준다. Allen to the Secretary of State, "Brown Incident. French Loan, and American Interests", 1901.4.29, Despatch No.339 Diplomatic.

115 《皇城新聞》1900.8.23.

116 "현상건은 매우 야심에 차 있었는데 그것이 결국 그를 파멸하게 했다"는 샌즈의 언급을 참조. William F. Sands, op. cit., pp.124~125(샌즈, 앞의 책, 132~133쪽). 현상건은 나중에 이용익과 함께 국외중립선언을 실행할 정도로 긴밀한 관계를 맺게 되었다.

117 Allen to the Secretary of State, "Brown Incident. French Loan. Attack on Ye Yong Ik", 1901.5.11, Despatch No.346 Diplomatic.

118 1901년 4월 정부에서는 천릉을 다음해 봄으로 연기하고 다시 일정을 논의했으나 결국 흐지부지되고 말았고, 1904년 11월에는 홍릉을 옮기기 위해 설치했던 도감을 철폐해 사업을 취소했다. 홍릉은 1919년 3월 광무황제의 붕어 이후에서야 명성황후와의 합장을 위해 금곡으로 옮겼다. 《高宗實錄》高宗38年4月21日, 41年11月13日.

119 《문헌집》, 226~227쪽.

120 Allen to the Secretary of State, "Proposed Seoul Water works", 1901.10.11, Despatch No.407 Diplomatic; Allen to the Secretary of State, "Water works for the city of Seoul", 1901.10.14, Despatch No.411 Diplomatic; Enclosure No.10-C, 1901.10.22, in Allen to the Secretary of State, "Claim of Collbran & Bostwick on Korean Government", 1902.8.29, Despatch No.500 Diplomatic. 아마도 이는 우선 콜브란측의 자금으로 공사를 진행한 후 매년 20만엔씩 갚아 나가는 방식을 의미하는 듯하다. 《皇城新聞》1901.10.4.

121 당시 완공된 도로 모습은 버튼 홈즈/이진석 역, 《1901년 서울을 걷다》, 푸른길, 2012, 180쪽 참조.

[122] 《문헌집》, 228~229쪽.

[123] Collbran to Allen, 1902.2.2.

[124] Allen to the Secretary of State, "Proposed Seoul Water works", 1901.10.11, Despatch No.407 Diplomatic; Allen to the Secretary of State, "Water works for the city of Seoul", 1901.10.14, Despatch No.411 Diplomatic; Allen to the Secretary of State, "Claims of Collbran & Bostwick", 1902.11.21, Despatch No.533 Diplomatic; Allen to Pierce(Third Assistant Secretary of State), 1902.1.21.

[125] Allen to the Secretary of State, "Brown Incident, and French Loan as Lien on Customs", 1901.4.24, Despatch No.335 Diplomatic.

[126] 이 시기 차관문제에 대해서는 별다른 언급이 없는 한 羅愛子, 〈李容翊의 貨幣改革論 과 日本第一銀行券〉, 《韓國史研究》 45, 1984; 森山茂德, 《近代日韓關係史研究》, 玄 晋社, 1994; 홍준화, 《대한제국기 조선의 차관교섭과 국제관계》, 고려대 박사학위논 문, 2006; 홍준화, 〈大韓帝國期 借款교섭 失敗의 원인분석-韓美借款교섭을 중심으 로〉, 《韓國史學報》 13, 2002; 홍준화, 〈雲南·大韓신디케이트차관과 열강의 개입 (1901~1902)〉, 《한국사학보》 28, 2007; 홍준화, 〈대한제국기 일본차관 교섭과 그 성 격(1898~1904)〉, 《한국사학보》 38, 2010; 김현숙, 《근대 한국의 서양인 고문관들》, 한 국연구원, 2008; 全旌海, 《大韓帝國의 산업화 시책 연구》, 건국대 박사학위논문, 2003 참조.

[127] 《日本外交文書33》, 日本國際聯合協會, 1956, 144쪽, 〈122 關稅ヲ擔保トスル米國人 トノ起債契約ニ抗議ノ件〉(1900.9.20).

[128] Allen to the Secretary of State, "Japanese Interference with American interests in Korea", 1900.9.25, Despatch No.282 Diplomatic; Allen to the Secretary of State, "Loan to the Korean Government based upon the Custom's revenues", 1900.11.23, Despatch No.301 Diplomatic. 브라운은 애초에 영·미·일 3국의 연합차관까지 구상했다. 알렌 은 콜브란에게 편지해 브라운의 차관계획을 이용하자고 설득했다. Allen to Collbran, 1900.8.9; Allen to Collbran, 1900.8.12, Horace Allen Papers에 수록(국회도서관 소장 MF005988~MF005996).

[129] 《日本外交文書33》, 日本國際聯合協會, 1956, 138~140쪽, 〈116 韓國外債ニ關スル

件〉(1900.4.12).

130 이하 별다른 주가 없는 한 Allen to the Secretary of State, "An attempt on the part of the Korean Government to remove arbitrarily from the charge of the Customs J. McLeavy Brown, Esq. an Englishman", 1901.3.23, Despatch No.325 Diplomatic; Allen to the Secretary of State, "Brown Incident, and French Loan as Lien on Customs", 1901.4.24, Despatch No.335 Diplomatic; Allen to the Secretary of State, "Brown Incident and French Loan", 1901.4.26, Despatch No.337 Diplomatic; Allen to the Secretary of State, "Brown Incident. French Loan, and American Interests", 1901.4.29, Despatch No.339 Diplomatic; Allen to the Secretary of State, "Brown Incident. French Loan. Attack on Ye Yong Ik", 1901.5.11, Despatch No.346 Diplomatic; Allen to the Secretary of State, "Situation relative to the Customs: French Loan, Etc.", 1901.5.21, Despatch No.349 Diplomatic; Allen to the Secretary of State, "The Brown Incident; French Loan and Ye Yong Ik", 1901.5.25, Despatch No.352 Diplomatic; Allen to the Secretary of State, "The French Loan", 1901.5.31, Despatch No.356 Diplomatic; 〈照會 第22號〉(1901.3.25), 〈照覆 第23號〉(1901.3.25), 〈照會 第16號〉(1901.3.31), 〈照會 第24號〉(1901.3.26), 〈照覆 第17號〉(1901.3.31), 《宮內府案2》, 서울대학교奎章閣, 1992, 238~240쪽 참조.

131 일본은 第一銀行의 해관은행으로서의 지위 상실을 우려해 영국과 함께 적극적인 반대에 나섰지만, 알렌은 본국의 훈령이 없다는 핑계로 소극적인 태도를 견지했다. 《日本外交文書》 34, 日本國際聯合協會, 1956, 566~572쪽, 〈434 借款問題二關スル報告ノ件〉(1901.5.22).

132 Allen to the Secretary of State, "Brown Incident, and French Loan as Lien on Customs", 1901.4.24, Despatch No.335 Diplomatic.

133 이하 별다른 언급이 없는 한 Enclosure No.15, Allen to You Key Whan, 1902.8.1; Enclosure No.16, You Key Whan to Allen, 1902.8.7; Enclosure No.17, Allen to You Key Whan, 1902.8.8; Enclosure No.20, You Key Whan to Allen, 1902.8.13; Enclosure No.21, Allen to You Key Whan, 1902.8.14; Enclosure No.22, Allen to Chai Yung Ha(崔榮夏), 1902.8.15; Enclosure No.23, Chey Yung Ha(崔榮夏) to Allen,

1902.8.20, in Allen to the Secretary of State, "Claim of Collbran & Bostwick on Korean Government", 1902.8.29, Despatch No.500 Diplomatic;《문헌집》, 250~259쪽;《皇城新聞》1902.8.2;《帝國新聞》1902.8.16, 8.26;《漢城新報》1902.7.13, 8.3, 8.8, 8.10, 8.13, 8.17, 8.24 참조.

[134] Allen to the Secretary of State, "Claim of Collbran & Bostwick on Korean Government", 1902.8.29, Despatch No.500 Diplomatic.

[135] 〈第77號〉(1902.6.26), 〈第33號〉(1902.6.27),《총서14》, 247~249쪽; Collbran to Hayashi, 1902.7.29,《일본공사관25》, 214~215쪽.

[136]《문헌집》, 266~267쪽.

[137]《문헌집》, 270~276쪽;《皇城新聞》1902.10.27.

[138] Enclosure No.4 "Report of an examination of the claims and accounts submitted by Messrs. Collbran and Bostwick against the Household of His Majesty, The Emperor of Korea", in Allen to the Secretary of State, "Claims of Collbran & Bostwick", 1902.11.21, Despatch No.533 Diplomatic;《일본공사관25》, 248~261쪽.

[139] 〈京城電氣會社ニ關スル件〉(1902.10.22),《총서14》, 399~403쪽; 〈京城電氣會社ニ關シ米國人ヨリ提出シタル請求金額并ニ該請求ニ對スル檢閱ノ結果報告ノ件〉(1902.11.7),《일본공사관25》, 229~230쪽.

[140] Allen to the Secretary of State, "Claim of Collbran & Bostwick on Korean Government", 1902.8.29, Despatch No.500 Diplomatic. 차관문제를 둘러싸고 이용익과 대립관계에 있었고 한때 해고 위협까지 당했던 브라운이 이 시기에 우호적인 태도를 취했던 이유는 명확하지 않다. 전술하였듯이 한·영 양국은 브라운의 총세무사 해고를 둘러싸고 일시 대립하기는 했지만, 분쟁 발생 직후 한국정부가 그 원인을 통역 실수로 돌려 농상공부 철도국장 金奎熙를 징계면직하고 브라운이 1902년 6월 1일까지 관저를 양도하기로 함에 따라 양국의 갈등은 해소되었고, 이후 양국은 본격적인 화해국면으로 전환했던 것 같다. 〈照會 第25號〉(1901.3.29), 〈照會 第32號〉(1901.4.6),《宮內府案 2》, 서울대학교奎章閣, 1992, 241, 250쪽. 실제로 이용익은 콜브란측과 채무분규를 벌일 때 영국에서 발전설비를 들여와 경운궁에 전등을 공급할 정도였다. 여기에는 광무황제가 한때 브라운을 한성전기 사장서리로 임명할 것을

고려할 정도로 그에 대한 신임이 두터웠던 사실도 작용했을 것이다.

141 Allen to the Secretary of State, "Claims of Collbran & Bostwick", 1902.11.21, Despatch No.533 Diplomatic. 알렌은 브라운이 6일이면 될 보고서 작성에 60일이나 걸렸다며 비아냥거리기도 했다.

142 Allen to the Secretary of State, "Claim of Collbran & Bostwick on Korean Government", 1902.8.29, Despatch No.500 Diplomatic.

143 〈京城電氣會社ノ財産處分ニ關スル件〉(1902.12.1),《일본공사관25》, 265~267쪽. 물론 이 가격은 한성전기 자산의 매각대금이지 청구권 금액은 아니다. 그러나 이 정도 액수만으로도 콜브란측은 그간의 손해를 모두 만회할 수 있었음을 보여 준다. 이 가격조차도 애초 일본공사에게 언명한 가격보다는 고가였다.

144 〈京城電氣會社財産調査ノ件〉(1902.12.5),《일본공사관25》, 272~275쪽.

145 〈京城電車電燈事業讓受ニ關シ先方ノ意向怪ンタル件〉(1902.7.4),《총서14》, 357~366쪽; 〈京城電氣鐵道會社ニ關スル件〉(1902.9.27),《총서14》, 379~381쪽;《일본공사관25》, 209~212, 221쪽.

146 〈往電第139號〉(1902.10.16),《일본공사관25》, 224쪽; Collbran to Hagiwara, 1902.10.29,《일본공사관25》, 226~227쪽; 〈往電第148號〉(1902.10.31),《일본공사관25》, 228쪽.

147 김종헌 외,《러시아문서 번역집 I》, 선인, 2008, 94~96쪽; 〈漢城電氣鐵道會社ノ近況〉(1900.2.20),《총서14》, 320~328쪽; 〈漢城電氣鐵道會社ニ關スル後聞〉(1900.5.8),《총서14》, 336~339쪽.

148 〈往電第148號〉(1902.10.31),《일본공사관25》, 228쪽.

149 〈來電第64號〉(1902.10.28),《총서14》, 393~394쪽;《일본공사관25》, 226쪽.

150 〈京城電氣電車會社ニ關スル件〉(1902.9.27),《총서14》, 379~381쪽;《일본공사관25》, 221쪽.

151 〈京城電氣會社ニ關スル件〉(1902.10.11),《총서14》, 382~391쪽.

152 〈京城電氣鐵道及電燈事業引受ニ關スル件〉(1902.11.10),《일본공사관25》, 236~237쪽.

153 일본정부는 주한일본공사에게 安田善三郎의 도한일정을 알려주고 통역 주선을 당부하는 등 지원을 아끼지 않았다. 〈來電第70號〉(1902.11.7), 〈來電第72號〉(1902.11.8),

〈來電第73號〉(1902.11.8), 《총서15》, 3~7쪽.

154 〈往電第166號〉(1902.11.19), 《일본공사관25》, 240~242쪽; 〈往電第168號〉(1902. 11.28), 《일본공사관25》, 247쪽; 〈京城電氣會社ノ財産處分ニ關スル件〉(1902.12.1), 《일본공사관25》, 265~268쪽; 〈往電第176號〉(1902.12.5), 《일본공사관25》, 272쪽; 〈京城電氣會社財産取調件〉(1902.12.6), 《총서15》, 65~75쪽; 《일본공사관25》, 272~ 275쪽; Allen to the Secretary of State, "Collbran and Bostwick settlement", 1902.12.4, Despatch No.547, Diplomatic.

155 〈來電第6號〉(1903.1.18), 《일본공사관25》, 279~280쪽.

156 〈京城電氣會社ノ財産處分ニ關スル件〉(1902.12.1), 《일본공사관25》, 265~267쪽; 〈往電 第176號〉(1902.12.5), 《일본공사관25》, 272쪽; 〈京城電氣會社財産調査ノ件〉 (1902.12.5), 《일본공사관25》, 272~275쪽.

157 Encolure No. 1, Hagiwara to Collbran, 1903.1.20 in Allen to the Secretary of State, "Collbran & Bostwick claims", 1903.1.22, Despatch No.567 Diplomatic.

158 Allen to the Secretary of State, "Claims of Collbran & Bostwick", 1902.11.21, Despatch No.533 Diplomatic.

159 《문헌집》, 280~281쪽; 《皇城新聞》 1902.11.21; 《帝國新聞》 1902.11.26, 11.29.

160 《문헌집》, 280, 284쪽; 《皇城新聞》 1902.11.24. 일본은 동일한 내용을 알렌에게도 제의했다. Allen to the Secretary of State, "Claims of Collbran and Bostwick. Japanese Minister Leaves", 1902.12.18, Despatch No.555, Diplomatic. 비슷한 시기에 러시아 도 중재를 제안했지만, 이용익과 러시아의 친밀한 관계를 우려한 알렌의 반대로 무 산되었다. Allen to the Secretary of State, "Collbran & Bostwick's claims", 1902.12.8, Despatch No.550 Diplomatic. 1903년 4월에는 전 러시아공사 베베르에게 중재를 맡 기자는 의견이 대두되었으나 베베르와 알렌의 친밀한 관계를 우려한 이용익의 반대 로 좌절되었다. Enclosure No.2, Collbran to Allen, 1903.4.19, in Allen to the Secretary of State, "Seoul Electric Co. Claim of Collbran and Bostwick", 1903.5.25, Despatch No.611 Diplomatic.

161 〈來電第48號〉(1903.4.13), 《일본공사관25》, 285쪽; 〈往電第109號〉(1903.4.14), 《일본 공사관25》, 285~286쪽.

162 〈京城電氣會社ニ關スル件〉(1903.2.6),《일본공사관25》, 280~281쪽.

163 《皇城新聞》1903.4.7, 4.8;《帝國新聞》1903.4.7, 4.8;《漢城新報》1903.4.10.

164 이하영에 대해서는 李民植,〈금산 이하영 연구(1858~1929)〉,《백산학보》50, 1998;
韓哲昊,〈주일 한국공사 李夏榮의 任免 배경 및 경위(1896~1900)〉,《경주사학》22,
2003 참조. 이하영은 친러파 이범진과 친분이 두터웠는데, 역시 이범진과 가까운 관
계였던 이용익으로서는 이 점을 충분히 고려했을 것이다.

165 Allen to the Secretary of State, "Seoul Electric Co. Claim of Collbran and Bostwick",
1903.5.25, Despatch No.611 Diplomatic.

166 Enclosure No.3, Allen to Ye Toh Chai, 1903.4.7, in ibid.

167 Enclosure No.4, Ye Toh Chai to Allen, 1903.4.9; Enclosure No.5, Allen to Ye Toh
Chai, 1903.4.9; Enclosure No.6, Allen to Ye Toh Chai, 1903.4.10, in ibid.

168 〈竹內綱의 李夏榮殿 書翰〉(1903.4.22),《총서15》, 131~132쪽;《일본공사관25》,
291~292쪽.

169 〈往電第111號〉,《총서15》117~118쪽;《일본공사관25》, 289쪽.

170 이하 별다른 언급이 없는 한 Enclosure No.10, Ye Toh Chai to Allen, 1903.4.15.;
Enclosure No.11, Allen to Ye Toh Chai; Enclosure No.12, Ye Toh Chai to Allen;
Enclosure No.13, Allen to Ye Toh Chai, 1903.4.20; Enclosure No.15, Ye Toh Chai to
Allen; Enclosure No.16, Allen to Ye Toh Chai; Enclosure No.17, Ye Toh Chai to
Allen, 1903.5.6; Enclosure No.18, Allen to Ye Toh Chai, 1903.5.8, in Allen to the
Secretary of State, "Seoul Electric Co. Claim of Collbran and Bostwick", 1903.5.25,
Despatch No.611 Diplomatic;《문헌집》, 290~297쪽;《皇城新聞》1903.4.15, 4.16,
4.18, 4.20, 4.21, 4.23, 5.7, 5.12, 5.13, 5.15, 5.27;《帝國新聞》1903.4.14, 4.22,
4.29, 5.1, 5.4, 5.6, 5.13, 5.15;《漢城新報》1903.4.11, 4.16, 4.21, 4.30.

171 Allen to the Secretary of State, "Seoul Electric Co. Claim of Collbran and Bostwick",
1903.5.25, Despatch No.611 Diplomatic; Allen to the Secretary of State, "Claims of
Collbran & Bostwick", 1902.11.21, Despatch No.533 Diplomatic; Allen to the
Secretary of State, "Claims of Collbran and Bostwick. Japanese Minister Leaves",
1902.12.18, Despatch No.555, Diplomatic.

[172] 실제로 1904년 2월 한미 간의 채무분규 타결과 韓美電氣會社 설립과정에서 이용익 은 75만엔을 자력으로 조달했다.

[173] Allen to the Secretary of State, "Claims of Collbran & Bostwick", 1902.11.21, Despatch No.533 Diplomatic; 리하르트 분쉬(김종대 역), 《고종의 독일인 의사 분쉬》, 학고재, 1999, 77~78, 193~194쪽; 《미국공사관19》, 256~257쪽; 《뮈텔Ⅲ》, 1902년 11월 25일 자. 같은 시기 한성전기의 기사 던햄Dunham과 자기창의 기사 레미옹 Rémion도 티푸스에 감염되었다.

[174] 〈京城電氣鐵道二關スル質疑ノ件〉(1903.6.26), 〈京城電氣鐵道二關スル質疑答申ノ件〉 (1903.7.20), 《일본공사관25》, 301~303쪽. 일본공사관은 경영 호전의 이유를 콜브란 측의 직접 경영이 되면서 이들에게 지불해야 하는 수수료를 지급하지 않아도 되었 기 때문이라고 보았지만, 실상은 위탁경영에 따른 도덕적 해이moral hazard와 방만 한 경영이 그간의 적자 원인이었던 듯하다. 일례로 일본공사관은 무임승차권 소지 자가 매일 평균 200명에 달한다고 파악했다. 뮈텔 주교는 신도인 보스트위크 부인으 로부터 새해 선물로 1년간의 무임승차권을 받은 적이 있었고, 알렌은 사전에 날짜만 일러 주면 20명 정원의 특별차를 제공하겠다는 약속을 받았을 정도였다. 《뮈텔Ⅲ》, 1902년 1월 14일; Bostwick to Allen 1899.10.8, 《미국공사관13》, 287쪽. 이런 점에서 보면, 수수료의 이중계산 의혹을 제기하고 장부조사 없이는 한성전기의 경영적자 8 만엔을 전액 지급할 수는 없다고 했던 브라운의 주장이 일면 타당했던 셈이다.

[175] Paddock to the Secretary of State, "Violation Seoul Electric Co's lighting franchise.", 1903.6.30, Despatch No.620 Diplomatic; 《舊韓國外交文書 第13卷, 美案3》, 高麗大 學校出版部, 1967, 문서번호 2789, 2863; 《朝鮮電氣事業關係重要文獻集成 第一卷》, 友邦協會, 1958, 57~60쪽; 〈約証書〉(한국학중앙연구원 소장 S05-06-0712). 이 계약을 체결한 통신사 전화과장(1899.6.25~1904.2.13) 李圭贊은 궁내부 물품사, 종정원, 귀족 원, 봉상사 주사를 지냈으며 이용익이 총기제조소 설립을 추진할 때에는 군부 포공 국 포병과장을 겸임(1903.10.9 ~10.24)한 것으로 보아 이용익 계열로 추정된다.

[176] 〈照會 第3號〉(1903.4.29), 〈照覆 第3號〉(1903.5.8), 《宮內府案2》, 서울대학교奎章閣, 1992, 468~469쪽; 《漢城新報》 1903.6.16.

[177] Allen to the Secretary of State, "Claim of Collbran & Bostwick—Seoul Electric

Company", 1903.11.28, Despatch No.626, Diplomatic; Collbran to Paddock, 1903.11.17, 《미국공사관16》, 294~296쪽; 〈照會 第6號〉(1903.10.1), 〈照覆 第8號〉(1903.10.3), 《宮內府案2》, 서울대학교奎章閣, 1992, 482, 484쪽.

178 《皇城新聞》 1903.5.18, 5.22, 5.28; 《帝國新聞》 1903.5.16, 5.18, 5.28, 6.1, 6.15, 6.17, 6.18, 6.23; 《漢城新報》 1903.5.19, 6.18. 콜브란측은 이들을 전환국 하급관리 혹은 이용익과 연관이 있는 인물로 간주했지만(Enclosure No.9, Collbran and Bostwick to Paddock, 1903.7.11, in Allen to the Secretary of State, "Claim of Collbran & Bostwick-Seoul Electric Company", 1903.11.28, Despatch No.626, Diplomatic), 서병달은 華西學派 金平默의 門徒였으며 한때 충북관찰부주사(1901.11.7~9)와 법부법률기초위원(1902.9.10)을 지낸 인물로서 이력상으로 보아 특별히 이용익과 관련이 있다고 보기는 힘들다. 《皇城新聞》 1903.6.12. 또한 서병달이 이 사건으로 말미암아 한 달 넘게 여전히 구금상태에 있었던(《皇城新聞》 1903.6.22) 점과 이 사건 이후 7월까지 특별히 사태의 진전이 없었던 점에서 볼 때 자발적인 전차승차거부운동을 이용익이 활용했다고 보는 편이 타당할 것이다.

179 이하 별다른 언급이 없는 한 《皇城新聞》 1903.7.11, 7.15, 7.16, 7.17, 7.18, 7.24, 7.27; 《警務廳來去文1-5》, 〈照覆 第九號〉(1903.7.8), 〈照會 第十三號〉 (1903.7.15); Allen to the Secretary of State, "Seoul Electric Co. Claim of Collbran and Bostwick", 1903.5.25, Despatch No.611 Diplomatic; Enclosure No.8, Collbran and Bostwick to Paddock, 1903.7.23, in Allen to the Secretary of State, "Claim of Collbran & Bostwick-Seoul Electric Company", 1903.11.28, Despatch No.626, Diplomatic; Collbran to Paddock, 1903.7.11, Collbran to Paddock, 1903.7.20, Collbran to Paddock, 1903.7.23, 《미국공사관16》, 210~211, 218~219쪽; 《문헌집》, 298~306쪽 참조.

180 Allen to the Secretary of State, "Claim of Collbran & Bostwick-Seoul Electric Company", 1903.11.28, Despatch No.626, Diplomatic.

181 Enclosure No.4, Collbran and Bostwick to Paddock, 1903.7.20, in ibid.

182 〈電氣會社收支計算書送付ノ件〉(1903.10.26), 《일본공사관25》, 309~310쪽.

183 《문헌집》, 314~315쪽; 《皇城新聞》 1903.11.21, 12.21.

184 이하 별다른 언급이 없는 한《皇城新聞》1903.8.14, 8.17, 8.25, 8.26;《司法稟報
(乙)39》,〈報告書 第五十三號〉(1903.10.30),《法部來案09》〈照會 第九號〉(1903.10.31);
《漢城府來去案1》,〈照會 第一號〉(1903.8.24);《문헌집》306~314쪽 참조.

185 이러한 점은 한성전기 직원들이 이인영의 집을 가리켜 "電車乘客을 沮戲하는 都家"
라고 했다는 데에서도 잘 드러난다.《皇城新聞》1903.8.14.

186 이하 별다른 언급이 없는 한《警務廳來去文1~5》,〈照會 第二號〉(1903.10.1),〈照會 第
二十四號〉(1903.10.1),〈照會 第三十號〉(1903.10.21),〈照會 第十二號〉(1903.10.23),《漢
城府來去文》,〈照會〉(1903.10.2),〈報告書 第十三號〉(1903.10.3),《元帥府來去案4》,
〈照覆 第一九號〉(1903.10.14);《皇城新聞》1903.10.2, 10.5, 10.7, 10.8, 10.12;《문헌
집》, 315~327쪽 참조.

187 나중에 한국정부는 일본의 배상요구를 받아들여 우체배달부(쿠마가이 코우지로熊谷光
治郎)에게 624엔, 아사다상점주인(오오시마 센조우大島專藏)에게 18,000엔을 배상하였
다.《문헌집》, 345~348쪽;《奏本6》, 623~624쪽.

188 Enclosure No.14A, List of assaults and threats made upon Americans and Koreans.
Between September 30th, & October 6th. in Allen to the Secretary of State, "Claim of
Collbran & Bostwick-Seoul Electric Company", 1903.11.28, Despatch No.626,
Diplomatic.

189 《警務廳來去文1~5》,〈照會 第 號〉(1903.10.5),〈照覆 第四號〉(1903.10.5),〈照覆 第十
號〉(1903.10.6),〈照會 第二十八號〉(1903.10.10),〈照覆 第十一號〉(1903.10.14);《皇城新
聞》1903.10.7, 10.13. 일시 경호를 맡았던 일본 경찰은 바로 철수했다.

190 〈米國人ノ電氣事業讓受ニ關スル件〉(1903.11.10),《일본공사관25》, 310~311쪽.

191 《皇城新聞》1903.9.26.

192 Allen to the Secretary of State, "Seoul Electric Co. Claim of Collbran and Bostwick",
1903.5.25, Despatch No.611 Diplomatic.

193 Allen to the Secretary of State, "Conduct of Mr. Raymond Krumm", 1902.12.2,
Despatch No.545 Diplomatic. 알렌에 의하면, 크럼이 양지아문의 한국인 직원을 폭
행해 문제가 되었을 때 자신이 한국정부의 해고요청을 수락하여 크럼이 앙심을 품
었고, 반면 이용익은 해고를 막아 주어 크럼과 이용익이 친밀해졌다고 한다. 그런데

당시 크럼은 오히려 알렌이 먼저 우산으로 공격해 방어했을 뿐이며 자전거로 알렌을 치지 않았다고 주장했다. Enclosure No.4, Krumm to Paddock, 1902.11.25, in ibid. 여러 정황으로 보아 이 사건은 평소 알렌과 크럼 간의 악감정 때문에 일어난 우발적인 사고로 보인다. 그럼에도 불구하고 알렌이 이를 이용익의 사주를 받은 테러로 간주했던 일은 양측의 갈등이 얼마나 심각한 수준에 있었는지를 보여 준다.

[194] Collbran to Allen, 1903.8.25, 《미국공사관16》, 366~369쪽; 金源模 完譯, 《알렌의 日記》, 檀國大學校出版部, 1991, 288쪽. 관련 정보를 제공한 사람은 이하영이었다.

[195] 《뮈텔Ⅲ》, 1903년 10월 6일. 뮈텔은 악의적인 행동이 아니라 놀고 있던 아이들이 던진 돌이 빗나갔기 때문이라고 보았다.

[196] Collbran to Allen, 1903.8.25, 《미국공사관16》, 366~369쪽.

[197] 최문형, 《국제관계로 본 러일전쟁과 일본의 한국병합》, 지식산업사, 2004; 최문형, 《러시아의 남하와 일본의 한국 침략》, 지식산업사, 2007; 金元洙, 《露日戰爭의 原因에 대한 再檢討》, 한양대 박사학위논문, 1997; 崔惠圭, 〈露日開戰을 둘러싼 니꼴라이2세의 東아시아政策〉, 한양대 석사학위논문, 1992; 말로제모프(석화정 역), 《러시아의 동아시아정책》, 지식산업사, 2002; 森山茂德, 《近代日韓關係史研究》, 玄音社, 1994.

[198] 《皇城新聞》 1903.11.7, 12.2.

[199] 《皇城新聞》 1903.10.1, 10.3, 10.7, 10.17, 10.19, 10.27, 10.31, 11.2, 11.3.

[200] 서영희, 《대한제국정치사연구》, 서울대학교출판부, 2003; 玄光浩, 《大韓帝國의 對外政策》, 신서원, 2002; 金銀姬, 〈舊韓末 中立化問題에 관한 韓美關係 研究〉, 이화여대 석사학위논문, 1983; 姜昌錫, 〈舊韓末 中立化論에 대한 研究〉, 《釜山史學》 33, 1997; 朴熙琥, 《舊韓末 韓半島中立化論 研究》, 동국대학교 박사학위논문, 1997, 5장.

[201] 國會圖書館 立法調査局, 《舊韓末條約彙纂(中)》, 國會圖書館 立法調査局, 1965, 295쪽.

[202] 金源模 完譯, 《알렌의 日記》, 檀國大學校出版部, 1991, 277~281쪽; Fred Harvey Harrington, God Mammon and the Japanese: Dr. Horace N. Allen and Korean-American Relations, 1884-1905, Madison, Wis.: University of Wisconsin Press, 1944(李光麟 역, 《開化期의 韓美關係》, 一潮閣, 1974), 319~336쪽.

[203] Allen to the Secretary of State, "Seoul Electric Co. Claim of Collbran and Bostwick",

1903.5.25, Despatch No.611 Diplomatic; 李光麟 역, 앞의 책, 326~327쪽. 상기 외
교문서는 Despatches from United States Ministers to Korea에 수록(국회도서관 소장 마
이크로필름 MF005997~MF006018). 이하 동일하므로 생략함.

204 〈往電第546號〉(1904.6.15), 〈機密第62號〉(1904.6.15), 國史編纂委員會, 《駐韓日本公使
館記錄25》, 國史編纂委員會, 1992, 331~336쪽(이하 《日本公使館》으로 약기함); 金容九
編, 《韓日外交未刊極秘史料叢書15》, 亞細亞文化社, 1995, 349~357쪽(이하 《叢書》로
약기함); 《총서16》, 10~19쪽; 高麗大學校 亞細亞問題研究所 舊韓國外交文書編纂委
員會 編, 《舊韓國外交文書 第13卷, 美案3》, 1969, 高麗大學校出版部, 문서번호
3107(이하 《美案》으로 약기함).

205 알렌이 미 국무부에 이 계약의 존재를 보고한 것은 1904년 6월 10일이었다. Allen to
the Secretary of State, "Water-works agreement held by Collbran & Bostwick",
1904.6.10, Despatch No.755 Diplomatic.

206 《皇城新聞》 1904.1.5, 1.6, 1.8; Allen to the Secretary of State, "Landing of Guard of
Marines", 1904.1.5, Despatch No.638 Diplomatic.

207 Enclosure No.2, Allen to Ye Che Yong, 1904.1.4; Enclosure No.3, Questions of the
Foreign Office, 1904.1.4; Enclosure No.4, Ye Che Yong to Allen, 1904.1.4; Enclosure
No.5, Allen to Ye Che Yong, 1904.1.5, in ibid.

208 《皇城新聞》 1904.1.18; Allen to the Secretary of State, "Bringing balance of guard to
Seoul for protection of American property", 1904.1.14, Despatch No.647 Diplomatic.
石戰은 정월 대보름에 행해지는 민속놀이의 하나였다. 당시 石戰의 양상에 대해서
는 헐버트, 《대한제국멸망사》, 집문당, 1999, 327~330쪽 참조.

209 《皇城新聞》 1904.1.12, 1.16, 1.18, 1.20; 《韓國駐箚隊司令部旬報》 1904.1.10; 《韓國
駐箚隊司令部臨時報》 1904.1.13, 1.18, 1.20.

210 Allen to the Secretary of State, "Conduct American guards. Foreign guards in Seoul.
Korean Ye Yong Ik imports ammunition. Confidential: Russian Minister's attitude.",
1904.1.19, Despatch No.648 Diplomatic.

211 Allen to the Secretary of State, "Riot over accidental killing of Korean by Electric car",
1904.1.24, Despatch No.652 Diplomatic; 《警務廳來去文1-6》, 〈照會 第三號〉

(1904.1.25);《外部日記8》1904.1.25, 1904.1.26.

212 당시 황성신문에서도 1903년 10월 초와는 달리 극히 간단한 사실 보도에 그치고 있
었다.《皇城新聞》1904.1.25 〈車夫轢斃〉. "昨日 남문외 정거장 부근에서 人力車夫 1
명이 電車에 轢斃하얏다더라."

213 Allen to the Secretary of State, "Riot over accidental killing of Korean by Electric car",
1904.1.24, Despatch No.652 Diplomatic.

214 F. A. McKenzie, The Tragedy of Korea, New York: E. P. Dutton & Co., 1905(신복룡 역,
《대한제국의 비극》, 집문당, 1999), 109쪽.

215 F. A. McKenzie, Korea's Fight for Freedom, New York: Fleming H. Revell Company,
1920, pp.77~78.

216 제물포해전에 대해서는《皇城新聞》1904.2.11; 로스뚜노프 외 전사연구소편, 《러일
전쟁사》, 건국대학교출판부, 2004, 127~131쪽; 국방부 군사편찬연구소, 《러일전쟁
과 한반도》, 국방부 군사편찬연구소, 2004, 286~300쪽; 박종효, 〈1904년 러일전쟁
서막 연 제물포해전〉, 《新東亞》 533, 2004 참조.

217 국방부 군사편찬연구소, 앞의 책, 428쪽.

218 《皇城新聞》 1904.2.11.

219 Sands to Collbran and Bostwick, 1904.2.15;《문헌집》, 360~365쪽;《統監府文書10》,
國史編纂委員會, 2000, 77~78쪽(이하《統監府文書》로 약기함). 李學均은 1888년에 미
국인 군사 고문의 지도로 사관양성소인 鍊武公院을 세웠을 때 다이William
McEntyre Dye(茶伊) 장군의 사첩으로 활약했고, 정치적으로는 정동구락부의 일원이
었다. 대한제국 때 무관학교장을 맡았고, 원수부 검사국장, 기록국장을 차례로 역임
하고 參將에까지 올랐다. 전시중립선언에도 관여했다. 李基東, 《悲劇의 軍人들》, 一
潮閣, 1982, 14, 73~74쪽.

220 한림대학교 아시아문화연구소 편, 《미국공사관20》, 303쪽.

221 《미국공사관20》, 304~307쪽.

222 《문헌집》, 365~368쪽;《韓美電氣會社契約書譯繕》(1904.2.19).

223 〈往電第291號〉(1904.3.10),《일본공사관25》, 316쪽.

224 Enclosure No.1, Collbran to Allen, 1904.3.7, in Allen to the Secretary of State,

"Settlement of Seoul Electric Company matters", 1904.3.8, Despatch No.693 Diplomatic.

225 이하 미일관계에 대해서는 별다른 주가 없는 한 최문형, 《국제관계로 본 러일전쟁과 일본의 한국병합》, 지식산업사, 2004, 4~5장; 崔正洙, 《T.루즈벨트의 '世界政策'》, 한양대 박사학위논문, 2000, 제2부; 나가타 아키후미/이남규 역, 《미국, 한국을 버리다》, 기파랑, 2007 참조.

226 孫禎淑, 《韓國 近代 駐韓 美國公使 硏究(1883~1905)》, 이화여자대학교 박사학위논문, 2004, 153~159쪽; 최문형, 앞의 책, 219~223쪽; 李光麟 역, 앞의 책, 319~354쪽.

227 Allen to the Secretary of State, "Reduction of Marine Guard Residence of Emperor adjoining Legation.", 1904.4.22, Despatch No.724 Diplomatic.

228 《美案3》, 문서번호 3138.

229 Allen to the Secretary of State, "Collbran & Bostwick and Seoul Electric Co. matter.", 1904.6.7, Despatch No.753 Diplomatic.

230 〈典圜局鑄貨ニ關シ請訓ノ件〉(1904.5.18), 外務省 編纂, 《日本外交文書》 37-1, 日本國際聯合協會, 1958, 428쪽; 《일본공사관23》, 255쪽.

231 〈コールブラン氏ノ提供ノ米韓電氣會社概要〉, 《총서16》, 303~305쪽; 善積三郎, 《京城電氣二十年沿革史》, 京城電氣株式會社, 1929, 62~68쪽.

232 《문헌집》, 374~375쪽; Collbran to Allen, 1904.12.31.

233 《皇城新聞》 1904.8.3; 《大韓每日申報》 1904.8.23, 8.25. 韓美電氣會社檢察官에 임명된 사실이 확인된 자들은 다음과 같다. ( )안은 임기임. 李根湘(1904.8.1~?), 洪禹觀(1904.8.1~1905.10.7), 南廷奎(1904.8.1~?, 1906.9.9 검찰장 임명), 趙珉增(1905.10.1~?), 梁起鐸(1906.9.18~1907.3.10), 呂炳鉉(1907.1.29~?) 《皇城新聞》 1905.10.5, 1906.9.14, 1906.9.22, 1907.2.4, 1907.3.15; 《官報》 제3261호, 1905.10.4; 《官報》 제3564호, 1906.9.21. 1908년 2월 현재 서울지사의 임원은 社長 콜브란H. Collbran, 總務 콜브란Herbert E. Collbran(차남), 副總務 모리스J. H. Morris, 監董 잉글리쉬H. G. English, 會計檢査 콜브란John Stuart Collbran(삼남), 一等技師 江口, 電氣技手 石隈信乃雄, 口授技師 眞木平一郞 등이었다. 《韓美電氣會社年終書》(1908.2)(전기박물관 소장).

234 〈コールブラン氏ノ提供ノ米韓電氣會社概要〉, 《총서16》, 303~305쪽. 코네티컷주

세이브룩시에 소재한 엠파이어트러스트회사Empire Trust Co.로부터 10년 상환, 연리 6%의 조건으로 30만달러(60만엔)의 사채를 발행해 자금을 조달했다는 기록도 있다. 善積三郎,《京城電氣二十年沿革史》, 京城電氣株式會社, 1929, 62쪽. 여기에서는 대차대조표상의 채권액이 50만엔이었던 사실에 의거해 전자의 기록을 따랐다.

[235] 1908년 7월 현재 이 회사로부터 차입한 금액은 399,412.63엔에 달했다.《총서 16》, 352쪽.

[236] 〈報告書 第17號〉(1905.6.27), 서울特別市史編纂委員會 편,《漢城府來去文(下)》, 서울특별시, 1997, 257쪽;《皇城新聞》1905.6.29.

[237] Elliott to Miura, 〈米韓電氣會社電氣鐵道敷設(自西大門外 至麻布)〉(1906.7.3),《漢城に於ける米國の電氣權益と帝國の態度(三)》(學習院大學 東洋文化研究所 所藏文書), 573~574쪽;《皇城新聞》1906.4.20, 7.19;《大韓每日申報》1906.7.19. 경성이사청에서는 1906년 7월 16일 한성부에 이 내용을 통보했다. 〈報告書 第4號〉(1906.7.16), 서울特別市史編纂委員會 편, 앞의 책, 273~274쪽.

[238]《萬歲報》1907.1.22.

[239]《총서16》, 356쪽.

[240] 〈照會 第內百 軍百一號〉(1907.4.2),《起案23》.

[241]《皇城新聞》1904.12.12, 12.13, 12.14, 1908.6.24.

[242]《皇城新聞》1908.9.13.

[243]《大韓每日申報》1907.12.22;《韓美電氣會社年終書》(1908.2).

[244] 탁지부에서는 1908년 2월 21일 탁지부령 제4호로 그해 11월 30일부터 舊白銅貨 교환 중단과 통용 전면 금지를 선포하였다.《韓國貨幣整理報告書》, 第一銀行, 1909, 103~104쪽.

[245]《皇城新聞》1908.1.1. 1902년의 전차노선 구간은 종로–동대문 1구간, 동대문–청량리 3구간, 종로–서대문 1구간, 서대문–남대문 1구간, 남대문–용산 2구간, 남대문–종로 1구간이었다. 香月源太郎,《韓國案內》, 靑木嵩山堂, 1902, 103~104쪽. 통감부에서 종래 '2구간을 1구간으로' 바꾸고 1구간 요금을 '2전 5리에서 5전으로' 인상했다고 파악한 것은 이 때문이었다. 〈機密統發第71號〉(1908.1.16),《통감부문서4》, 2쪽.

[246]《총서16》, 280~287쪽.

247 善積三郎, 《京城電氣二十年沿革史》, 京城電氣株式會社, 1929, 59~62쪽. 3등 이내 가설할 경우는 4원씩, 3등 이상은 3원씩, 10등 이상은 2원 25전씩 받았다. 1개월 점등료는 3촉광 1원 30전, 10촉광 1원 60전, 16촉광 2원 50전, 32촉광 4원, 50촉광 6원, 150촉광 12원, 1,200촉광 아크라이트 20원이었다.

248 《皇城新聞》1904.2.24, 3.25.

249 8촉광·10촉광·16촉광은 75전, 32촉광은 1원 30전, 50촉광은 2원, 150촉광은 3원 75전이었다.

250 〈照會 第30號〉(1908.1.9), 〈公函 第 號〉(1908.3.17), 〈答辯書 第 號〉(1908.4.7), 〈答辯書 第 號〉(1908.4.7), 〈答辯書 第 號〉(1908.5.8), 〈答辯書 第 號〉(1908.6.2), 〈答辯書 第 號〉(1908.6.24), 〈答辯書 第 號〉(1908.8.17), 《起案18》.

251 《大韓每日申報》1905.2.18, 1908.3.12.

252 《皇城新聞》1903.6.23, 7.10. 초창기 영화상영에 대해서는 조희문, 《한국영화의 쟁점 1》, 집문당, 2002, 9~58쪽 참조.

253 《皇城新聞》1906.4.30~5.15.

254 《萬歲報》1906.7.26.

255 영화관 운영은 1907년에 프랑스인 마텡馬田이 경영하는 活動寫眞所가 등장하면서 경쟁이 치열해져 실적이 악화된 것으로 보인다. 한미전기의 영화상영 수입은 1907년 625.84원, 1908년 1~8월 138.10원으로 크게 줄어들고 있었다. 《大韓每日申報》1907.4.21, 4.24; 《萬歲報》1907.5.5, 6.8, 6.29.

256 정확한 날짜는 알 수 없다. 다만 1907년 후반에 작성된 지도에 남대문 부근의 의주선 일부가 철거되어 있는 것으로 보아 이때쯤 철거공사가 시작된 것으로 생각되며 1908년 1월 1일의 요금개편안에 이 구간이 없는 것으로 보아 그 이전에 공사가 완료된 듯하다. 藤田合名會社, 《韓國京城實測地圖》, 藤田合名會社, 1907.8.

257 〈漢城電氣鐵道會社二關スル後聞〉(1900.5.8), 《叢書14》, 336~339쪽.

258 蓧木敬雄, 1937, 《朝鮮の電氣事業を語る》, 朝鮮電氣協會, 9~10쪽.

259 《총서16》, 353쪽.

260 柳在坤, 〈日帝統監 伊藤博文의 對韓侵略政策〉, 《淸溪史學》10, 1993; 權泰檍, 〈1904~1910년 일본의 한국 침략 구상과 '시정개선'〉, 《韓國史論》31, 1994; 권태억, 〈통

감부 설치기 일본의 조선 근대화론〉,《國史館論叢》53, 1994; 서영희, 〈일본의 한국
보호국화와 통감부의 통치권 수립과정〉,《韓國文化》18, 1996; 서영희,《일제침략과
대한제국의 종말－러일전쟁에서 한일병합까지》, 역사비평사, 2012.

261 〈日下義雄의 林權助展 書翰〉(1903.10.5), 〈米國人ノ電氣事業讓受ニ關スル件〉
(1903.10.8), 〈米國人ノ電氣事業讓受ニ關スル件〉(1903.11.10.),《일본공사관25》, 307～
308, 310～311쪽.

262 Allen to the Secretary of State, "Visit to Seoul of Marquis Ito", 1904.3.27, Despatch
No.709 Diplomatic.

263 〈往電第305호〉(1904.3.20), 〈漢城電氣會社ニ關スル件〉(1904.3.20); Collbran to
Hagiwara, 1904.3.10,《漢城に於ける米國の電氣權益と帝國の態度(三)》(學習院大學 東
洋文化研究所 所藏文書), 384～391쪽(이하《態度》로 약기함); "Subjects to discuss with Mr.
Hagiwara", 1904.3.8, Collbran to Hagiwara, 1904.3.14,《일본공사관25》, 314～320쪽.

264 〈往電第324號〉(1904.3.25), 〈發第34號〉(1904.3.26),《일본공사관25》, 320～325쪽;《태
도(3)》, 392～398쪽.

265 〈來電第149호〉(1904.3.29), 〈往電第331호〉(1904.3.29),《태도(3)》, 412～413쪽;
Collbran to Hagiwara, 1904.4.1,《일본공사관25》, 325～326쪽.

266 〈往電第351號〉(1904.4.5),《일본공사관25》, 326쪽; 〈米人コールブラン・ボストウィ
ックノ韓國ニ電氣鐵道・電燈・電話等ニ關スル特權調査綱要〉,《총서16》, 41～63쪽.

267 〈往電第351號〉(1904.4.5), 〈往電第441號〉(1904.4.30); 〈來電第209號〉(1904.5.2), 〈來電
第212號〉(1904.5.5), 〈往電第453號〉(1904.5.6), 〈京城電氣鐵道ニ關スル件〉(1904.5.17),
《일본공사관25》, 326～328, 330～331쪽;《태도(3)》, 414～430, 435～440쪽.

268 〈往電第546호〉(1904.6.15), 〈米人ノ得タル京城水道布設特許ノ件〉(1904.6.15),《일본
공사관25》, 331～336쪽;《태도(3)》, 441～443쪽.

269 〈コールブラン・エンド・ボストウィック商會組織變更報告ノ件〉(1906.1.25),《총서
15》, 404～410쪽;《일본공사관25》, 367～369쪽.

270 이하 미일관계에 대해서는 별다른 주가 없는 한 최문형,《국제관계로 본 러일전쟁과
일본의 한국병합》, 지식산업사, 2004, 4～5장; 崔正洙,《T.루즈벨트의 '世界政策'》,
한양대 박사학위논문, 2000, 제2부 참조.

271 《美案3》, 문서번호 3127, 3136; 〈コールブラン·ボストウィックノ有スル特權ニ關シ〉(1905.4.12), 〈米人獨占水道事業ニ關スル件〉(1905.6.22), 〈米人獨占水道并ニ電氣事業ニ關スル件〉(1905.6.26), 《일본공사관25》, 355~362쪽.

272 《美案3》, 문서번호 3128.

273 《美案3》, 문서번호 3108, 3109, 3123, 3125, 3136; 《韓國電氣主要文獻集》, 韓國電力公社, 1990, 387~394쪽(이하 《文獻集》으로 약기함).

274 《韓國電氣百年史 上》, 韓國電力公社, 1989, 155~157쪽; 佐脇精, 《今昔三十年座談會速記錄》, 京城電氣株式會社, 1939, 15~18쪽; 阿部薰, 《岡本桂次郎傳》, 岡本桂次郎傳記委員會, 1941, 102~110쪽. 여기에는 외국인이 전등감독을 명목으로 궁중에 출입하지 못하도록 하려는 이유도 있었다.

275 〈機密受第721號〉(1907.3.16), Collbran to Tanaka, 1906.12.10, Collbran to Tanaka, 1906.12.1, Tanaka to Collbran, 1906.12.8, 〈往電第42號〉, 〈往電第44號〉(1907.4.19), 〈來電第21號〉(1907.4.22), Paddock to Tsuruhara, 1906.12.11, Tsuruhara to Paddock, 1906.12.27, Paddock to Tsuruhara, 1907.1.18, Tsuruhara to Paddock, 1907.1.23, 《총서16》, 235~279쪽.

276 《澁澤榮一傳記資料 第16卷》, 同刊行會, 1957, 612~616쪽; 《문헌집》, 411~415쪽; 《皇城新聞》 1906.4.20, 6.22, 7.17. 청원자들은 모두 澁澤이 주도하여 설립 경영한 京釜鐵道, 韓國興業, 第一銀行의 중역들이었다. 大倉喜八郎(경부철도 이사·대주주, 한국흥업 발기인), 日下義雄(경부철도 이사, 한국흥업 이사, 다이이치은행 이사), 大橋新太郎(한국흥업 이사), 服部金太郎(한국흥업 감사), 尾高次郎(한국흥업 전무, 다이이치은행 감사), 土崎横(한국흥업 감사, 다이이치은행 감사).

277 《皇城新聞》 1906.5.12, 1908.4.30. 당시 澁澤은 統監府 總務長官 鶴原定吉, 度支部次官 荒井賢太郎 등과 관련 내용을 수시로 협의했다. 《澁澤榮一傳記資料 第16卷》, 同刊行會, 1957, 612~616쪽.

278 《萬歲報》 1907.2.6; 《大韓每日申報》 1908.3.6.

279 Enclosure No.1, Allen to Min Pyung Suk, 1904.5.16, Enclosure No.2, Allen to Min Pyung Suk, 1904.5.17, Enclosure No.3, Min Pyung Suk to Allen, 1904.5.19, Enclosure No.4, Allen to Min Pyung Suk, 1904.5.20, Enclosure No.5, Bostwick to

Allen, 1904.5.25, in Allen to the Secretary of State, "Collbran & Bostwick water works contract.", 1904.5.27, Despatch No.746 Diplomatic;《帝國新聞》1904.5.25.

280 Allen to the Secretary of State, "American water-works plant for Seoul.", 1904.10.20, Despatch No.812 Diplomatic.

281 《皇城新聞》1905.4.3.

282 Allen to Hayashi, 1905.2.1,〈京城日本人居留民會意見書草案送付之件〉(1905.2.16), Hayashi to Allen, 1905.2.15,〈京城居留民會二於テ貯水場設備二關スル件〉(1905.2.21),《일본공사관25》, 336~338, 340~343쪽;《태도(3)》, 444~478쪽.

283 松崎裕子,〈日露戰爭前後の韓國における米國經濟權益-甲山鑛山特許問題を中心に〉,《史學雜誌》112-10, 2003.

284 《美案3》, 문서번호 3204, 3206.

285 金基奭,〈광무제의 주권수호외교, 1905~1907〉,《일본의 대한제국 강점》, 까치, 1995; 김기석,〈1905년 이후 광무제의 외교 투쟁〉,《한국병합의 불법성 연구》, 서울대학교출판부, 2003;《高宗황제의 주권수호 외교》, 서울大學校 韓國敎育史庫, 1994. 상기 논문에서 'Nam'과 'Kunsang Lee'로 표기되어 있는 인물은 각기 남정규와 이근상을 가리킨다.

286 〈憲機第253號〉(1909.2.4),《統監府文書6》, 國史編纂委員會, 2000, 11쪽(이하《統監府文書》로 약기함). 당시 콜브란측은 한미전기 사옥 2층에 콜브란 보스트위크 은행을 개설 운영하고 있었다. 이 은행은 정부의 인가를 받은 정식 '은행'이 아니라 명칭만 은행인 일종의 '유사금융회사'였던 것으로 보인다.《皇城新聞》1908.10.1, 1909.3.9, 4.1. 5.1.

287 《통감부문서10》, 77~79쪽.

288 〈在京城我電話事業二對スル米國ヘノ抗議二關スル件〉(1906.3.22),〈第16號〉(1906.3.27),〈第16號ノ3〉(1906.3.27),〈第17號〉(1906.3.30),〈統發第1196號〉(1906.3.31),〈韓國京城電話事業ノ件二就キ米國ヘノ回答帳二關スル件〉(1906.4.19),〈在本邦米國代理公使宛回答案〉,〈第28號〉(1906.4.28),《총서16》, 112~121, 126~131, 172~180쪽.

289 〈第1280號〉(1906.8.25),《총서16》, 199~234쪽; 永井(松崎)裕子,《朝鮮植民地化とコルブラン&ボストウィックの利權問題》, 名古屋大学 博士論文, 2001, 202~209쪽; 金

載昊,〈물장수와 서울의 水道-'측정'문제와 제도변화〉,《經濟史學》23, 1997.

290 콜브란측의 의도는 일정 부분 관철되어 당시 영국 총영사는 水道 관련 특권을 영국 기업이 획득한 것으로 간주해 통감부에 관련 내용을 통보하고 있었다. Cockburn to Tsuruhara, 1906.8.15,《총서16》, 225~226쪽.

291 〈坂田重次郎의 萩原守一展 書翰〉(1905.2.3),〈中井喜太郎의 林權助展 書翰〉(1905.2.5),《일본공사관25》, 338~340쪽.

292 李培鎔,〈澁澤榮一과 對韓經濟侵略〉,《國史館論叢》6, 1989; 島田昌和,〈第一(國立)銀行の朝鮮進出と澁澤榮一〉,《經營論集》9-1, 文京女子大學, 1999; 김명수,〈대한제국기 시부사와(澁澤榮一)의 대한 인식과 일제강점기 계승자들〉,《경제사학》43-2, 2019. 대장성 관료 출신 澁澤이 井上馨, 松方正義, 伊藤博文 등과 긴밀한 관계를 유지한 일이나 大倉이 岩倉具視, 大久保利通, 木戶孝允, 伊藤博文 등과 긴밀한 친교를 유지한 일은 잘 알려진 사실이다. 大島淸·加藤俊彦·大內力,《明治初期の企業家》, 東京大學出版會, 1976; 小林正彬,《政商の誕生》, 東洋經濟新報社, 1987 참조.

293 大倉喜八郎과 澁澤榮一은 明治 초기부터 친교관계를 가져 왔으며 한국진출과 관련해서 깊은 관계를 맺어 京釜鐵道나 韓國興業 등에도 공동으로 참여하였다. 大倉喜八郎은 1904년 전북 옥구지방에 大倉農場을 개설하기도 하였다. 양자의 관계는 大倉喜八郎,〈士魂商才の典型的人物〉,《靑淵回顧錄 下》, 同刊行會, 1927, 1174~1178쪽 참조.

294 島田昌和, 앞의 글.

295 村上勝彦,〈第一銀行朝鮮支店と植民地金融〉,《土地制度史學》61, 1973; 村上勝彦,〈植民地〉,《日本産業革命の研究 上卷》, 東京大學出版會, 1975; 波形昭一,《日本植民地金融政策史の研究》, 早稻田大學出版部, 1985;《第一銀行史 上卷》, 第一銀行八十年史編纂室, 1957, 5장.

296 澁澤 등이 획득한 수력발전소 설립권은 日韓瓦斯가 계승한 것으로 보인다. 日韓瓦斯는 1910년 9월 한강일대에 技師를 派送하여 수력발전소 설립 가능성을 타진하고 있었다.《每日申報》1910.9.30.

297 Wolfgang Schivelbusch, *Disenchanted Night: The Industrialization of Light in the Nineteenth Century,* Berkeley and Los Angeles, California: University of California Press, 1995,

pp.14~50.

298 경성전기(일한와사의 후신)의 연혁사에는 가스회사 설립 아이디어를 처음 제기한 사
람이 澁澤이 아니라 부통감 曾禰荒助(1909년 6월 통감에 임명)의 次男 曾禰寬治라고
기록되어 있다. 善積三郎, 《京城電氣二十年沿革史》, 京城電氣株式會社, 1929, 1~21
쪽. 曾禰가 東京高等商業學校를 졸업하고 1905년 7월 한국 각지를 여행하면서 향후
가스사업이 유망하다는 사실을 간파하고, 부친의 소개로 澁澤榮一, 大橋新太郎 등
을 만나 가스회사 설립의 필요성을 설득하였다는 것이다. 그러나 당시 최고의 가스
사업 전문경영인이었던 澁澤이 이제 갓 고등상업학교를 졸업한 젊은 曾禰에게 설득
을 당해 가스회사 설립을 추진했다는 주장은 액면 그대로 받아들이기 어렵다. 이런
주장이 당대의 기록이 아니라 훗날 경성전기 관계자들에 의해 주로 전해지고 있는
점으로 볼 때 과장되었을 가능성이 크다. 1915년 이후 경성전기의 경영권을 장악했
던 大橋新太郎이 회사의 창립 이래 지대한 영향력을 행사하고 있던 澁澤의 설립자
로서의 위상을 낮추기 위해 의도적으로 曾禰의 역할을 부풀렸던 것이라고 생각된
다. 그러나 曾禰가 일한와사의 지배인을 지냈던 사실을 고려할 때 회사 설립과정에
서 이에 상응하는 나름의 공헌은 했을 것이다. 渡邊保, 〈創立事務所時代の回顧〉,
《京電彙報》 2-5, 1928.10, 34~35쪽; 武者鍊三, 《栢陰餘滴》, 1959; 武者鍊三, 〈創業
當時の思出を語る〉, 《京電》 7-3·4, 1943.12, 32~33쪽; 武者鍊三, 〈武者前社長御挨
拶〉, 《京電》 7-1, 1943.5, 2~10쪽 참조.

299 武者鍊三, 《栢陰餘滴》, 1959, 7쪽.

300 《澁澤榮一傳記資料 第16卷》, 同刊行會, 1957, 622~635쪽; 高松豊吉, 〈瓦斯事業を
中心に澁澤子爵と私の思ひ出〉, 《靑淵回顧錄 下》, 同刊行會, 1927, 1639~1658쪽;
有本隆一, 《東京瓦斯五十年史》, 東京瓦斯株式會社, 1935.

301 澁澤은 東京瓦斯의 중역회를 이용하여 수시로 중역들과 日韓瓦斯의 설립계획을 의
논하였고 창립위원회도 東京瓦斯에서 개최하는 등 日韓瓦斯 설립에 東京瓦斯의 인
적·물적 자원을 총동원하고 있었다. 《澁澤榮一傳記資料 第16卷》, 同刊行會, 1957,
622~635쪽; 高松豊吉, 앞의 글.

302 1907년 2월 24일에 統監 伊藤博文과 總務長官 鶴原定吉이 澁澤家를 방문해 가스와
전기철도사업에 대해서 밀담을 나누기도 하였다. 《澁澤榮一傳記資料 第16卷》, 同刊

行會, 1957, 624쪽.

303 〈瓦斯營業ニ關スル命令書〉(규장각 소장 奎21006).

304 창립위원들은 가스영업신청자와 동일했다. 발기인 총수는 74명이었는데 민족별로
보면 재일 일본인 47명, 재한 일본인 23명, 한국인 4명이었다.

305 《皇城新聞》1908.10.3, 10.6.

306 이들에 대해서는 大島淸·加藤俊彦·大內力, 《明治初期の企業家》, 東京大學出版會,
1976; 小林正彬, 《政商の誕生》, 東洋經濟新報社, 1987; 武田晴人, 《財閥の時代》, 新
曜社, 1995; 樋口弘, 《日本財閥論》上·下, 味燈書屋, 1940 참조. 특히 淺野總一郎과
渡邊福三郎은 도쿄와사의 이사였다.

307 岡崎遠光은 도쿄제대를 졸업하고 독일에 유학해 경제학박사학위를 취득한 뒤 일본
은행 조사역을 지냈으며 澁澤에 의해 스카우트되었다. 1907년 1월 직접 조선을 방
문해 가스산업의 사업성을 조사하기도 했다.

308 山口太兵衛는 1884년 渡韓하여 무역업으로 부를 축적하였고 在京日本人居留團
의 總代, 民長 등을 역임하였으며 경부철도에도 관여하고 있었다.

309 島田昌和, 〈澁澤榮一の明治20年代株式保有動向にみる企業者活動〉, 《經營論集》
4-1, 文京女子大學, 1994; 島田昌和, 〈澁澤榮一の明治30年代株式·資金の移動にみ
る企業者活動〉, 《經營論集》5-1, 文京女子大學, 1995; 島田昌和, 〈澁澤榮一の企業
者活動と關係會社〉, 《革新の經營史》, 有斐閣, 1995; 島田昌和, 〈産業の創出者·出資
者經營者〉, 《企業家の群像と時代の息吹》, 有斐閣, 1998.

310 《皇城新聞》1908.1.15, 1.19, 1.21.

311 〈機密統發第71號〉(1908.1.16), 《통감부문서4》, 2쪽; 〈往電第7號〉(1908.1.11), 〈往電第2
號〉(1908.1.9), 〈來電第2號〉(1908.1.10), 〈往電第29號〉(1908.1.11), 〈往電第12號〉(1908.
1.16), 《통감부문서5》, 362~363, 422~424쪽.

312 이런 배경으로 인해 한미전기는 1908년 4월 1일부터 할인권(60매에 2원 85전)을 발행
하고 용산선 구역을 남대문 밖 전차정거장 앞으로 변경한다고 발표해 사태를 무마
할 수 있었다. 《皇城新聞》1908.3.24~4.28; 〈京城電車問題の一段落〉, 《朝鮮》1-1,
1908.3, 87~88쪽.

313 松崎裕子, 앞의 글, 2003.

[314] 松井茂, 〈京城電車事件の顚末〉, 《朝鮮》 1-1, 1908.3, 83~85쪽.

[315] 〈米韓電氣會社コールブラン氏ノ權利買收ノ見込〉, 《총서16》, 293~302쪽. 이 의견 서의 작성자는 여러 정황으로 보아 竹內綱이었던 것으로 보인다.

[316] 〈萩原守一의 曾禰荒助展 書翰〉(1908.9.1), 〈往電第185號〉(1908.9.7), 《통감부문서4》, 12~13쪽; 《총서16》, 306쪽.

[317] 사실은 창립총회가 열리기도 전부터 일본정부가 깊숙이 관여하는 가운데 협상이 추 진되고 있었다. 매수과정은 이하 별다른 주가 없는 한 魯仁華, 앞의 글, 23~26쪽; 善 積三郎, 《京城電氣二十年沿革史》, 京城電氣株式會社, 1929, 31~45쪽; 《韓國電氣百 年史 上》, 韓國電力公社, 1989, 164~169쪽 참조.

[318] 〈竹內綱自敍傳〉, 《明治文化全集 第二十二卷》, 日本評論社, 1929.

[319] 당시 萩原은 曾禰에게 中嶋의 한국 출장비 지원을 요청하기까지 했다. 〈來電第171 號〉(1908.9.15), 《총서16》, 309쪽; 《통감부문서4》, 13쪽. 曾禰는 이를 완곡히 거절했 다. 〈往電第197號〉(1908.9.16), 《총서16》, 311~312쪽.

[320] 〈中嶋多嘉吉의 萩原守一展 書翰〉(1908.9.27), 〈中嶋多嘉吉의 萩原守一展 書翰〉(1908. 11.12), 〈米韓電氣會社買收ニ關シコールブラント交涉顚末報告書〉(1908.11.12), 《총서 16》, 313~340쪽.

[321] 《皇城新聞》 1908.10.11, 10.17, 10.24, 12.6.

[322] 《韓美電氣會社內容調査報告書》(1909.6.17)(善積三郎, 앞의 책, 32~37쪽).

[323] "American-Korean Electric Company-Sale of Properties to Japanese", American Consulate General, No. 4406 E, Seoul, Korea, June 26, 1909, in RG84 Records of Foreign Service Posts Vol.86.

[324] 《皇城新聞》 1909.7.4, 7.8, 7.10

[325] 《皇城新聞》 1909.8.20; 《大韓每日申報》 1909.8.20.

[326] 콜브란측은 1905년 미국을 상대로 한 광무황제의 주권수호외교를 도왔는데, 그뿐만 아니라 1907년 헤이그 만국평화회의에 파견된 밀사의 운동비(20만엔)를 제공했다는 說도 있다. 尹炳奭, 《李相卨傳》, 一潮閣, 1984, 64쪽 각주 16). 그러나 이 자금은 실 제로는 광무황제의 내탕금일 가능성이 크다. 당시 광무황제가 상하이에 있던 이학 균과 현상건에게 한미전기 주식을 담보로 차관(20만엔)을 조달하려 했던 데에서 그

렇게 추측된다. 《통감부문서10》, 77~79쪽. 그런데 이 자금은 국채보상운동과 관련되어 콜브란측을 거쳐 밀사에게 전달되었을 것이라고 생각된다. 헤이그 밀사 파견에는 대한매일신보 사장 베델Ernest Thomas Bethell이 관여되었다는 주장이 있으며, 밀사 李儁이 國債報償聯合會議所 의장이었던 점과 국채보상의연금의 상당액이 베델에 의해 콜브란측에게 예금되거나 콜브란측 사업인 遂安鑛山 개발에 투자되었던 점, 그리고 국채보상운동의 검사원이자 대한매일신보의 총무격이었던 梁起鐸이 한미전기의 檢察官(1906.9.18~1907.3.10)을 지냈던 점 등이 이러한 정황을 뒷받침한다. 隱皐生, 〈海牙密使事件顚末〉, 《彗星》 1-6, 1931.9, 102~107쪽; 趙恒來, 〈國債報償運動의 發端과 展開過程〉, 《日帝經濟侵略과 國債報償運動》, 아세아문화사, 1994, 84~85쪽; 우강양기탁선생전집편찬위원회 편, 《雩崗梁起鐸全集 제3권》, 동방미디어, 2002, 120~158쪽; 鄭晉錫, 《大韓每日申報와 裵說》, 나남, 1987 참조. 특히 일본은 헤이그에 파견된 밀사 헐버트Homer Bezaleel Hulbert를 콜브란측의 사주를 받아 일본을 비난해 온 인물이라고 보았다. 〈機密第51號〉(1907.5.9), 《韓國において第二回萬國平和會議へ密使派遣並びに同國皇帝の讓位及び日韓協約締結一件(1)》.

[327] 일본은 원래 광무황제의 지분 대가가 주권수호외교 등에 사용될 것을 우려해 콜브란측의 지분만을 인계하려고 했으나 콜브란측이 협상과정에서 자신들에게 위임하면 30만엔 이하로 매수해 주겠다고 약속을 하자 이를 허락했다. 〈中嶋多嘉吉의 萩原守一展 書翰〉(1908.9.27), 〈中嶋多嘉吉의 萩原守一展 書翰〉(1908.11.12), 〈米韓電氣會社買收二關シコールブラント交涉顚末報告書〉(1908.11.12), 《총서16》, 313~340쪽. 콜브란측이 광무황제의 지분에 대해 '충분한 司配權'을 가지고 있으므로 염가 매수가 가능하다고 자신한 이유는 그간 광무황제와 콜브란측 간에 모종의 금전거래가 있었던 때문으로 보인다. 이는 일찍이 광무황제가 한미전기의 주식을 담보로 주권수호외교에 필요한 자금을 조달하려 했던 점과 콜브란측이 1907년 헤이그 밀사 파견의 운동비를 제공—실제로는 한미전기 주식을 담보로 콜브란측으로부터 빌렸을 가능성이 크다—했던 점에서 그렇게 추측된다. 그렇다고 해도 콜브란측이 120만엔을 수취하였으면서도 광무황제에게 7만5천엔밖에 지불하지 않았던 사실을 볼 때 광무황제의 한미전기 지분이 제대로 인정받지는 못한 것으로 보인다. 이 때문에 광무황제는 1911년 7월에 콜브란을 상대로 주식매각대금잔액 인도청구소송을 제기하기

에 이른다. 매각대금 120만엔 중에서 지분 50%에 해당하는 60만엔은 자신의 몫이
므로 이미 받은 7만5천엔을 제외한 52만5천엔을 돌려줄 것을 요구한 것이다.《총서
17》, 24~93쪽 참조. 이 소송은 1913년 9월에 양측이 소송비용을 각자 부담하기로
하고 화해하면서 취하되었다.《每日申報》1911.7.13, 9.15, 1912.1.13, 1.16, 2.12,
5.11, 6.2, 7.3, 10.8, 11.29, 1913.9.7, 9.30. 광무황제의 뒤늦은 소송 제기는 콜브란
측이 신의를 저버리고 한국에서 사업을 철수한 데 대한 보복조치였을 터이지만, 거
액이 걸린 소송에서 양측이 쉽게 화해한 데에는 그간 모종의 금전거래가 있었을 것
이라는 추측을 더욱 뒷받침한다.

[328] 武者鍊三,《栢陰餘滴》, 1959, 45~46, 56쪽; 佐脇精,《今昔三十年座談會速記錄》, 京
城電氣株式會社, 1939, 68~69쪽.

[329] 善積三郎,《京城電氣二十年沿革史》, 京城電氣株式會社, 1929, 42~45쪽.

[330] 〈韓美電氣會社の讓り渡し〉,《朝鮮》3-5, 1909.7, 7쪽.

II. 일제강점기 전력산업의 구조

[1] 《朝鮮總督府官報》제29호, 1910.10.1.

[2] 《朝鮮總督府官報》제180호, 1911.4.10.

[3] 《朝鮮總督府官報》호외, 1912.3.28.

[4] 오카모토 카츠지로는 1894년 도쿄제국대학 공과대학 전기공학과를 졸업한 후 전화
교환국기사, 체신기사를 역임하고 영국과 미국에 파견되어 교육을 받은 뒤 귀국 후
일본 각지의 전화교환국장을 거쳤던 이 분야 전문가였다. 1905년에 도한해 대한제
국 통신기관의 인계업무를 맡아 통감부기사로 근무했으며, 1910년 10월에 총독부
체신국 공무과장을 역임하고 1911년 4월 전기과장을 겸임해 1921년 12월 물러날
때까지 장기간 전력정책을 맡아 일제 초 전력산업 발전의 기초를 다진 인물이기도
했다. 1927년 다시 도한해 금강산전기철도 감사역을 거쳐 전무에 이르고 조선전기
협회 회장을 역임한 전력업계의 거물이 되었다.《朝鮮人事興信錄》, 朝鮮新聞社,
1935, 93~94쪽; 阿部薰,《岡本桂次郎傳》, 岡本桂次郎傳記委員會, 1941.

5 《朝鮮總督府官報》제152호, 1911.3.6;《每日申報》1910.11.15, 12.1, 1911.3.7.

6 이하 별다른 주가 없는 한 岡本桂次郎(遞信局 電氣課長), 〈朝鮮に於ける電氣事業〉,《朝鮮彙報》1918.11, 1~18쪽; 岡本桂次郎, 〈電力需要の勃興に應する金剛山電鐵と電興會社の成立〉,《朝鮮の電氣事業を語る》, 朝鮮電氣協會, 1937, 51~62쪽 참조.

7 《平壤電氣府營誌》, 平壤府, 1927, 9~12쪽.

8 일본의 전력정책과 전력산업에 대해서는 이하 별다른 주가 없는 한 小竹卽一,《電力百年史》, 政經社, 1980; 電氣事業講座編輯委員會 編纂,《電氣事業發達史》, 電力新報社, 1996; 橘川武郎,《日本電力業發展のダイナミズム》, 名古屋大學出版會, 2004 참조.

9 木本倉二(경성전기 전무), 〈要は官尊民卑の弊風を打破するにあり〉,《朝鮮及滿洲》147, 1919.9, 60쪽.

10 초창기 전력업계의 동향에 대해서는 岸謙, 〈搖籃時代の朝鮮電氣事業〉,《朝鮮電氣雜誌》31-1, 1942.1, 16~33쪽;《朝鮮電氣事業關係重要文獻集成 第一卷》, 友邦協會, 1958, 4~15장; 김경림, 〈식민지 조선 전기사업의 발흥〉,《梨大史苑》30, 이대사학회, 1997 참조.

11 吳鎭錫, 〈1904~1909년 韓美電氣會社의 설립과 경영〉,《史學硏究》88, 2007.

12 岸謙, 〈釜山電燈株式會社の沿革〉,《朝鮮電氣雜誌》31-4, 1942.4, 20~30쪽; 岸謙, 〈仁川電氣株式會社の沿革〉,《朝鮮電氣雜誌》31-11, 1942.11, 37~51쪽;《朝鮮電氣事業關係重要文獻集成 第一卷》, 友邦協會, 1958, 139~153, 243~258쪽.

13 《每日申報》1912.4.11, 5.24, 11.29.

14 《朝鮮電氣事業要覽》, 朝鮮總督府遞信局, 1916, 10~11쪽.

15 小竹卽一,《電力百年史》, 政經社, 1980, 제5장.

16 佐久間權次郎, 〈財界好況時代に於ける物價勞銀の暴騰と機械不足の苦難に直面して〉,《朝鮮の電氣事業を語る》, 朝鮮電氣協會, 1937, 41~50쪽.

17 樋口虎三, 〈歐洲大戰後の物價の騰貴に惱まされつつ事業經營難を突破して〉,《朝鮮の電氣事業を語る》, 朝鮮電氣協會, 1937, 31~40쪽.

18 《每日申報》1911.12.20 〈사설〉.

19 《發電水力調査書》, 朝鮮總督府遞信局, 1918; 〈發電水力調査〉,《朝鮮彙報》1917.5~

1917.10; 《朝鮮ノ石炭及發電水力》, 朝鮮銀行調查局, 1918, 50~64쪽; 本間孝義, 〈朝鮮の治水と利水〉, 《朝鮮の國土開發事業》, 友邦協會, 1967, 36~38쪽.

20　〈朝鮮に於ける石炭需給現況(下)〉, 《朝鮮經濟雜誌》116, 1925.8, 1~9쪽.

21　本間孝義(總督府技師), 〈朝鮮に於ける水力電氣の經濟的價値〉, 《朝鮮彙報》1920.3, 57~100쪽; 石森久彌, 〈農村と電化〉, 《朝鮮公論》11-7, 1923.7, 2~5쪽; 浦原久四郎 (遞信局長), 〈朝鮮に於ける電氣事業者に望む〉, 《朝鮮公論》11-7, 1923.7, 6~7쪽; 木本昌二, 〈朝鮮電氣事業界の將來〉, 《朝鮮公論》11-7, 1923.7, 8~19쪽.

22　〈朝鮮電氣興業會社設立〉, 《朝鮮公論》7-2, 1919.2, 59쪽; 成田鐵郎(조선전기흥업 주임 기사), 〈朝鮮に於ける動力問題に就て〉, 《朝鮮公論》11-7, 1923.7, 44~46쪽; 西村虎太郎, 《賀田金三郎翁小傳》, 芳誼會, 1923, 133~138쪽.

23　《金剛山電氣鐵道株式會社二十年史》, 金剛山電氣鐵道株式會社, 1939; 山內伊平, 〈金剛山電鐵工事概要〉, 《朝鮮鐵道協會會報》2-5, 1923.6, 11~14쪽; SS生, 〈我社の水力電氣事業〉, 《朝鮮電氣協會會報》13-1, 1925.1, 28~29쪽.

24　《每日申報》1921.7.28.

25　〈電興と平電の提携 契約期限五箇年〉, 《朝鮮電氣協會會報》13-1, 1925.1, 42~43쪽; 高崎齊(체신국 전기과장), 〈回顧一年〉, 《朝鮮電氣協會會報》13-1, 1925.1, 2~12쪽.

26　樋口虎三, 〈歐洲大戰後の物價の騰貴に惱まされつつ事業經營難を突破して〉, 《朝鮮の電氣事業を語る》, 朝鮮電氣協會, 1937, 31~40쪽.

27　松井邑次郎, 〈日韓倂合直後の電氣事業に理解なき時代に木浦電燈會社を創立した思ひ出〉, 《朝鮮の電氣事業を語る》, 朝鮮電氣協會, 1937, 23~30쪽; 石隈信乃雄, 〈舊送電會社は如何なる經緯にて創立せられたるか〉, 위의 책, 69~74쪽; 金正浩, 〈朝鮮で只一つの朝鮮人のみの手で創立し多年經營をつづけた開城電氣會社〉, 위의 책, 75~78쪽.

28　《平壤電氣府營誌》, 平壤府, 1927; 橫田虎之助, 〈電氣料金の値下げ問題より急轉して電氣公營が實現するまで〉, 《朝鮮の電氣事業を語る》, 朝鮮電氣協會, 1937, 91~102쪽; 김경림, 〈1920년대 電氣事業 府營化運動-평양전기 府營化를 중심으로〉, 《白山學報》46, 1996.

29　香椎源太郎, 〈全朝鮮を風靡した公營問題と料金値下の民衆運動が激化した慘憺たる

受難時代を追想して〉,《朝鮮の電氣事業を語る》, 朝鮮電氣協會, 1937, 79~89쪽; 倉地哲,《朝鮮瓦斯電氣株式會社發達史》, 朝鮮瓦斯電氣株式會社, 1938, 67~69쪽; 김승,〈1920년대 부산의 電氣府營운동과 그 의미〉,《지역과 역사》32, 2013.

30 吳鎭錫,〈1930년대 초 전력산업 公營化運動과 京城電氣〉,《史學研究》94, 2009.

31 武者鍊三(조선전기협회 부회장),〈朝鮮電氣協會の使命〉,《朝鮮公論》13-7, 1925.7, 10~15쪽.

32 葭濱忠太郎(元山水電 전무),〈電氣事業に對する誤解〉,《朝鮮公論》11-7, 1923.7, 20~21쪽; 小倉武之助(大興電氣 사장),〈電氣事業の進運に就て〉,《朝鮮公論》11-7, 1923.7, 22쪽; 樋口虎三(군산전기 전무),〈電氣事業公營可否〉,《朝鮮公論》11-7, 1923.7, 23~24쪽; 金正浩(개성전기 전무),〈電氣事業發展論〉,《朝鮮公論》11-7, 1923.7, 24~26쪽; 町田長作(조선전기협회 촉탁),〈電氣事業公營論に對する疑義〉,《朝鮮公論》11-7, 1923.7, 27~31쪽; 森秀男(경전 조사과),〈公營乎私營乎〉,《朝鮮公論》11-7, 1923.7, 49~54쪽; 武者鍊三(경전 전무),〈電氣事業發達の歸趨と公營問題〉,《朝鮮公論》15-8, 1927.8, 10~15쪽; 見目德太(경전 기사장),〈所謂電氣事業の公營に就て〉,《朝鮮公論》15-8, 1927.8, 16~17쪽; 上村三龜藏(경전 전기과장),〈朝鮮の電氣事業は未だ過渡期〉,《朝鮮公論》15-8, 1927.8, 18쪽.

33 《朝鮮電氣協會會報》14-1, 1926.1, 41~42쪽.

34 《朝鮮電氣協會會報》14-1, 1926.1, 35~36쪽.

35 《朝鮮電氣協會會報》18-2, 1929.5, 138~140쪽.

36 見目德太,〈電氣事業の特性〉,《朝鮮公論》13-7, 1925.7, 16~19쪽.

37 松井邑次郎,〈電柱稅を撤廢せよ〉,《朝鮮公論》11-7, 1923.7, 42쪽; 葭濱忠太郎,〈電柱稅の撤廢を望む〉,《朝鮮電氣協會會報》17-1, 1928.2, 5~10쪽.

38 堂本貞一(遞信局 副事務官),〈內地電氣事業の視察〉,《朝鮮電氣協會會報》13-3, 1925.6, 29~39쪽.

39 浦原久四郎(체신국장),〈朝鮮に於ける電氣事業者に望む〉,《朝鮮公論》11-7, 1923.7, 6~7쪽; 吉村謙一郎(체신국 전 전기과장),〈電氣は平和事業〉,《朝鮮公論》11-7, 1923.7, 61~72쪽; 高崎齊(체신국 전기과장),〈電氣事業者各位に告ぐ〉,《朝鮮公論》13-7, 1925.7, 47~51쪽; 山本犀藏(체신국장),〈電氣事業者に望む〉,《朝鮮電氣協會會

報》17-3, 1928.8, 9~11쪽.

40 新貝肇(체신국 사무관), 〈朝鮮に於ける電氣料金〉,《朝鮮公論》16-9, 1928.9, 42~45쪽.

41 高崎齊(체신국 전기과장), 〈電氣事業者各位に告ぐ〉,《朝鮮公論》13-7, 1925.7, 47~51
쪽; 高崎齊, 〈朝鮮電氣界の現勢〉,《朝鮮公論》15-8, 1927.8, 7~9쪽; 高崎齊, 〈朝鮮
電氣業の現在及將來〉,《朝鮮電氣協會會報》17-1, 1928.2, 1~2쪽.

42 堂本貞一(체신국 부사무관), 〈現代の文化と電氣〉,《朝鮮公論》13-7, 1925.7, 52~56쪽;
中川銀三郎(체신국기사), 〈農事電化の現況〉,《朝鮮公論》16-9, 1928.9, 46~55쪽; 衛
藤祐盛(철도국 운전과장), 〈鐵道と電氣〉,《朝鮮公論》13-7, 1925.7, 43~46쪽.

43 本間孝義(총독부기사), 〈朝鮮に於ける水力電氣の經濟的價値〉,《朝鮮彙報》1920.3,
57~100쪽; 吉村謙一郎(체신국 전기과장), 〈朝鮮の電氣事業〉,《朝鮮及滿洲》179,
1922.10, 42~43쪽; 本間孝義, 〈朝鮮水電界前途〉,《每日申報》1923.3.1~4.6; 本間孝
義, 〈朝鮮水力電氣界の前途〉,《朝鮮》97, 1923.4, 34~42쪽; 本間孝義, 〈經濟的なる
水力發電〉,《朝鮮公論》11-7, 1923.7, 74~78쪽; 高谷武助, 〈朝鮮に於ける發電水
力〉,《朝鮮》135, 1926.8, 41~62쪽; 〈好望極なりき水力電氣〉,《朝鮮公論》15-8,
1927.8, 54~59쪽; 本間孝義, 〈有望なる朝鮮の水力電氣〉,《朝鮮經濟雜誌》14-2,
1927.10, 3~6쪽; 高谷武助, 〈北鮮の發電水力〉,《朝鮮鐵道協會會誌》7-10, 1928.10,
84~88쪽.

44 《朝鮮總督府官報》제3164호, 1923.3.1. 임시수력조사과는 1930년 3월에 폐지되었
다.《朝鮮總督府官報》제970호, 1930.3.31.

45 《朝鮮水力調査書(總論)》, 朝鮮總督府遞信局, 1930, 58쪽.

46 鈴木靖, 〈朝鮮に於ける送電事業のトップを切つて金剛山より京城までの送電計劃を
完成した今昔物語り〉,《朝鮮の電氣事業を語る》, 朝鮮電氣協會, 1937, 103~106쪽.
경성전기는 1898년 한성전기 시절에 확보한 독점적 영업권을 소유하고 있었지만,
총독부에서는 이 독점권이 도성 내의 전등, 전화, 전차에만 해당된다고 해석해 금전
의 전력 공급을 용인하였다.

47 姜在彦 編,《朝鮮における日窒コンツェルン》, 不二出版, 1985, 143~153쪽.

48 久保田豊(조선수전 공무과장), 〈赴戰江水力發電工事の話〉,《朝鮮鐵道協會會誌》7-3,
1928.3, 15~21쪽; 吉田猶藏, 〈赴戰江水電工事をみる〉,《朝鮮》172, 1929.9, 85~93쪽.

[49] 浦原久四郎(체신국장), 〈朝鮮に於ける電氣事業者に望む〉, 《朝鮮公論》11-7, 1923.7, 6~7쪽; 吉村謙一郎(체신국 전 전기과장), 〈開發の餘地大なる朝鮮の電氣事業〉, 《朝鮮經濟雜誌》90, 1923.6, 1~5쪽; 吉村謙一郎, 〈電氣は平和事業〉, 《朝鮮公論》11-7, 1923.7, 61~72쪽; 高崎齊(체신국 전기과장), 〈本日の總會に當つて一言す〉, 《朝鮮電氣協會會報》13-3, 1925.6, 3~6쪽; 高崎齊, 〈電氣事業者各位に告ぐ〉, 《朝鮮公論》13-7, 1925.7, 47~51쪽.

[50] 小竹郞一, 《電力百年史》, 政經社, 1980, 제4장.

[51] 高崎齊(체신국 전기과장), 〈電氣事業者各位に告ぐ〉, 《朝鮮公論》13-7, 1925.7, 47~51쪽; 丸山秀三, 〈朝鮮の電氣問題〉, 《朝鮮經濟雜誌》129, 1926.9, 1~3쪽; 高崎齊, 〈電氣事業監督の重要性及び複雜化〉, 《朝鮮の電氣事業を語る》, 朝鮮電氣協會, 1937, 119~124쪽.

[52] 《每日申報》1921.11.18., 1922.2.11., 1924.3.2; 《東亞日報》1922.2.12., 2.14, 1924.3.2., 1925.4.1.; 《朝鮮日報》1925.3.31

[53] 《中外日報》1928.2.12; 《朝鮮日報》1928.9.25., 9.26; 《東亞日報》1928.9.1.; 《每日申報》1928.9.25.

[54] 《中外日報》1928.11.20, 11.22, 1929.3.7, 3.17; 《朝鮮日報》1928.11.22., 1929.3.15.; 《每日申報》1928.11.22., 1929.3.19.

[55] 高崎齊, 〈歐米に於ける電氣事業の趨勢〉, 《朝鮮》89, 1922.8, 58~64쪽.

[56] 中川銀三郎(체신국기사), 〈海外電氣事業視察談〉, 《朝鮮電氣協會會報》17-3, 1928.8, 11~19쪽.

[57] 요시하라 시게나리에 대해서는 오선실, 〈1910~30년대 조선총독부의 전력정책과 식민지 기술관료들의 조선개발 인식〉, 《인문과학연구논총》41-1, 2020 참조.

[58] 오진석, 〈일제하 백화점업계의 동향과 관계인들의 생활양식〉, 《일제의 식민지배와 일상생활》, 혜안, 2004.

[59] 《東亞日報》1932.2.19. 〈사설〉; 李炳眞, 〈日帝 강점기 米豆·證券市場정책과 '朝鮮取引所'〉, 1992, 연세대 석사학위논문; 金明洙, 〈朝鮮總督府의 金融統制政策과 그 制度的 基礎의 形成〉, 《東方學志》131, 2005; 朴賢, 〈1920년대 후반 金融制度準備調査委員會의 설립과 활동〉, 《東方學志》136, 2006; 鄭在貞, 〈植民地期의 小運送業과 日

帝의 統制政策〉, 《歷史教育》 48, 1990; 金景林, 〈日帝下 朝鮮鐵道 12年計劃線에 관한 研究〉, 《經濟史學》 12, 1988.

[60] 이하 일본의 전력산업에 대해서는 별다른 주가 없는 한 小竹卽一, 《電力百年史》, 政經社, 1980; 電氣事業講座編輯委員會 編纂, 《電氣事業發達史》, 電力新報社, 1996; 梅本哲世, 《戰前日本資本主義と電力》, 八朔社, 2000; 橘川武郎, 《日本電力業發展のダイナミズム》, 名古屋大學出版會, 2004; 中瀨哲史, 《日本電氣事業經營史》, 日本經濟評論社, 2005 참조.

[61] 《朝鮮電氣事業發達史 其ノ二》, 朝鮮電氣協會, 1936(?), 4-3-42~4-3-65쪽; 김경림, 〈1920년대 電氣事業 府營化運動−평양전기 府營化를 중심으로〉, 《白山學報》 46, 1996; 金濟正, 〈1930년대 초반 京城지역 전기사업 府營化 운동〉, 《韓國史論》 43, 2000; 吳鎭錫, 〈1930년대 초 전력산업 公營化運動과 京城電氣〉, 《史學研究》 94, 2009.

[62] 山本犀藏(체신국장), 〈電氣事業者に望む〉, 《朝鮮電氣協會會報》 17-3, 1928.8, 9~11쪽.

[63] 高谷武助, 〈朝鮮に於ける發電水力〉, 《朝鮮》 135, 1926.8, 41~62쪽; 一記者, 〈有望な朝鮮の水電事業〉, 《朝鮮公論》 14-10, 1926.10, 32~33쪽; 本間孝義(총독부기사), 〈有望なる朝鮮の水力電氣〉, 《朝鮮經濟雜誌》 14-2, 1927.10, 3~6쪽; 朝鮮總督府遞信局, 《朝鮮遞信事業沿革史》, 朝鮮總督府遞信局, 1938, 415~451쪽.

[64] 《朝鮮日報》 1925.3.31; 高崎齊(체신국 전기과장), 〈電氣事業者各位に告ぐ〉, 《朝鮮公論》 13-7, 1925.7, 47~51쪽; 丸山莠三, 〈朝鮮の電氣問題〉, 《朝鮮經濟雜誌》 129, 1926.9, 1~3쪽; 今成天外, 《産業第一之朝鮮》, 朝鮮賣文聯盟, 1926, 144쪽; 高崎齊, 〈電氣事業監督の重要性及び複雜化〉, 《朝鮮の電氣事業を語る》, 朝鮮電氣協會, 1937, 119~124쪽.

[65] 전력통제정책의 수립과정에 대해서는 이하 별다른 주가 없는 한 山本犀藏, 〈電氣統制計劃の確立時代〉, 《朝鮮の電氣事業を語る》, 朝鮮電氣協會, 1937, 125~131쪽; 淺原貞紀, 〈朝鮮電氣事業令制定の經過〉, 위의 책, 173~175쪽; 今井賴次郎, 〈朝鮮に於ける電氣統制が實施するまでの經緯〉, 위의 책, 199~207쪽; 今井賴次郎, 〈電力統制と電力界の現在及將來〉, 《朝鮮の工業と其の資源》, 朝鮮工業協會, 1937, 322~341쪽 참조.

66 《朝鮮日報》1926.6.29;《每日申報》1926.5.21;《東亞日報》1927.1.28.

67 《朝鮮日報》1928.2.9, 3.30, 4.12, 9.25, 10.8.

68 《中外日報》1929.11.17, 1930.1.18, 1.22;《東亞日報》1930.1.30;《每日申報》
1930.1.30;《朝鮮總督府官報》제904호, 1930.1.10, 72쪽.

69 《每日申報》1930.3.21;《東亞日報》1930.3.23;《中外日報》1930.3.23, 3.26, 3.30;
《京城日報》1930.3.29.

70 《朝鮮電氣事業發達史 其ノ二》, 朝鮮電氣協會, 1936(?), 5-3-31~5-3-33쪽.

71 《中外日報》1930.4.15.

72 《電力政策基本計劃調書 第1·2輯》, 朝鮮總督府, 1930.3;《電力政策基本計劃調書 第3
輯》, 朝鮮總督府, 1930.10; 吉原重成,〈朝鮮に於ける電力政策の確立に就て〉,《朝鮮
電氣協會會報》17-3, 1928.8, 1~8쪽; 吉原重成,〈朝鮮の電力政策〉,《朝鮮電氣協會
會報》18-1, 1929.1, 1~12쪽; 吉原重成,〈朝鮮に於ける電力政策〉,《朝鮮公論》19-
9, 1931.9, 9~18쪽.

73 有賀光豊,〈朝鮮電力の國營を提唱す〉,《朝鮮及滿洲》243, 1928.2, 27~29쪽;〈朝鮮に
電氣國營論擡頭の兆あり〉,《朝鮮電氣協會會報》17-1, 1928.2, 120쪽.

74 阿部薰,〈事業界の發達を阻害する國營論を排擊す〉,〈農村電化から觀た電氣事業國
營の將來〉,《記者の觀た朝鮮》, 民衆時論社, 1929; 柳川勉,〈電氣事業公營の可否〉,
《新興朝鮮の論策》, 內外事情社, 1930.

75 小川要次(체신국 경리과 서기),〈電氣事業管見〉,《朝鮮遞信協會雜誌》119, 1928.4,
4~12쪽; 小川要次,〈電氣事業公營說の反批判〉,《朝鮮遞信協會雜誌》125, 1928.10,
21~29쪽.

76 阿部誠雄(체신국 공무과 서기보),〈電氣事業の公營說に就いて〉,《朝鮮遞信協會雜誌》
121, 1928.6, 4~27쪽.

77 《朝鮮電氣協會會報》14-1, 1926.1, 74쪽; 武者鍊三,〈朝鮮電氣協會の使命〉,《朝鮮公
論》13-7, 1925.7, 10~15쪽; 武者鍊三,〈朝鮮電氣協會と其使命〉,《朝鮮公論》16-9,
1928.9, 61~64쪽;《朝鮮電氣事業調査書》, 朝鮮電氣協會 朝鮮電氣事業調査會,
1925.

78 《每日申報》1930.5.3.

[79] 吉原重成, 〈朝鮮に於ける電力政策の確立に就て〉, 《朝鮮電氣協會會報》 17-3, 1928.8, 1~8쪽.

[80] 〈電力統制調査委員會設置請願〉, 《朝鮮電氣協會會報》 17-3, 1928.8, 120~121쪽.

[81] 《朝鮮電氣協會會報》 18-3, 1929.8, 104쪽.

[82] 《朝鮮電氣協會會報》 18-4, 1929.12, 53쪽; 《朝鮮電氣協會會報》 19-2, 1930.8, 57쪽. 보고서의 제목은 《朝鮮ニ於ケル電力統制調査》이지만 입수하지 못했다. 다만 그 개요는 岸謙, 〈朝鮮電氣協會沿革史(2)〉, 《朝鮮電氣雜誌》 32-3, 1943.3, 29~30쪽에서 확인할 수 있다.

[83] 《每日申報》 1930.8.21, 10.15, 10.19, 10.22; 《中外日報》 1930.8.21; 《東亞日報》 1930.11.6; 《朝鮮總督府官報》 제1092호, 1930.8.22, 157쪽.

[84] 전협에서는 회의 개최에 앞서 회원들의 의견을 교환하는 자리를 가졌다. 《朝鮮電氣協會會報》 19-3, 1930.12, 46쪽.

[85] 《每日申報》 1930.11.3, 11.5, 11.9; 《東亞日報》 1930.11.6; 〈朝鮮電氣事業調査會第1回會議〉, 《朝鮮電氣協會會報》 19-3, 1930.12, 49~52쪽; 〈朝鮮の電氣事業調査會と決定したる答申の內容〉, 《朝鮮經濟新報》 6-11, 1930.11.30, 23~24쪽; 今井賴次郎 (체신국 전기과장), 〈昭和五年に於ける朝鮮電氣事業の回顧〉, 《朝鮮遞信協會雜誌》 152, 1931.1, 36~51쪽.

[86] 《朝鮮電氣事業發達史 其ノ二》, 朝鮮電氣協會, 1936(?), 5-2-6~5-2-9쪽.

[87] 《發電計劃及送電網計劃參考案》, 朝鮮總督府遞信局, 1930.10.

[88] 공영화운동에 대해서는 이하 별다른 주가 없는 한 《朝鮮電氣事業發達史 其ノ二》, 朝鮮電氣協會, 1936(?), 4-3-42~4-3-65쪽; 김경림, 〈1920년대 電氣事業 府營化運動 –평양전기 府營化를 중심으로〉, 《白山學報》 46, 1996; 金濟正, 〈1930년대 초반 京城지역 전기사업 府營化 운동〉, 《韓國史論》 43, 2000; 吳鎭錫, 〈1930년대 초 전력산업 公營化運動과 京城電氣〉, 《史學硏究》 94, 2009; 김승, 〈1920년대 부산의 電氣府營운동과 그 의미〉, 《지역과 역사》 32, 2013 참조.

[89] 朝鮮電氣事業史編輯委員會 編, 《朝鮮電氣事業史》, 中央日韓協會, 1981, 183쪽.

[90] 武者鍊三(京電 專務), 〈朝鮮電氣事業の將來〉, 《朝鮮公論》 18-11, 1930.11, 11~13쪽 (1930.12, 《朝鮮電氣協會會報》 1-3, 1~3쪽에 재수록); 武者鍊三, 〈有望視さるる朝鮮電氣

事業の將來〉,《朝鮮統治新論》, 民衆時論社, 1931, 169~172쪽; 武者鍊三, 〈電氣事業の進步と電力統制〉,《朝鮮公論》19-9, 1931.9, 19~21쪽(《朝鮮電氣協會會報》20-3, 1931.12, 4~7쪽에 재수록).

[91] 宇垣一成시기 경제정책의 기본적인 특징은 방기중, 〈1930년대 조선 농공병진정책과 경제통제〉,《일제 파시즘 지배정책과 민중생활》, 혜안, 2004; 이승렬, 〈1930년대 전반기 일본군부의 대륙침략관과 '조선공업화' 정책〉,《國史館論叢》67, 1996; 安秉林, 〈1930年代 總督 宇垣一成의 植民政策〉,《梨大史苑》27, 1994; 李淳衡, 〈植民地工業化論と宇垣一成總督の政策〉,《宇垣一成とその時代》, 早稻田大學現代政治經濟硏究所, 1999 참조.

[92] 鎌田澤一郎,《朝鮮は起ち上ろ》, 千倉書房, 1933, 177~186쪽; 三浦悅郎,《生氣躍動する産業朝鮮》, 日本評論社, 1934, 251~258쪽.

[93] 《今井田淸德》, 今井田淸德傳記編纂會, 1943;《朝鮮人事興信錄》, 朝鮮新聞社, 1935, 46쪽.

[94] 朝鮮電氣事業史編輯委員會 編, 〈朝鮮電氣事業史〉, 中央日韓協會, 1981, 572~574쪽.

[95] 《每日申報》1931.3.13, 4.8.

[96] 《發電事業及送電事業ノ企業形態》.

[97] 今井田은 1920년대 초 구미시찰을 다녀와서 관영은 정치 변화에 민감한 영향을 받을 뿐만 아니라 비전문성, 희박한 경제관념, 소극적이고 타성에 젖은 경영, 권력남용 등으로 인해 민영보다 비능률적이라는 생각을 굳게 가지고 있었다.《今井田淸德》, 今井田淸德傳記編纂會, 1943, 417~426쪽.

[98] 今井田淸德, 〈電氣事業の統制〉,《朝鮮公論》19-9, 1931.9, 7~8쪽.

[99] 《每日申報》1931.7.17, 9.8, 10.17, 10.22;《東亞日報》1931.7.25;《朝鮮日報》1931.10.13, 10.22; 〈電氣事業調查會〉,《朝鮮》198, 1931.11, 146쪽; 〈第2回電氣事業調查委員會議〉,《朝鮮電氣協會會報》20-3, 1931.12, 1~4쪽.

[100] 《朝鮮日報》1931.10.25, 10.27;《東亞日報》1931.10.25;《每日申報》1931.10.25, 10.27; 山本犀藏(체신국장), 1932.1, 〈半島將來の海運と電氣事業〉,《朝鮮公論》20-1, 56~61쪽; 三吉吉郎, 〈朝鮮統制事業調查(1)〉,《經濟月報》239, 1935.11.

[101] 有賀光豊, 〈朝鮮電力の國營を提唱す〉,《朝鮮及滿洲》243, 1928.2, 27~29쪽(釋尾春

苏, 《朝鮮之硏究》, 朝鮮及滿洲社, 1930, 205~208쪽에 재수록).

[102] 《朝鮮電氣事業發達史 其ノ二》, 朝鮮電氣協會, 1936(?), 5-2-22~5-2-23쪽.

[103] 당시 언론 보도에 의하면 재무국장 林繁藏이 송전간선은 국영으로 해야 한다고 주장해 이를 관철했다고 한다. 《每日申報》 1931.11.1.

[104] 《東亞日報》 1931.11.19 사설, 1931.12.18; 《每日申報》 1931.10.28.

[105] 今井田淸德, 〈電力統制方策の確立に就て〉, 《朝鮮》 200, 1932.1, 121~128쪽(《朝鮮遞信協會雜誌》 167, 1932.4, 2~7쪽에 재수록); 《東亞日報》 1931.12.12, 12.18; 《朝鮮日報》 1931.12.18, 12.19, 12.20, 12.21, 12.22; 《每日申報》 1931.12.18.

[106] 《發電計劃及送電網計劃說明書》, 朝鮮總督府遞信局, 1931.10.

[107] 《電力政策基本計劃調書 第4輯》, 朝鮮總督府鐵道局, 1931.12.

[108] 《發電計劃及送電網計劃書》, 朝鮮總督府遞信局, 1932; 《朝鮮總督府官報》 제1591호, 1932.4.30.

[109] 《每日申報》 1931.10.27; 《京城日報》 1931.10.27.

[110] 《每日申報》 1932.2.26.

[111] 《京城日報》 1932.2.25.

[112] 《每日申報》 1932.3.10.

[113] 《每日申報》 1932.2.26.

[114] 《朝鮮日報》 1932.2.1, 2.17; 《東亞日報》 1932.2.1, 2.18; 《每日申報》 1932.2.18. 법령 조문은 《朝鮮總督府官報》 제1531호, 1932.2.17; 《朝鮮日報》 1932.2.18~2.21; 《每日申報》 1932.2.19~2.20 참조.

[115] 《東亞日報》 1933.11.1; 《每日申報》 1933.11.1; 《朝鮮總督府官報》 號外, 1933.10.24; 山本犀藏, 〈朝鮮電氣事業令實施〉, 《朝鮮公論》 21-11, 1933.11, 35~36쪽; 山本犀藏, 〈朝鮮電氣事業令の施行に就て〉, 《朝鮮電氣協會會報》 23-1, 1934.3, 1~2쪽.

[116] 今井田淸德(政務總監), 〈朝鮮電氣事業令の制定に就いて〉, 《朝鮮》 202, 1932.3, 61~73쪽; 今井田淸德, 〈電氣事業令の制定に就いて〉, 《朝鮮電氣協會會報》 21-1, 1932.3, 8~11쪽(《朝鮮遞信協會雜誌》 167, 1932.4, 8~11쪽에 재수록); 山本犀藏(遞信局長), 〈電氣事業令に付て〉, 《朝鮮電氣協會會報》 21-1, 1932.3, 11~17쪽; 山本犀藏, 〈電氣事業令發布に就て〉, 《朝鮮公論》 20-3, 1932.3, 9~12쪽; 坂上滿壽雄, 〈朝鮮電氣事業

令條文要旨(1)〉,《朝鮮遞信協會雜誌》169, 1932.6, 2~22쪽; 坂上滿壽雄, 〈朝鮮電氣
事業令條文要旨(2)〉,《朝鮮遞信協會雜誌》170, 1932.7, 2~16쪽; 坂上滿壽雄,《朝鮮
電氣事業令條文要旨》, 연도미상.

[117] 일본의 개정 전기사업법은 小竹郞一,《電力百年史》, 政經社, 1980, 438~442쪽 참조.

[118] 《東亞日報》 1932.2.19.

[119] 1930년대 전력산업의 구조개편은 今井賴次郎, 〈電氣事業〉,《朝鮮鐵道協會會誌》
15-3, 1936.3, 2~6쪽; 安達逡, 〈朝鮮に於ける發送電網の現狀及其の將來〉,《朝鮮遞
信》217, 1936.7(《朝鮮電氣協會會報》25-1, 1936.8, 21~43쪽에 재수록); 〈統制される朝鮮
の電氣事業〉,《朝鮮公論》24-12, 1936.12, 13~15쪽; 條木敬雄,《躍進途上にある朝
鮮電氣事業の槪觀》, 朝鮮電氣協會, 1937; 今井賴次郎, 〈朝鮮に於ける電氣事業一斑
(1)~(2)〉,《朝鮮鐵道協會會誌》16-10~16-11, 1937.10~11; 〈朝鮮電氣事業の現段
階〉,《朝鮮公論》25-12, 1937.12, 42~44쪽; 〈電氣事業統制の成果を觀る〉,《朝鮮公
論》25-12, 1937.12, 45~47쪽; 岸謙, 〈朝鮮に於ける電氣事業〉,《京電》3-2,
1939.6, 23~57쪽 참조.

[120] 《每日申報》 1932.2.26, 3.10.

[121] 《每日申報》 1932.2.19, 3.25, 4.20, 12.21, 1933.1.14, 4.1, 4.22.

[122] 예를 들어 평양과 진남포 출신 기업가들이 총독부에 찾아가 송전선을 국영으로 해
줄 것을 진정한 적도 있었다. 《每日申報》 1933.8.9.

[123] 정안기, 〈1930년대 電力國策, 〈朝鮮送電(주)〉의 연구〉,《東方學志》166, 2014, 200쪽.

[124] 今井賴次郎, 〈電氣事業〉,《朝鮮鐵道協會會誌》15-3, 1936.3, 6쪽.

[125] 《朝鮮日報》 1934.4.12, 5.2;《東亞日報》 1934.4.14, 4.15, 9.15; 〈殖農 第468號 東拓
ノ朝鮮送電株式會社株式引受ノ件〉(1935.4.10); 〈本一 第77號 朝鮮送電株式會社株式
引受認可申請ノ件〉(1934.3.31).

[126] 《京城日報》 1934.3.6, 4.14.

[127] 경전이 인수를 의뢰받은 주식은 5만주(16.7%)에 불과했지만, 실제 닛치츠가 인수한
주식은 경전의 예상 몫까지 합해 15만5천주(51.7%)에 달했다.

[128] 朝鮮電氣事業史編輯委員會 編,《朝鮮電氣事業史》, 中央日韓協會, 1981, 310~317쪽.

[129] 경성전기는 1930년대 초에 이미 강릉수력 개발권을 출원해 둔 상태였다.《每日申

報》1932.7.5, 7.8. 그런데 조선전기사업조사회 답신안에 필요에 따라 발송배전을 일체로 민영에 맡길 수 있다고 한 예외조항은 사실상 경성전기를 염두에 둔 조항이 었다고 생각된다. 중부지역 최대의 배전회사인 경성전기가 강릉수력 개발을 맡게 되면 발송배전을 모두 하나의 민영회사가 맡게 되는 셈이었다.

130 조선전력의 설립과정은《朝鮮商工新聞》1935.1.20, 3.24;《朝鮮日報》1935.2.15, 3.8;《東亞日報》1935.2.17;《每日申報》1935.3.8 참조.

131 정안기, 〈1930년대 朝鮮型特殊會社, 〈朝鮮電力(주)〉의 연구〉, 《東方學志》170, 2015, 198쪽.

132 《朝鮮商工新聞》1935.2.15.

133 《每日申報》1932.2.26.

134 《每日申報》1932.11.16.

135 《朝鮮日報》1932.2.20, 11.29, 1933.2.22, 8.4, 8.19, 8.23, 8.29, 9.5, 9.11;《每日申報》1932.1.31, 2.17, 11.11, 12.6, 1933.1.15, 2.22, 2.28, 4.7, 5.30, 8.4, 8.9, 8.15, 9.5;《朝鮮商工新聞》1933.7.8, 8.10, 8.15, 9.5; 今井賴次郎, 〈西鮮地方に於ける電氣事業の合同に就て〉, 《朝鮮公論》21-10, 1933.10, 74~78쪽.

136 《朝鮮商工新聞》1933.9.11.

137 《朝鮮日報》1934.1.21.

138 《朝鮮商工新聞》1936.4.1, 4.21, 9.8, 10.1;《每日申報》1936.11, 12.21.

139 《每日申報》1934.9.14, 12.9, 12.11, 12.12, 1935.2.13, 4.14, 5.9, 5.27, 10.24, 10.25;《朝鮮商工新聞》1935.10.23.

140 《每日申報》1938.2.8, 5.28;《朝鮮商工新聞》1938.6.1

141 腹部清(영업과장), 〈想ひ出〉, 《京電》8-2, 1944.10, 16~20쪽.

142 《朝鮮日報》1933.8.23, 8.29, 9.5;《每日申報》1933.9.5;《朝鮮商工新聞》1933.9.5.

143 《每日申報》1933.10.30, 11.1, 12.3;《朝鮮商工新聞》1933.9.6, 9.10, 9.19, 9.28, 10.6, 10.13, 11.22, 12.2, 12.3.

144 《朝鮮商工新聞》1936.11.13, 11.27, 12.4, 12.10;《每日申報》1936.11.28.

145 《每日申報》1936.12.12;《朝鮮商工新聞》1936.12.12.

146 《朝鮮商工新聞》1936.12.18, 12.22, 12.23, 12.29, 1937.1.8, 1.10, 1.12, 1.13, 1.30,

2.16, 2.19, 2.21, 3.6, 3.10, 3.11, 3.13;《每日申報》1936.12.20, 12.24, 12.28, 12.30, 1937.1.9, 1.14, 1.16, 1.18, 2.21, 2.23, 3.2, 3.6, 3.13, 3.16, 3.17.

[147]《每日新報》1938.11.9, 1939.7.19, 7.22, 7.23, 8.17, 8.26;《朝鮮商工新聞》1939.3.3, 7.25.

[148]《每日新報》1939.11.3, 11.11, 11.15, 11.23, 12.1.

[149]《每日新報》1940.9.8, 9.10.

[150]《每日新報》1943.12.14.

[151]《每日申報》1937.12.1.

[152]《每日申報》1936.7.25, 12.5.

[153] 〈南鮮業界の王子朝鮮電力株式會社〉,《朝鮮公論》26-11, 1938.11, 94~98쪽; 〈時代の脚光浴び伸る朝鮮電力會社〉,《朝鮮公論》27-10, 1939.10, 42~44쪽.

[154]《每日申報》1938.10.25; 〈北鮮の水力電氣〉,《朝鮮公論》29-11, 1941.11, 73~80쪽.

[155] 小林英夫, 〈總力戰體制와 植民地〉,《日帝末期 파시즘과 韓國社會》, 청아출판사, 1988; 金仁鎬, 〈太平洋戰爭期(1940~1945) 日帝의 조선 공업통제와 생산력 확충〉,《韓國史研究》90, 1995; 김인호,《太平洋戰爭期 朝鮮工業研究》, 新書苑, 1998; 김인호,《식민지 조선경제의 종말》, 신서원, 2000; 裵城浚, 〈전시체제기(1937~45) 纖維工業의 통제와 工業組合〉,《韓國民族運動史研究》, 于松趙東杰先生停年紀念論叢刊行委員會, 1997; 裵城浚, 〈일제말기 통제경제법과 기업통제〉,《韓國文化》27, 2001; 방기중, 〈1930년대 조선 농공병진정책과 경제통제〉,《일제 파시즘 지배정책과 민중생활》, 혜안, 2004; 방기중, 〈조선 지식인의 경제통제론과 '신체제' 인식〉,《일제하 지식인의 파시즘체제 인식과 대응》, 혜안, 2005; 방기중, 〈1940년 전후 조선총독부의 "신체제" 인식과 병참기지강화정책—총독부 경제지배시스템의 특질과 관련하여〉,《東方學志》138, 2007 참조.

[156]《每日申報》1937.8.9, 8.23, 10.11, 11.2, 11.6, 12.29, 12.30, 1937.1.3.

[157]《每日申報》1938.2.8, 5.28;《朝鮮商工新聞》1938.6.1.

[158]《每日新報》1939.11.3, 11.11, 11.15, 11.23, 12.1;《朝鮮商工新聞》1939.11.1, 11.2, 11.7, 11.15, 11.23, 12.2.

[159]《東亞日報》1929.3.4.

[160] 《東亞日報》1938.1.24, 3.10.

[161] 《每日申報》1936.4.10, 7.12;《朝鮮日報》1936.7.21;《東亞日報》1936.7.21;《朝鮮商工新聞》1936.10.1.

[162] 《每日申報》1939.9.2;《東亞日報》1939.9.3, 1940.2.21;《朝鮮日報》1939.9.2, 1940.2.21.

[163] 경전의 춘천전기, 금강산전기철도 합병과정은 吳鎭錫,《한국근대 電力産業의 발전과 京城電氣㈱》, 연세대 박사학위논문, 2006, 297~305쪽 참조.

[164] 《每日新報》1940.4.20, 7.7, 9.18;《東亞日報》1940.4.20, 6.2;《朝鮮日報》1940.4.20, 5.1.

[165] 《每日新報》1941.5.17, 6.7, 6,22.

[166] 《每日新報》1941.4.18, 8.26, 1942.2.26, 7.30, 11.15, 1943.1.9.

[167] 〈朝鮮電力事業の責務加重と統制強化〉,《朝鮮産業の決戰再編成》, 東洋經濟新報社, 1943, 36~38쪽.

[168] "죽자고 공장용 전력을 위해 발전소를 만들면 고스란히 공공용으로 충당되어 버린다. 그 구멍을 메우려고 발전소를 만들면, 다시……." 久保田豊,《財閥回顧錄 6》, 大韓書籍公社, 1983, 46쪽.

[169] 林茂樹, 〈南朝鮮最大の電源開發〉,《有賀さんの事蹟と思い出》, 同編纂會, 1955, 202~204쪽; 井原潤次郎, 〈高周波と私〉, 위의 책, 367~375쪽.

[170] 朴基炷, 〈1930年代 朝鮮産金政策에 關한 硏究〉,《經濟史學》12, 1988; 朴賢, 〈조선총독부의 金 生産力擴充計劃 수립과 전개〉,《한국근현대사연구》59, 2011; 朴賢, 〈중일전쟁기 조선총독부의 금집중 정책〉,《한국근현대사연구》55, 2010.

[171] 見目德太, 〈朝鮮に於ける國有産金送電線に就て〉,《電氣之友》873, 1941.1, 17~19쪽; 朝鮮電氣事業史編輯委員會 編,《朝鮮電氣事業史》, 中央日韓協會, 1981, 199~217쪽.

[172] 《第30回 朝鮮電氣事業要覽》, 朝鮮總督府殖産局, 1943, 134~153쪽.

[173] 《朝鮮商工新聞》1938.3.29;《京城日報》1938.4.8.

[174] 《朝鮮總督府官報》제3948호, 1940.3.20;《每日新報》1940.3.21.

[175] 조선전력에 대해서 이하 별다른 주가 없는 한〈半島唯一の火力發電 小倉傘下の朝鮮

電力〉,《朝鮮公論》29-11, 1941.11, 62~63쪽 참조.

[176] 《每日新報》1940.2.11, 1942.6.17.

[177] 《朝鮮電氣雜誌》30-1, 1941.1, 67쪽.

[178] 《京城日報》1940.12.29.

[179] 《朝鮮電氣雜誌》30-10, 1941.10, 38~39쪽; 《每日新報》1941.10.23, 11.2, 11.5.

[180] 《每日新報》1943.10.8.

[181] 제3차 수력조사가 일단 종료된 이후 1940년부터 제4차 수력조사가 다시 시작되었다고 보는 견해도 있다. 河合和男, 〈第二次水力調査と朝鮮總督府官僚の水力認識〉, 《日本の朝鮮·臺灣支配と植民地官僚》, 思文閣出版, 2009 참조. 그러나 여기에서는 원래 1936년부터 1939년까지 실시될 예정이었던 제3차 수력조사가 계획을 변경하여 해방 이전까지 지속된 것으로 보았다. 1939년과 1944년의 조사 결과가 크게 차이가 나지 않는 사실로 보아 수력조사가 별도로 진행되었다고 보기 어렵다고 생각된다. 1944년 당시 전기과장도 한국의 수력전기 특성을 소개하면서 '제3차 수력조사' 결과를 제시하고 있다. 角永清, 〈朝鮮電力資源の特質と價値〉, 《朝鮮》352, 1944.9, 66~71쪽.

[182] 小竹卽一, 《電力百年史》, 政經社, 1980; 電氣事業講座編輯委員會 編纂, 《電氣事業發達史》, 電力新報社, 1996; 梅本哲世, 《戰前日本資本主義と電力》, 八朔社, 2000; 橘川武郎, 《日本電力業發展のダイナミズム》, 名古屋大學出版會, 2004; 中瀨哲史, 《日本電氣事業經營史》, 日本經濟評論社, 2005, 3장 참조.

[183] 《朝鮮商工新聞》1937.12.11, 1938.1.7.

[184] 《朝鮮の電氣事業》, 朝鮮總督府遞信局電氣課, 1938.8(民族問題研究所 編, 《日帝下 戰時體制期 政策史料叢書 第82卷》, 한국학술정보(주), 2001에 수록).

[185] 《朝鮮の電氣事業》, 朝鮮總督府遞信局電氣課, 1938.8(民族問題研究所 編, 《日帝下 戰時體制期 政策史料叢書 第82卷》, 한국학술정보(주), 2001에 수록); 坂上滿壽雄, 〈電力統制〉, 《朝鮮遞信》246, 1938.11, 4~19쪽; 《朝鮮商工新聞》1938.1.27, 2.13.

[186] 한국 내 수력전기의 일반적인 특성은 〈特色を有する半島の發電水力〉, 《朝鮮公論》24-12, 1936.12, 16쪽; 安達遠, 〈朝鮮に於ける發電資源の特色〉, 《朝鮮公論》24-12, 1936.12, 26~29쪽; 坂上滿壽雄, 〈發電水力資源〉, 《朝鮮公論》26-11, 1938.11,

12~17쪽; 玉置正治, 〈朝鮮の水力と其の開發の特異性〉, 《朝鮮電氣雜誌》 30-11, 1941.11, 11~14쪽; 加藤韓三, 〈躍進途上にある朝鮮の電氣事業〉, 《朝鮮電氣雜誌》 31-5, 1942.5, 21~31쪽; 安達逡, 〈朝鮮に於ける發電水力の展望〉, 《朝鮮電氣雜誌》 32-10, 1943.10, 2~12쪽; 《朝鮮日報》 1940.2.3 참조.

187 瀧三郎, 〈電氣と人物〉, 《朝鮮電氣雜誌》 27-5, 1938.8, 73~74쪽. 이하 별다른 주가 없는 한 관료들의 임면일은 安龍植 編, 《朝鮮總督府下 日本人官僚 研究Ⅲ》, 延世大學校 社會科學研究所, 2003 참조.

188 이하 전기과 관료에 대해서는 별다른 주가 없는 한 安達逡, 〈回想記〉, 《朝鮮半島電氣事業の思い出》, 景福電友會, 1983, 4~15쪽 참조. 1938년 4월 현재 체신국 전기과는 과장 이하 통할자, 계장, 계원 등 77명이 근무하고 있었는데, 이 중 사무관료는 17명에 불과했다. 계원(서기) 14명, 계장(서기) 1명, 통할자(부사무관) 1명, 과장(사무관) 1명이었다. 반면 기술관료는 계원(기수) 44명, 계장(기사 혹은 기수) 8명, 통할자(기사) 3명이었다. 당시 과장은 사무관료이었지만, 실무의 중심인 통할자나 계장은 거의 대부분 기술관료가 차지했다. 〈遞信局電氣課機構整備〉, 《朝鮮電氣雜誌》 27-1, 1938.4, 118~120쪽.

189 岡本眞希子, 앞의 책, 550쪽.

190 阿部薰, 《朝鮮人物選集》, 民衆時論出版部, 1934, 855~857쪽; 嶋元勸, 《朝鮮財界の人々》, 京城日報社, 1941, 14~15쪽; 《朝鮮電氣事業史》, 中央日韓協會, 1981, 578~582쪽; 《朝鮮商工新聞》 1939.1.12.

191 淺原フミ, 〈電氣事業令と主人〉, 《朝鮮半島電氣事業の思い出》, 景福電友會, 1983, 28~29쪽; 坂上梅野, 〈電氣事業令の思い出〉, 위의 책, 78쪽.

192 鶴岡五月, 〈重責の新電氣課長〉, 《朝鮮公論》 26-11, 1938.11, 80~82쪽.

193 《每日新報》 1938.9.14.

194 《朝鮮商工新聞》 1938.11.8.

195 阿部薰, 《朝鮮人物選集》, 民衆時論出版部, 1934, 696~698쪽.

196 白石의 고등문관시험 임관동기인 石田千太郎은 비슷한 때에 평안남도지사가 되었다. 나중에 白石도 평안북도지사로 영전했다.

197 白石이 평북 경찰부장을 할 때 坂上은 그 아래에서 약 8개월간 경무과장을 지낸 적

도 있었다. 《朝鮮電氣雜誌》 27-8, 1938.11, 73쪽.

198 白石光治郎(체신국 전기과장), 〈年頭所感〉, 《朝鮮電氣雜誌》 28-1, 1939.1, 6~8쪽; 白石光治郎, 〈電氣事業の現狀〉, 《朝鮮遞信》 248, 1939.1, 25~30쪽; 白石光治郎, 〈朝鮮電氣事業の特異性〉, 《朝鮮公論》 27-10, 1939.10, 11~14쪽; 白石光治郎, 〈時局下に於ける電力〉, 《朝鮮電氣雜誌》 29-1, 1940.1, 11~13쪽; 白石光治郎, 〈朝鮮の電力資源と電力政策〉, 《朝鮮》 299, 1940.4, 1~6쪽; 《朝鮮電氣統制ニ關スル意見書》, 遞信局電氣課, 1939.9(民族問題硏究所 編, 《日帝下 戰時體制期 政策史料叢書 第82卷》, 한국학술정보(주), 2001에 수록).

199 《朝鮮電氣雜誌》 29-10, 1940.10, 48쪽.

200 기술관료 출신인 安達彛는 훗날 白石에 대해서 "볼만한 업적이 없었다"며 매우 부정적인 인식을 드러냈다. 安達彛, 앞의 글.

201 山田忠次, 〈今井田さんの思ひ出〉, 《朝鮮遞信》 266, 1940.7, 17~20쪽.

202 《朝鮮商工新聞》 1938.11.8. 白石 전기과장에 대해서는 비판적이었던 安達彛도 山田체신국장에 대해서는 감사와 존경을 표하였다. 安達彛, 앞의 글.

203 《朝鮮商工新聞》 1938.3.31; 山田忠次, 〈時局と朝鮮の遞信事業〉, 《朝鮮遞信》 248, 1939.1, 2~9쪽; 《朝鮮電氣雜誌》 30-1, 1941.1, 67쪽; 《朝鮮電氣雜誌》 30-2, 1941.2, 73~74쪽.

204 《朝鮮總督府官報》 제3944호, 1940.3.15. 白石은 1940년 3월 12일 갑작스레 조선총독부 북경출장소장에 임명되었고, 1941년 11월 19일에 다시 돌아와 평북지사에 임명되었다. 《每日新報》 1940.3.14; 《朝鮮總督府官報》 제452호, 1941.11.26.

205 《朝鮮商工新聞》 1937.12.22, 1938.1.29.

206 〈內地に於ける發送電及配電統制の沿革と現狀〉, 《朝鮮電氣雜誌》 32-8, 1943.8, 14~19쪽; 小竹郞一, 《電力百年史》, 政經社, 1980; 電氣事業講座編輯委員會 編纂, 《電氣事業發達史》, 電力新報社, 1996; 橘川武郎, 《日本電力業發展のダイナミズム》, 名古屋大學出版會, 2004; 中瀨哲史, 《日本電氣事業經營史》, 日本經濟評論社, 2005, 4장 참조.

207 監理課, 〈內地に於ける電力不足の實狀と電力調整令の趣旨及解說〉, 《京電》 4-1, 1940.3, 34~52쪽.

208 《朝鮮總督府官報》제3832호, 1939.10.27; 山田忠次, 〈電氣調整令の施行に就いて〉,
《朝鮮電氣雜誌》28-11, 1939.11, 5~12쪽. 다만, 한국에서는 전력사정이 양호한 상
태였기 때문에 별다른 후속 조치는 없었다.

209 加藤四郞(企劃院調査官), 〈大同亞國土計劃と電力〉, 《大同亞國土計劃を語る》, 日刊工
業新聞社, 1942, 110~139쪽.

210 《朝鮮電氣雜誌》30-1, 1941.1, 68쪽.

211 《每日新報》1941.9.18. 전력조사실의 차석은 木村三郞(기사)이 임명되었고, 구성원
은 中村長一郞(기사), 江口信平, 高橋敏夫, 町田政雄(이상 서기), 坪田邁(기수) 등이었
다. 安達謙, 앞의 글.

212 《電力國家統制ニ關スル諸要綱》, 朝鮮總督府遞信局(民族問題研究所 編, 《日帝下 戰時體
制期 政策史料叢書 第82卷》, 한국학술정보(주), 2001에 수록). 이 자료의 정확한 작성연도
는 미상이지만, 여러 가지 정황으로 미뤄보아 1941년경이었던 것 같다.

213 당시 언론보도에 의하면, 자본금 1억5천만원의 특수회사는 조선전력, 한강수전, 강
계수전, 부령수전, 남선수전, 조선송전의 6개사를 강제로 출자시켜 만들려고 했다고
한다. 《朝鮮電氣雜誌》30-10, 1941.10, 39쪽. 이는 자본금 1억5천만원의 조선수전
(장진강수전)이나 자본금 1억원의 조선압록강수전을 제외하려는, 말하자면 닛치츠의
핵심발전회사는 제외하고 나머지만을 통합해 만들려는 계획이었다.

214 《每日新報》1941.7.24; 《朝鮮電氣雜誌》30-7, 1941.7, 55~56·58쪽; 《朝鮮電氣雜
誌》30-10, 1941.10, 39~40쪽.

215 《朝鮮電氣雜誌》30-11, 1941.11, 39·41쪽; 김민철, 〈전시체제하(1937~1945) 식민지
행정기구의 변화〉, 《韓國史學報》14, 2003.

216 《每日申報》1942.7.16, 10.15. 단편적인 발언이긴 하지만, 이전 정무총감 大野綠一郞
가 전기요금의 인상 억제에 정책의 중점을 두어야 하고 개혁을 위한 개혁은 안 된다
는 취지의 발언을 한 적이 있는데, 이는 새로운 정무총감 田中武雄의 생각과는 대비
된다. 《每日申報》1941.10.11; 〈朝鮮の電力統制〉, 《朝鮮公論》29-11, 1941.11, 80쪽.

217 이 시기에 들어 安達謙는 전력국가관리의 추진에 별다른 이의를 제기하지 않았지
만, 今井田 노선에 입각한 인물이라는 이유로 해임된 듯하다. 安達謙(총독부기사),
〈電力問題の動向〉, 《朝鮮電氣雜誌》31-10, 1942.10, 7~19쪽. 훗날 安達謙는 자신

의 통제이념이 '조선전력관리령'의 이념과 다르지 않았는데도 해임되었다며 강한
유감을 표명하였다.

[218] 《每日新報》 1942.11.15.

[219] 《朝鮮電氣雜誌》 32-4, 1943.4, 47쪽.

[220] 〈上瀧會長の挨拶に演達〉,《朝鮮電氣雜誌》 31-5, 1942.5, 33~36쪽; 上瀧基, 〈戰時下
の電氣事業〉,《朝鮮電氣雜誌》 31-10, 1942.10, 2~6쪽.

[221] 이하 별다른 주가 없는 한 《每日新報》 1942.8.13, 8.15, 8.18, 9.4, 10.1, 10.3, 10.6,
10.8, 10.11, 10.16.

[222] 谷野昇(압록강수력전기), 〈朝鮮電力界の動向〉,《朝鮮土木會報》 14-5, 1942.9, 2~6쪽.

[223] 《每日新報》 1942.6.14, 7.17, 7.25, 7.29.

[224] 한국에서는 조선압록강수전, 조선수전과 더불어 경성전기, 남선합전, 서선합전, 북
선합전이 참가했다. 향후 전력국가관리가 닛치츠를 중심으로 이루어질 것이라는 사
실을 예고하고 있었다.

[225] 《每日新報》 1942.7.16, 8.6, 8.9.

[226] 《朝鮮總督府官報》 제4708호, 1942.10.7.

[227] 《每日新報》 1942.10.3.

[228] 《朝鮮臨時電力調査會總會議事錄》, 朝鮮總督府殖産局, 1943; 殖産局電力調査室,
〈朝鮮臨時電力調査會第1回委員會の跡を顧みて〉,《朝鮮電氣雜誌》 31-11, 1942.11,
2~12쪽; 岸謙, 〈朝鮮に於ける電力統制の新展開〉,《京電》 6-4, 1942.11, 2~7쪽;《每
日申報》 1942.10.21, 10.22;《京城日報》 1492.10.21, 10.22.

[229] 〈朝鮮臨時電力調査會議ノ件〉(1942.10.22),《朝鮮電力統合關係綴》.

[230] 〈朝鮮臨時電力調査會議ノ件〉(1942.10.22),《朝鮮電力統合關係綴》;《朝鮮臨時電力調
査會總會議事錄》, 朝鮮總督府殖産局, 1943, 51~55쪽.

[231] 《朝鮮臨時電力調査會總會議事錄》, 朝鮮總督府殖産局, 1943, 95~98쪽.

[232] 《朝鮮臨時電力調査會總會議事錄》, 朝鮮總督府殖産局, 1943, 59~60, 124~126쪽.

[233] 《每日新報》 1943.1.2.

[234] 〈朝鮮電力國家管理實施要綱〉,《公文類聚 第66編》.

[235] 《朝鮮總督府官報》 제4846호, 1943.3.30; 〈電力管理令の公布に就て〉,《小磯統理の

展望 第3輯》, 京城日報社, 1944, 146~150쪽;《每日新報》1943.3.30, 3.31.

236 《朝鮮總督府官報》 제4863호, 1943.4.20;《朝鮮總督府官報》 제4874호, 1943.5.5;
《每日新報》1943.4.21.

237 〈朝鮮電力管理令〉,《朝鮮電氣雜誌》 32-8, 1943.8, 48~54쪽;〈朝鮮電力管理令解
說〉,《朝鮮電氣雜誌》 32-8, 1943.8, 54~60쪽;〈朝鮮電力管理令施行規則〉,《朝鮮電
氣雜誌》 32-8, 1943.8, 61~69쪽;《朝鮮電力管理令及附屬法規》, 朝鮮總督府, 1943.

238 전력국가관리의 구체적인 방법에 대해서는 田中重朗,〈朝鮮に電氣事業の統制に就
て〉,《朝鮮電氣雜誌》 32-4, 1943.4, 13~23쪽; 角永淸,〈第2次電力統制に就て〉,《朝
鮮》 336, 1943.5, 4~16쪽(《朝鮮電氣雜誌》 32-4, 1943.4, 1~12쪽); 角永淸,〈朝鮮の電氣
統制に就て〉,《朝鮮實業》 21-12, 1943.12, 18~30쪽 참조.

239 이하 조선전업의 설립과정에 대해서는〈朝鮮電業の創立迄〉,《朝鮮電氣雜誌》 32-8,
1943.8, 1~4쪽;〈朝鮮電業の將來〉,《朝鮮電氣雜誌》 32-8, 1943.8, 5~8쪽;〈第1回朝
鮮電業株式會社設立委員會〉,《朝鮮電氣雜誌》 32-8, 1943.8, 25~35쪽;〈第1回朝鮮
電力評價審査委員會〉,《朝鮮電氣雜誌》 32-8, 1943.8, 36~38쪽;〈第2回朝鮮電業株
式會社設立委員會〉,《朝鮮電氣雜誌》 32-8, 1943.8, 38~41쪽;〈朝鮮電業株式會社創
立總會〉,《朝鮮電氣雜誌》 32-8, 1943.8, 42~47쪽;《每日新報》1943.7.9, 7.10,
7.11, 8.1;《京城日報》1943.7.10, 7.11, 8.1; 太完善,《朝鮮電業株式會社十年史》, 朝
鮮電業株式會社, 1955, 32~50쪽 참조.

240 《每日新報》1943.8.27

241 〈朝鮮電業株式會社臨時株主總會ノ件〉(1943.8.23),《朝鮮電力統合關係綴》.

242 《每日新報》1943.9.19.

243 太完善,《朝鮮電業株式會社十年史》, 朝鮮電業株式會社, 1955, 50쪽. 전술하였듯이
남조선수전은 조선전력의 자회사였다. 따라서 합병방식은 북선수전을 합병할 때와
동일했을 것으로 추정된다.

244 이하 별다른 주가 없는 한 大澤新三郎,〈電力統制への要望二ケ條〉,《朝鮮電氣雜誌》
31-11, 1942.11, 52쪽; 田中重朗,〈朝鮮に電氣事業の統制に就て〉,《朝鮮電氣雜誌》
32-4, 1943.4, 13~23쪽; 角永淸,〈第2次電力統制に就て〉,《朝鮮》 336, 1943.5,
4~16쪽(《朝鮮電氣雜誌》 32-4, 1943.4, 1~12쪽); 角永淸,〈朝鮮の電氣統制に就て〉,《朝

鮮實業》21-12, 1943.12, 18~30쪽.

245　金谷要作, 〈漢江水電思い出の記〉, 《有賀さんの事蹟と思い出》, 同編纂會, 1955, 204~208쪽.

246 《朝鮮電氣事業史》, 中央日韓協會, 1981, 320~324쪽.

247 이들에 대해서는 〈大自然を制壓せる電業巨人の生活記錄⑻〉, 《朝鮮電氣雜誌》30-12, 1941.12, 22~25쪽; 永塚利一, 《久保田豊》, 電氣情報社, 1966; 久保田豊, 《財閥回顧錄 6》, 大韓書籍公社, 1983; 《朝鮮電氣事業史》, 中央日韓協會, 1981, 587~594쪽 참조.

248 조선전업의 중역진은 사장 久保田豊(조선수전 전무), 부사장 玉置正治(조선수전 상무), 이사 橫地靜夫(조선수전 상무), 佐藤時彦(조선수전 상무), 林道太郎(조선수전 취체역), 감사 大島英吉(조선수전 취체역), 山澤和三郎(동척 취체역)이었다.

249 《每日新報》1943.4.14.

250 堀和生, 《朝鮮工業化の史的分析》, 有斐閣, 1995, 6장.

251 角永清, 〈第2次電力統制に就て〉, 《朝鮮》336, 1943.5, 4~16쪽.

Ⅲ. 1945~1961년 전력산업의 위기와 극복

1　미군정기 경제에 대해서는 김기원, 《미군정기의 경제구조-귀속기업체의 처리와 노동자 자주관리운동을 중심으로》, 푸른산, 1990; 유광호 외, 《미군정시대의 경제정책》, 한국정신문화연구원, 1992; 김성보, 《남북한 경제구조의 기원과 전개》, 역사비평사, 2000; 이대근, 《해방후-1950년대의 경제-공업화의 사적 배경 연구》, 삼성경제연구소, 2002; 이혜숙, 《미군정기 지배구조와 한국사회》, 선인, 2008 참조.

2　리홍직, 《전력연감》, 조선전업주식회사, 1958, 16쪽.

3　太完善, 〈朝鮮電氣事業의 緊急課題〉, 《電業社報 鐵塔》창간호, 1946.2, 10~14쪽; 南相麟(조선전업 전업부장), 〈朝鮮電力의 當面課題〉, 《現代科學》4, 1947.3, 22~25쪽; 洪春杓(공업국 전기과장), 〈南朝鮮電力現狀(1)~(2)〉, 《工業新聞》1947.10.17~10.18; 《商工行政年報》, 軍政廳商務部, 1946, 25~30쪽; 《商工行政年報》, 南朝鮮過渡政府商工

部, 1947, 129~150쪽.

4 《釜山日報》1946.12.11;《京鄕新聞》1946.12.15;《工業新聞》1946.12.20, 12.26, 1947.2.28;《民主衆報》1947.2.28;《殖銀調査月報》2-1(4), 1947.4, 61쪽.

5 《工業新聞》1946.12.17.

6 남북전력협상에 대해서는 김보영, 〈8·15직후 남북한간의 전력교역〉,《경제사학》20, 1996; 류승주, 〈1946~1948년 남북한 전력수급교섭〉,《역사와 현실》40, 2001; RG554 AG 314.7 Korean Electric Power Negotiations 1946-49, Folder 1 of 2; RG554 AG 314.7 Korean Electric Power Negotiations 1946-49, Folder 2 of 2 참조.

7 《朝鮮日報》1947.6.22;《東亞日報》1947.6.22;《工業新聞》1947.6.22.

8 《工業新聞》1947.8.20, 9.23, 9.24;《朝鮮日報》1947.8.20;《東亞日報》1947.8.20.

9 《工業新聞》1947.5.10;《婦女新聞》1947.4.22, 5.20;《大邱時報》1947.4.23. 당시 여론에서도 섬진강발전소 증설과 영월발전소 복구가 시급하다고 주장하고 있었다. 李宗日(공과대학 전기과장), 〈南朝鮮電力難解決方策〉,《民衆日報》1947.7.25; 金奉鎭, 〈電力危機와 그 對策〉,《새한민보》1-17, 1947.12.15, 5쪽.

10 《工業新聞》1947.6.5, 8.21;《東亞日報》1947.8.1;《京鄕新聞》1947.8.20;《自由新聞》1948.1.1.

11 權彝憲(공업국 전기과장), 〈南鮮電氣工業의 槪況(1)~(3)〉,《工業新聞》1947.6.10~6.12; 〈그동안 朝鮮經濟界 回顧(5)〉,《工業新聞》1947.8.21.

12 류승주, 앞의 글, 211쪽.

13 《工業新聞》1947.11.20, 11.23, 11.25;《朝鮮日報》1947.11.21.

14 《工業新聞》1947.12.4, 12.5, 12.12;《民主衆報》1947.12.5; 〈電力〉,《殖銀調査月報》3-1(8), 1948.3, 102-105쪽.

15 《工業新聞》1947.11.25, 12.2, 12.14.

16 《朝鮮日報》1947.11.22;《工業新聞》1947.11.22.

17 《工業新聞》1947.12.6;《京鄕新聞》1947.12.6;《東亞日報》1947.12.6;《朝鮮日報》1947.12.6.

18 《朝鮮日報》1947.12.17;《工業新聞》1947.12.17, 12.18;《京鄕新聞》1947.12.17, 12.18;《東亞日報》1947.12.17;《독립신문》1947.12.17.

[19] 《大邱時報》1947.12.20;《京鄉新聞》1947.12.20.

[20] 《工業新聞》1947.12.14;《朝鮮日報》1947.12.17.

[21] 《工業新聞》1948.1.6, 1.7, 1.10, 1.11;《독립신문》1948.1.8.

[22] 《京鄉新聞》1948.1.17;《東亞日報》1948.1.18.

[23] 《獨立新報》1947.12.12.

[24] 《大邱時報》1947.12.18;《平和日報》1948.2.22;《自由新聞》1948.2.23;《京鄉新聞》
1948.2.24;《民主衆保》1948.2.24.

[25] 《工業新聞》1948.1.16, 3.4, 3.19, 5.4;《京鄉新聞》1948.1.29;《東亞日報》1948.3.19;
《朝鮮日報》1948.3.9, 5.15.

[26] 《工業新聞》1948.5.15, 5.16;《東亞日報》1948.5.15;《京鄉新聞》1948.5.15;《朝鮮日
報》1948.5.15; 尹日重, 〈電氣事業三十五年의 追憶(續)〉, 《週刊經濟》11, 1952.11,
14-15쪽.

[27] 《工業新聞》1948.5.7, 5.14.

[28] 《工業新聞》1948.5.19. 5.20, 5.23, 5.25;《水産經濟新聞》1948.5.29.

[29] 《工業新聞》1948.6.9.

[30] 《水産經濟新聞》1948.6.8. 조선식산은행에서 서울지역 100명 이상 종업원을 둔 80개
공장을 조사한 결과 생산비율이 28.6%로 하락할 정도였다. 〈電力〉, 《殖銀調査月報》
3-3(10), 1948.8, 204~209쪽.

[31] 《工業新聞》1948.6.12.

[32] 《工業新聞》1948.5.28.

[33] 《工業新聞》1948.5.23;《京鄉新聞》1948.5.23;《東亞日報》1948.5.23.

[34] 《工業新聞》1948.5.22;《婦人新報》1948.5.22;《東亞日報》1948.5.22;《京鄉新聞》
1948.5.22.

[35] 《工業新聞》1948.5.28.

[36] 李宗日, 〈電力政策에 關한 私見-工業立國의 設計圖 電氣編(1)~(6)〉, 《工業新聞》
1946.1.15~1.20;〈鑛工業運營座談會(1)~(5)〉, 《工業新聞》1946.1.19~1.24; 權彝憲
(공업국 전기과장), 〈南鮮電氣工業의 槪況(1)~(3)〉, 《工業新聞》1947.6.10~6.12; 尹日
重(조선전업 사장), 〈電氣事業槪況(1)~(4)〉, 《工業新聞》1947.6.21~6.24;〈南朝鮮電氣

事業과 電力對策(1)~(3)〉,《工業新聞》1947.12.9~12.11; 李相君,〈電氣事業은 國營
으로(1)~(2)〉,《工業新聞》1948.7.11~7.13.

37 공업국장 유한상이 전기국장을 겸임했다.《工業新聞》1948.5.29, 5.30, 7.10.

38 《工業新聞》1948.6.2.

39 《京鄉新聞》1948.7.30;《朝鮮日報》1948.7.30;《大韓日報》1948.7.30;《國際新聞》
1948.7.30;《水産經濟新聞》1948.7.30;《民主日報》1948.7.30;《現代日報》
1948.7.30.

40 陳懿鍾,〈最近의 電氣事情과 그 對策〉,《施政月報》1, 1949.1, 150~156쪽; 陳懿鍾,
〈南韓의 電力問題〉,《商工經濟》1-1, 1949.4, 8~19쪽; 李泰煥(경성전기 사장),〈電力
談議〉,《新天地》4-10, 1949.11, 101~105쪽; 尹日重,〈國家基幹産業再檢討-電力〉,
《國會報》2, 1950.5, 51~53쪽.

41 《京鄉新聞》1948.9.10.

42 《東亞日報》1948.9.12;《釜山新聞》1948.9.12;《平和日報》1948.9.14; 李東旭,〈緊急
한 電力對策(1)~(3)〉,《東亞日報》1948.5.21~5.23.

43 《朝鮮日報》1948.10.26;《水産經濟新聞》1948.10.26;《國際新聞》1948.10.26.

44 《京鄉新聞》1948.9.22, 10.19, 10.24;《東亞日報》1948.9.22;《水産經濟新聞》
1948.9.22, 10.24; 任永信,《財界回顧7》, 한국일보社出版局, 1981, 24~25쪽.

45 金俊植,〈電力問題解決의 方案-設備補修와 消費合理化 問題〉,《京鄉新聞》
1948.10.1;《水産經濟新聞》1948.12.14.

46 《京鄉新聞》 1948.9.23, 12.23;《東亞日報》1948.9.23, 12.23;《水産經濟新聞》
1948.9.23.

47 《東亞日報》1949.6.24, 6.26, 6.28, 6.30;《水産經濟新聞》1949.6.25, 6.29;《京鄉新
聞》1949.6.29, 6.30; 金聖悅,〈木浦發電所 現地報告〉,《東亞日報》1949.6.30.

48 陳懿鍾,〈南韓의 電力開發計劃〉,《商工經濟》1-3, 1949.10, 4~11쪽; 商工部電氣局
編,〈南韓電力開發計劃〉,《施政月報》7, 1949.11, 191~197쪽; 진의종(상공부 전기국
전정과장),〈南韓電力開發小論〉,《에코노미스트》4, 1949.12.25, 4~7쪽.

49 Korea-ECA Project No. Ⅲ, 30,000kW Thermal Power Plant Near Seoul, Korea, Dec.
14, 1949, ECA Korean Power Program Prior June 1950 in RG469 Office of

Engineering Electric Power Project Files, 1949~63.

50 朴旭圭, 〈電力施策의 回顧와 電源開發의 問題點〉, 《産業銀行月報》 10, 1955.11, 10~11쪽.

51 李相君, 〈南朝鮮의 電力現狀(1)~(5)〉, 《工業新聞》 1948.5.21~5.26; 李相君, 〈電氣事業은 國營으로(1)~(2)〉, 《工業新聞》 1948.7.11~7.13; 金在信, 〈電氣國營論(1)~(3)〉, 《京鄉新聞》 1949.2.19~2.22; 李泰煥(경전 취체역회장), 〈發送電과 配電을 統合하여 國營化하라〉, 《自由新聞》 1950.1.10; 鄭仁永, 〈韓國動力經濟와 南韓의 電力事情〉, 《殖銀調査月報》 5-4, 1950.5, 2~44쪽.

52 《東亞日報》 1949.3.29 〈사설〉.

53 정진아, 《제1공화국기(1948~1960) 이승만정권의 경제정책론 연구》, 연세대 박사학위논문, 2007; 辛容玉, 《大韓民國 憲法上 經濟秩序의 基源과 展開(1945~54年)》, 고려대 박사학위논문, 2006; 황승흠, 〈제헌헌법 '제6장 경제' 편의 형성과정과 그것의 의미〉, 《법사학연구》 30, 2004; 전광석, 〈건국헌법의 사회경제질서구상〉, 《제헌과 건국》, 나남, 2010; 이영록, 〈제헌헌법상 경제조항의 이념과 그 역사적 기능〉, 《憲法學研究》 19-2, 2013, 69~97쪽; 신용옥, 〈대한민국 제헌헌법상 경제질서의 사회국가적 성격 검토〉, 《사림》 47, 2014 참조.

54 정진아, 앞의 글, 2007, 35쪽.

55 신용옥, 〈대한민국 제헌헌법 경제조항 상의 國·公有化 실황〉, 《史林》 30, 2008.

56 《朝鮮中央日報》 1949.2.5; 《自由新聞》 1949.2.5.

57 《水産經濟新聞》 1949.1.8, 3.27; 《東亞日報》 1949.3.27; 《自由新聞》 1949.3.27; 《釜山新聞》 1949.3.27; 《大邱時報》 1949.3.27.

58 《東亞日報》 1949.5.20; 《朝鮮日報》 1949.5.20; 《京鄉新聞》 1949.5.20; 《聯合新聞》 1949.5.20; 《水産經濟新聞》 1949.5.21; 〈發電施設一元統合〉, 《殖銀調査月報》 4-5(17), 1949.9, 111쪽.

59 《東亞日報》 1949.5.25.

60 《聯合新聞》 1950.3.9.

61 《京鄉新聞》 1948.10.10.

62 《京鄉新聞》 1948.11.18. 당시 조선전업 전기부 급전과장을 지낸 신기조의 회고에 의

하면, 임영신 장관은 조선전업 급전과를 국립급전지령소로 승격시켜 달라는 미국인 고문관의 강력한 건의를 수용하기로 약속했지만, 실질적인 개편작업을 취하지 않았다고 한다. 전기사업 국영에 대한 임영신의 소극적인 태도가 잘 드러난다. 신기조, 《전력 외길 57년》, 사가판, 2005, 58~60쪽.

63 《東亞日報》 1949.10.27.

64 《自由新聞》 1949.9.29;《朝鮮日報》 1949.10.1;《聯合新聞》 1950.2.17;《工業新聞》 1950.2.21.

65 《自由新聞》 1950.6.1. 김훈은 상공부 장관 취임 직후 발표한 시정방침에서 전기사업의 국영은 헌법에 명시된 대로 급속히 국영지정 절차를 취하겠다는 견해를 표명하였다.《商工日報》 1950.5.20. 당시 조선식산은행에서는 전력 국영안의 실현은 "시간문제"라고 예측할 정도였다. 鄭仁永, 앞의 글, 1950.5, 44쪽. 이종일은 일찍부터 전기사업의 국영을 강하게 주장하고 있었다. 李宗日, 〈電力政策에 關한 私見-工業立國의 設計圖 電氣編⑴~⑹〉,《工業新聞》 1946.1.15~1.20.

66 〈電力〉,《殖銀調査月報》 5-2(21), 1950.2, 113~115쪽; 〈電力〉,《殖銀調査月報》 5-3(22), 1950.4, 167~173쪽.

67 《東亞日報》 1950.6.24;《商工日報》 1950.6.24.

68 《自由民報》 1950.4.27;《商工日報》 1950.4.29;《婦人新聞》 1950.4.27.

69 《東亞日報》 1950.3.26;《自由新聞》 1950.4.9; 〈電力〉,《殖銀調査月報》 5-4(23), 1950.6, 97~102쪽.

70 한국전쟁기의 전력사정에 대해서는 〈電力事情의 過去와 現在〉,《韓國銀行調査月報》 44, 1952.3, 57~76쪽;《電力에 關한 調査》, 韓國銀行調査部, 1953; 李相浩 편,《産業綜覽》, 韓國銀行調査部, 1954(원고 작성시점은 1952년 11월) 참조.

71 〈6.25同亂以後의 南韓의 電力事情〉,《殖銀調査月報》 6-1(24), 1951.12, 251~264쪽; 趙來勳, 〈南韓電力事情과 今後施策構想〉,《殖銀調査月報》 7-4, 1952.9, 2~46쪽.

72 《工業新聞》 1950.3.9;《自由新聞》 1950.4.12.

73 한국전쟁기 전력시설의 복구과정은 〈電力〉,《殖銀調査月報》 6-1(24), 1951.12, 249~264쪽; 〈電力〉,《殖銀調査月報》 7-1(25), 1952.3, 174~182쪽; 廉道有(조선전업 전기부장), 〈朝鮮電業의 復舊相과 그 意義〉,《電力》 2, 1953.11, 14~18쪽; 李東馥(조선

전업 전기부 전기과장〉,〈電力施設의 復舊相〉,《電力》3, 1954.9, 77~97쪽;〈電氣工業의 復興相〉,《財政》4-5, 1955.5, 81~92쪽;〈電力〉,《韓國産業經濟十年史(1945-1955)》, 韓國産業銀行調査部, 1955, 237~274쪽 참조.

74 《東亞日報》1951.5.2.

75 《東亞日報》1951.7.18;《朝鮮日報》1951.7.28.

76 鄭仁永,〈韓國動力經濟와 南韓의 電力事情〉,《殖銀調査月報》5-4, 1950.5, 33쪽.

77 趙來勳,〈南韓電力事情과 今後施策構想〉,《殖銀調査月報》7-4, 1952.9, 23쪽

78 〈電力源을 찾아서(6)~(7)-淸平編〉,《自由新聞》1948.1.10~1.11; 白光河,〈淸平水力發電所視察記(1)~(2)〉,《東亞日報》1948.6.3~6.6.

79 朴容澈,〈華川發電所 2號機 復舊竣功에 際하여〉,《東亞日報》1954.8.2; 辛基祚,〈華川第2號機 復舊와 그 意義〉,《電力》3, 1954.9, 61~77쪽.

80 《朝鮮日報》1952.1.17.

81 《東亞日報》1952.5.5; Electric Power Conditions in Korea, Republic of Korea, Ministry of Commerce and Industry, Pusan, Korea, March 1953, Korea-Electric Power, in RG319 Records of the Economics Devision Relating to Korea.

82 《東亞日報》1952.4.30, 6.21;《京鄕新聞》1952.9.28;〈韓美電力會談問題〉,《殖銀調査月報》7-4(28), 1952.9, 115~119쪽; 朴容澈,〈韓美電力會談의 內容〉,《電力》창간호, 1953.3, 97~101쪽.

83 《自由新聞》1951.10.28;《朝鮮日報》1951.9.1, 9.14, 10.29. 청평수력의 복구과정에 대해서는 당시 청평발전소장을 지낸 신기조의 회고록이 상세하다. 신기조,《전력 외길 57년》, 사가판, 2005, 113~126쪽.

84 《東亞日報》1952.5.22, 5.27;《京鄕新聞》1952.5.24;《朝鮮日報》1952.5.24;〈電力〉,《殖銀調査月報》7-3(27), 1952.7, 110~120쪽.

85 《朝鮮日報》1952.6.25., 7.7, 7.13;《京鄕新聞》1952.7.20.

86 曺喜淳(조선전업 부사장),〈最近의 發電事情〉,《週刊經濟》3, 1952.7.1, 8~9쪽.

87 《京鄕新聞》1952.11.22, 11.27;《東亞日報》1952.11.27, 11.29;《朝鮮日報》1952.11.27;〈電力〉,《殖銀調査月報》8-1(30), 1953.3, 171쪽; 水力課,〈華川第1次復舊工事 竣工報告〉,《電力》창간호, 1953.3, 39~42쪽; 金裕學,〈華川發電所 修復後의

電力事情〉,《電力》창간호, 1953.3, 132~136쪽.

88 《京鄕新聞》1953.1.11;《東亞日報》1953.1.17;《朝鮮日報》1953.2.2;〈逼迫한 電力燃
料事情 언제 緩和되려나?〉,《週刊經濟》16, 1953.2.1, 24~27쪽.

89 1953년 7월에 운암발전소에서 폭발사고가 일어나 2,560kW 발전기 2대 가운데 1대
를 상실한 일도 있었다. 이때 파손된 발전기는 복구되지 않아 운암수력의 발전력은
5,120kW에서 2,560kW로 낮아졌다.《京鄕新聞》1953.7.25.;〈電力〉,《殖銀調查月
報》8-4(33), 1953.9, 154~159쪽; Review and Summary Report of the Korea Electric
Power System, Tudor Engineering Company, Washington D.C., June 1957, p.56(국가
기록원 CTA0001586, 223쪽).

90 崔仁成(상공부 전기국 건설과장),〈韓國電力需給想定과 電源開發對策〉,《電力》창간호,
1953.3, 80~90쪽.

91 《京鄕新聞》1953.1.18;《朝鮮日報》1953.1.18;《東亞日報》1953.2.3.

92 尹日重(조선전업 상임고문),〈産業再建과 電力事業〉,《電力》창간호, 1953.3, 4~8쪽.

93 太完善(민의원의원),〈現電力政策의 檢討(一)〉,《電力》창간호, 1953.3, 9~13쪽.

94 《東亞日報》1952.12.15;〈電力〉,《殖銀調查月報》7-3(27), 1952.7, 110~120쪽.

95 조선전업은 전체 6,834,600주 가운데 6,331,700주(92.6%), 경성전기는 676,000주 가
운데 448,768주(66.4%), 남선전기는 700,000주 가운데 616,585주(88.1%)가 귀속주였
다.〈電力〉,《産業銀行月報》31, 1958.1, 122~124쪽.

96 이에 관해 미군정기에 상무부장이 전기회사는 사실상 국영기업이라고 언명한 사실
이 참고된다.《工業新聞》1948.1.24.

97 《東亞日報》1951.5.31.

98 《電氣事業法案》(제2대국회 제안, 1951.1.17);《東亞日報》1952.1.21.

99 《朝鮮日報》1952.5.25.

100 《朝鮮日報》1952.8.1.

101 《東亞日報》1951.6.4.

102 〈電力〉,《殖銀調查月報》8-4(33), 1953.9, 154~159쪽; 高濟經,〈電氣事業體 統合問
題 小考〉,《電力》2, 1953.11, 27~29쪽;〈電力會社統合問題〉,《週刊經濟》22,
1953.7, 12~13쪽;《財界回顧7》, 한국일보社出版局, 1981, 157~158쪽.

103 족청에 대해서는 후지이 다케시, 《파시즘과 제3세계주의 사이에서-족청계의 형성과 몰락을 통해 본 해방8년사》, 역사비평사, 2012; 임종명, 〈해방직후 이범석의 민족지 상·국가지상론〉, 《역사학연구》 45, 2012 참조.

104 高濟經, 〈電氣事業體 統合問題 小考〉, 《電力》 2, 1953.11, 27~29쪽; 《東亞日報》 1953.6.4, 6.5; 《朝鮮日報》 1953.6.10, 6.28, 7.15.

105 《京鄕新聞》 1953.7.13; 《東亞日報》 1953.7.13.

106 《朝鮮日報》 1953.7.27, 7.30; 《東亞日報》 1953.7.30.

107 《東亞日報》 1953.5.29, 6.5, 6.18; 李重宰, 〈나의 遍歷〉, 《每日經濟新聞》 1969.10.9.

108 《東亞日報》 1953.6.5 〈사설〉; 〈電氣統合問題(상)~(하)〉, 《東亞日報》 1953.5.30~5.31; 〈電氣事業의 統合問題〉, 《東亞日報》 1953.6.5; 金俊植(공대 교수), 〈電力統合의 難題〉, 《東亞日報》 1953.7.26.

109 安在準, 〈商工行政의 當面課題(1)~(3)〉, 《東亞日報》 1953.11.9~11.11.

110 《朝鮮日報》 1953.6.30 〈사설〉.

111 《東亞日報》 1953.10.28.

112 孫悟公, 〈商工政策을 批判함(1)〉, 《京鄕新聞》 1952.4.11.

113 《朝鮮日報》 1953.10.14; 《東亞日報》 1953.10.28; 安東赫(상공부 장관), 〈4287年 商工 行政의 展望〉, 《週刊經濟》 24, 1954.1.1, 22~23쪽.

114 《朝鮮日報》 1953.11.16; 《京鄕新聞》 1953.11.16; 〈電力〉, 《産業銀行月報》 1, 1954.7, 124~126쪽. 한국전쟁 이후 안동혁을 비롯한 주요 경제관료들의 경제정책론에 대해 서는 鄭眞阿, 〈6·25전쟁 후 이승만 정권의 경제재건론〉, 《한국근현대사연구》 42, 2007 참조.

115 《電源開發計劃書》, 商工部, 1953(국가기록원 BA0084195).

116 《京鄕新聞》 1953.11.13, 11.16, 11.17; 《東亞日報》 1953.11.18, 12.5.

117 《京鄕新聞》 1953.12.19, 12.25; 《東亞日報》 1953.12.24.

118 《京鄕新聞》 1954.1.26, 1.27; 《東亞日報》 1954.1.26; 《馬山日報》 1954.1.27.

119 朴旭圭, 〈電力施策의 回顧와 電源開發의 問題點〉, 《産業銀行月報》 10, 1955.11, 1~26쪽.

120 尹仁上(상공부 차관), 〈復興과 工業의 課題〉, 《京鄕新聞》 1954.3.7.

[121] 《馬山日報》 1954.3.24; 《東亞日報》 1954.4.9, 5.20.

[122] 《東亞日報》 1954.5.29; 《京鄕新聞》 1954.5.29, 5.30; 〈電力〉, 《產業銀行月報》 2, 1954.10, 83~99쪽.

[123] 《朝鮮日報》 1954.7.21.

[124] 《東亞日報》 1954.8.5.

[125] 《東亞日報》 1954.9.19, 9.20, 9.25; 《京鄕新聞》 1954.9.25.

[126] 《東亞日報》 1955.1.29, 2.5, 2.8; 《京鄕新聞》 1955.2.8.

[127] 《東亞日報》 1955.2.13, 5.18, 5.20, 5.25; 《馬山日報》 1955.5.21; 《京鄕新聞》 1955.5.21.

[128] 《東亞日報》 1954.7.28, 8.2, 10.10; 《京鄕新聞》 1954.7.29, 10.11; 《朝鮮日報》 1954.8.3, 10.11.

[129] 辛基祚, 〈華川第2號機 復舊와 그 意義〉, 《電力》 3, 1954.9, 61~77쪽.

[130] 朴容徹, 〈韓美電力會談의 內容〉, 《電力》 창간호, 1953.3, 97~101쪽.

[131] 朴商雲, 〈電力需給의 合理化〉, 《產業經濟》 27, 1955.2/3, 35~36쪽; 朴旭圭, 〈電力施策의 回顧와 電源開發의 問題點〉, 《產業銀行月報》 10, 1955.11, 1~26쪽.

[132] 〈發電艦쟈코나(Jacona)號의 離韓〉, 《產業銀行月報》 10, 1955.11, 68쪽; 〈發電艦쟈코나號의 離韓과 最近의 發電事情〉, 《經濟다이제스트》 43, 韓國產業銀行調査部, 1955.10.16, 6~8쪽; 〈電力緊急對策〉, 《經濟다이제스트》 47, 韓國產業銀行調査部, 1955.12.16, 34~40쪽.

[133] 《東亞日報》 1955.8.8.

[134] 《東亞日報》 1955.9.21; 《京鄕新聞》 1955.9.25; 《朝鮮日報》 1955.9.25.

[135] 《東亞日報》 1956.1.15; 《朝鮮日報》 1956.1.15.

[136] 《東亞日報》 1955.10.16, 10.17, 10.18; 《京鄕新聞》 1955.10.16, 10.18; 《朝鮮日報》 1955.10.16.

[137] 朴旭圭, 〈電力施策의 回顧와 電源開發의 問題點〉, 《產業銀行月報》 10, 1955.11, 1~26쪽.

[138] 《朝鮮日報》 1955.10.24, 11.9; 《京鄕新聞》 1955.10.25.

[139] 《朝鮮日報》 1955.11.1.

[140] 《京鄉新聞》 1955.11.9 〈사설〉.

[141] 《京鄉新聞》 1955.10.22; 《朝鮮日報》 1955.10.22; 《東亞日報》 1955.10.23; 金松煥(상공부 전 전력과장), 〈4288年 電力政策의 成果〉, 《電力》 5, 1956.5, 48~61쪽; 김일환, 《김일환 회고록》, 홍성사, 2014, 259쪽.

[142] 〈電力〉, 《産業銀行月報》 11, 1956.1, 68~70쪽; 〈電力〉, 《産業銀行月報》 12, 1956.2, 75~77쪽.

[143] 《京鄉新聞》 1954.11.10.

[144] 《京鄉新聞》 1955.10.30. 부산발전소는 이런 노력 덕분에 1955년 12월부터 발전을 시작했지만 1956년 4월 발전을 중단하고 폐쇄되었다. 《京鄉新聞》 1955.12.15; 《東亞日報》 1955.12.15.

[145] 《東亞日報》 1955.10.29.

[146] 《京鄉新聞》 1955.11.11., 11.19, 11.25; 《東亞日報》 1955.11.11, 11.24.

[147] 《東亞日報》 1956.2.10, 2.15; 《京鄉新聞》 1956.2.15.

[148] 리홍직, 《전력연감》, 조선전업주식회사, 1958, 186~187쪽.

[149] 《朝鮮日報》 1956.4.1.

[150] 《京鄉新聞》 1956.4.27; 李鴻稙, 〈電力制限解除에 즈음하여〉, 《電力》 5, 1956.5, 1~2쪽.

[151] 《京鄉新聞》 1957.9.26; 《東亞日報》 1957.9.26; 《朝鮮日報》 1957.9.26; 〈新規火力 10萬kW發電所 受渡式〉, 《電力》 8, 1957.9, 6~7쪽.

[152] 〈電力〉, 《産業銀行月報》 12, 1956.2, 75~77쪽; 〈電源開發4個年計劃의 策定〉, 《經濟다이제스트》 51, 韓國産業銀行調査部, 1956.2.16, 1~4쪽.

[153] 〈電力事業運營合理化問題(3인좌담회)〉, 《전력》 5, 1956.5, 119~125쪽; 崔景烈, 〈韓國의 水力發電〉, 《電力》 6, 1956.12, 26~39쪽; 朴旭圭(산업은행 조사부), 〈韓國電源開發의 方向〉, 《産業經濟》 36, 1956.4, 29~32쪽 .

[154] 金一煥, 〈4289年 電力事情의 展望〉, 《電力》 5, 1956.5, 3~5쪽; 《商工施政槪況》, 商工部, 1956, 電2쪽.

[155] 《朝鮮日報》 1957.4.2.

[156] 《電源開發計劃要覽》, 朝鮮電業株式會社, 1957.

[157] 리홍직, 《전력연감》, 조선전업주식회사, 1958, 162~167쪽.

[158] 《東亞日報》 1957.5.25.

[159] 《京鄕新聞》 1957.12.7.

[160] 《시정업적보고서》, 상공부, 1957, 17~25쪽; 〈4290年經濟動向-電力〉, 《經濟다이제스트》 100, 한국산업은행조사부, 1958.3.15, 24~27쪽; Review and Summary Report of the Korea Electric Power System, Tudor Engineering Company, Washington D.C., June 1957, Korea-Tudor on Electric Power in RG469 Office of Engineering Electric Power Project Files, 1949~63 참조.

[161] 《朝鮮日報》 1957.3.13, 4.29; 《東亞日報》 1957.3.14, 4.29; 〈槐山水力發電所竣工式〉, 《電力》 7, 1957.6, 54~56쪽.

[162] 總務部 審査課, 〈槐山發電所建設工事의 槪要〉, 《電力》 7, 1957.6, 63~73쪽; 〈槐山建設工事의 經驗談〉, 《電力》 7, 1957.6, 74~85쪽; 리홍직, 《괴산수력발전소건설공사지》, 조선전업주식회사, 1958.

[163] 손귀만, 〈괴산수력발전소 준공의 한 돌을 맞이하여〉, 《전력》 11, 1958.8, 135~141쪽.

[164] 朴旭圭, 〈經濟援助와 電源開發〉, 《電力》 18, 1961.3, 118~127쪽.

[165] RJS, 〈華川水力發電所視察記〉, 《電力》 6, 1956.12, 144~148쪽.

[166] 《京鄕新聞》 1955.7.10; 《朝鮮日報》 1955.7.10; 《東亞日報》 1955.7.10; 〈華川發電所第3號發電機增設契約締結〉, 《産業銀行月報》 8, 1955.9, 40~50쪽.

[167] 《東亞日報》 1957.11.26; 《京鄕新聞》 1957.11.26; 《朝鮮日報》 1957.11.26; 〈華川第3號發電機增設工事竣工〉, 《電力》 9, 1957.12, 26쪽; 〈華川水力發電所第3號機增設 및 其他復舊工事完了〉, 《産業銀行月報》 30, 1957.12, 91~93쪽.

[168] 성수영, 〈신규화력발전소 운영에 관한 제문제〉, 《전력》 10, 1958.3, 146~149쪽; 김동희, 〈신규화력발전소 3개년간의 운영을 회고하여〉, 《전력》 13, 1959.3, 165~170쪽.

[169] 박용철, 〈한국에 있어서의 화력발전소 건설문제〉, 《전력》 10, 1958.3, 38~43쪽.

[170] 〈李團長 火力發電을 積極 開發 强調〉, 《電力》 9, 1957.12, 191쪽.

[171] 崔仁成(상공부 전기국 건설과장), 〈우리나라 전력사정의 전망〉, 《大韓土木學會誌》 6-1, 1958.11, 3~6쪽. 동일한 인물이 한국전쟁 이전에는 전력위기 극복을 위해서 화력보다 수력을 우선 개발해야 한다고 강조했던 사실이 주목된다. 崔仁成, 〈三八以南의 水力資源開發에 對하야〉, 《電氣工學》 3·4, 1950.2, 59~64쪽. 시간이 흐르면서 상당

한 인식의 변화가 발생했음을 보여 준다.

172 리홍직, 〈전원개발은 시급하다〉, 《電力》 12, 1958.12, 1~2쪽; 《부흥백서》, 부흥부, 1959, 60~68쪽.

173 《東亞日報》 1958.6.29; 《京鄕新聞》 1958.7.3; 〈93萬kW目標 電源開發長期計劃 樹立〉, 《産業銀行月報》 40, 1958.10/11, 74~77쪽; 태완선, 〈한국전력경제의 전망(3)〉, 《전력》 14, 1959.7, 28~28쪽.

174 이하 별다른 주가 없는 한 《시정업적보고서》, 상공부, 1958, 9~27쪽; 리홍직, 〈전원 개발 촉진과 운영합리화에 노력〉, 《전력》 13, 1959.3, 3~6쪽; 박상운(상공부 전기국 장), 〈전력정책의 당면과제〉, 《전력》 14, 1959.7, 3~6쪽; 태완선, 〈우리나라 전력문제 의 현황과 전망〉, 《전력》 15, 1959.12, 8~18쪽; 《國政監査資料(電氣局 所管)》, 商工部, 1959.10 참조.

175 개발차관기금에 대해서는 한봉석, 〈1950년대 말 개발차관기금의 성격연구〉, 《역사 연구》 36, 2019 참조.

176 《東亞日報》 1958.7.23, 11.6; 《朝鮮日報》 1958.11.20.

177 정진아, 《제1공화국기(1948~1960) 이승만정권의 경제정책론 연구》, 연세대 박사학위 논문, 2007; 신용옥, 《대한민국 헌법상 경제질서의 기원과 전개(1945~54년), 고려대 박사학위논문, 2006; 정진아, 〈전후 이승만 정권의 기간산업 육성론〉, 《역사문제연 구》 22, 2009; 신용옥, 〈제헌헌법 및 2차 개정 헌법의 경제질서에 대한 인식과 그 지 향〉, 《사학연구》 89, 2008.

178 康明玉, 〈憲法經濟條項改正提議에 關하여〉, 《法政》 9-3, 1954.3, 12~14쪽; 俞鎭午, 〈今期通過한 經濟改憲案에 對한 檢討-改正 各條項을 中心으로〉, 《法律과經濟》 1-2, 1954.3, 10~13쪽.

179 《東亞日報》 1954.4.18; 《京鄕新聞》 1954.4.18, 4.19, 4.25; 《韓國銀行調査月報》 66, 1954.5, 調-11쪽.

180 〈姜 商工長官의 施策小考 內容〉, 《東亞日報》 1954.11.14; 姜聲邰(상공부 장관), 〈自主 性 確立에 對한 새 認識이 必要〉, 《産業經濟》 26, 1955.1, 6쪽.

181 《京鄕新聞》 1954.5.16. 다만 이홍직은 몇 년 뒤에는 국영기업체의 민영화에 의한 경 영효율화에 대해서 큰 장점이 있다고 긍정하면서도 한국의 경제적 토대와 질서하에

서는 시기상조라며 다소 유보적인 견해를 밝히고 있다. 李鴻稙, 〈運營合理化와 新運營體制〉, 《電力》 7, 1957.6, 1~2쪽.

182 《朝鮮日報》 1954.6.25.

183 《東亞日報》 1955.1.29, 〈사설〉.

184 《京鄉新聞》 1954.5.17, 〈사설〉.

185 金元泰, 〈公企業 民營化 限界〉, 《京鄉新聞》 1954.5.16.

186 《東亞日報》 1954.12.28.

187 〈赤字運營에 허덕이는 國營企業體(상)~(하)〉, 《京鄉新聞》 1956.9.12~9.13; 〈電力政策〉, 《經濟政策의 構想》, 韓國産業銀行調査部, 1956, 271~324쪽.

188 金一煥, 〈4289年 電力事情의 展望〉, 《電力》 5, 1956.5, 3쪽

189 〈韓國電力事業의 分析〉, 《産業銀行月報》 25, 1957.7, 1~28쪽; 張良術(산은 조사국), 〈韓國의 電力原價와 今後의 課題〉, 《金融》 4-10, 1957.10, 114~133쪽; 金鍾敏, 〈現行料金과 發電原價의 現況〉, 《電力》 8, 1957.9, 125~132쪽; 김상겸, 〈전업의 운영합리화 문제〉, 《전력》 11, 1958.8, 3~7쪽.

190 고재혁, 〈UN군사용 전력료 문제의 종결―문제의 발단에서 종결까지의 전말〉, 《전력》 13, 1959.3, 69~74쪽; 〈UN군 사용 전력료 문제의 종결〉, 《전력연감》, 조선전업주식회사, 1959, 86~93쪽; 李重宰, 〈나의 遍歷(129)〉, 《每日經濟新聞》 1969.10.7; 김일환, 《김일환 회고록》, 홍성사, 2014, 264~267쪽.

191 리홍직, 《전력연감》, 조선전업주식회사, 1959, 54~57쪽.

192 이 조항의 삽입은 당시 재정경제위원장 이재형의 주도로 이루어졌다. 《제11회국회 임시회의속기록》 제58호, 국회사무처, 1951.9.5.

193 조익순, 〈전기관계회사 재무제표의 분석〉, 《전력》 11, 1958.8, 56~67쪽; 이정환·이기을, 〈전기3사의 재무제표 분석〉, 《전력》 13, 1959.3, 142~153쪽.

194 《한국전력통계월보》 창간호, 한국전력주식회사, 1961, 107쪽.

195 〈電力事業運營合理化問題(3인좌담회)〉, 《전력》 5, 1956.5, 119~125쪽.

196 〈水色變電所의 火災와 電氣事情〉, 《산은경제다이제스트》 134, 한국산업은행조사부, 1960.7.15, 5~6쪽.

197 文慶度, 〈資産再評價法實施에 際하여〉, 《財政》 7-5, 1958.5, 92~98쪽.

[198] 林豪淵(경제평론사 편집부장), 〈구멍 뚫린 經營의 國營企業體들〉, 《새벽》 7-12, 1960.12, 152~156쪽.

[199] 金榮澈, 〈國營企業體에 對한 反省〉, 《財政》 5-10, 1956.10, 51~60쪽; 朴運大(한국일보 논설위원), 〈原則부터 解決하라-管理企業體의 利子引下問題〉, 《財政》 7-6, 1958.6, 54~59쪽; 李元敎(경향신문 편집부국장), 〈國營企業運營의 打開策-根本的인 打開策이 時急〉, 《財政》 7-8, 1958.8, 55~60쪽.

[200] 尹錫範·洪性讚·禹大亨·金東昱, 《韓國近代金融史研究》, 世經社, 1996, 356~363쪽; 권혁은, 〈1950년대 은행 귀속주 불하의 배경과 귀결〉, 《역사와현실》 98, 2015.

[201] 〈經濟再建의 基本問題〉(1)~(3), 《東亞日報》 1955.1.1~1.5; 朴運大, 〈大企業體 拂下에 對한 私見〉, 《産業經濟》 30, 1955.6, 52~55쪽; 金相謙, 〈國營管理企業體의 民營化〉, 《財政》 5-6, 1956.6, 26~37쪽; 〈國營企業의 民營化를 促求함〉, 《産業銀行月報》 17, 1956.9, 1~2쪽.

[202] 《朝鮮日報》 1956.6.27; 《京鄉新聞》 1956.6.28.

[203] 《東亞日報》 1957.4.15.

[204] 〈電氣事業의 民營化〉, 《産業銀行月報》 27, 1957.9, 1~3쪽; 金龍震, 〈國營企業體拂下의 展望〉, 《産業經濟》 51, 1957.10, 24~26쪽; 〈電力〉, 《韓國의 産業》, 韓國産業銀行, 1958, 1~48쪽.

[205] 《京鄉新聞》 1957.8.29; 《東亞日報》 1957.8.29; 《朝鮮日報》 1957.8.29; 리홍직, 《전력연감》, 조선전업주식회사, 1958, 23~24쪽.

[206] 〈電力〉, 《産業銀行月報》 28, 1957.10, 46~48쪽.

[207] 《京鄉新聞》 1957.9.1; 〈電力〉, 《産業銀行月報》 31, 1958.1, 122~124쪽.

[208] 〈配電會社分割拂下 推進과 展望(상)~(하)〉, 《京鄉新聞》 1958.1.23~1.24; 姜辰國, 〈歸財處理와 電氣事業-現行 歸財法의 矛盾性을 指摘함(1)~(7)〉, 《朝鮮日報》 1958.2.8~2.14.

[209] 《京鄉新聞》 1958.1.10, 1.18, 1.23, 1.24, 1.28; 《朝鮮日報》 1958.1.21.

[210] 《京鄉新聞》 1958.2.19.

[211] 黃炳晙, 〈基幹産業運營對策委員會는 왜 생겼는가〉, 《産業經濟》 58, 1958.12, 13~15쪽.

[212] 《京鄉新聞》 1958.6.25.

213 《京鄕新聞》 1958.8.10.

214 당시 상공부 장관 김일환(1955.9.19~1958.8.27)은 기회가 있을 때마다 민영화를 주요 시정방침의 하나로 거론하기는 했지만 실제로는 실행의지가 박약했다. 金一煥, 〈4290년도 商工政策의 展望〉, 《地方行政》 6-1, 1957.1, 39~41쪽; 金一煥, 〈4290年度 商工施政方針〉, 《産業經濟》 45, 1957.3, 5쪽; 金一煥, 〈新年度商工施政方針〉, 《産業經濟》 53, 1958.1, 4~6쪽; 金一煥, 〈國營企業體의 民營化와 生産性 向上에 注力〉, 《地方行政》 7-1, 1958.1, 35~38쪽.

215 《京鄕新聞》 1958.9.6; 《東亞日報》 1958.9.6; 柳承範(한국일보 상임논설위원), 〈KOHO와 基幹産業運營合理化問題-問題의 所在把握보다 解決策이 緊要하다〉, 《財政》 7-12, 1958.12, 96~100쪽.

216 《東亞日報》 1958.9.9 〈사설〉.

217 《京鄕新聞》 1958.9.9; 《東亞日報》 1958.9.27.

218 《朝鮮日報》 1958.10.19.

219 《東亞日報》 1958.11.5.

220 별다른 주가 없는 한 《東亞日報》 1956.9.16; 〈發配電會社를 一元化〉, 《電力》 6, 1956.12, 186~187쪽; 太完善, 〈電氣事業體統合問題에 寄함-大韓電力公社法案을 보고〉, 《電力》 6, 1956.12, 9~15쪽 참조.

221 《朝鮮日報》 1956.10.16, 12.3, 12.16; 《京鄕新聞》 1956.10.12; 〈商工部에서는 電氣事業法을 成案〉, 《電力》 7, 1957.6, 190쪽.

222 《朝鮮日報》 1957.11.27, 12.5; 〈電氣事業法(案)〉(제3대국회 정부제출법안, 1957.12.4); 〈電氣事業法閣議通過〉, 《電力》 9, 1957.12, 193~194쪽; 김송환, 〈전기사업 금년의 과제〉, 《전력》 10, 1958.3, 8~13쪽.

223 전기사업법은 군사정권이 들어선 뒤 1961년 12월 31일에서야 제정되기에 이르렀다. 《관보》 제3038호, 1961.12.31.

224 《東亞日報》 1959.1.18; 《京鄕新聞》 1959.1.18.

225 《東亞日報》 1959.8.13, 9.2.

226 《朝鮮日報》 1959.11.1, 12.6; 《東亞日報》 1959.12.29.

227 리홍직, 〈전원개발의 긴급성을 다시 강조한다〉, 《전력》 14, 1959.7, 1~2쪽; 南相麟

(조선전업 전기부장), 〈우리나라의 電力事情〉, 《製紙》 26, 1959.9/10, 15~18쪽; 태완
선, 〈우리나라 전력문제의 현황과 전망〉, 《전력》 15, 1959.12, 8~18쪽; 주원, 〈전력
사업에 대한 투자와 그 경제적 효과〉, 《전력》 16, 1960.3, 20~27쪽.

[228] 《商工部主要施策》, 商工部, 1959(국가기록원 BA0085186), 4~9쪽; 《商工部主要施策》,
商工部, 1960(국가기록원 BA0084232), 6~12쪽.

[229] 〈電力〉, 《産業銀行月報》 53, 1960.1, 62~64쪽; 《東亞日報》 1960.1,7.

[230] 리홍직, 〈국내 보유불에 의한 100MW 화력건설의 긴급성〉, 《전력》 16, 1960.3, 1~3
쪽; 成昌煥(고려대 교수), 〈電力不足과 그 對備策-10萬kW 火電建設問題〉, 《東亞日
報》 1960.1.20; 〈10만kW화력발전소 건설에 관한 건〉(상공부 장관, 1960.2.9, 국가기록
원 BA0085192).

[231] 《東亞日報》 1960.3.30, 4.7, 4.19; 《朝鮮日報》 1960.4.19; 〈政府保有弗에 依한 10萬
kW 火力建設을 指示〉, 《산은경제다이제스트》 129, 한국산업은행조사부,
1960.4.30, 1~3쪽; 〈政府保有弗에 依한 10만kW 火電建設을 指示〉, 《産業銀行月報》
56, 1960.4, 41~42쪽.

[232] 이혜영, 《제1공화국기 자유당과 '이승만 이후' 정치 구상》, 이화여대 박사학위논문,
2015; 홍석률, 〈4월혁명과 이승만 정권의 붕괴 과정〉, 《역사문화연구》 36, 2010 참조.

[233] 과도정부의 전원개발계획에 대해서는 이하 별다른 주가 없는 한 〈新電源開發計畫進
展〉, 《産業銀行月報》 57, 1960.5, 50~51쪽; 〈電氣事業의 當面課題와 問題點〉, 《産業
銀行月報》 61, 1960.9, 1~52쪽; 李良淳, 《韓國의 電力開發計劃》, 서울대석사학위논
문, 1961 참조.

[234] 《京鄕新聞》 1960.5.11, 5.12; 《東亞日報》 1960.5.12, 5.14.

[235] 《京鄕新聞》 1960.7.1, 7.23, 7.28; 《東亞日報》 1960.7.1, 7.23.

[236] 《京鄕新聞》 1960.8.4, 8.6, 8.10; 《東亞日報》 1960.8.6, 8.10.

[237] 《東亞日報》 1960.8.13, 8.14; 《京鄕新聞》 1960.8.12., 8.13. 부산 감천발전소 관련 한
미 간 교섭은 504.14 Public Utilities (Electricity, Water, Gas) 1960 in RG84 Records of
the Foreign Service Posts of the Department of State, 1788~1964 참조.

[238] 《東亞日報》 1960.3.30; 《朝鮮日報》 1960.4.1.

[239] 《朝鮮日報》 1960.5.8, 5.11.

[240] 《京鄕新聞》 1960.5.12, 5.22, 6.1.

[241] 〈發電艦等 導入을 推進〉, 《산은경제다이제스트》 130, 한국산업은행조사부, 1960.5.16, 1~3쪽 ; 〈發電艦等 導入을 推進〉, 《産業銀行月報》 57, 1960.5, 50~51쪽; 《朝鮮日報》 1960.5.11, 5.25, 6.28; 《東亞日報》 1960.6.28; 《京鄕新聞》 1960.6.28.

[242] 《東亞日報》 1960.5.3; 《京鄕新聞》 1960.5.3.

[243] 《東亞日報》 1960.6.21, 6.22; 《京鄕新聞》 1960.6.21.

[244] 《東亞日報》 1960.6.24 〈사설〉; 《朝鮮日報》 1960.6.24 〈사설〉; 《京鄕新聞》 1960.6.25 〈사설〉.

[245] 이형, 《장면 정권과 민주당 – 제2공화국의 재평가》, 삼일서적, 2005; 조광 외, 《장면 총리와 제2공화국》, 경인문화사, 2003; 이용원, 《제2공화국과 장면》, 범우사, 1999.

[246] 장면정권기의 전력산업 동향은 이하 별다른 주가 없는 한 《國政監査資料(電氣局所管)》, 商工部, 1961.3; 太完善(부흥부 정무차관), 〈韓國電力事業의 構造〉, 《企業經營》 34, 1961.2, 9~11쪽; 李熙俊, 〈緊急을 要하는 施策의 몇 가지〉, 《電力》 18, 1961.3, 1~4쪽; 李熙晙(조선전업 사장), 〈電源開發의 基本方向〉, 《企業經營》 4-3, 1961.3, 19~22쪽; 全孝燮(상공부 전기국장), 〈4294年度 電力政策의 當面課題〉, 《電力》 18, 1961.3, 18~26쪽; 林性靖(상공부 전력과장), 〈電源開發과 電力需用에 對한 小考〉, 《電力》 18, 1961.3, 80~87쪽 참조.

[247] 《東亞日報》 1960.9.14; 《京鄕新聞》 1960.9.14, 9.15; 《朝鮮日報》 1960.9.14.

[248] 李在律(조선전업 전력조사위원회 간사), 〈電力問題의 根本的 解決策(상)~(하)〉, 《京鄕新聞》 1960.10.26~10.27.

[249] 《東亞日報》 1960.9.17, 9.18; 《京鄕新聞》 1960.9.17, 10.2.

[250] 《京鄕新聞》 1960.9.24

[251] 《東亞日報》 1960.9.27.

[252] 《東亞日報》 1960.9.28, 11.1, 11.2, 11.18; 《京鄕新聞》 1960.10.2, 11.15; 《朝鮮日報》 1960.10.15., 11.19; 〈2만kW 광주 "깨스터빈" 발전소 건설에 관한 건〉(상공부 장관, 1960.11.16, 국가기록원 BA0085198).

[253] 《東亞日報》 1960.11.18; 《朝鮮日報》 1960.11.19; 啄木鳥, 1961.1, 〈水力·火力·金力 火電 부움을 둘러싼 利權爭奪戰의 幕後〉, 《財政》 10-1, 138~142쪽.

254《京鄕新聞》1961.1.8.

255《朝鮮日報》1961.1.13, 1.19.

256《朝鮮日報》1961.4.16, 4.22, 4.25.

257《京鄕新聞》1960.10.2;《朝鮮日報》1960.10.29.;《東亞日報》1960.12.27.

258《東亞日報》1960.12.27;《朝鮮日報》1961.3.5; 신기조,《전력외길 57년》, 사가판, 2005, 170~181쪽.

259《東亞日報》1960.9.14, 9.17.;《京鄕新聞》1960.9.17, 9.24, 9.27.

260《京鄕新聞》1960.11.6;《東亞日報》1960.12.22;〈10만kW화력발전소 건설에 관한 건〉(상공부 장관, 1960.11.14, 국가기록원 BA0085198).

261《朝鮮日報》1961.2.21;《京鄕新聞》1961.3.21.

262《京鄕新聞》1960.8.14, 8.19, 9.1.

263《朝鮮日報》1960.11.20;《東亞日報》1960.12.3;《京鄕新聞》1961.1.19; 金在信,〈石公電力開發計劃의 安當性〉,《石炭》14, 1960.12, 38~44쪽;〈대한석탄공사 10만KW 화력발전소 건설 승인의 건〉(상공부 장관, 1961.1.16, 국가기록원 BA0084257).

264《京鄕新聞》1960.11.30, 12.1;《東亞日報》1960.11.30, 12.1.

265〈신규264,000kW화력발전소 건설에 관한 건〉(상공부 장관, 1960.12.7, 국가기록원 BA0085199).

266 金鍾珠(조선전업 급전과장),〈動力源의 現況과 開發−水力, 火力, 原子力利用〉,《思想界》9-1, 1961.1, 215~223쪽.

267 장면정권은 1961년 초에 그간의 업적과 향후 시행할 정책들을 정리하여 백서를 발간하였는데, 여기에는 영월에 건설할 10만kW 화력발전소나 삼척에 건설 예정인 26만4천kW 화력발전소 계획이 일절 언급되어 있지 않다. 이 계획들에 대한 추진 의지가 별로 강하지 않았음을 보여 준다.《政府業績과 當面施策》, 발행처미상, 1961.4.

268 啄木鳥, 1961.1,〈水力·火力·金力 火電 부움을 둘러싼 利權爭奪戰의 幕後〉,《財政》10-1, 138~142쪽.

269《京鄕新聞》1960.11.24〈사설〉;《東亞日報》1960.11.26〈사설〉, 12.25〈사설〉, 1961.1.3〈사설〉.

270〈對談〉經濟繁榮의 設計圖〉,《비지네스》1-2, 1961.2, 16~20쪽

[271] 〈對談〉北韓經濟를 壓倒할 수 있는 計畫〉,《비지네스》1-3, 1961.3, 12~17쪽.

[272] 〈動向-電力은 增强되는가?〉,《비지네스》창간호, 1961.1, 9쪽; 〈動向-電源은 開發되는가?〉,《비지네스》1-2, 1961.2, 40~41쪽.

[273] 金鍾珠(조선전업 급전과장), 〈動力源의 現況과 開發-水力, 火力, 原子力利用〉,《思想界》9-1, 1961.1, 215~223쪽; 李在淑(조선전업 전기부장), 〈電力增强對策에 對한 檢討〉,《電力》18, 1961.3, 186~207쪽.

[274] 黃炳畯, 〈危機에 선 國營企業體-金利引下로 合理化는 可能한가〉,《財政》7-8, 1958.8, 49~54쪽; 李恩馥, 〈國有企業의 合理的 運營方式〉,《國會報》8, 1956.10, 74~79쪽; 秋恩澤, 〈國家企業의 運營合理化問題의 焦點〉,《遞信文化》37, 1957.8, 24~36쪽; 金椿澤, 〈國營企業의 診斷處方論-根本的인 解決施策을 마련하는 見地에서〉,《財政》7-12, 1958.12, 101~113쪽.

[275] 〈駐韓經濟調整官室 OEC解說〉,《經濟다이제스트》55, 韓國産業銀行調査部, 1956.1, 1~14쪽; 이현진, 〈1950년대 미국의 對韓援助구상과 경제조정관실〉,《韓國思想史學》26, 2006; 이현진,《미국의 대한경제원조정책 1948~1960》, 혜안, 2009; 레미지, 〈1950년대 미국의 대한경제원조에 대한 연구-한미 합동경제위원회 회의록을 중심으로〉, 서울대 석사학위논문, 2016; 한봉석, 〈1950년대 미국 대한 기술원조의 역사적 한 맥락-제2대 경제조정관 윌리엄 원William E. Warne의 활동을 중심으로〉,《한국인물사연구》23, 2015; 한봉석,《1950년대 미국의 대한 기술원조 연구》, 성균관대 박사학위논문, 2017.

[276] 鄭守永, 〈國營企業體의 經營合理化〉,《思想界》5-5, 1957.5, 26~33, 49쪽; 金榮澈, 〈國營企業體에 對한 反省〉,《財政》5-10, 1956.10, 51~60쪽; 〈國營企業體의 運營合理化問題〉,《산은경제다이제스트》137, 한국산업은행조사부, 1960.8.31, 1~4쪽.

[277] 《東亞日報》1978.8.21.

[278] 폴. A. 덴트(OEC 전기국장), 〈韓國電力의 運營 및 操業〉,《朝鮮日報》1958.2.20; 폴.에이.덴트, 〈전력의 합리적 관리〉,《企業經營》1-3, 1958.3/4, 15~17쪽; Paul A. Dent, Power System and Control,《전력》13, 1959.3, 39~45쪽.

[279] 李廷煥, 〈美國의 外援政策變更과 韓國의 經濟成長問題〉,《思想界》7-12, 1959.12, 216~223쪽; 〈1959年의 不連續線(7)-美援助政策變更〉,《東亞日報》1959.12.23.

280 태완선, 〈전기3사의 통합문제에 관하여〉, 《전력》 16, 1960.3, 19쪽.

281 《東亞日報》 1960.1.30, 2.5; 《朝鮮日報》 1960.2.4.

282 당시 언론에서는 이를 민유민영을 원칙으로 했다고 파악했다. 《朝鮮日報》 1960.2.4.

283 《東亞日報》 1960.2.5 〈사설〉.

284 과도정부 시절 나익진에 대해서는 羅翼鎭, 《어머님을 그리면서》, 高麗書籍株式會社, 1978, 199~206쪽 참조.

285 《朝鮮日報》 1960.7.20, 7.21; 《東亞日報》 1960.7.21; 《京鄉新聞》 1960.7.21, 7.22; 〈再論된 電氣會社統合問題〉, 《산은경제다이제스트》 135, 한국산업은행조사부, 1960.7.30, 1~4쪽. 이하 별다른 주가 없는 한 전기3사 통합 추진과정에 대해서는 沈相冕(산은 조사부 전기담당), 〈電氣三社의 統合과 問題點〉, 《財政》 10-4, 1961.4, 149~157쪽; 沈相冕, 〈電氣三會社의 統合問題(1)〉, 《金融》 8-4, 1961.4, 26~32쪽; 沈相冕, 〈電氣三會社의 統合問題(2)〉, 《金融》 8-5, 1961.5, 61~65쪽 참조.

286 《朝鮮日報》 1960.7.15; 《京鄉新聞》 1960.7.16.

287 金在信(서울공대 교수), 〈電業3社 統合과 國營化〉, 《京鄉新聞》 1960.7.2.

288 《朝鮮日報》 1960.7.21; S.L.H, 〈電業三社統合은 可能한가〉, 《勞動》 8-3, 1960.7, 63쪽.

289 장면정권의 경제정책은 정진아, 〈장면 정권의 경제정책 구상과 경제개발5개년계획〉, 《韓國史研究》 176, 2017; 오진석, 〈제2공화국의 '현실화' 경제정책 추진과 비판론의 형성〉, 《韓國史研究》 185, 2019; 박진희, 〈민주당정권의 '경제제일주의'와 경제개발5개년계획〉, 《국사관논총》 84, 1999; 김기승, 〈민주당 정권의 경제정책과 장면〉, 《한국사학보》 7, 1999 참조.

290 《東亞日報》 1959.12.10.

291 오진석, 〈1955~1960년 김영선의 정치활동과 경제정책 실행방안 구상〉, 《민족문화연구》 83, 2019.

292 《韓國電力十年史 裏面史》, 韓國電力株式會社, 1971, 199쪽.

293 태완선은 당시 국무회의에서 자신에게 전기3사 통합문제에 대한 전권을 맡겼다고 회고했다. 太完善, 〈그때 그 일들(210)〉, 《東亞日報》 1976.9.11.

294 太完善(민의의원), 〈現電力政策의 檢討(일)〉, 《電力》 창간호, 1953.3, 9~13쪽; 太完善, 〈現電力政策의 檢討(承前)〉, 《電力》 2, 1953.11, 7~13쪽.

295 太完善, 〈基幹産業運營의 合理化-電氣 및 石炭問題를 中心으로(상)~(하)〉, 《朝鮮日報》 1956.7.28~7.29.

296 太完善, 〈電氣事業體統合問題에 寄함-大韓電力公社法案을 보고〉, 《電力》 6, 1956.12, 9~15쪽; 太完善, 〈電氣事業體 統合問題에 寄함(1)~(5)〉, 《朝鮮日報》 1956.10.16~10.20

297 태완선, 〈전기3사의 통합문제에 관하여〉, 《전력》 16, 1960.3, 4~19쪽; 〈전력문제의 당면과제-3인 정담회〉, 《전력》 17, 1960.9, 92~103쪽.

298 〈3인정담회〉전력문제의 당면과제〉, 《전력》 17, 1960.9, 92~103쪽.

299 이하 별다른 주가 없는 한 태완선, 〈기간산업운영의 합리화(상)〉, 《朝鮮日報》 1956.7.28; 태완선, 〈기간산업운영의 합리화(하)〉, 《朝鮮日報》 1956.7.29; 태완선, 〈전기사업체 통합문제에 기함〉(1)~(5), 《朝鮮日報》 1956.10.16~10.20; 태완선(조선전업 상담역), 〈한국 전력경제의 전망〉(1)~(3), 《전력》 12~14, 1958.12~1959.7; 〈3인정담회〉전력문제의 당면과제〉, 《전력》 17, 1960.9, 92~103쪽 참조.

300 太完善, 〈國營企業體의 運營合理化에 寄함〉, 《自由春秋》 1~4, 1957.6, 102~105쪽; 太完善, 〈基幹産業運營의 合理化-電氣 및 石炭問題를 中心으로(상)~(하)〉, 《朝鮮日報》 1956.7.28~7.29.

301 《朝鮮日報》 1960.11.3; 《東亞日報》 1960.11.4; 《京鄕新聞》 1960.11.4.

302 《東亞日報》 1960.12.1; 〈민간전기사업권장에 관한 건〉(상공부 장관, 1960.11, BA0085198).

303 주요한 경제장관회의에서 전기3사 통합문제가 일단 합의되자 주요한은 여기에 반발하는 경전, 남전 사장을 불러 직접 경고하기도 했다. 《朝鮮日報》 1961.2.21.

304 《朝鮮日報》 1960.12.28; 《東亞日報》 1960.12.29.

305 《東亞日報》 1960.8.17 〈사설〉; 11.26 〈사설〉; 金斗顯, 〈電源開發事業과 民間資本의 參與〉, 《朝鮮日報》 1960.9.27.

306 오선환, 〈電業界에 바란다〉, 《電業新聞》 1961.1.19(《自立과 人間心性》, 敎學圖書株式會社, 1962, 82~83쪽에 재수록); 〈電源開發의 捷徑〉, 《비지네스》 1~4, 1961.4, 32~33쪽.

307 《京鄕新聞》 1960.11.25, 《朝鮮日報》 1960.11.25; 《東亞日報》 1960.11.26.

308 《東亞日報》 1960.11.24.

309 金榮益, 《韓國電力事業運營에 對한 考察-特히 電氣三社統合과 關聯하여》, 서울대 석사학위논문, 1961.

310 《京鄕新聞》 1960.12.5; 《朝鮮日報》 1960.12.5.

311 태완선은 이를 "관권의 간섭과 통제를 최소한으로 제한하는 획기적인 조치"라고 각별한 의미를 부여하였다. 太完善(부흥부장관), 〈電氣3社 統合의 必要性(상)~(하)〉, 《朝鮮日報》 1961.3.21~3.22.

312 이와 관련하여 소위원회에서 처음 구상한 법안에는 사장 1인, 부사장 2인, 이사 5인 이내 및 감사 3인으로 임원진을 구성하고, 사장은 주무부장관의 제청으로 국무회의의 의결을 거쳐 국무총리가 임명하려 했던 사실이 주목된다. 《京鄕新聞》 1961.1.8.; 沈相晃, 〈電氣三會社의 統合問題(2)〉, 《金融》 8-5, 1961.5, 61~65쪽. 집단지도체제는 태완선의 주장이 적극 반영된 결과라고 생각된다.

313 《京鄕新聞》 1961.2.10; 《朝鮮日報》 1961.2.10.

314 《京鄕新聞》 1961.2.12, 2.16, 2.27; 《東亞日報》 1961.2.14, 2.17.

315 裵柄于(경전노조 부위원장), 〈電氣事業體의 統合是非-통합보다 먼저 전원개발에 힘써야 한다〉, 《朝鮮日報》 1961.2.23; 金龍植(경전노조 위원장), 〈電氣3社 統合反對와 그 代案(상)~(하)〉, 《朝鮮日報》 1961.3.17~3.19; 朴魯貞, 〈電業三社統合의 是非〉, 《勞動》 8-5, 1960.12, 58~63쪽.

316 尹昌錫(3사통합반대 민간주주위원회 대표), 〈電氣事業體의 統合是非-3사는 분산하고 전원개발 전담 창설(상)~(하)〉, 《朝鮮日報》 1961.2.24~2.25; 《朝鮮日報》 1961.2.16.

317 《電業三社統合反對建議文》; 《三社統合에 對한 是非》; 《國營体電源開發公社의 創設을 提議한다》; 《電氣三社統合에 對한 利點과 短點》; 《電氣三社統合은 利益보다 損害가 많다》(이상 한국전력 전기박물관 소장); 《東亞日報》 1961.3.19, 3.20 〈광고〉.

318 啄木鳥, 〈太完善(復興部長官)과 柳東璡(京電社長)의 對決〉, 《財政》 10-3, 1961.3, 158~161쪽; 《朝鮮日報》 1960.10.27, 1961.2.18; 《京鄕新聞》 1961.2.17.

319 《朝鮮日報》 1961.2.21.

320 《京鄕新聞》 1961.3.11 〈광고〉; 全孝燮(상공부 전기국장), 〈4294年度 電力政策의 當面課題〉, 《電力》 18, 1961.3, 18~26쪽; 李熙晙(조선전업 사장), 〈電氣事業體의 統合是非-잉여 인원은 신규개발에 활용 可期(상)~(하)〉, 《朝鮮日報》 1961.2.21~2.22; 金斗顯

(조선전업 이사), 〈電氣事業은 왜 合쳐져야 하나〉, 《財政》 10-4, 1961.4, 163~166쪽.

321 《京鄕新聞》 1961.2.22 〈사설〉.

322 《東亞日報》 1960.11.26 〈사설〉.

323 《朝鮮日報》 1961.3.13 〈사설〉.

324 《東亞日報》 1961.2.20. 장면정권 집권 이후 신구파간 갈등은 李英石, 《野党30年》, 도서출판人間, 1981, 197~210쪽 참조.

325 《東亞日報》 1961.3.18; 《京鄕新聞》 1961.3.18, 3.19, 3.25; 《朝鮮日報》 1961.3.19, 3.21.

326 《京鄕新聞》 1961.3.25.

327 《朝鮮日報》 1961.3.26, 3.27, 3.28, 3.29; 《東亞日報》 1961.3.27, 3.29; 《京鄕新聞》 1961.3.28, 3.29.

328 《東亞日報》 1961.3.30; 《朝鮮日報》 1961.3.30; 《京鄕新聞》 1961.4.1; 《政府業績과 當面施策》, 발행처미상, 1961.4, 91~101쪽; 〈전기요금 개정에 관한 건〉(상공부 장관, 1961.4.10, 국가기록원 BA0085204).

329 《朝鮮日報》 1961.4.14.

330 《京鄕新聞》 1961.5.4; 《東亞日報》 1961.5.4.

331 《京鄕新聞》 1961.5.5; 《朝鮮日報》 1961.5.5. 태완선의 상공부 장관 임명은 전기3사 통합문제를 매듭 지으려는 정권 차원의 강력한 의지가 담겨 있는 조치였다고 생각된다. 당시 장면 총리는 상공부 장관 유임을 강력하게 희망하고 있던 주요한을 부흥부장관으로 전임시키고 그 자리에 태완선을 임명할 정도였다. 《東亞日報》 1961.5.11.

332 〈透視鏡-3社統合에도 政爭洗禮〉, 《비지네스》 1-5, 1961.5, 10쪽.

333 군사정권의 경제정책에 대해서는 기미야 다다시, 《박정희 정부의 선택》, 후마니타스, 2008; 박태균, 《원형과 변용—한국 경제개발계획의 기원》, 서울대학교출판부, 2007; 김보현, 《박정희정권기 경제개발》, 갈무리, 2006; 그렉 브라진스키/나종남 역, 《대한민국 만들기, 1945~1987》, 책과함께, 2011; 이완범, 《박정희와 한강의 기적》, 선인, 2006; 車映勳, 〈國家再建最高會議의 組織과 活動(1961.5~1963.12)〉, 경북대 석사학위논문, 2005 참조.

334 《京鄕新聞》 1961.6.4.

335 《革命政府經濟靑書》, 大韓民國政府, 1961.7.

336 《東亞日報》 1961.6.10, 6.11; 《朝鮮日報》 1961.6.10. 정래혁에 대해서는 정래혁, 《격
변의 생애를 돌아보며》, 한국산업개발연구원, 2001 참조.

337 《東亞日報》 1961.6.16; 《京鄕新聞》 1961.6.16. 이하 별다른 주가 없는 한 전기3사 통
합과정은 〈電氣三社統合 實現〉, 《産業銀行調查月報》 69, 1961.8, 37~38쪽; 〈統合進
行經緯〉, 《韓國電力》 창간호, 1961.7, 27~30쪽; 金榮益, 《韓國電力事業運營에 對한
考察−特히 電氣三社統合과 關聯하여》, 서울대 석사학위논문, 1961 참조.

338 《京鄕新聞》 1961.6.17, 6.18; 《朝鮮日報》 1961.6.18.

339 《東亞日報》 1961.5.23, 5.24; 《京鄕新聞》 1961.5.23.

340 박충훈의 상공부 차관시절은 朴忠薰, 《貳堂回顧錄》, 博英社, 1988, 69~76쪽 참조.

341 《國家再建最高會議常任委員會會議錄》 제9호, 1961.6.22; 《京鄕新聞》 1961.6.25; 《朝
鮮日報》 1961.6.25; 《韓國電力合併契約書決定(案)》, 1961(국가기록원 DA0416929).

342 《京鄕新聞》 1961.6.27, 6.28; 《朝鮮日報》 1961.6.29; 《東亞日報》 1961.6.30; 정낙은,
《정낙은 회고록》, 책미래, 2017, 129~132쪽.

343 《京鄕新聞》 1961.7.1. 《朝鮮日報》 1961.7.1. 《東亞日報》 1961.7.2.

344 정래혁은 상공부 장관 취임 이후 부서회의에서 전기3사 통합문제를 인지하고 이를
추진하기로 마음먹었다고 한다. 그러나 이석제에 의하면 정변 주도세력들은 모의과
정부터 행정반을 조직해 정치·경제·사회 전반에 관한 개혁 입법 및 정책을 준비하
고 있었는데, 이들이 검토한 주제 가운데 기간산업체의 운영과 건설 촉진, 그리고
동력개발 등이 포함되어 있었다. 아마도 이때 전원개발과 전기3사 통합문제가 중요
한 이슈로 다루어졌을 것이다. 정변 주도세력들이 전기3사 통합문제에 대해 사전에
준비했기 때문에 단기간에 이를 해결할 수 있었을 것이다. 정래혁, 《격변의 생애를
돌아보며》, 한국산업개발연구원, 2001, 247~248, 253~254쪽; 이석제, 《각하, 우리
혁명합시다》, 서적포, 1995, 83~84쪽 참조.

345 황인성은 상공부 장관 정래혁에 의해 조선전업 사장에 발탁되었다. 당시 정래혁은
황인성에게 조선전업을 맡아 남선전기, 경성전기를 하나로 통합하라고 주문했다고
한다. 이로 미루어 보면 3사통합 후에는 황인성이 한국전력의 사장을 맡기로 한 것

같다. 그런데 통합절차가 진행되던 중에 갑작스레 9사단장 박영준이 설립위원에 포함되고 결국 한국전력 사장에 임명되었다. 정변 주도세력에게는 족청계로 알려져 경계대상이던 박영준이 한국전력 사장에 임명된 것은 쿠데타과정에서 협조한 공을 인정받은 때문으로 보인다. 당시 경기도 양평에 위치한 9사단의 출동 여부는 쿠데타 성공에 중요한 변수로 여겨져 유원식, 황종갑 등이 박영준을 설득하기 위해 많은 노력을 했다고 한다. 실제로 당시 9사단은 1군사령관 이한림으로부터 쿠데타 진압을 위한 출동명령을 받고도 끝내 이를 거부했다. 3사통합에 공헌이 큰 황인성이 정작 한국전력 설립 후에 곧바로 원대복귀를 선택한 배후에는 이런 사정이 있었다. 黃寅性,《나의 짧은 韓國紀行》, 황씨중앙종친회, 2002, 204~210쪽; 박영준,《한강물 다시 흐르고》, 2005, 206~210쪽; 金炯旭·朴思越,《金炯旭회고록 제1부》, 아침, 1985, 170쪽; 유원식,《유원식 5·16비록 혁명은 어디로 갔나》, 인물연구소, 1987, 279~281쪽.

[346] 《東亞日報》 1961.7.18;《社報》 창간 제1호, 韓國電力株式會社, 1961.8.1, 1~4쪽.

[347] 《관보》 제3029호, 1961.12.19;《관보》 제3038호, 1961.12.31. 다만 전기사업법의 초안에는 재정법에 의한 소정의 절차를 거치기로 규정되어 있었던 사실이 주목된다(제19조).《전기사업법(안)》(내각사무처장, 1961.10, 국가기록원 BA0084282). 원래는 전기요금의 결정권한을 국가재건최고회의에 두려다가 변경된 듯하다.

[348] 《東亞日報》 1961.11.23《京鄕新聞》 1961.11.23.

[349] 《京鄕新聞》 1961.6.2;《革命政府經濟靑書》, 大韓民國政府, 1961.7.

[350] 장면정권은 정치인, 노조, 경영관계인들의 반대 때문에 전기3사 통합안 실행에 성공하지 못했지만, 군사정권에서는 그러한 반대를 일축할 만한 정책적 결단을 내릴 수 있었기 때문에 성공하였다는 지적이 참고된다. 金榮益,《韓國電力事業運營에 對한 考察-特히 電氣三社統合과 關聯하여》, 서울대 석사학위논문, 1961, 78~79쪽. 조선전업 사장으로서 3사통합 과정에서 중요한 역할을 맡았던 황인성은 계엄령하의 강압적인 분위기 덕분이었다고 회고했다. 黃寅性,《나의 짧은 韓國紀行》, 황씨중앙종친회, 2002, 210쪽. 일례로 군사정권에서는 당초 법안에 있던 통합 후 고용승계 약속과 달리 3사통합을 계기로 과잉인력을 정리한다는 명목 아래 조선전업 352명, 경전 547명, 남전 755명 등 도합 1,654명을 전격 해고하기도 했다. 이는 당초 3사 고용

인원 10,386명의 약 16%에 해당할 정도로 큰 비중을 차지했다. 《電力年鑑》, 韓國電力株式會社, 1962, 34쪽.

351 박정희정권은 1960년대 말 민간기업인 동해전력(울산), 호남화력(여수), 경인에너지(인천) 등에게 대규모 화력발전소 건설허가를 내주어 한국전력 중심의 전력산업구조에 큰 지각변동을 일으켰는데, 사실상 이 일의 단초는 1961년 전기3사 통합과정에서 마련되고 있었다고 해도 과언이 아니다. 권오수, 〈제2차 경제개발5개년계획 시기(1967~71) 전력산업과 미국 석유회사〉, 《동국사학》 65, 2018 참조.

찾아보기

이 저서는 2014년 대한민국 교육부와 한국학중앙연구원(한국학진흥사업단)의
한국학총서사업의 지원을 받아 수행된 연구임(AKS-2014-KSS-1230001)

한국 근대 산업의 형성 01__

한국 근현대 전력산업사, 1898~1961

2021년 5월 12일 초판 1쇄 인쇄
2021년 5월 19일 초판 1쇄 발행

글쓴이   오진석
펴낸이   박혜숙
디자인   하민우
펴낸곳   도서출판 푸른역사
  우) 03044 서울시 종로구 자하문로8길 13
  전화: 02)720-8921(편집부) 02)720-8920(영업부)
  팩스: 02)720-9887
  전자우편: 2013history@naver.com
  등록: 1997년 2월 14일 제13-483호

ⓒ 오진석, 2021

ISBN 979-11-5612-196-1 94900
(세트) 979-11-5612-195-4 94900

· 잘못 만들어진 책은 교환해드립니다.